档案中的山西抗战

中流砥柱

DANG ANZHONG DE SHANXI KANGZHAN ZHONGLIU DIZHU

太原市档案局（馆）/ 编

山西出版传媒集团
山西经济出版社

图书在版编目（CIP）数据

中流砥柱 / 太原市档案局（馆）编 . -- 太原 : 山西经济出版社 , 2016.3（2017.2 重印）
（档案中的山西抗战）
ISBN 978-7-5577-0003-4

Ⅰ . ①中… Ⅱ . ①太… Ⅲ . ①抗日战争 - 史料 - 山西省 - 图集 Ⅳ . ① K265.06-64

中国版本图书馆 CIP 数据核字（2016）第 043048 号

档案中的山西抗战 —— 中流砥柱

编　　者：太原市档案局（馆）
责任编辑：申卓敏
整体设计：田　玫　阎宏睿

出 版 者：山西出版传媒集团・山西经济出版社
地　　址：太原市建设南路 21 号
邮　　编：030012
电　　话：0351-4922133（市场部）
　　　　　0351-4922085（总编室）
E - mail：scb@sxjjcb.com（市场部）
　　　　　zbs@sxjjcb.com（总编室）
网　　址：www.sxjjcb.com

经 销 者：山西出版传媒集团・山西经济出版社
承 印 者：山西人民印刷有限责任公司

开　　本：880mm × 1230mm　1/16
印　　张：20.5
字　　数：173 千字
版　　次：2016 年 3 月 第 1 版
印　　次：2017 年 2 月 第 3 次印刷
书　　号：ISBN 978-7-5577-0003-4
定　　价：195.00 元

《档案中的山西抗战》编委会

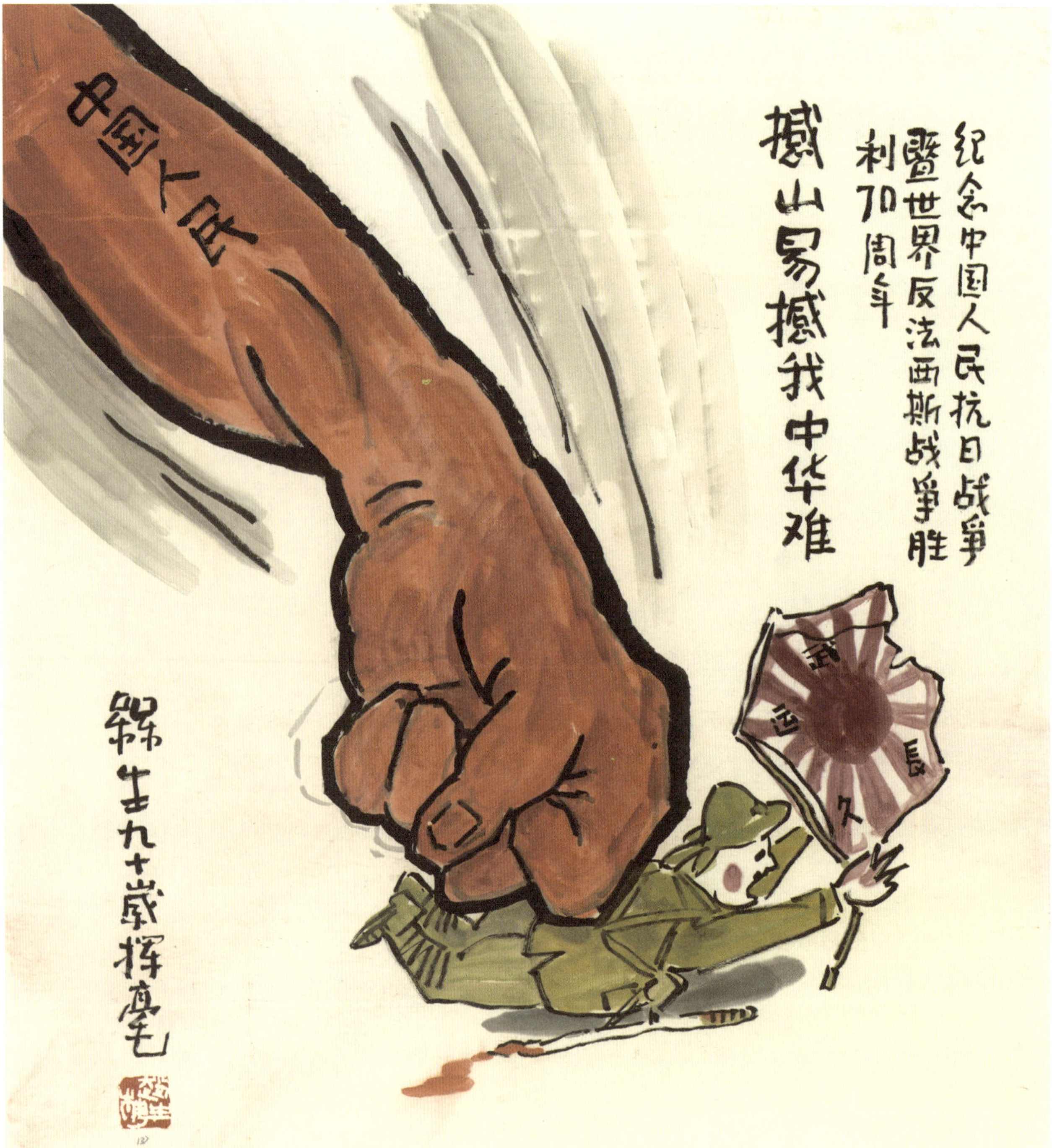
纪念中国人民抗日战争
暨世界反法西斯战争胜
利70周年
撼山易撼我中华难
中国人民
武运長久

前言

PREFACE

《档案中的山西抗战》是在太原市委、市政府的正确领导和关心支持下编撰而成的。这套四卷本丛书以中华民族全民抗战为背景、以山西人民的抗战为主线，追忆了山西在抗日战争时期烽火连天的峥嵘岁月，记录了山西人民坚强不屈抵抗侵略的历史，突出了中国共产党在中国人民抗日战争中的中流砥柱作用。

在书稿编撰过程中，山西省委宣传部始终对此书予以了高度重视、亲切关怀和大力支持。省档案局、省地方志办公室、省军史馆、市委宣传部的专家指导了书稿的撰写。市委党史办对书稿的党史资料进行了审核把关。在此基础上，国家新闻出版总署、中国人民解放军总政治部、军事科学院政治部宣传部对此书进行了严格的审读，同意出版发行。

山西是革命老区。抗日战争时期，山西是华北抗战根据地的中心，是八路军总部和三个主力师所在地，是抗日战争的主战场，闻名中外的平型关战斗、百团大战等都发生在山西。八年抗战，山西有15万名优秀儿女加入中国共产党，60万名热血青年参加八路军，为中国人民最后夺取抗日战争的胜利，做出了重大贡献。在这里，中国共产党高举全民族抗战的伟大旗帜，率先建立起抗日民族统一战线，创造了国共合作抵御外侮的典范战例；以太原为中心的三大敌后根据地，成为中华民族全民抗战的重要支点和中流砥柱；抗战胜利后，太原这座英雄的城市见证了日本法西斯的可耻失败，为全民族抗战和世界反法西斯战争所做出的贡献彪炳史册；新中国成立以后，太原审判、关押、改造日军战犯的正义力量，使日本法西斯军国主义者认识到了侵略战争的罪恶，创造了史无前例的奇迹。

习近平总书记强调：要“生动传播爱国主义精神，唱响爱国主义主旋律，让爱国主义成为每一个中国人的坚定信念和精神依靠”。太原市档案馆作为全市爱国主义教育基地，以强烈的历史使命感和责任感，依托馆藏档案，整合社会资源，编辑了迄今材料较为齐全、文档相互佐证、全景式展示山西抗战情景的《档案中的山西抗战》系列丛书，并首次公布了一批珍贵档案文献，是揭露日军侵略山西罪行的有力证据，是开展爱国主义教育的生动教材，是弘扬伟大抗战文化的精神家园，既可作为抗战历史研究的参考文献，也可作为公众了解山西抗战的文化大餐。读之可以更好地铭记历史、缅怀先烈、珍视和平、警示未来，更加增添民族归属感、认同感、尊严感、荣誉感，更加坚定走中国特色社会主义道路，增强对中国特色社会主义的道路自信、理论自信、制度自信、文化自信，继续朝着中华民族的伟大复兴奋勇前进！

编者

2016 年元月

目录

第一章

光辉旗帜

全国抗战爆发后，中华民族到了生死存亡的危急关头。在陕北延安凤凰山脚下的那孔普通的窑洞中，毛泽东和党中央认真分析了中国抗战的形势，进行了中日实力的对比研判，剖析了“亡国论”和“速胜论”的危害，将深远而睿智的目光锁定在了华北的山西，在陕北黄土高原上作出了“游击战将在人类历史上演出伟大一幕”的胜利断言。由此，点燃了中国抗战的胜利之光，举起了中国共产党领导的全民游击战争的光辉旗帜。

在八路军奔赴山西、挺进华北抗日战场的重大历史关头，1937 年 8 月 22 日至 25 日，中共中央在陕北洛川召开政治局扩大会议，毛泽东同志在会议上指出："我们的方针最基本的是持久战，不是速决战，持久战的结果是中国胜利。"关于红军的基本任务，他提出了五条："（一）创造根据地；（二）钳制与消灭敌人；（三）配合友军作战（战略支援任务）；（四）保存与扩大红军；（五）争取民族革命战争领导权。"同时，毛泽东代表中央政治局作了关于军事问题和同国民党的关系问题的报告。报告中指出红军在国内革命战争中已经发展为能够进行运动战的正规军，但在新的形势下，"必须把过去的正规军和运动战变为分散使用的游击军和游击战"，红军的战略方针是——"独立自主的山地游击战"。

1937 年毛泽东和周恩来在延安凤凰山窑洞前

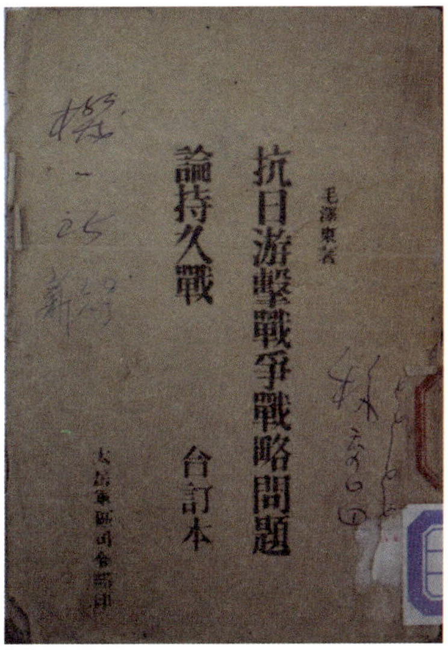

《抗日游击战争战略问题》和《论持久战》合订本

1937 年 8 月洛川会址外景

毛泽东早在1937年8月初就明确提出，红军对日作战要坚持独立自主的分散游击战原则，在国共合作的“南京谈判”和与山西阎锡山的接洽中，也作出了明确的指示。随着抗战形势的发展，八路军以山西为中心深入敌后，创建抗日根据地，将正规军变为游击军，广泛开展独立自主的山地游击战争。这标志着毛泽东早先提出的战略转变思想正得以迅速实现。

1937年8月1日，毛泽东关于红军作战给周恩来、林伯渠等的电报指示：“关于红军作战，依当前敌我情况，我们认为须坚持下列原则：（甲）在整个战略方针下执行独立自主的分散作战的游击战争，而不是阵地战，也不是集中作战，因此不能在战役战术上受束缚，只有如此才能发挥红军特长，给日寇以相当打击。（乙）依上述原则，在开始阶段，红军以出三分之一的兵力为适宜，兵力过大，不能发挥游击战，而易受敌人的集中打击，其余兵力依战争发展，逐渐使用之。以上原则请与各同志商定，并准备携告国民党。”

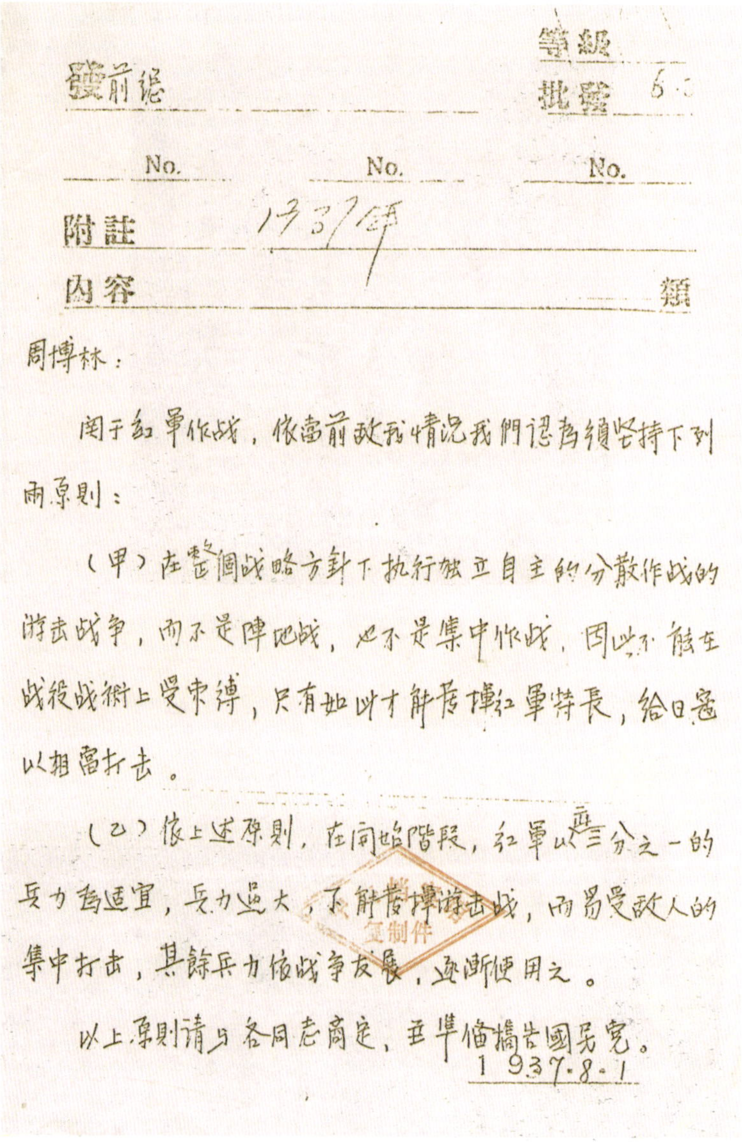
發前總　等級
批號
No.　No.　No.
附註　1937年
內容　類

周博林：

關于紅軍作战，依當前敵我情况我們認為須坚持下列兩原則：

（甲）在整個战略方針下执行独立自主的分散作战的游击战争，而不是陣地战，也不是集中作战，因此不能在战役战術上受束縛，只有如此才能發揮紅軍特長，給日寇以相當打击。

（乙）依上述原則，在開始階段，紅軍以出三分之一的兵力為适宜，兵力過大，不能發揮游击战，而易受敵人的集中打击，其餘兵力依战争发展，逐渐使用之。

以上原則请与各同志商定，並準備擕告國民党。

1937.8.1

复制件

1937年8月1日，毛泽东关于红军作战给周恩来、林伯渠等的电报（中央档案馆馆藏）

1937 年 8 月，叶剑英同周恩来、朱德在南京与国民党政府军事委员会共商国防问题期间的合影：周恩来（右 2）、朱德（右 1）、叶剑英（左 2）

1937 年 8 月 4 日，毛泽东关于国防问题给周恩来、朱德、叶剑英的电报指示：“己、……游击战以红军与其他适宜部队及人民武装担任之。在整个战略部署上给予独立自主的指挥权。庚、……游击战之部队依地形条件及战况之开展适当使用大兵力，为适应游击战性质，原则上分开使用，而不是集中使用。”

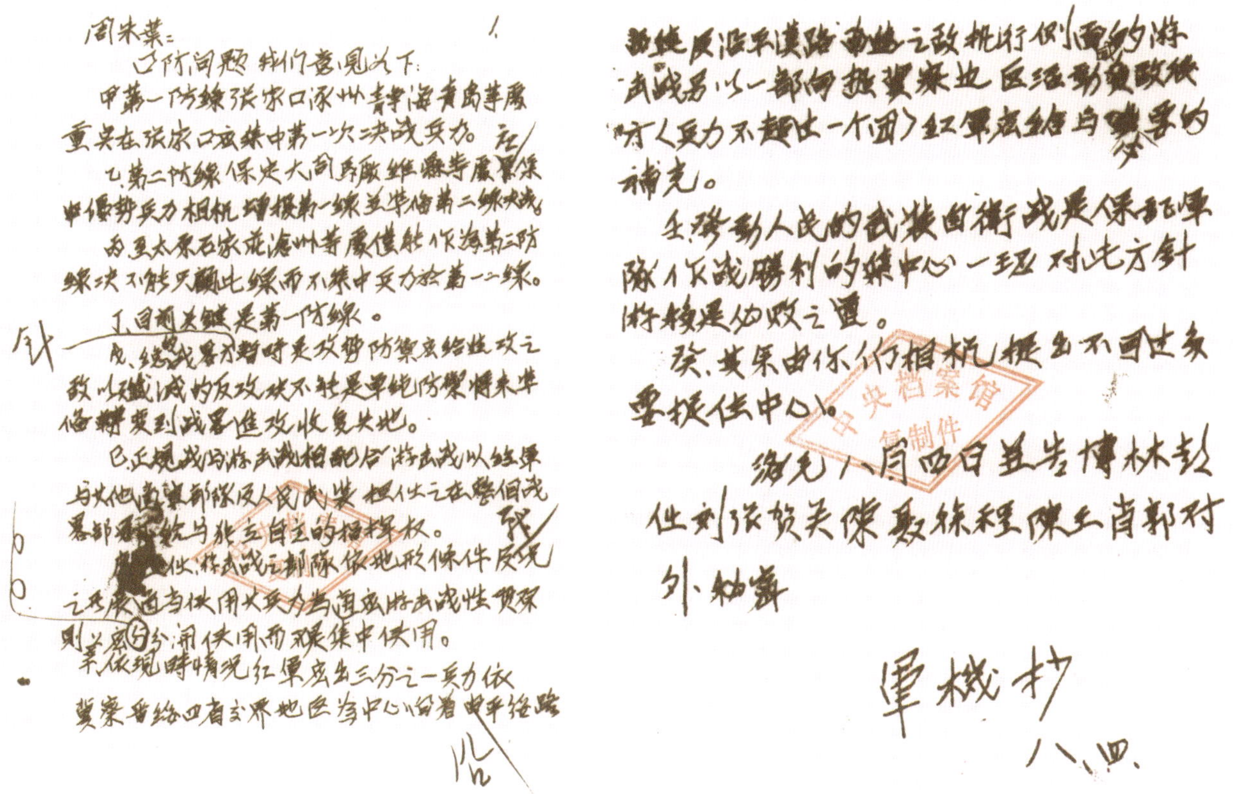

周朱叶：

（一）国防问题我们意见如下：

甲、第一防线张家口、涿州、青沧、海青岛等处，重点在张家口，应集中第一次决战兵力。

乙、第二防线保定、大同、娘子关、维县等处，集中优势兵力，相机增援第一线，并准备第二线决战。

丙、至太原、石家庄、沧州等处，仅能作为第二防线，决不能只顾此线而不集中兵力于第一二线。

丁、目前关键是第一防线。

戊、总的战略方针暂时是攻势防御，应给进攻之敌以歼灭的反攻，决不能是单纯防御，将来准备转变到战略进攻，收复失地。

己、正规战与游击战相配合，游击战以红军与其他适宜部队及人民武装担任之，在整个战略部署上给予独立自主的指挥权。

庚、游击战之部队依地形条件及战况之开展，适当使用大兵力，为适应游击战性质，原则上分开使用，而不是集中使用。

辛、依现时情况，红军应出三分之一兵力，依冀察晋绥四省交界地区为中心，沿着平绥路西段及沿平汉路北段之敌，执行侧面的游击战，另以一部向热冀察边区活动，威胁敌之后方（兵力不超过一个团），红军应给以必要的补充。

壬、发动人民的武装自卫战，是保证军队作战胜利的中心一环，对此方针游移是必败之道。

癸、其余由你们相机提出，不可过多要求作中心。

洛毛 八月四日 并告博林彭任刘张贺关徐聂徐程陈王肖郭材外、林彪

军机抄 八、四

1937 年 8 月 4 日，毛泽东关于国防问题给周恩来、朱德、叶剑英的电报（中央档案馆馆藏）

1937年8月10日，毛泽东关于同各方接洽中应注意事项等给彭雪枫的电报指示：“（甲）同各方接洽，在积极推动抗战的总方针下，要有谦逊的态度，不可自夸红军长处，不可说红军抗日一定打胜仗，相反要请教他们各种情况，如日军战斗力、山地战、平原战等等红军素所不习的情形，以便红军有所根据，逐渐克服困难。不可隐瞒红军若干不应该隐瞒的缺点，例如只会打游击战，不会打阵地战，只会打山地战，不会打平原战，只宜于在总的战略下进行独立自主的指挥，不宜于以战役战术上的集中指挥去束缚，以致失去其长处。这些都应着重说明。”

八路军总部参谋处处长兼驻晋办事处主任彭雪枫

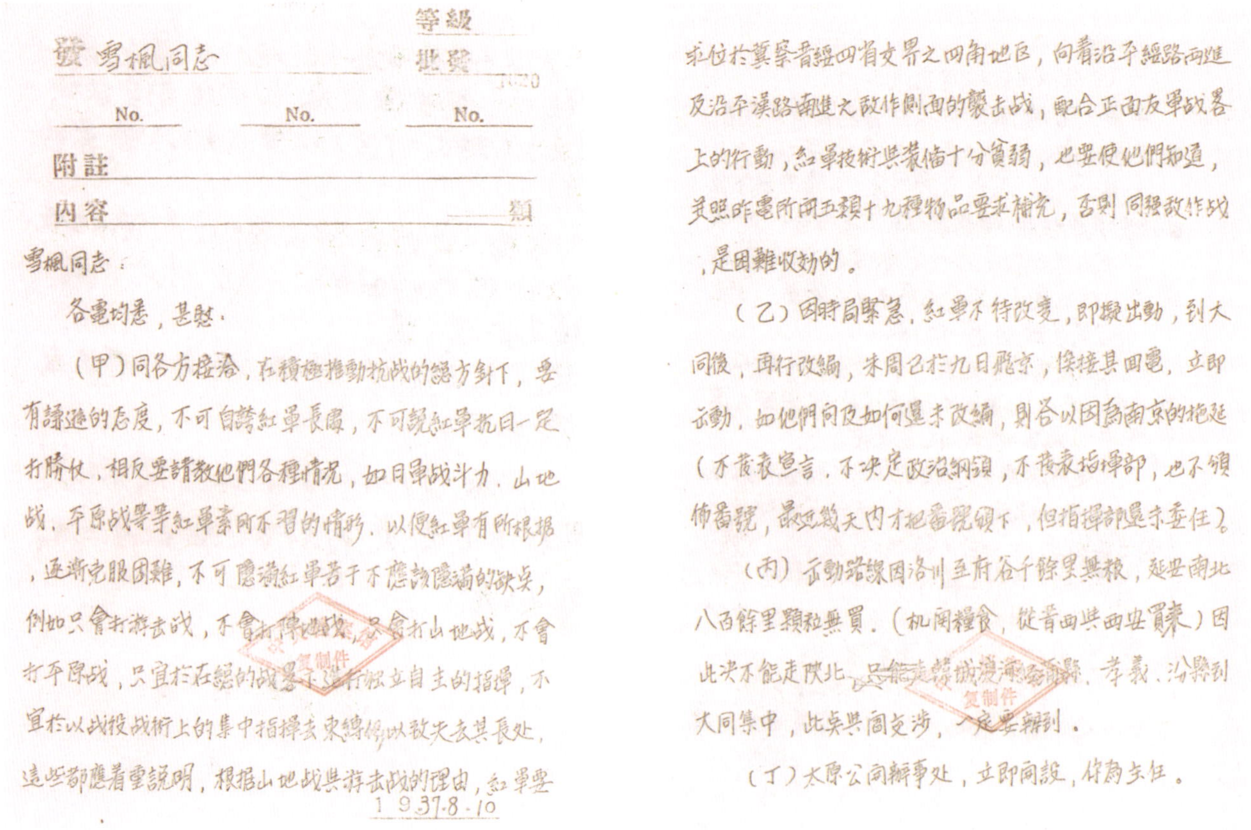

彭雪枫同志　　等級
　　批覆
No.　No.　No.
附註
內容　　類

雪楓同志：

各電均悉，甚慰。

（甲）同各方接洽，在積極推動抗战的總方針下，要有謙遜的态度，不可自誇紅軍長處，不可說紅軍抗日一定打勝仗，相反要請教他們各種情況，如日軍战斗力、山地战、平原战等等紅軍素所不習的情形，以便紅軍有所根据，逐漸克服困難，不可隱瞞紅軍若干不應該隱瞞的缺点，例如只會打游击战，不會打陣地战，只會打山地战，不會打平原战，只宜於在總的战略下進行独立自主的指揮，不宜於以战役战術上的集中指揮去束縛，以致失去其長处，這些都應着重說明，根据山地战與游击战的理由，紅軍要

1937.8.10

求位於冀察晉綏四省交界之四角地区，向着沿平綏路西進及沿平漢路南進之敌作側面的襲击战，配合正面友軍战略上的行動，紅軍技術與裝備十分貧弱，也要使他們知道，并照昨電所開五類十九種物品要求補充，否則同強敌作战，是困難收効的。

（乙）因時局緊急，紅軍不待改变，即擬出動，到大同後，再行改編，朱周已於九日飛京，俟接其回電，立即行動，如他們問及如何還未改編，則答以因為南京的拖延（不发表宣言，不决定政治綱領，不发表指揮部，也不頒佈番號，最近幾天內才把番號頒下，但指揮部還未委任）。

（丙）行動路線因洛川至府谷千餘里無粮，延安南北八百餘里顆粒無買。（机関糧食，從晉西與西安買來）因此决不能走陝北，只能走韓城渡河經蒲縣、孝義、汾縣到大同集中，此点與閻交涉，一定要辦到。

（丁）太原公開辦事处，立即開設，你為主任。

1937年8月10日，毛泽东关于同各方接洽中应注意事项给彭雪枫的电报（中央档案馆馆藏）

“独立自主的山地游击战”这一战略方针不仅关系着中国共产党和红军的前途，而且极大地关系着整个抗日战争的坚持、发展和胜利，关系着中国民族解放的命运。在八路军三大主力相继开赴山西抗日前线后，毛泽东最关心的就是前方将士能否坚定不移地执行党中央的战略部署。有数据显示，在 1937 年 8 月到 1938 年 10 月间毛泽东发给前线的电报中，80% 的电文都与游击战有关。

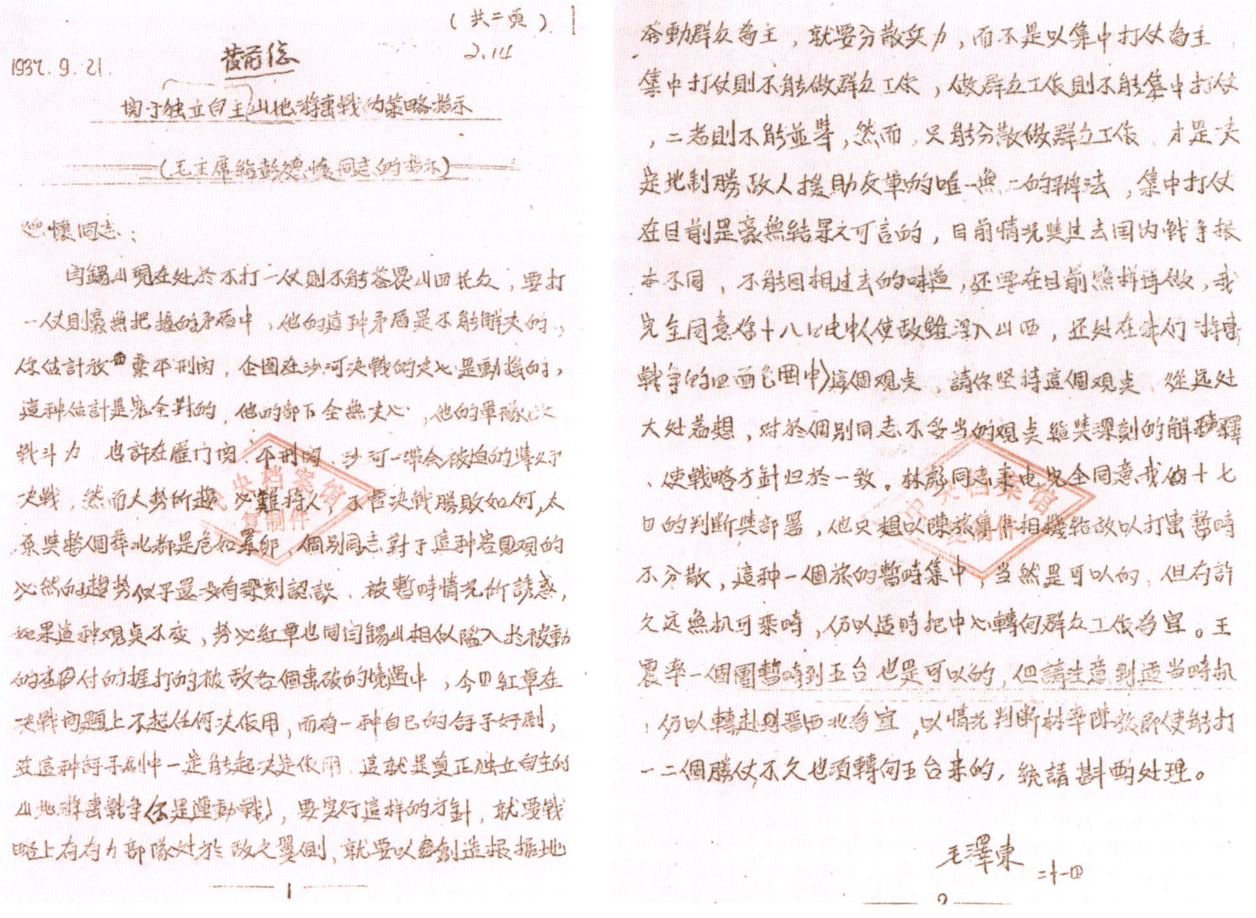
（共二页）
2.14
1937.9.21
[illegible]
關于獨立自主山地游擊戰的策略指示
（毛主席給彭德懷同志的指示）

德懷同志：

閻錫山現在處於不打一仗則不能答覆山西民眾，要打一仗則無把握的矛盾中，他的這種矛盾是不能解決的，你估計敵由雁平到南，企圖在沙河決戰的決心是動搖的，這種估計是完全對的，他的部下全無決心，他的軍隊沒戰斗力，也許在雁門關、平型關、沙河一帶會被迫的舉行決戰，然而大勢所趨，必難持久，不管決戰勝敗如何，太原與整個晉北都是危如累卵，個別同志對于這種客觀的必然的趨勢似乎還沒有深刻認識，被暫時情況所誘惑，如果這種觀點不變，勢必紅軍也同閻錫山相似陷入於被動的應付的挨打的被敵各個擊破的境遇中，今日紅軍在決戰問題上不起任何決作用，而有一种自己的拿手好劇，在這种拿手劇中一定能起決定作用，這就是真正獨立自主的山地游擊戰爭（不是運動戰），要實行這樣的方針，就要戰略上有有力部隊處於敵之翼側，就要以創造根據地

— 1 —

發動群眾為主，就要分散兵力，而不是以集中打仗為主，集中打仗則不能做群眾工作，做群眾工作則不能集中打仗，二者則不能並舉，然而只有分散做群眾工作，才是決定地制勝敵人援助友軍的唯一無二的辦法，集中打仗在目前是毫無結果之可言的，目前情況與過去國內戰爭根本不同，不能回想過去的味道，[illegible]，我完全同意你十八日電中（使敵縱深入山西，我處在[illegible]戰爭的四面包圍中）這個觀點，請你堅持這個觀點，從遠處大處着想，對於個別同志不妥當的觀點給與深刻的解釋，使戰略方針歸於一致。林彪同志來電完全同意我們十七日的判斷與部署，他只想以陳旅集中相機給敵以打擊暫時不分散，這種一個旅的暫時集中，當然是可以的，但有許久還無机可乘時，仍以適時把中心轉向群眾工作為宜。王震率一個團暫時到五台也是可以的，但請注意到適當時机，仍以轉赴晉西北為宜，以情況判斷林率陳旅即使能打一二個勝仗不久也須轉向五台來的，統請斟酌處理。

毛澤東 二十一日

— 2 —

1937 年 9 月 21 日，毛泽东关于独立自主山地游击战的策略给彭德怀的电报（中央档案馆馆藏）

1937 年 9 月 21 日，毛泽东关于独立自主山地游击战的策略给彭德怀的电报指示：“今日红军在决战问题上不起任何决定作用，而有一种自己的拿手好剧，在这种拿手剧中一定能起决定作用，这就是真正独立自主的山地游击战争（不是运动战）。要实行这样的方针，就要战略上有有力部队处于敌之翼侧，就要以创造根据地发动群众为主，就要分散兵力，而不是以集中打仗为主。集中打仗则不能做群众工作，做群众工作则不能集中打仗，二者则不能并举。然而，只有分散做群众工作，才是决定地制胜敌人、援助友军的唯一无二的办法。集中打仗在目前是毫无结果之可言的。”

1937年9月25日，毛泽东关于整个华北应以游击战争为唯一方向给周恩来、刘少奇、杨尚昆等的电报指示：“甲、整个华北工作应以游击战争为唯一方向，一切工作例如兵运统一战线等等，应环绕于游击战争，华北抗战如失败我们不负责任，但游击战争如失败我们须负严重的责任。丙、……设想在敌整个占领华北后我们能坚持广泛有力的游击战争，要告诉全党今后没有别的工作，唯一的就是游击战争，为此目的红军应给与一切可能的助力。”

彭德怀抗战初期照（顾棣收藏）

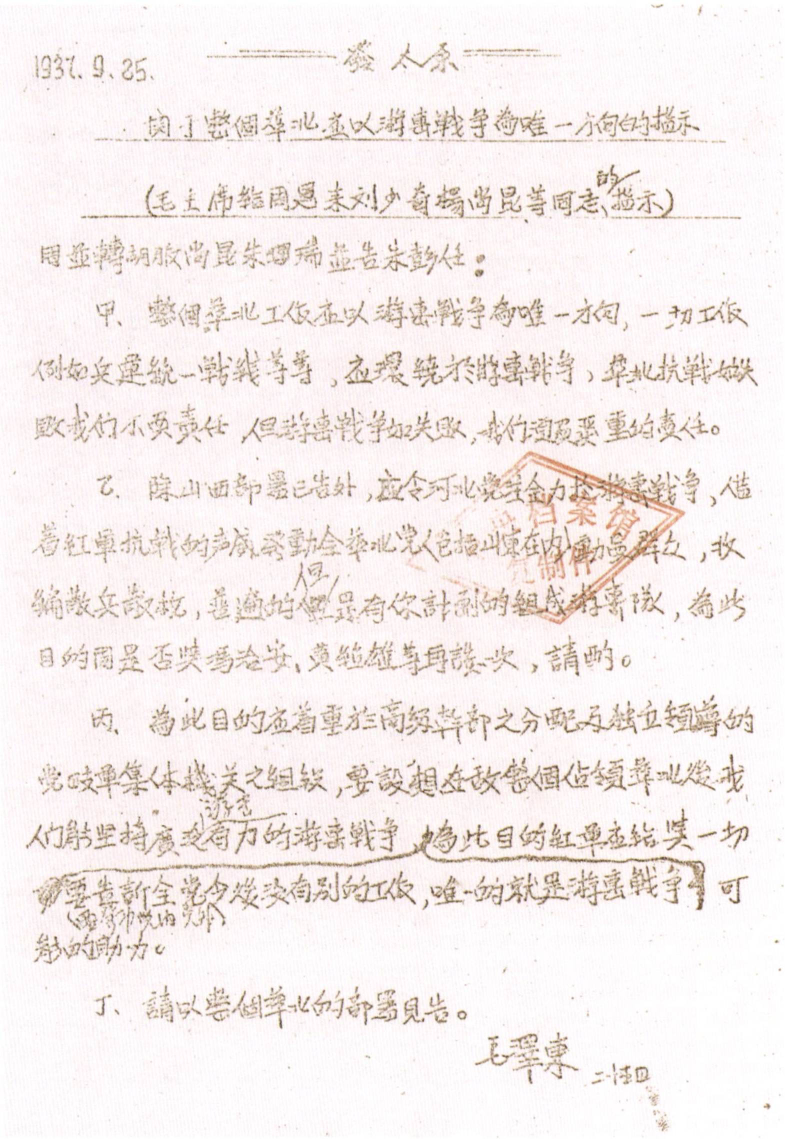

1937.9.25.

關于整個華北應以游擊戰爭為唯一方向的指示

（毛主席給周恩來劉少奇楊尚昆等同志的指示）

周並轉胡服尚昆朱瑞並告朱彭任：

甲、整個華北工作應以游擊戰爭為唯一方向，一切工作例如兵運統一戰綫等等，應環繞於游擊戰爭，華北抗戰如失敗我們不負責任，但游擊戰爭如失敗，我們須負嚴重的責任。

乙、除山西部署已告外，應令河北黨集全力於游擊戰爭，借着紅軍抗戰的聲威發動全華北黨（包括山東在內）發動群眾，收編散兵散槍，普遍的但是有計劃的組成游擊隊，為此目的周是否與馮治安、黄紹雄等再談一次，請酌。

丙、為此目的應着重於高級幹部之分配與獨立領導的黨政軍集體機關之組織，要設想在敵整個佔領華北後我們能堅持廣泛有力的游擊戰爭，要告訴全黨今後沒有別的工作，唯一的就是游擊戰爭，為此目的紅軍應給與一切可能的助力。

丁、請以整個華北的部署見告。

毛澤東 二十四

1937年9月25日，毛泽东关于华北游击战争给周恩来、刘少奇、杨尚昆等的电报（中央档案馆馆藏）

1937 年 9 月 29 日，毛泽东关于在华北局势危险之下应坚持山西游击战争之方针给周恩来、朱德、彭德怀的电报指示：“甲、华北大局非常危险……不久中国阵地将变为扼守黄河运河两线。这一形势将影响到上海战线发生某些变化，南京将被大轰炸，国民党如不妥协，必将迁都……乙、山西将成为华北的特殊局面，这根本的是因为有红军，其次则是阎锡山与我们结合起来。由于这两个力量的结合，将造成数百万人民的游击战争。我们应坚持这一方针，布置全省的游击战。”

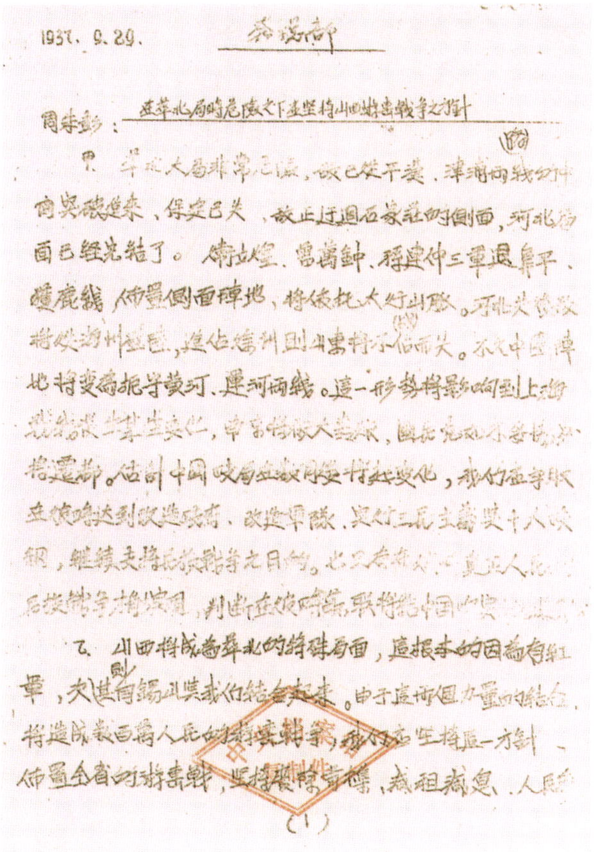

1937. 9. 29.

周朱彭：

在华北局势危险之下坚持山西游击战争之方针

(1)

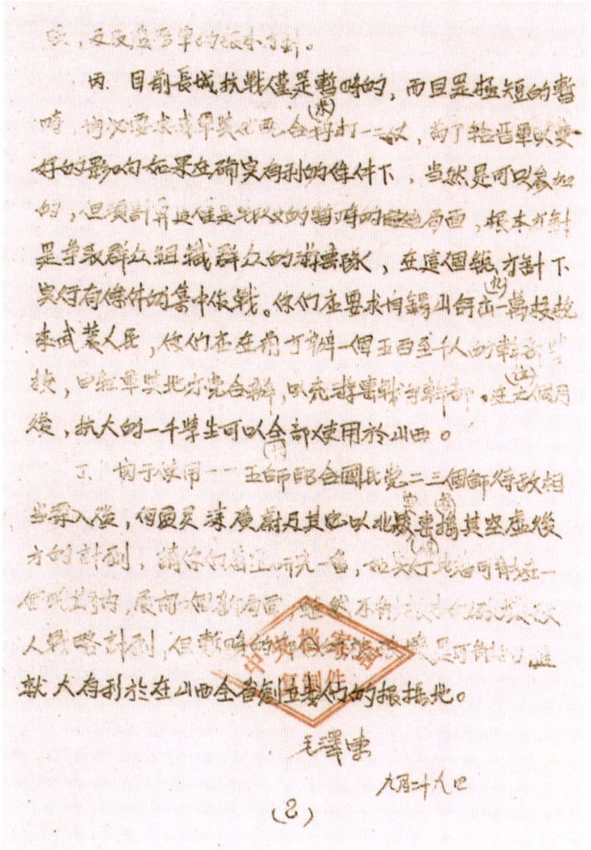

毛泽东

九月二十九日

(2)

1937 年 9 月 29 日，毛泽东关于在华北局势危险之下应坚持山西游击战争之方针给周恩来、朱德、彭德怀的电报（中央档案馆馆藏）

鉴于山西战略地位的重要，中共中央、中央军委和毛泽东用极大的精力在山西营建华北抗日游击战争的战略支点。毛泽东对山西游击战区的部署，原计划八路军主力开赴山西前线后，将全部集中部署于以恒山山脉为中心的晋、察、冀、绥4省交界地区。后来因为形势变化，毛泽东调整了计划，在山西的4个角部署了晋东北、晋西北、晋东南、晋西南4个战略区。

朱德、彭德怀在山西

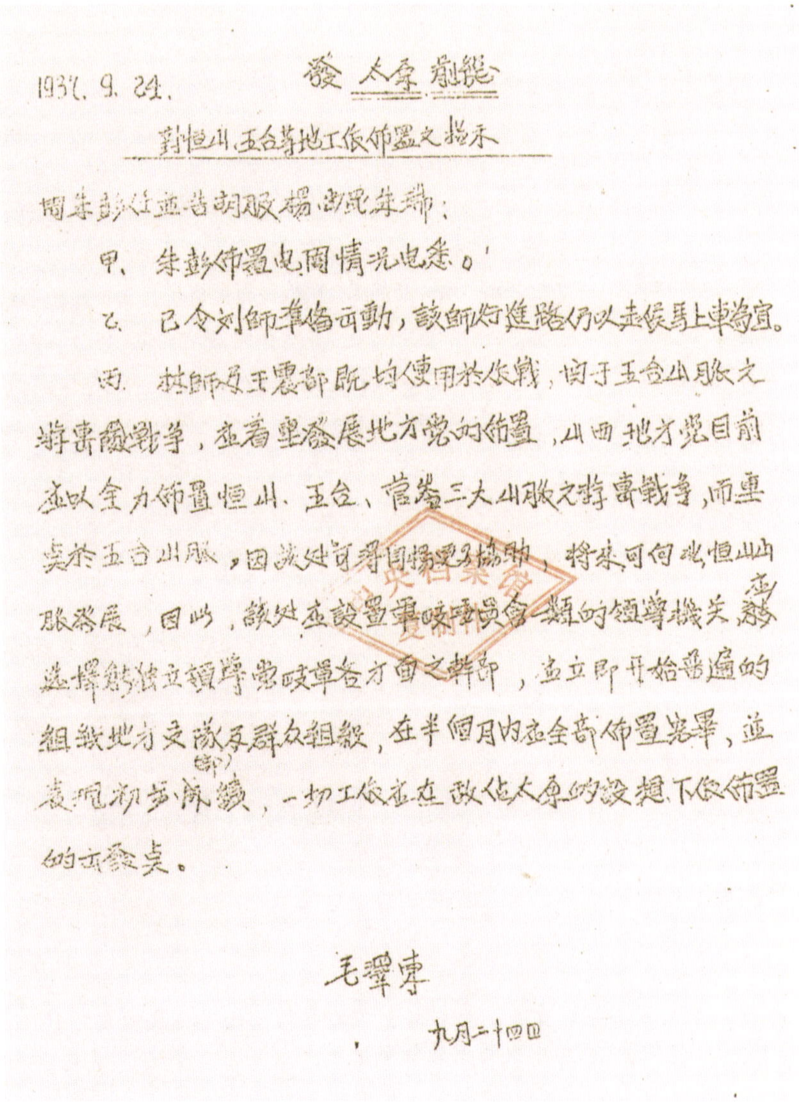

1937.9.24.　發太原彭總

對恒山五台等地工作佈置之指示

周朱彭任並告胡服楊尚昆朱瑞：

甲、朱彭佈置電閱情況甚悉。

乙、已令劉師準備出動，該師行進路仍以走侯馬上車為宜。

丙、林師及王震部既均使用於作戰，關于五台山脈之游擊戰爭，應着重發展地方黨的佈置，山西地方黨目前應以全力佈置恒山、五台、管涔三大山脈之游擊戰爭，而重點於五台山脈，因該處可得閻楊兩方協助，將來可向北恒山山脈發展，因此，該處應設置軍政委員會一類的領導機關，應選擇能獨立領導黨政軍各方面之幹部，並立即開始普遍的組織地方支隊及群眾組織，在半個月內應全部佈置完畢，並表現初步成績（部），一切工作應在敵佔太原的設想下作佈置的出發點。

毛澤東

九月二十四日

1937年9月24日，毛泽东关于对恒山、五台等地工作布置之指示给周恩来、朱德、彭德怀等的电报（中央档案馆馆藏）

1937年9月24日，毛泽东关于对恒山、五台等地工作布置之指示给周恩来、朱德、彭德怀等的电报指示：“丙、……目前应以全力布置恒山、五台、管涔三大山脉之游击战争，而重点于五台山脉……”

1937 年 8 月，刘少奇、彭德怀、杨尚昆在陕西三原合影

1937 年 9 月 19 日，毛泽东给彭德怀的电报指示：“（丙）五台、定襄、盂县地域狭小，敌进太原后，即在其包围中，林彪、杨爱源二部在此区域，亦属暂时性质，无持久可能，判断该地域只能支持数千人的游击战争。（丁）贺龙部应位于晋西北处，于大同、太原之外翼，向绥远与大同游击，方能给敌南进太原以相当有效的钳制作用。五台山区域有林杨二部，十分足够，贺师再去，则失战略意义。”

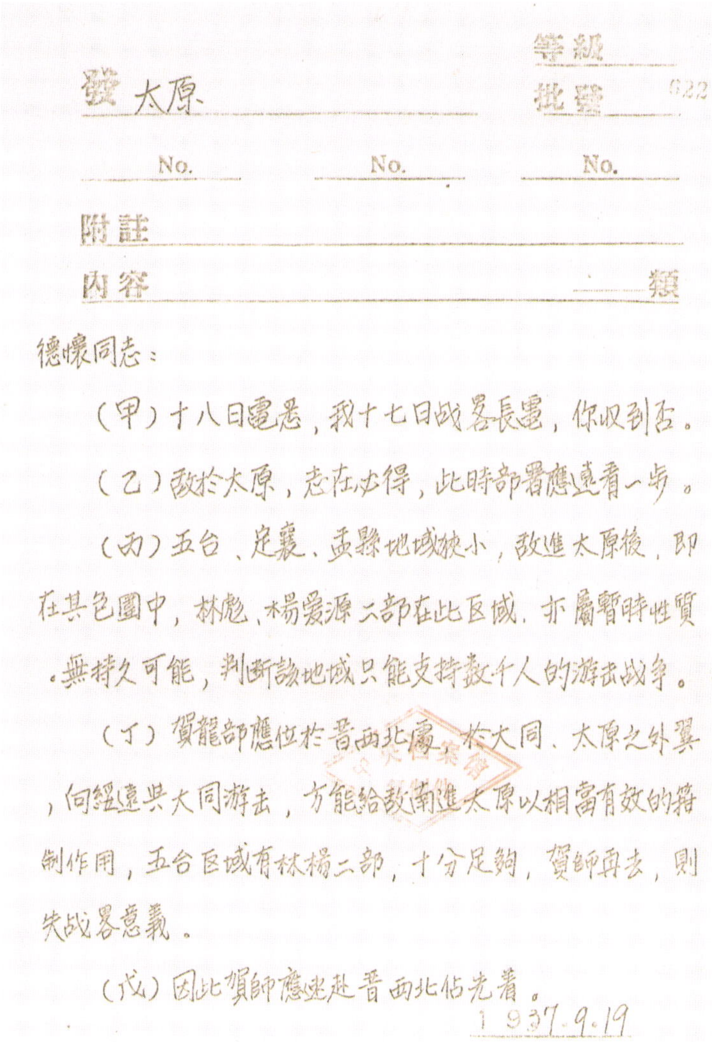

發 太原　　等級　批號 022

No.　No.　No.

附註

內容　類

德懷同志：

（甲）十八日電悉，我十七日战畧長電，你收到否。

（乙）敌於太原，志在必得，此時部署應遠看一步。

（丙）五台、定襄、盂縣地域狹小，敌進太原後，即在其包圍中，林彪、楊愛源二部在此区域，亦屬暫時性質，無持久可能，判斷該地域只能支持數千人的游击战争。

（丁）賀龍部應位於晋西北處，於大同、太原之外翼，向綏遠與大同游击，方能給敌南進太原以相當有效的鉗制作用，五台区域有林楊二部，十分足夠，賀師再去，則失战畧意義。

（戊）因此賀師應速赴晋西北佔先着。

1937.9.19

1937 年 9 月 19 日，毛泽东给彭德怀的电报（中央档案馆馆藏）

1937年9月17日，毛泽东关于敌情判断及我之战略部署给朱德、彭德怀等的电报指示："（己）红军此时是支队性质，不起决战的决定作用，但如部署得当，能起在华北（主要在山西）支持游击战争的决定作用。（庚）过去决定红军全部在恒山山脉创造游击根据地的计划，在上述敌我情况下已根本上不适用了……"

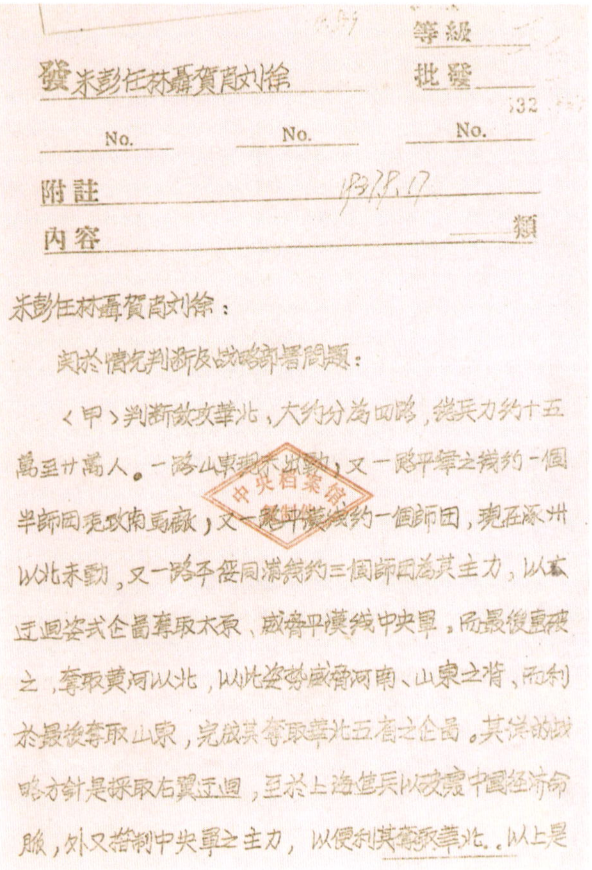
等級
發朱彭任林聶賀肖刘徐　批發
132
No.　No.　No.
附註　1937.9.17
內容　類

朱彭任林聶賀肖刘徐：

關於情况判斷及战略部署問題：

（甲）判斷敌攻華北，大约分為四路，総兵力約十五萬至廿萬人。一路山東現不出動，又一路平綏之綫約一個半師团現攻南口蔚縣，又一路平漢綫約一個師团，現在涿州以北未動，又一路平綏同蒲綫約三個師团為其主力，以大迂迴姿式企圖奪取太原、威脅平漢綫中央軍，而最後再破之，奪取黄河以北，以此姿势威脅河南、山東之背，而利於最後奪取山東，完成其奪取華北五省之企圖。其從的战略方針是採取右翼迂迴，至於上海進兵以攻震中國經濟命脈，外又箝制中央軍之主力，以便利其奪取華北。以上是

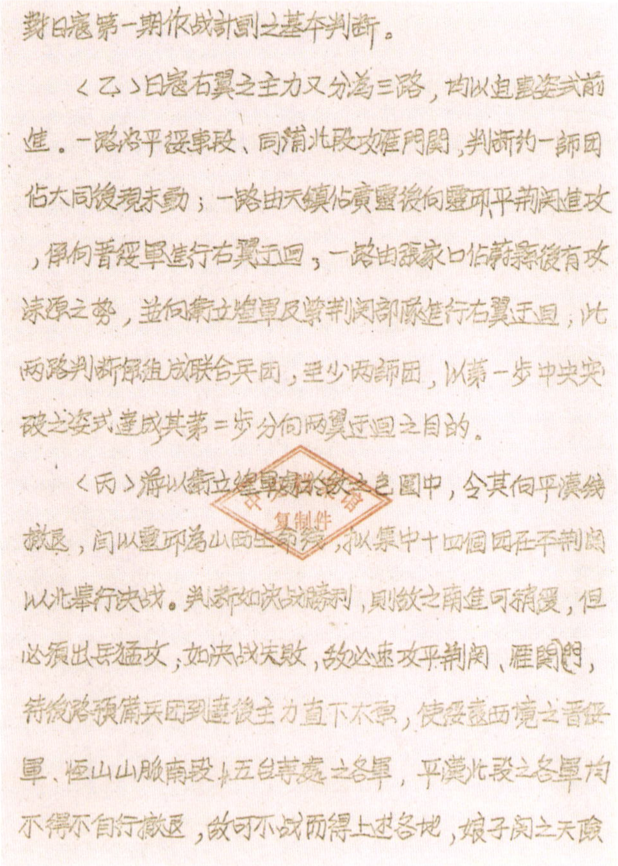
對日寇第一期作战計劃之基本判斷。

（乙）日寇右翼之主力又分為三路，均以迫害姿式前進。一路沿平綏東段、同蒲北段攻雁門關，判斷約一師团佔大同後現未動；一路由天鎮佔廣靈後向靈邱平型關進攻，係向晋綏軍進行右翼迂迴；一路由張家口佔蔚縣後有攻涞源之势，並向衛立煌軍及紫荆關部隊進行右翼迂迴；此兩路判斷係組成联合兵团，至少兩師团，以第一步中央突破之姿式達成其第二步分向兩翼迂迴之目的。

（丙）将以衛立煌軍[illegible]之包圍中，令其向平漢綫撤退，同以靈邱為山西生命线，拟集中十四個团在平型關以北舉行决战。判斷如决战勝利，則敌之南進可稍緩，但必須出兵猛攻，如决战失敗，敌必速攻平型關、雁門關，待後路預備兵团到達後主力直下太原，使綏遠西境之晋綏軍、恒山山脉南段及五台等處之各軍，平漢北段之各軍均不得不自行撤退，故可不战而得上述各地，娘子關之天險

1937年9月17日，毛泽东关于战略部署问题给朱德、彭德怀的电报
（中央档案馆馆藏）

“（辛）……为战略上展开于机动地位……采取如下之战略部署：

（一）我二方面军应集结于太原以北之忻县待命，准备取得阎之同意下，转至晋西北管涔山脉地区活动。

（二）我四方面军在外交问题解决后或于适当时机进至吕梁山脉活动。

（三）我一方面军则以自觉的被动姿态，及时进入恒山山脉南活动，如敌南进而友军又未能将其撤退，作准备依情况逐渐南移，展开于晋东南之太行、太岳两山脉中。

（四）总部进至太原附近，依情况决定适当位置。”

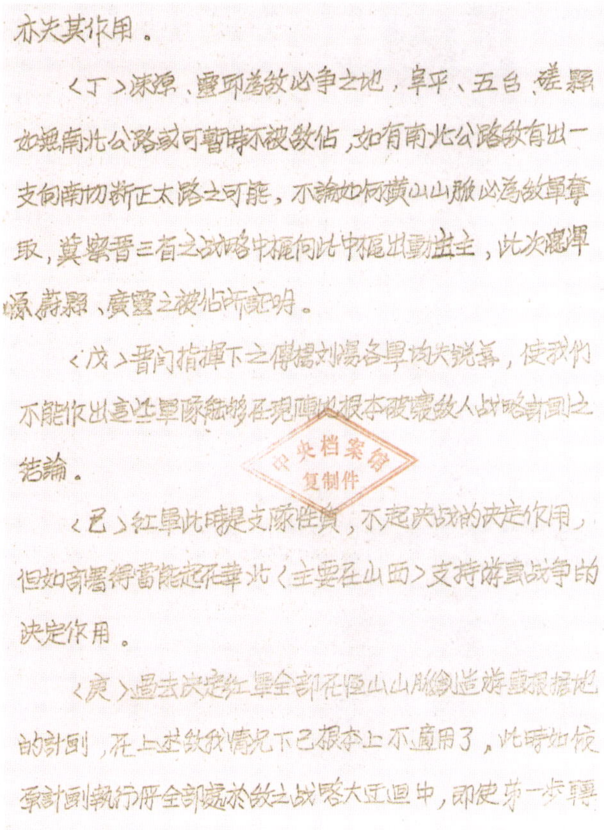
亦失其作用。

〈丁〉涞源、灵邱为敌必争之地，阜平、五台、崞县如无南北公路或可暂时不被敌占，如有南北公路敌有出一支向南切断正太路之可能，不论如何恒山山脉必为敌军夺取，冀察晋三省之战略中枢向此中枢出动出生，此次浑源、蔚县、广灵之被占所证明。

〈戊〉晋阎指挥下之傅杨刘汤各军均失锐气，使我们不能作出这些军队能够在现时以根本破坏敌人战略计划之结论。

〈己〉红军此时是支队性质，不起决战的决定作用，但如部署得当能起在华北（主要在山西）支持游击战争的决定作用。

〈庚〉过去决定红军全部在恒山山脉创造游击根据地的计划，在上述敌我情况下已根本上不适用了，此时如依原计划执行将全部处于敌之战略大迂回中，即使第一步转

1937 年 9 月 17 日，毛泽东关于战略部署问题给朱德、彭德怀的电报（中央档案馆馆藏）

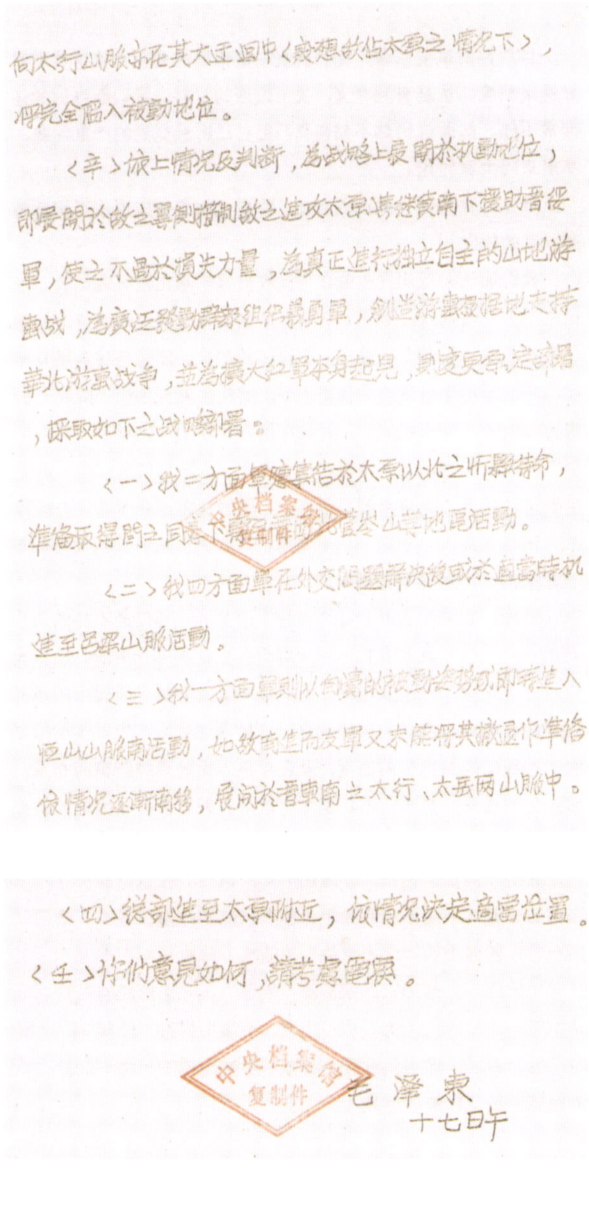
向太行山脉亦在其大迂回中（设想敌占太原之情况下），将完全陷入被动地位。

〈辛〉依上情况及判断，为战略上展开于机动地位，即展开于敌之翼侧，钳制敌之进攻太原与继续南下援助晋绥军，使之不过于损失力量，为真正进行独立自主的山地游击战，为广泛发动群众组织义勇军，创造游击根据地支持华北游击战争，并为扩大红军本身起见，即应变更过去部署，采取如下之战略部署：

〈一〉我二方面军应集结于太原以北之忻县待命，准备取得阎之同意下转至晋西北管涔山脉地区活动。

〈二〉我四方面军在外交问题解决后或于适当时机进至吕梁山脉活动。

〈三〉我一方面军则以自觉的被动姿势，及时进入恒山山脉南活动，如敌南进而友军又未能将其撤退，作准备依情况逐渐南移，展开于晋东南之太行、太岳两山脉中。

〈四〉总部进至太原附近，依情况决定适当位置。

〈壬〉你们意见如何，请考虑电复。

毛泽东
十七日午

按照中共中央的部署，一方面可以依凭山西四面有利的地形建成坚不可摧的抗日堡垒；另一方面可以以山西为依托，向南、北、东三面开拓创建更加广阔的抗日根据地，牵制和歼灭敌人的大量有生力量，从而支持整个华北乃至全国的抗日战争。就此，在这场波澜壮阔的民族革命战争中，山西成为华北的战略锁钥，在中国抗日战争乃至世界反法西斯战争中发挥了重大战略作用。

把山西成为北方游击战争的战略支点

——太原陷落后的随笔之一

（1937年11月15日）

洛 甫

自芦沟桥事变以来，山西政治军事情况的变化，值得我们很好地来研究。虽是直到今天，关于山西的材料，我们所得到的还非常不够，然而这仍然不妨碍我们把自己所感觉到的严重问题，拿出来同大家讨论。

首先，我想说一说山西当局，特别是阎百川先生从芦沟桥事变以来的转向。

我们承认阎百川先生是在当代政治家中间比较有远见的。不论在过去一时期内，他同共产党怎样立于完全对立的地位，想出了各种各样“防共”的办法，反对过共产党，然而当日本增兵华北，华北形势十分紧急的情况之下，阎先生就开始把“防共”的精力转向于“守土抗战”，并且在山西组织了“牺牲救国同盟会”，在政府统治的范围内，相当容许了人民救国的自由。阎先生的这种转变，是值得我们赞许的。同时这也证明本党过去所说的，国难当前，全中国一切不愿当亡国奴的人是应该而且可以联合起来的话，是完全正确的。

然而，阎先生当时“守土抗战”的主张，显然是不够的。山西的存亡，同华北的存亡，同中国的存亡是不可分离的。在阎先生“守土抗战”的主张中间，我们很明显的看到了阎先生的思想中还存在着地方观念与保守观念。这种观念必然产生对于抗战动员上的被动的与消极的态度，及在军事方面的单纯防御的布置。阎先生的远见，显然还不能超出于统治者的狭隘的政治经验的范围之外。

然而芦沟桥的炮声，平津的陷落，南口、张家口的失守，平绥路的告警，不能不使阎先生重新考虑他的政治口号了。他的军队在日军前面不能“守土抗战”，他的地方政府机构也不适合于“守土抗战”，他的官办统治的“牺盟”，守土抗战的力量也非常不够。于是阎先生为了保卫山西，不能不提出“民族革命战争”的口号了。这表示阎先生开始了解到山西的问题不仅是山西的问题而是全民族的问题了。

张闻天在中共中央机关刊物《解放》发表的关于把山西成为北方游击战争的战略支点的文章

时任中央政治局委员的张闻天

1937 年 9 月，八路军总部在朱德、彭德怀的率领下开赴山西抗日前线，以山西为立足点和出发地，指挥八路军三大主力师独立自主的开展敌后游击战争，创建敌后抗日根据地。八年全国抗战，八路军总部绝大部分时间没有离开过山西抗日战线，使山西成为华北抗战的指挥中枢和战略基地。

朱德、彭德怀在太行八路军总部（徐肖冰 摄）

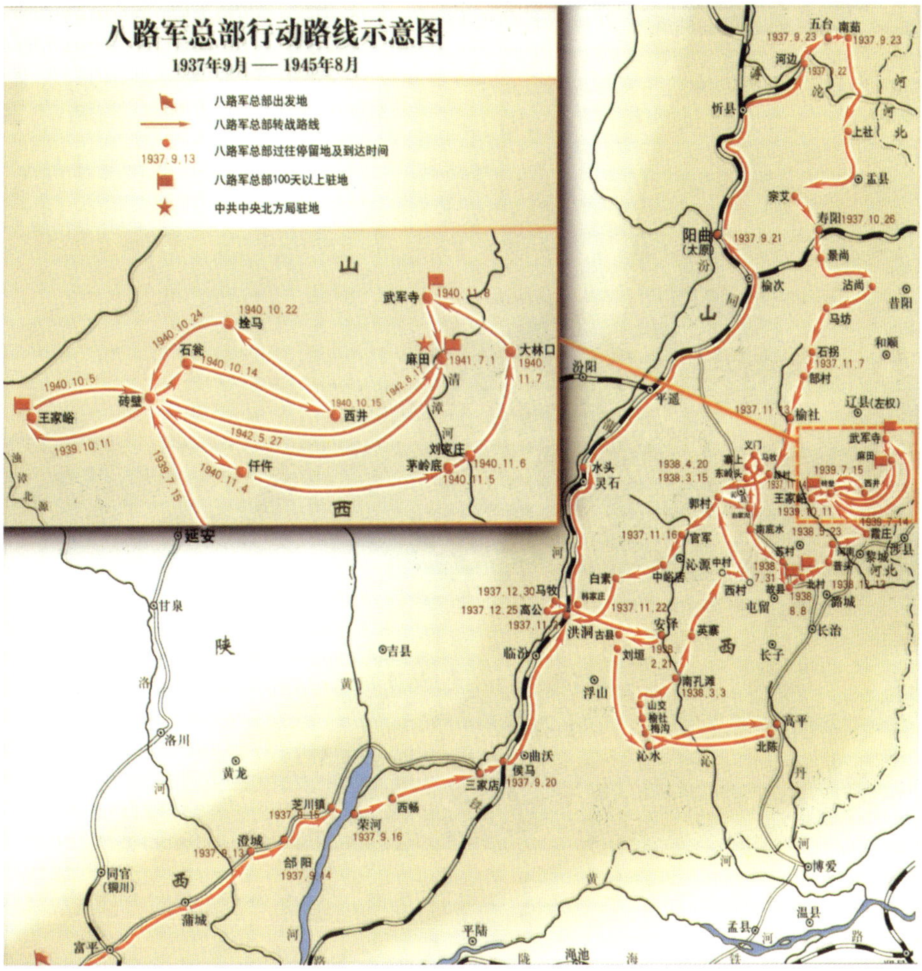

五台县南茹村，是八路军总部进入山西后第一个驻地，是八路军由“北上”改为“南移”的折返地，也是其战略部署重大调整的完成地。在此八路军提出和实施了一系列重大军事决策，指挥了著名的平型关大捷、夜袭阳明堡等战斗。

任弼时、刘伯承、贺龙、朱德、肖克（右起）等在山西五台县南茹村八路军总部

1937年冬，朱德、任弼时在山西前线

五台县南茹村八路军总部旧址

1938 年 3 月以后，八路军总部辗转于晋东南的武乡、辽县（左权）地区，先后在辽县的麻田，武乡的王家峪、砖壁，潞城的北村等地长期驻扎。在崇山峻岭的沟壑中，八路军最高指挥官和普通士兵、群众一起战斗，一起生活，一起胜利。

1940 年朱德总司令在太行，罗光达拍摄于山西武乡王家峪

彭德怀在山西武乡县砖壁村八路军总部会议上作报告

朱德总司令亲临太行山前线指挥作战（顾棣收藏）

彭德怀（右）和左权在山西武乡县王家峪八路军总部合影

朱德、彭德怀和陆定一等在山西潞城县北村

武乡县王家峪八路军总部旧址

山西潞城北村八路军总部旧址

1940年春晋察冀军区司令员兼政治委员聂荣臻到晋东南八路军总部汇报工作时和129师领导人的合影，从左至右：李达、聂荣臻、邓小平、刘伯承、吕正操、蔡树藩（罗光达 摄）

1940年朱德、刘伯承、邓小平、聂荣臻、罗瑞卿、蔡树藩等在左权县桐峪检阅部队（罗光达 摄）

中共中央北方分局书记杨尚昆（左1）、彭真（左6）在太行与贺龙（右2）、关向应（右7）、邓小平（左4）、罗瑞卿（左3）、滕代远（右6）等合影

在八路军总部的直接指挥下，八路军战士转战在山西的崇山峻岭，开展游击战争

左权县麻田八路军总部旧址

第二章

抗日烽火

太原失陷后（1937年11月8日），华北正规战争阶段基本结束，游击战争阶段开始。出师以来一直配合正面战场作战起着战略支队作用的八路军，开始成为支撑山西和整个华北抗战的中坚。按照中共中央的决策部署，八路军在华北实行战略展开开辟敌后战场，开展游击战争，创建起晋察冀、晋绥、晋冀鲁豫等敌后抗日民主根据地，抗日的烽火燃遍了太行山。

一 分兵进敌后，创建四大根据地

1937 年 11 月 13 日，毛泽东在关于红军发展方向的电文中指示：“红军任务在于发挥进一步的独立自主原则，坚持华北游击战争，同日寇力争山西全省的大多数乡村，多打小胜战，兴奋士气，用以影响全国，实现全民抗战之新局面。”“今后一切计划应以军渡、临汾、蒲县、晋城失守为基点；在晋西北应以宁武、神池、五寨失守为基点；晋东北应以五台、蔚县、广灵、灵丘、阜平失守为基点。”八路军三师主力按部署分兵挺进各自战区，英勇杀敌收复失地，建设抗日根据地，大声呐喊唤起人民，汇成一道道抗日的铁流。

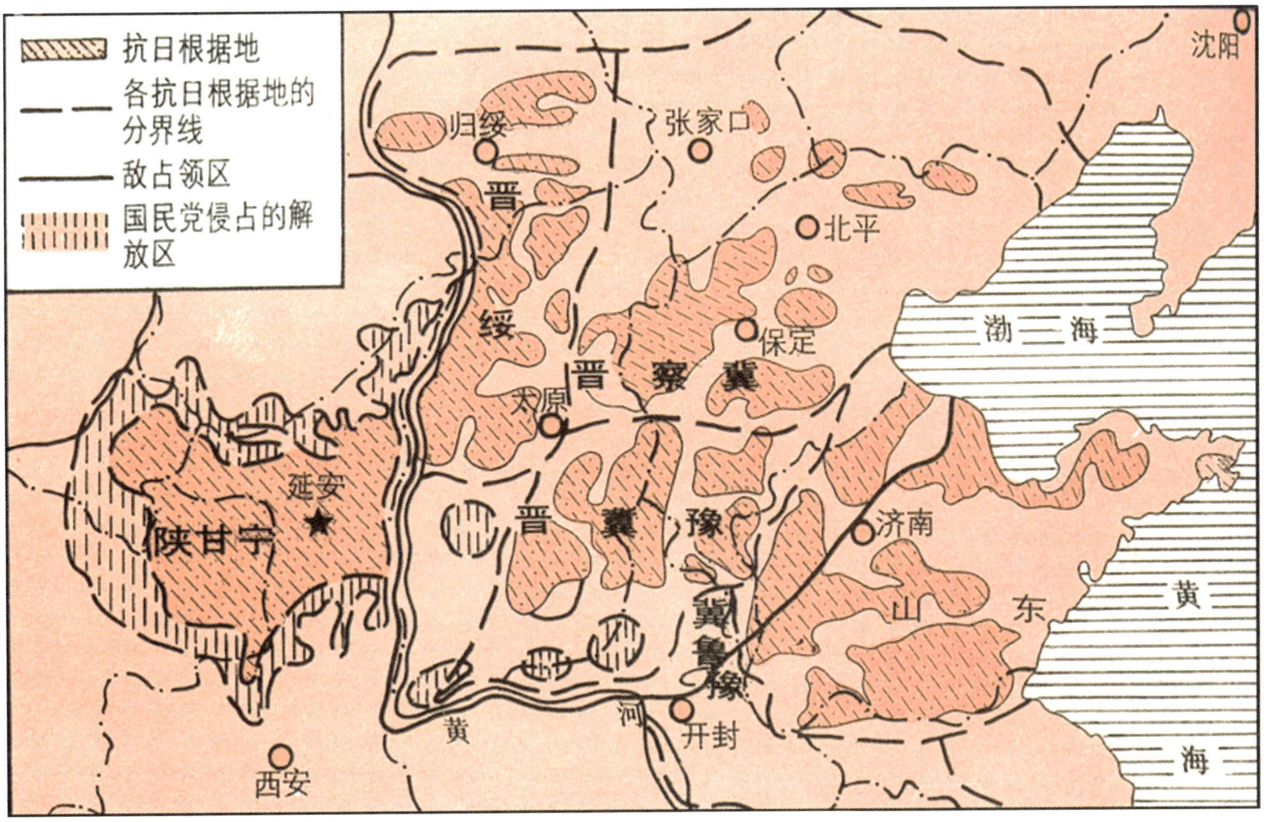

华北敌后抗日根据地形势示意图

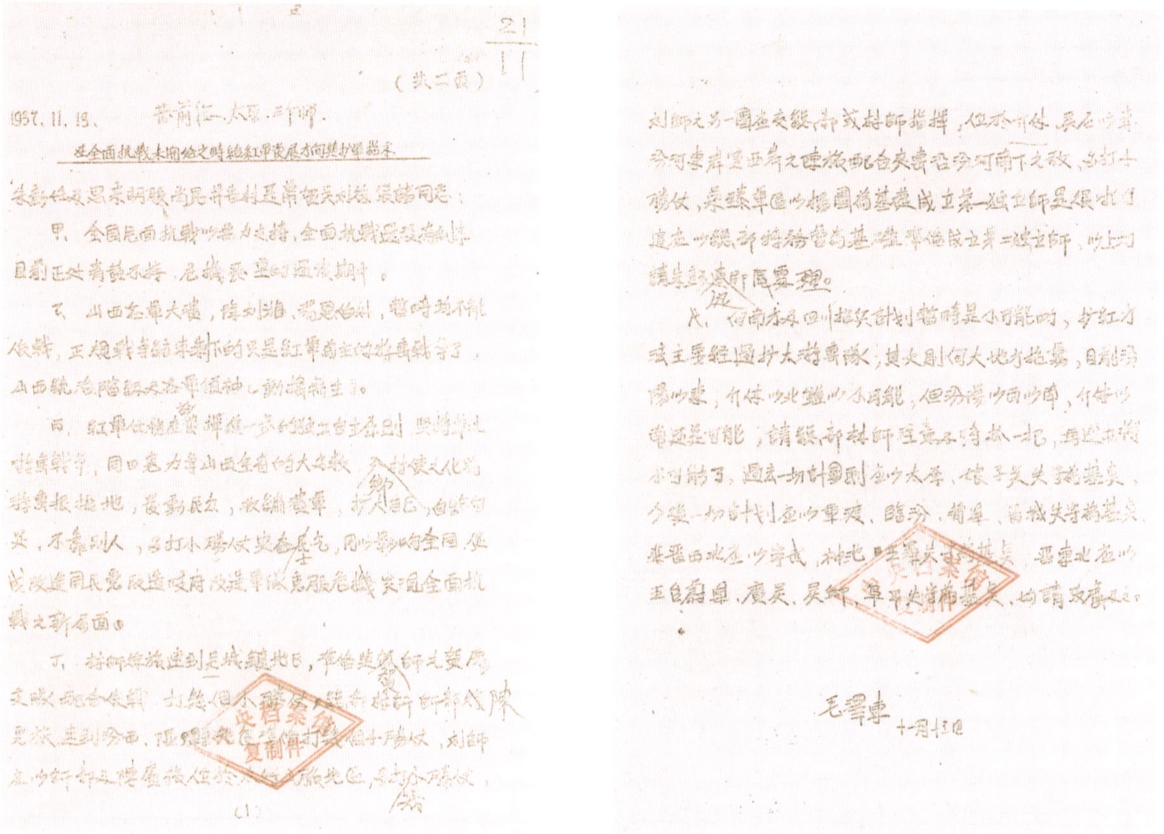
（共二頁）

1937.11.13.

在全面抗戰未開始之時給紅軍發展方向與部署

毛澤東 十一月十三日

1937 年 11 月 13 日毛泽东关于红军发展方向给朱德、彭德怀等的电报（中央档案馆馆藏）

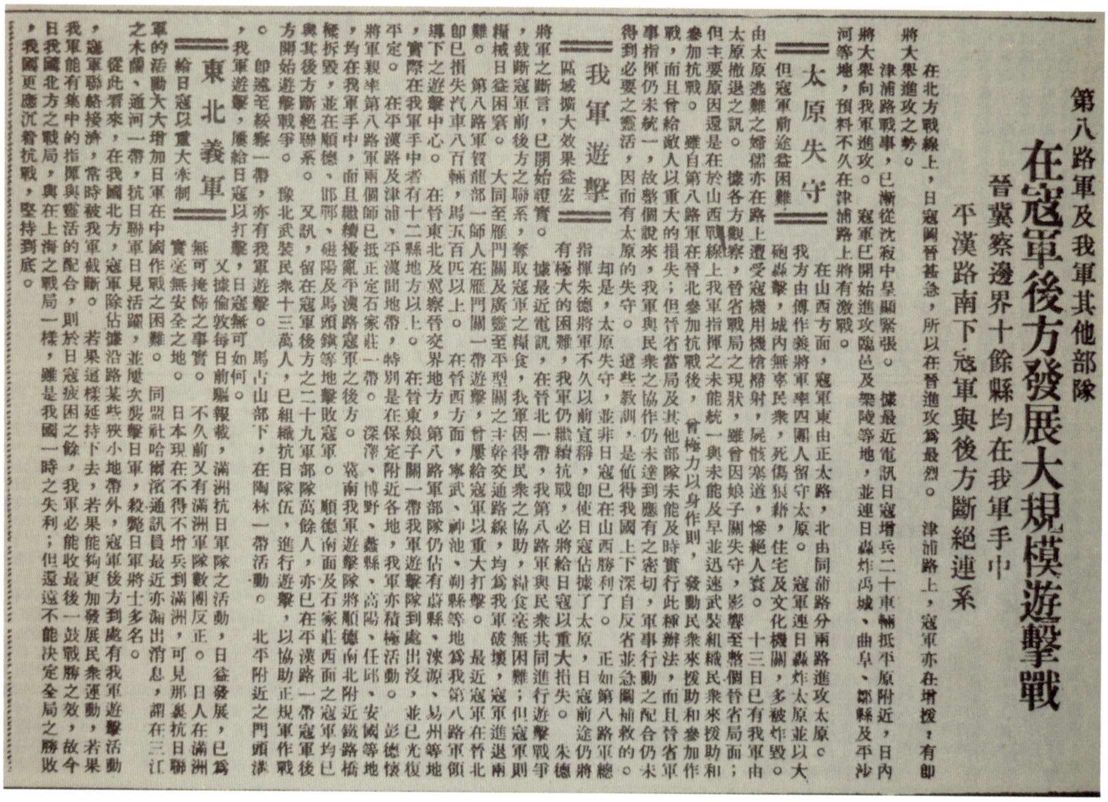
第八路軍及我軍其他部隊

在寇軍後方發展大規模遊擊戰

晉冀察邊界十餘縣均在我軍手中

平漢路南下寇軍與後方斷絕連系

在北方戰線上，日寇圖晉甚急，所以在晉進攻爲最烈。津浦路上，寇軍亦在增援，有即將大舉進攻之勢。

津浦路戰事，已漸從沉寂中呈顯緊張。據最近電訊日寇增兵二十車輛抵平原附近，日內將大舉向我軍進攻。寇軍已開始進攻臨邑及樂陵等地，並連日轟炸禹城、曲阜、鄒縣及平沙河等地，預料不久在津浦路上將有激戰。

太原失守

但寇軍前途益困難

在山西方面，寇軍東由正太路，北由同蒲路分兩路進攻太原。我方由傅作義將軍率四團人留守太原。寇軍連日轟炸太原並以大砲轟擊，城內無辜民衆，死傷狼藉，住宅及文化機關，多被炸毀。由太原逃難之婦孺亦在路上遭受寇機用機槍掃射，屍骸塞道，慘絕人寰。十三日已有我軍由太原撤退之訊。據各方觀察，晉省戰局之現狀，雖曾因娘子關失守，影響至整個晉省局面；但主要原因還是在於山西戰線上我軍指揮之未能統一與未能及早並迅速武裝組織民衆來援助和參加抗戰。雖自第八路軍在晉北參加抗戰後，曾極力以身作則，發動民衆來援助和參加作戰，而且曾給敵人以重大的損失；但晉省當局及其他部隊未能及時實行此種辦法，而且晉省軍事指揮仍未統一，故整個說來，我軍與民衆之協作仍未達到應有之密切，軍事行動之配合仍未得到必要之靈活，因而有太原的失守。這些教訓，是值得我國上下深自反省並急圖補救的。

我軍遊擊

區域擴大效果益宏

卻是，太原失守，並非日寇已在山西勝利了。正如第八路軍總指揮朱德將軍不久以前宣稱，即使日寇佔據了太原，日寇前途仍將有極大的困難，我軍仍繼續抗戰，必將給日寇以重大損失。朱德將軍之斷言，已開始證實。據最近電訊，在晉北一帶，我第八路軍與民衆共同進行遊擊戰爭，截斷寇軍前後方之聯系，奪取寇軍之糧食，我軍因得民衆之協助，糧食毫無困難；但寇軍則糧械日益困窘。大同至雁門關及廣靈至平型關之主幹交通路綫，均爲我軍破壞，寇軍進退兩難。第八路軍賀龍部一師人在雁門關一帶遊擊，曾屢給寇軍以重大打擊。最近寇軍在晉北即已損失汽車八百輛，馬五百匹以上。在晉西方面，寧武、神池、朔縣等地爲我第八路軍領導下之遊擊中心。在晉東北及冀察晉交界地方，第八路軍部隊仍佔有崞縣、淶源、易州等地，實際在我軍手中者有十二縣地方以上。在晉東娘子關一帶我軍遊擊隊到處出沒，並已光復平定。在平漢路及津浦、平漢間地帶，特別是在保定附近各地，我軍亦積極活動。彭德懷將軍親率第八路軍兩個師已抵正定石家莊一帶。深澤、博野、蠡縣、高陽、任邱、安國等地，均在我軍手中，而且繼續擾亂平漢路寇軍之後方。冀南我軍遊擊隊將順德南北附近鐵路橋樑拆毀，並在順德、邯鄲、磁陽及馬頭鎮等地擊敗寇軍。順德南面及石家莊西面之寇軍均已與其後方斷絕聯系。又訊，留在寇軍後方之二十九軍部隊萬餘人，亦已在平漢路一帶寇軍後方開始遊擊戰爭。豫北武裝民衆十三萬人，已組織抗日隊伍，進行遊擊，以協助正規軍作戰。即遠至綏縣一帶，亦有我軍遊擊。馬占山部下，在陶林一帶活動。北平附近之門頭溝，我軍遊擊，屢給日寇以打擊，日寇無可如何。

東北義軍

給日寇以重大牽制

又據倫敦每日前驅報載，滿洲抗日軍隊之活動，日益發展，已爲無可掩飾之事實。不久前又有滿洲軍隊數團反正。日人在滿洲實感無安全之地。日本現在不得不增兵到滿洲，可見那裏抗日聯軍的活動大大增加日軍在中國作戰之困難。同盟社哈爾濱通訊員最近亦漏出消息，謂在三江之木蘭、通河一帶，抗日聯軍日見活躍，並屢次襲擊日軍，殺斃日軍將士多名。

從此看來，在我國北方，寇軍除佔據沿路某些狹小地帶外，寇軍後方到處有我軍遊擊活動，寇軍聯絡接濟，常時被我軍截斷。若果這樣延持下去，若果能夠更加發展民衆運動，若果我軍能有集中的指揮與靈活的配合，則於日寇疲困之餘，我軍必能收最後一鼓戰勝之效，故今日我國北方之戰局，與在上海之戰局一樣，雖是我國一時之失利；但還遠不能決定全局之勝敗，我國更應沉着抗戰，堅持到底。

1937 年 11 月 15 日《救国时报》刊发的“第八路军在日军后方发展大规模游击战”的报道

1. 第 115 师和第 120 师各一部挺进五台山，创建晋察冀抗日根据地

1937 年 10 月，八路军第 115 师取得平型关大捷后，聂荣臻率领该师独立团、骑兵营、教导队、第 120 师第 359 旅工作团以及总部特务团共约 3000 人奉命留守恒山、五台山地区坚持游击战争，创建晋察冀抗日根据地。

八路军骑兵部队开赴五台山

1937 年八路军攻占涞源插剑岭向敌后挺进（沙飞 摄）

八路军在晋东北地区发动群众，组织抗日武装，建立抗日政权，打开了晋察冀边区西部地区的局面，1937 年 11 月 7 日晋察冀军区在山西五台县成立。

抗战初晋察冀军区首长：（前排左起）唐延杰、聂荣臻，（后排左起）朱良才、程子华、吕正操（沙飞 摄）

1937 年冬，聂荣臻与晋东北行政主任宋劭文在山西五台商议抗日救国，为创建华北敌后第一个抗日民主政府打下基础

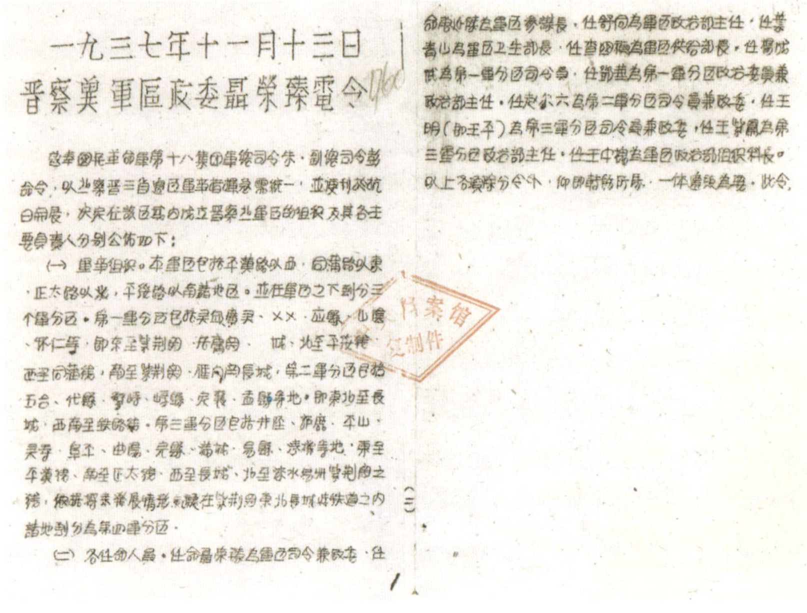

一九三七年十一月十三日
晋察冀軍區政委聶榮臻電令

茲奉國民革命軍第十八集團軍總司令朱、副總司令彭命令，以北察晉三省邊區軍事有迫急需統一，並便利於抗日需要，決定在該區域內成立晉察冀軍區的組織及其各主要負責人分別公佈如下：

(一) 軍事組織。本軍區包括平漢路以西，同蒲路以東，正太路以北，平綏路以南諸地區。並在軍區之下劃分三個軍分區。第一軍分區包括靈邱、廣靈、××、應縣、山陰、懷仁等，即東至紫荊關、倒馬關、城，北至平綏線，西至同蒲線，南至紫荊關、雁門關長城，第二軍分區包括五台、代縣、寧武、崞縣、定襄、盂縣等地，即東北至長城，西南至鐵路線。第三軍分區包括井陘、平山、靈壽、阜平、曲陽、完縣、唐縣、易縣、淶源等地，東至平漢線，南至正太線，西至長城，北至淶水易州紫荊關之線，依據將來發展情形擬在紫荊關東北長城以鐵道之內諸地劃分為第四軍分區。

(二) 各任命人員。任命聶榮臻為軍區司令兼政委，任命唐延傑為軍區參謀長，任舒同為軍區政治部主任，任葉青山為軍區衛生部長，任查國楨為軍區供給部長，任楊成武為第一軍分區司令員，任鄧華為第一軍分區政治委員兼政治部主任，任趙爾陸為第二軍分區司令員兼政委，任王明（即王平）為第三軍分區司令員兼政委，任王宗槐為第三軍分區政治部主任，任王中魏為軍區政治部組織科長。以上各員除分令外，仰即轉飭所屬，一體遵照為要。此令。

1937 年 11 月 13 日晋察冀军区政委聂荣臻电令（中央档案馆馆藏）

晋察冀反“八路围攻”

1937 年 11 月 24 日，日军调集第 5、第 14、第 109 师兵团及关东军察哈尔派遣团各一部两万余人，分别由平绥路、平汉路、北同蒲路、正太路等方向分八路向晋察冀抗日根据地展开大规模进攻。八路军迎头反击，歼敌 2000 余人，粉碎了敌人的第一次围攻，收复了晋东北 12 个县，冀西 20 个县，察东 4 个县。

1937 年 11 月 28 日，聂荣臻亲临前线指挥晋察冀根据地军民反“八路围攻”作战（顾棣收藏）

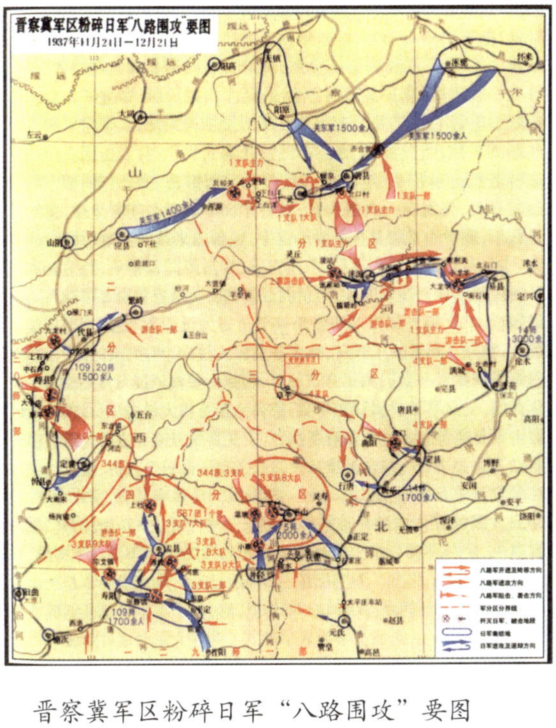

晋察冀军区粉碎日军“八路围攻”要图

八路军在长城岭一带作战（沙飞 摄）

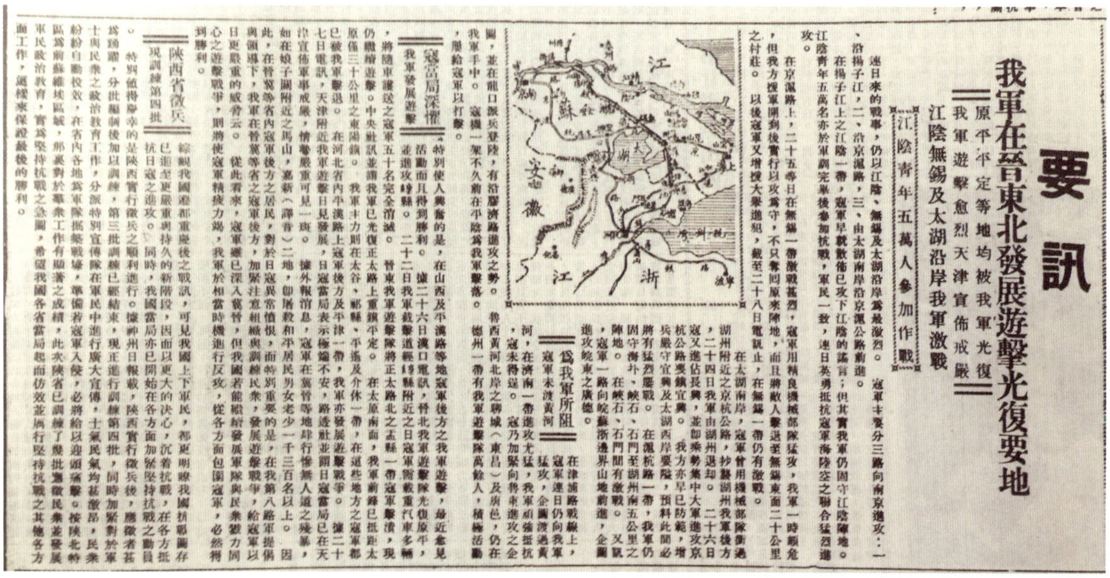

要訊

我軍在晉東北發展遊擊光復要地

原平平定等地均被我軍光復
我軍遊擊愈烈天津宣佈戒嚴
江陰無錫及太湖沿岸我軍激戰

江陰青年五萬人參加作戰

連日來的戰事，仍以江陰、無錫及太湖沿岸爲最激烈。 寇軍主要分三路向南京進攻：一、沿揚子江，二、沿京滬路，三、由太湖南岸沿京滬公路前進。 在揚子江上之江陰一帶，寇軍早就散佈已攻下江陰的謠言；但其實我軍仍固守江陰陣地。江陰青年五萬名亦於軍訓完畢後參加抗戰，軍民一致，連日英勇抵抗寇軍海陸空之聯合猛烈進攻。

在京滬路上，二十五等日在無錫一帶激戰甚烈，寇軍用精良機械部隊猛攻，我軍一時頗危，但我方援軍開到後實行以攻爲守，不只奪回原來陣地，而且將敵人擊退至無錫東面二十公里之村莊。 以後寇軍又增援大舉進犯，截至二十八日電訊止，在無錫一帶仍有激戰。

在太湖南岸，寇軍曾用機械部隊衝過湖州附近之京杭公路，抄襲湖州我軍後方，二十四日我軍由湖州退卻。 二十六日寇又進佔長興，並即乘勢集中大軍進攻京杭公路要鎮宜興。我方亦早已防範，增兵嚴守宜興及太湖西岸要隘，預料此間必將有猛烈鏖戰。 在滬杭路一帶，我軍仍固守壽斗、峽石、石門至湖州南五公里之陣地。在峽石、石門間有激戰。 又訊，寇軍一路向皖蘇浙邊界山地前進，企圖進攻皖東之廣德。

為我軍所阻
寇軍未渡黃河

在津浦路戰線上，寇軍連日仍向我軍猛攻，企圖渡過黃河，在濟南一帶進攻尤猛，我軍頑強抵抗，寇未得逞。 寇乃加緊向魯東進攻之企圖，並在龍口派兵登陸，有沿膠濟路進攻之勢。 魯西黃河北岸之聊城（東昌）及廣邑，仍在我軍手中。 寇機一架不久前在平陰爲我軍擊落。 德州一帶有我軍遊擊隊萬餘人，積極活動，屢給寇軍以打擊。

寇當局深懼
我軍發展遊擊

特別使人興奮的是，在山西及平漢路等地寇軍後方之我軍遊擊，最近愈見活動而且得到勝利。 據二十六日漢口電訊，晉北我軍遊擊隊光復原平，並進攻崞縣。 二十二日我軍截擊道經崞縣附近之日寇軍隊載重汽車多輛，將隨車護送之寇軍五十名完全消滅。 晉東我軍遊擊隊將正太路北之盂縣一帶寇軍擊潰，現仍繼續遊擊。中央社訊並謂我軍已光復正太路上重鎮平定。 在太原南面，我軍前鋒已抵距太原僅三十公里之東陽鎮。 我軍主力則在太谷、祁縣、平遙及介休一帶，在這些地方之寇軍都已被我軍擊退。 在河北省內平漢路上寇軍後方及平津一帶，我軍亦發展遊擊戰爭。 據二十七日電訊，天津附近我軍遊擊日見發展，日寇當局表示極端不安，路透社並謂日寇當局已在天津宣佈軍事戒嚴，情勢嚴重可見一斑。 據外報消息，寇軍在冀晉等地肆行慘無人道之殘暴，如在娘子關附近之馬山，嘉新（譯音）二地，即屠殺和平居民男女老少一千三百名以上。 因此，在晉冀等省內寇軍後方之居民，對於日寇異常憤恨，而特別重要的是，在我第八路軍提倡與領導下，我軍在晉冀等省之寇軍後方，加緊注意組織與訓練民衆，發展遊擊戰爭，給寇軍以日更嚴重的威脅云。 從此看來，寇軍雖已深入晉冀，但我國若能繼續發展軍隊與民衆戮力同心之遊擊戰爭，則將使寇軍精疲力竭，我軍於相當時機進行反攻，從各方面包圍寇軍，必然得到勝利。

陝西省徵兵
現訓練第四批

綜觀我國遷都重慶後之戰訊，可見我國上下軍民，都更明瞭我國抗戰圖存已進至更嚴重與持久的新階段，因而以更大的決心，沉着抗戰，在各方抵抗日寇之進攻。 同時，我國當局亦已開始在各方面加緊堅持抗戰之動員。 特別值得慶幸的是陝西實行徵兵之順利進行。據神州日報載，陝西實行徵兵後，應徵者甚爲踴躍，分批編制使加以訓練，第三批訓練已經結束，現正進行訓練第四批，同時加緊對於軍士與民衆之政治教育工作，分派特別宣傳隊在軍民中進行廣大宣傳，士氣民氣均甚激昂，民衆紛紛自動投效，在省內各地爲軍隊挖築戰壕，準備若寇軍入侵，必將給以迎頭痛擊。按陝北特區爲前蘇維埃區域，那裏對於羣衆工作有顯著之成績，此次陝省已訓練了幾批應徵民衆並發展軍民政治教育，實爲堅持抗戰之急圖，希望我國各省當局起而仿效並厲行堅持抗戰之其他各方面工作，這樣來保證最後的勝利。

1937 年 12 月 25 日《救国时报》刊发的“八路军在晋东北发展游击光复要地”的报道

八路军粉碎日军“八路围攻”后，冲破平型关长驱出击的铁骑兵（沙飞 摄）

晋察冀边区政府驻地旧址（河北阜平）

1938 年 1 月 10 日，晋察冀边区政府在河北阜平成立。之后，随着游击战争的开展，晋察冀边区进一步扩大为西起同蒲路，东至渤海，北起张家口、多伦、宁城、锦州一线，南至正太、德石路，包括山西、河北、察哈尔、热河、辽宁等五省区域，面积 40 余万平方公里，人口 2500 万，县治 108 个，被毛泽东称赞为华北敌后模范的抗日根据地。

1939 年 7 月，聂荣臻、关向应、彭真、程子华（右起）在晋察冀根据地

1939 年彭真、黄敬、关向应、王震、聂荣臻（左起）在唐县（沙飞 摄）

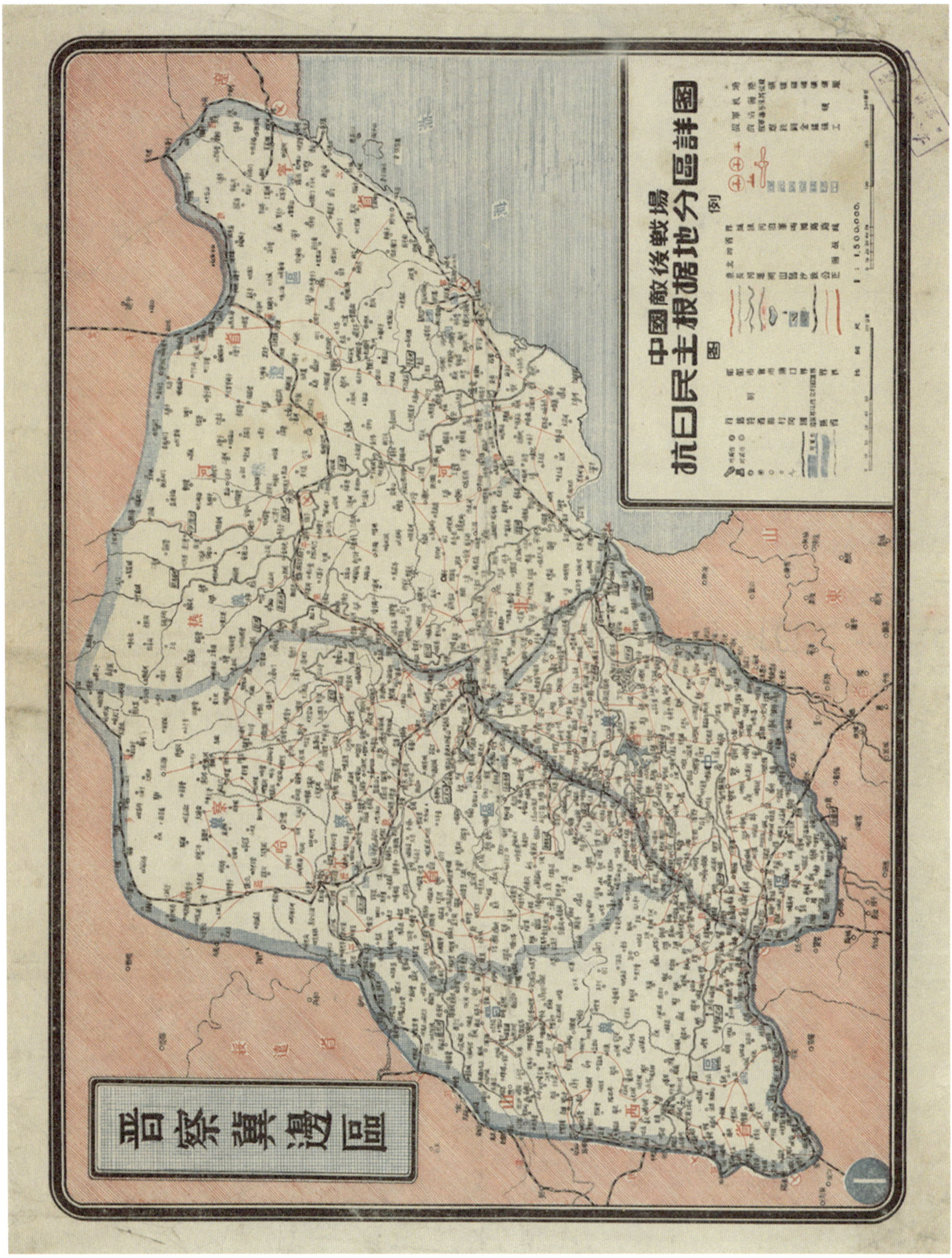

中国敌后战场抗日民主根据地分区详图 晋察冀边区

2. 第 115 师转战吕梁山，创建晋西南抗日根据地

1937 年 11 月 9 日，第 115 师主力由正太铁路南进，以吕梁山区为中心，开辟晋西南抗日根据地。至 1938 年夏，隰县、蒲县等 16 个县的抗日政权先后诞生，抗日根据地初步形成。

第 115 师主力开赴晋西南

1938 年第 115 师代师长陈光（后排中）、政委罗荣桓（二排右 1）、杨尚昆（二排中）在晋西孝义县碾头村合影

第 115 师司令部驻地山西孝义县碾头村

晋西南反“围攻”

1938年3月，华北日军第一军司令官香月清司中将，指挥第20、第109、第108、第14师团围攻晋西南根据地。为阻止和牵制日军对黄河防线的进攻，捍卫陕甘宁边区，八路军向进犯的敌人展开了更加有力的游击战斗。第115师代师长陈光、政委罗荣桓率第343旅进至隰县午城镇及大宁地区活动，寻机打击日军。从3月14日至18日，在隰县午城、蒲县井沟等地与西犯日军激战5昼夜，取得歼敌1000余人的胜利。

1938年，343旅参谋长陈士榘、115师政委罗荣桓、343旅副旅长李天佑、115师政治部副主任兼343旅政委肖华等（左起）在晋西孝义

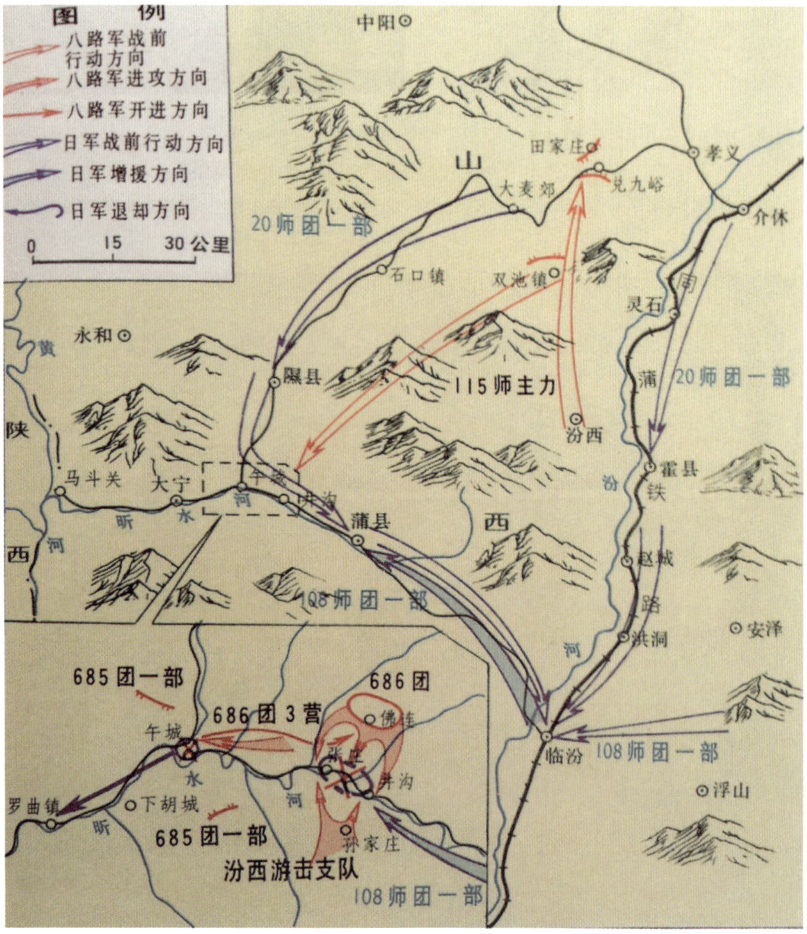

山西隰县午城、井沟战斗要图

3月下旬，日军又调集5000余人再来围攻。八路军派出若干精锐分队，昼夜袭扰歼敌。至此，日军前方受挫，后方被扰，于4月初狼狈撤走。通过两次反围攻作战，第115师歼敌近2000人，八路军进一步控制了吕梁山区，粉碎了日军迫使八路军退出晋西南的企图。

午城镇战斗结束后，第115师部队参加军民祝捷联欢大会

3. 第 120 师出击管涔山，创建晋西北抗日根据地

第 120 师主力于 1937 年 11 月 14 日进抵晋西北岚县，在管涔山区开辟晋西北抗日根据地，其中第 358 旅第 715 团进抵太原附近的古交镇，并以一部深入交城、清源以北，与敌人争夺晋西北广大农村。到 1938 年春晋西北各县都建立了 1000 至 2000 人的抗日自卫军、游击队和工、农、青、妇等抗日救亡团体，晋西北抗日根据地初步形成。

八路军第 120 师贺龙师长、关向应政委亲临前线指挥作战

120 师向晋西北挺进

晋绥抗日根据地西临黄河、东与晋察冀、晋冀鲁豫根据地相连，是保卫陕甘宁边区的东部屏障，是华北长期进行抗日战争的重要堡垒，是中共中央与华北、华中各抗日根据地联系的重要通道。

晋绥边区行政区划图

晋西北反“五路围攻”

1938年3月，日军乘第120师主力在太原附近作战之机，调集驻大同第26师团、驻太原第109师团和伪蒙军两万余人，分别从南北两面向晋西北根据地发动“五路围攻”。3月初日军先后占领宁武、神池、偏关、河曲、保德、五寨、岢岚7座县城。

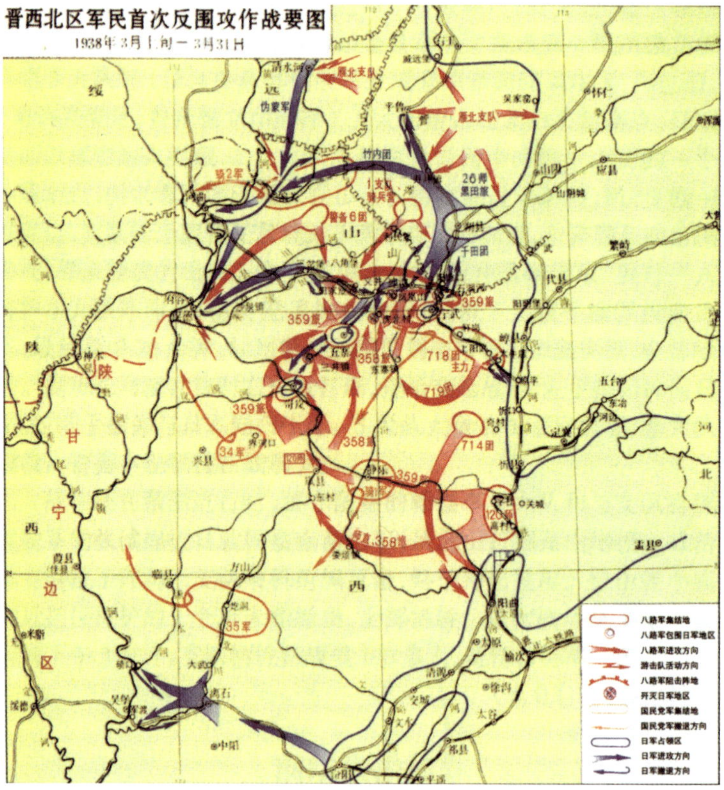

晋西北区军民首次反围攻作战要图

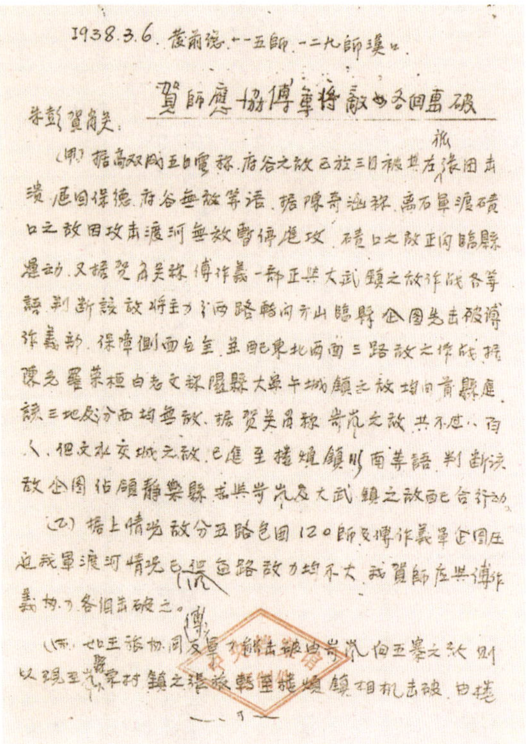

1938.3.6. 发前总、一一五师、一二九师

贺师应协傅军将敌各个击破

朱彭贺肖关：

（甲）据高双成五日电称，府谷之敌已于三日被我左旅张团击溃，退回保德，府谷无敌等语。据陈奇涵称，离石军渡碛口之敌因攻击渡河无效，暂停进攻，碛口之敌正向临县运动。又据贺肖关称，傅作义一部正与大武镇之敌作战各等语。判断该敌将主力分两路转向方山、临县，企图先击破傅作义部，保障侧面安全，并配合东北两面三路敌之作战。据陈光罗荣桓白志文称，[illegible]大宁午城镇之敌均向[illegible]，该三地及汾西均无敌。据贺关肖称，岢岚之敌共不过八百人，但文水交城之敌已进至楼烦镇附近等语。判断该敌企图占领静乐县，并与岢岚及大武镇之敌配合行动。

（乙）据上情况，敌分五路包围120师及傅作义军，企图压迫我军渡河情况已很明显，但每路敌力均不大，我贺师应与傅作义协力各个击破之。

（丙）如王旅协同友军不能击破由岢岚向五寨之敌，则以现至[illegible]村镇之张旅转至楼烦镇相机击破由楼

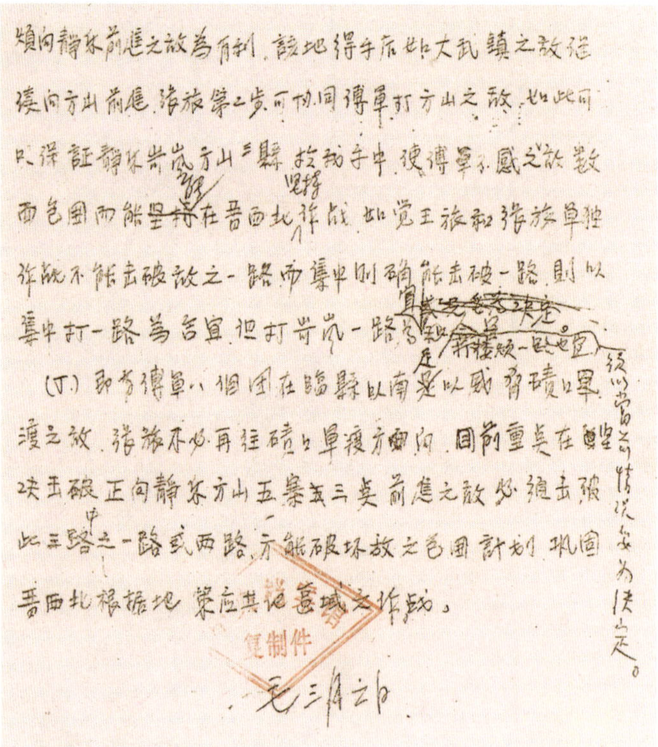

烦向静乐前进之敌为有利。该地得手后，如大武镇之敌继续向方山前进，张旅第二步可协同傅军打方山之敌。如此可以保证静乐、岢岚、方山三县控我手中，使傅军不感受敌数面包围而能在晋西北坚持作战。如觉王旅和张旅单独作战不能击破敌之一路，而集中则确能击破一路，则以集中打一路为合宜，但打岢岚一路为宜或打楼烦一路为宜，

（丁）现傅军八个团在临县以南，足以威胁碛口军渡之敌，张旅不必再往碛口军渡方面，目前重点在坚决击破正向静乐方山五寨或三点前进之敌，必须击破此三路中之一路或两路，方能破坏敌之包围计划，巩固晋西北根据地，策应其他区域之作战。

统以当前情况妥为决定。

毛 三月六日

1938年3月6日，毛泽东给朱德、彭德怀、贺龙、萧克、关向应的电报（中央档案馆馆藏）

3月6日，第120师集中主力4个团，打击岢岚、五寨的日军，3月10日岢岚之敌弃城北撤。为避免不必要的牺牲，贺龙决定围敌据点，断敌交通，袭扰敌后。3月20日后，7城之敌纷纷东撤，120师各部在运动中予敌以重大杀伤，歼敌1500余人，全部收复7城，巩固了晋西北抗日根据地。

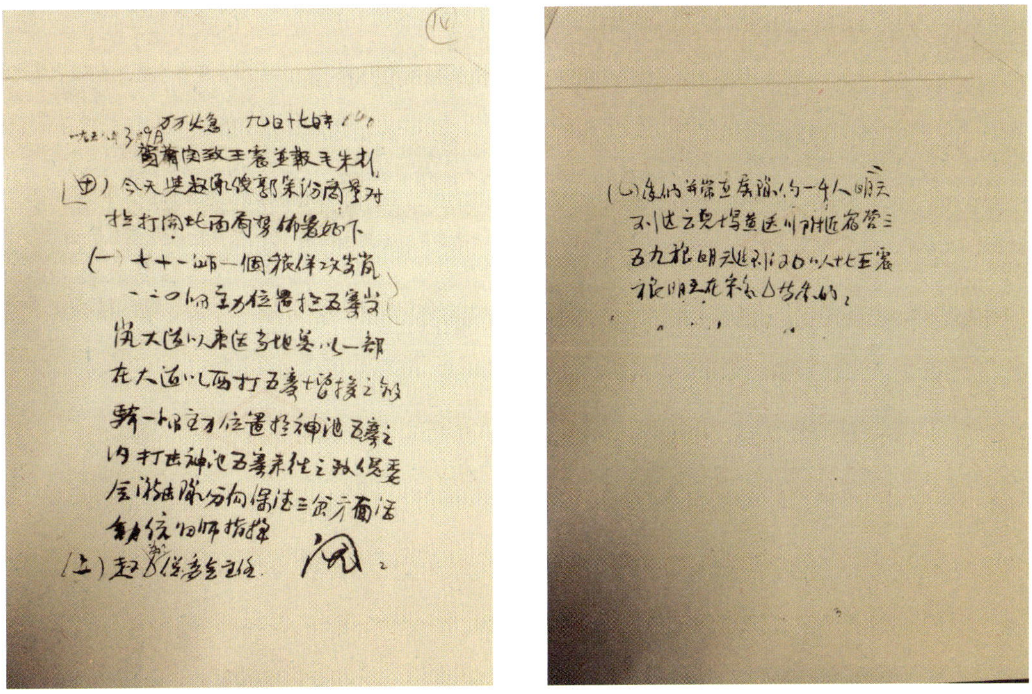

1938年3月9日，贺龙等关于打开北面局势部署致毛泽东、朱德等电（中央档案馆馆藏）

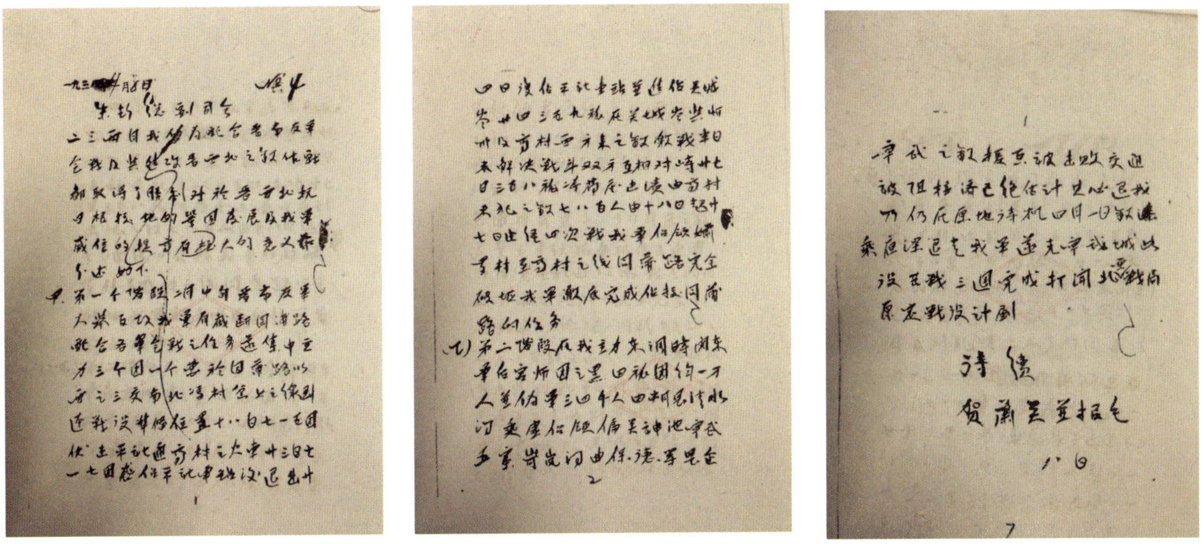

1938年4月8日，贺龙等关于在晋南、晋西北与敌作战经过致朱德、彭德怀等电（中央档案馆馆藏）

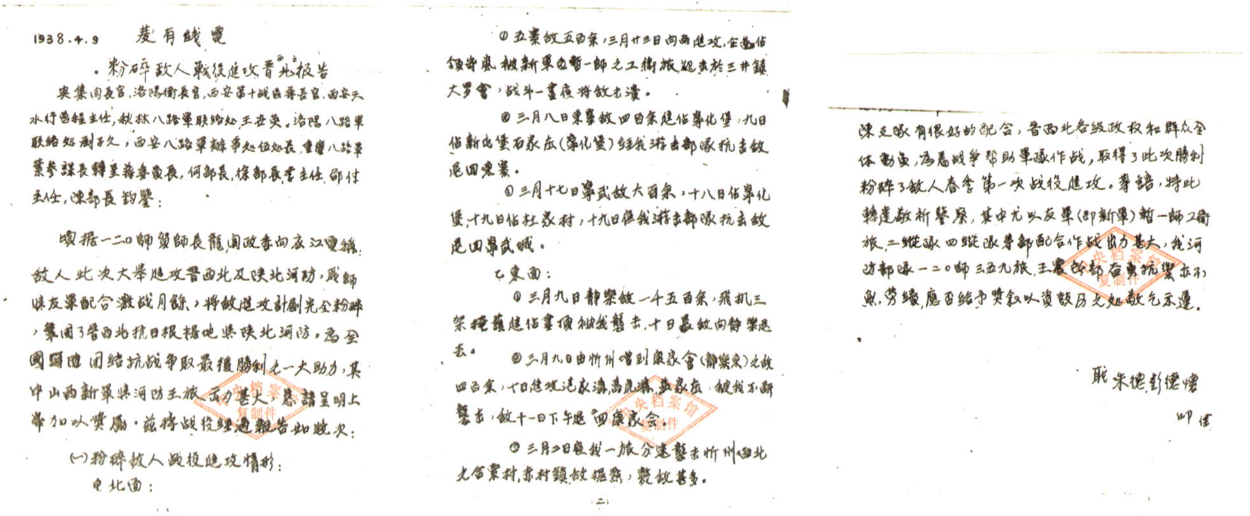

1938.4.9　发有线电

粉碎敌人战役进攻晋西北报告

吴集阎长官，洛阳卫长官，西安第十战区蒋长官，西安天水行营程主任，秋林八路军联络处王世英，洛阳八路军联络处副子久，西安八路军办事处伍处长，重庆八路军叶参谋长转呈蒋委员长，何部长，徐部长，张主任，邵付主任，陈部长钧鉴：

顷据一二〇师贺师长龙，关政委向应江电称：敌人此次大举进攻晋西北及陕北河防，我师与友军配合激战月余，将敌进攻计划完全粉碎，巩固了晋西北抗日根据地与陕北河防，为全国团结抗战争取最后胜利之一大助力，其中山西新军与河防王旅出力甚大，恳请呈明上峰加以奖励。兹将战役经过报告如次：

(一)粉碎敌人战役进攻情形：

甲北面：

①五寨敌五百余，三月廿三日向西进攻，企图占领岢岚，被新军暂一师之工卫旅迎击于三井镇大罗会，战斗一昼夜将敌击溃。

②三月八日东寨敌四百余进占宁化堡，九日占新屯堡石家庄（宁化堡）经我游击部队抗击敌退回东寨。

③三月十七日宁武敌六百余，十八日占宁化堡，十九日占杜家村，十九日经我游击部队抗击敌退回宁武城。

乙东面：

①三月九日静乐敌一千五百余，飞机三架掩护进占娄烦被我袭击，十日晨敌向静乐退去。

②三月九日由忻州增到康家会（静乐东）之敌四百余，十日进攻范家沟、高崖村、岔家庄，被我不断袭击，敌十一日下午退回康家会。

③三月廿日夜我一旅分途袭击忻州西北之奇村、赤村镇敌据点，毙敌甚多。

（二）

陈支队有很好的配合，晋西北各级政权和群众全体动员，为着战争帮助军队作战，取得了此次胜利，粉碎了敌人春季第一次战役进攻。等语，特此转达敬祈鉴察，其中尤以友军（即新军）暂一师工卫旅，二纵队四纵队等部配合作战出力甚大，我河防部队一二〇师三五九旅，王震部奋勇抗击亦不无劳绩，应否给予奖叙以资鼓励之处敬乞示遵。

职朱德彭德怀

卯佳

1938 年 4 月 9 日，朱德、彭德怀关于粉碎日军对晋西北进攻情况致阎锡山、卫立煌等电（中央档案馆馆藏）

第 120 师部队收复晋西北的偏关

王震、徐海东、贺龙、谢觉哉、罗荣桓、萧克、关向应、罗瑞卿、杨尚昆、萧劲光（左起）在兴县

1938年8月，贺龙师长（前左2）、关向应政委（后左1）、甘泗淇主任（前右3）与各县长视察员在晋西北岚县（顾棣收藏）

第 120 师与晋西北领导合影，第一排左起：甘泗淇、王震、关向应，后排左起：贺龙、张宗逊、周士第、李井泉

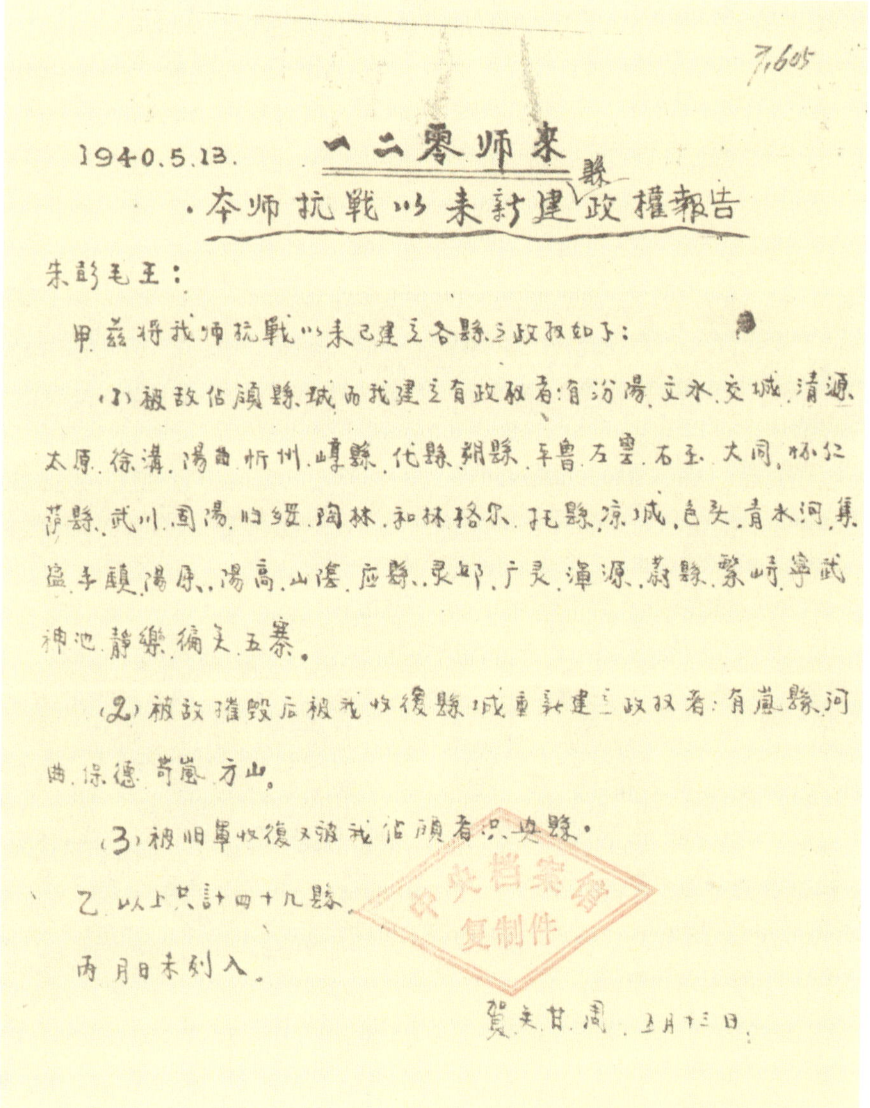

7.605

1940.5.13.　一二零师来

本师抗戰以来新建县政權報告

朱彭毛王：

甲．茲將我师抗戰以来已建立各縣之政权如下：

(1) 被敌佔領縣城而我建立有政权者：有汾陽、文水、交城、清源、太原、徐溝、陽曲、忻州、崞縣、代縣、朔縣、平魯、左雲、右玉、大同、怀仁、萨縣、武川、固陽、归綏、陶林、和林格尔、托縣、凉城、[illegible]、清水河、集寧、[illegible]、陽原、陽高、山陰、应縣、灵邱、广灵、渾源、蔚縣、繁峙、寧武、神池、靜樂、偏关、五寨。

(2) 被敌摧毁后被我收復縣城重新建立政权者：有岚縣、河曲、保德、岢嵐、方山。

(3) 被旧軍收復又被我佔領者只兴縣。

乙．以上共計四十九縣。

丙．月日未列入。

賀关甘周　五月十三日

中央档案馆
复制件

1940 年 5 月，第 120 师抗战以来新建县政权报告（中央档案馆馆藏）

4. 第 129 师屹立太行山，开辟晋冀鲁豫抗日根据地

八路军第 129 师领导人：参谋处长李达、政委邓小平、师长刘伯承、政治部副主任蔡树藩（左起）（罗光达 摄）

晋冀鲁豫抗日根据地，是以八路军第 129 师为主，从 1937 年 10 月至 1941 年秋逐步建立的。首先，以太行山脉为依托，建立了包括太行区和太岳区在内的晋冀豫区，随后，扩展开辟了冀鲁豫区。1938 年 4 月成立晋冀豫军区，1941 年 7 月，成立晋冀鲁豫边区政府。到 1944 年 8 月，晋冀鲁豫边区政府辖 4 个行署，26 个专署，198 个县，32600 余个行政村，成为华北最大的抗日根据地。晋冀鲁豫抗日根据地是华北抗日游击战争的心脏和指挥中枢，是华北抗战的前沿阵地和主要战场。

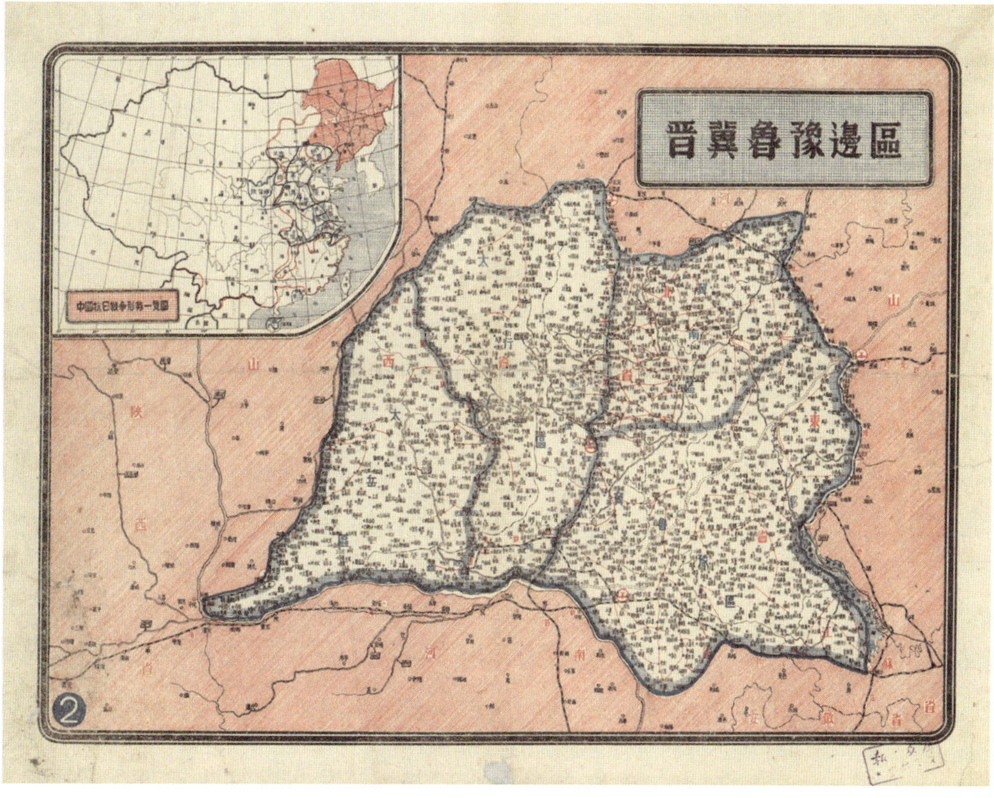

晋冀鲁豫边区图

第 129 师开辟晋冀豫抗日根据地期间，朱德与刘伯承、邓小平在研究作战计划

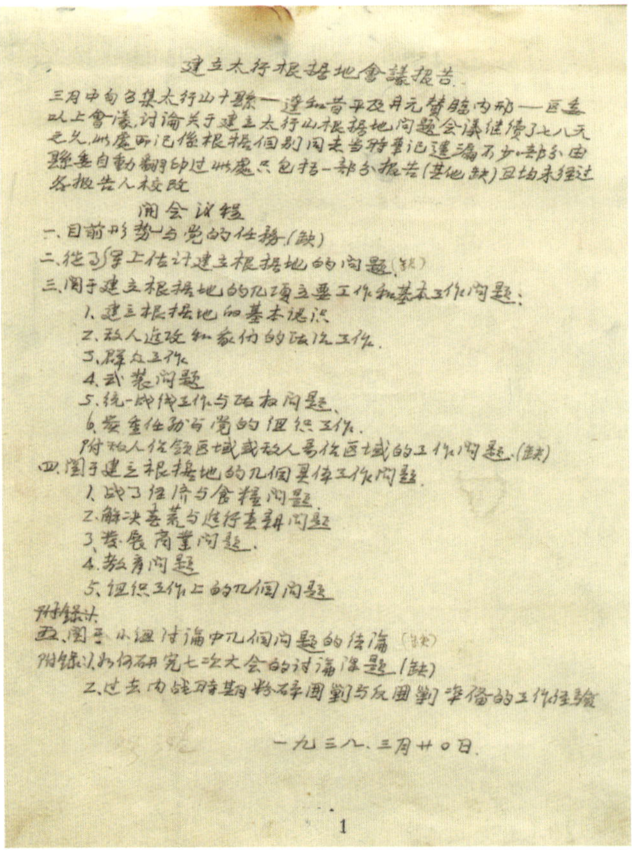

建立太行根据地會議报告

三月中旬召集太行山十縣—遼和昔平及井元贊腊内邢—区委以上會議，讨论关于建立太行山根据地问题会議继續了七八天之久，此處所记僅根据個别同志当時筆记，凡遗漏不少，一部分由縣委自動翻印过此處只包括一部分报告（其他缺）且均未经过各报告人校改

開会议程

一、目前形势与党的任務（缺）

二、從軍事上估计建立根据地的问题（缺）

三、関于建立根据地的几项主要工作和基本工作问题：

1、建立根据地的基本认识

2、敌人進攻和我们的防御工作

3、群众工作

4、武装问题

5、统一战线工作与政权问题

6、蚕叁任务与党的组织工作

附敌人佔领区域或敌人易佔区域的工作问题（缺）

四、関于建立根据地的几個具体工作问题

1、战时经济与食粮问题

2、解决春荒与進行春耕问题

3、發展商業问题

4、教育问题

5、组织工作上的几個问题

附録：

五、関于小组讨論中几個问题的结論（缺）

附録1、如何研究七次大会的讨論議题（缺）

2、过去内战時期粉碎围剿与反围剿準備的工作经驗

一九三八、三月廿〇日

1

1938 年 3 月 20 日建立太行根据地会议报告

新華日報

論建立晉冀豫抗日根據地

1939 年 1 月 11 日《新华日报》刊发的“论建立晋冀豫抗日根据地”的报道

1938 年邓小平在太行山区进行战斗动员

1938 年初，日军从河北、山西、山东等地抽调大批兵力，准备集中全力攻取徐州、武汉，力图迅速打通津浦路。为策应正面战场会战，根据八路军总部的命令，第 129 师将分散活动的主力部队适当集中，向日军占领的交通干线和战略要点展开猛烈的破击战，取得了长生口、神头岭、响堂铺三战三捷。

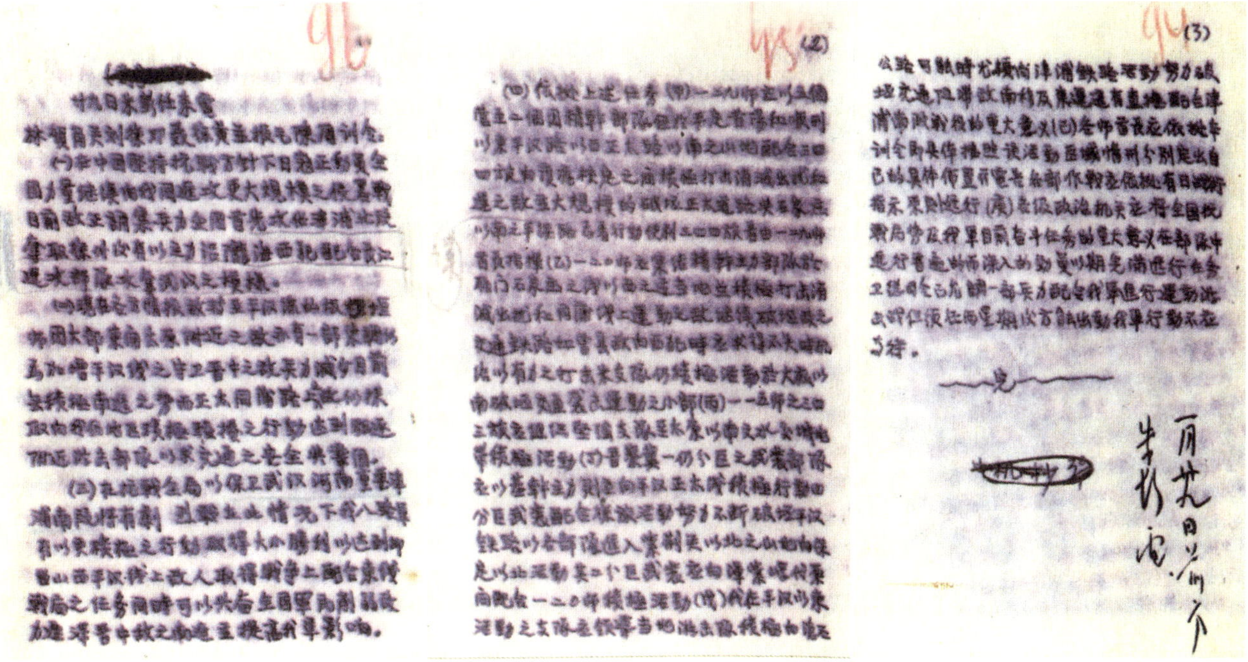

朱德、彭德怀关于日军情况及抗日战争的布置问题给林彪、贺龙等同志的电报（中央档案馆馆藏）

长生口战斗

长生口伏击战指挥部旧址——井陉县吕家村

1938年2月，第129师采取攻点打援战法，以第385旅第769团一部包围旧关，第772团团长叶成焕率领号称“夜老虎”的二营，于22日拂晓赶至长生口南山布设伏击圈。8辆汽车载着200多名日军全部进入伏击圈，二营战士居高临下，迅速发起猛烈进攻，日军措手不及，乱成一团，仅半个小时，战斗胜利结束。这次伏击战共毙俘日军130余人，炸毁汽车5辆，缴获迫击炮两门、九二式重机枪两挺、步枪50余支以及大批武器弹药。

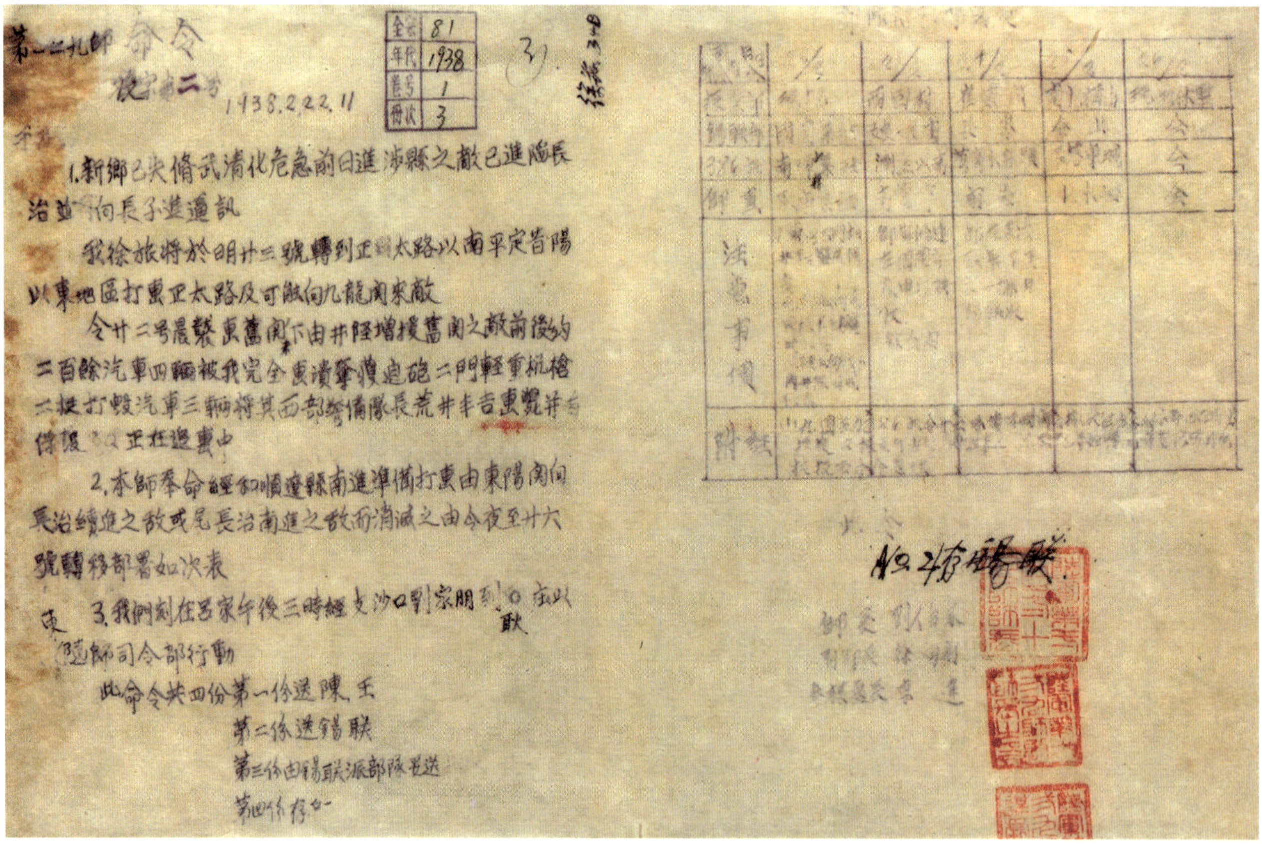

第一二九师命令

1938.2.22.11

全宗	81
年代	1938
卷号	1
册次	3

1.新鄉已失脩武清化危急前日進涉縣之敵已進臨長治並向長子進逼訊

我徐旅將於明廿三號轉到正太路以南平定昔陽以東地區打專正太路及可能向九龍關來敵

令廿二号晨襲東舊關下由井陘增援舊關之敵前後約二百餘汽車四輛被我完全專潰奪獲迫砲二門輕重机槍二挺打毀汽車三輛將其西部警備隊長荒井丰吉專斃并俘獲正在追專中

2.本師奉命經和順遼縣南進準備打專由東陽關向長治續進之敵或見長治南進之敵而消滅之由今夜至廿六號轉移部署如次表

3.我們刻在呂家午後三時經支沙口到宗朋

隨師司令部行動

此命令共四份第一份送陳、王
第二份送錫联
第三份由錫联派部隊送
第四份存一

1938年2月八路军第129师关于打击正太路及九龙关来敌作战的命令（解放军档案馆馆藏）

神头岭战斗

时任八路军第 129 师第 386 旅旅长陈赓

1938 年 3 月上旬，第 129 师在邯长公路以北组织了神头岭战斗，令第 385 旅第 769 团为左翼，袭击黎城，引诱潞城的敌人来援；以第 386 旅为右翼，在神头岭地区设伏，歼灭增援日军。3 月 16 日凌晨，第 129 师第 769 团强袭黎城，诱使潞城日军第 16 师团林清部队和第 108 师团笹尾部队火速出援。当日军进入潞城和黎城间的神头岭时，遭第 386 旅和补充团三面攻击，第 771 团拦头，第 772 团第 3 营断尾，第 772 团主力和补充团从公路两侧向日军突击，顿时将敌截为数段。在八路军的突然打击下，日军阵脚大乱，指挥失措，四处奔逃。

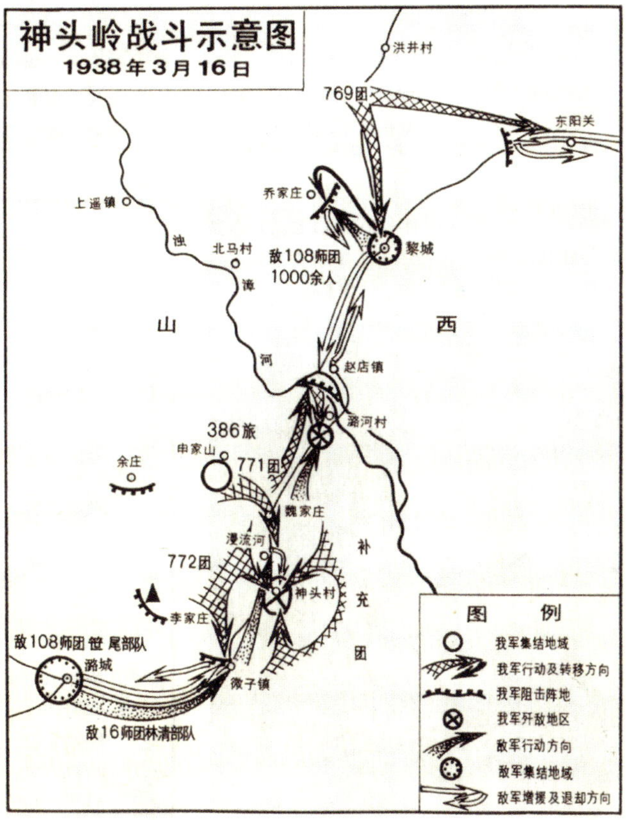

神头岭战斗示意图

1938 年 3 月，神头岭战斗前召开动员大会（顾棣收藏）

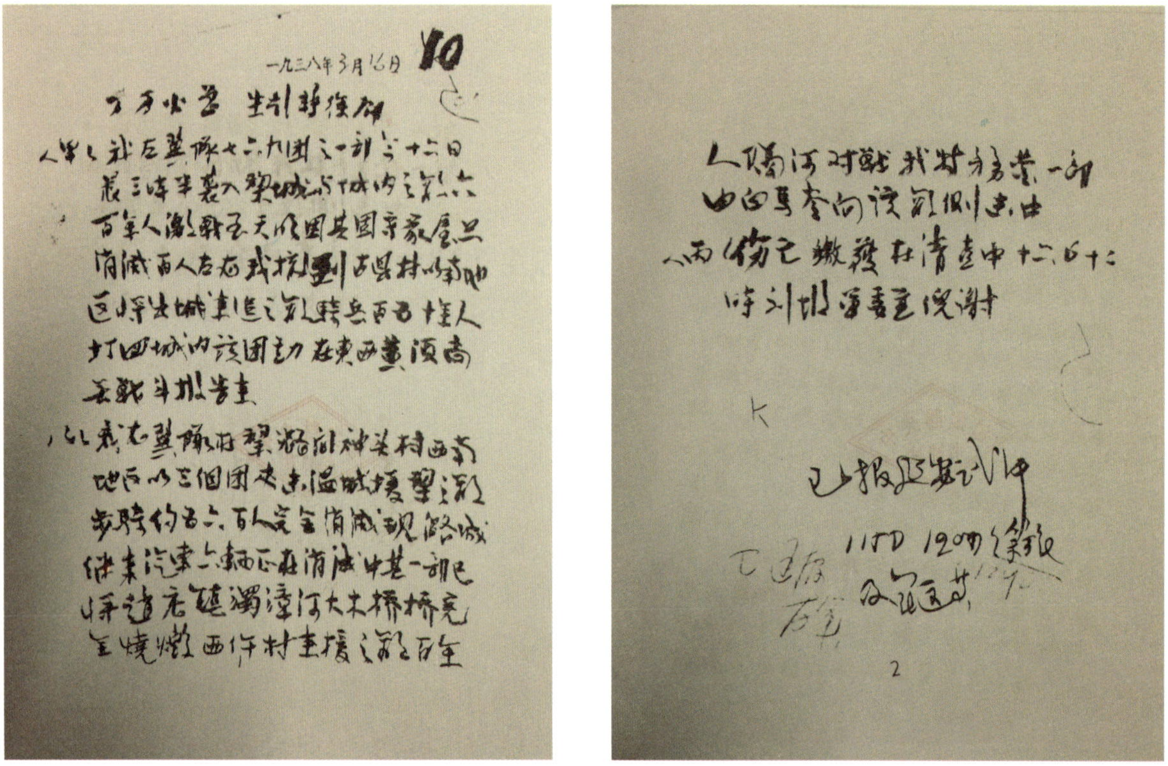

1938 年 3 月 16 日，刘伯承关于第 129 师在黎城、潞城与日军激战情况致朱德、彭德怀电（中央档案馆馆藏）

山西潞城县神头岭伏击战中，八路军进入伏击地区

战士用缴获的服装和武器把自己武装起来

经过仅两小时激战，除一随军记者和少数士兵逃走外，其余1500余人悉数就歼，毙伤和俘获骡马600余匹，缴获各种枪支550余支，击毁汽车百余辆。这一仗对日军精神打击很大，以致“提到神头之役，仍无不惊悸尚存，谈虎色变”。

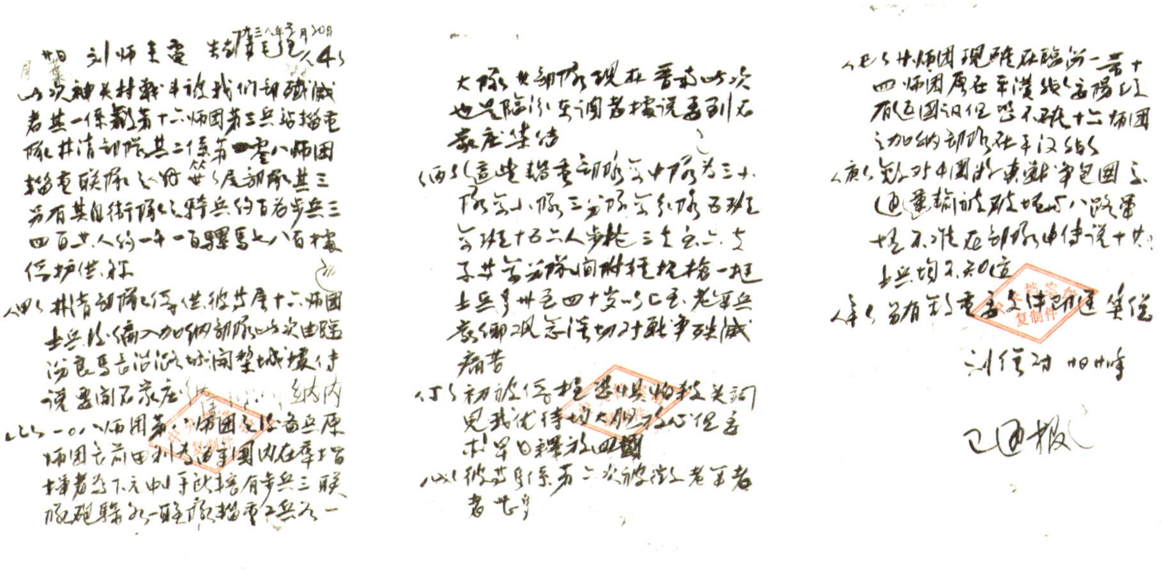

1938年3月20日，刘伯承、徐向前、邓小平关于神头村战斗情况致朱德、彭德怀电（中央档案馆馆藏）

响堂铺战斗

3 月 31 日，第 129 师在副师长徐向前的指挥下，再次在黎城至涉县间的响堂铺设伏。日军第 14 师团两个汽车中队进入伏击区，八路军猛烈冲击两小时，敌未及还手，180 辆汽车燃为灰烬，押车部队 400 余人基本被歼。响堂铺战斗进行时，在附近的另一个山头，第二战区东路军总指挥、八路军总司令朱德带领东路军将领观摩了整场战斗，国民党将领对八路军游击战的神威赞叹不已。

第 129 师副师长徐向前

响堂铺战斗旧址（顾棣收藏）

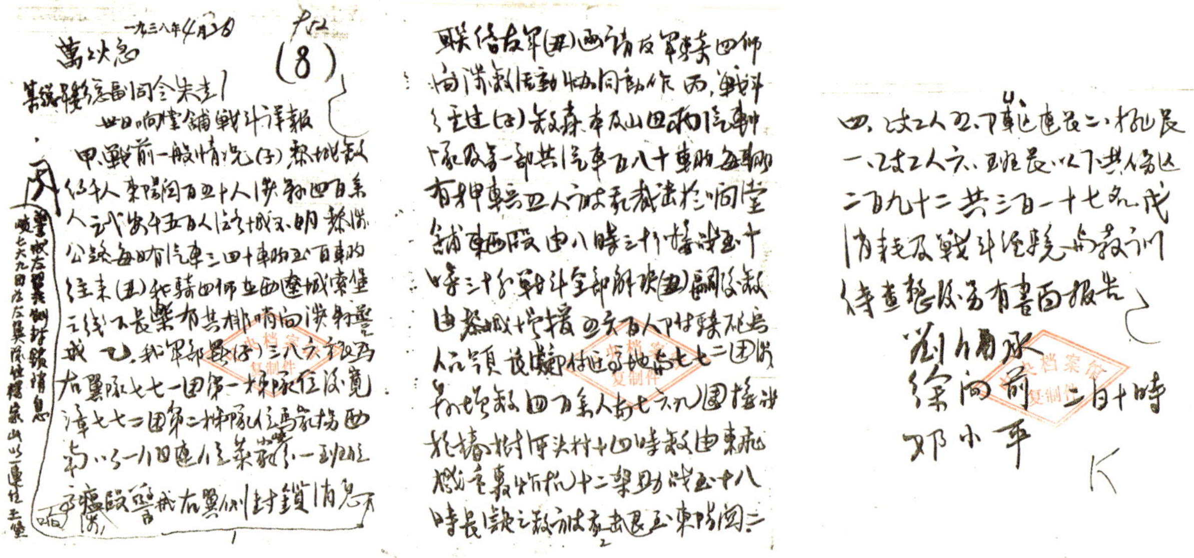

(8)

刘伯承
徐向前
邓小平

1938 年 4 月 2 日，刘伯承、徐向前、邓小平关于响堂铺战斗战况致集总、军委、朱德、彭德怀电（中央档案馆馆藏）

晋东南“反九路围攻”

1938年4月，日军为解除其心腹之患，不顾连连失败，共集结10余个联队3万余重兵，分9路向晋东南根据地发动大举进攻，妄图以“分进合击”的战术，将八路军围歼于武乡、辽县、榆社地区。此时（1938年2月开始）国民党军第二战区将在山西的部队分为东、南、西3路。东路军所辖部队除八路军第115、第129师和山西青年抗敌决死第1纵队、第3纵队外，还有国民党军曾万钟部第3军、李家钰部第47军以及赵寿山部第17师、武士敏部第169师、朱怀冰部第94师等部队。朱德为东路军总指挥，彭德怀担任副总指挥，统一负责晋东南地区的对日作战。

1938年3月，第二战区东路军总指挥、八路军总司令朱德在山西沁县小东岭召开东路军将领会议时与八路军、决死第1纵队、第3纵队领导合影

1938年3月东路军将领会议期间朱德旧居（山西沁县小东岭村）

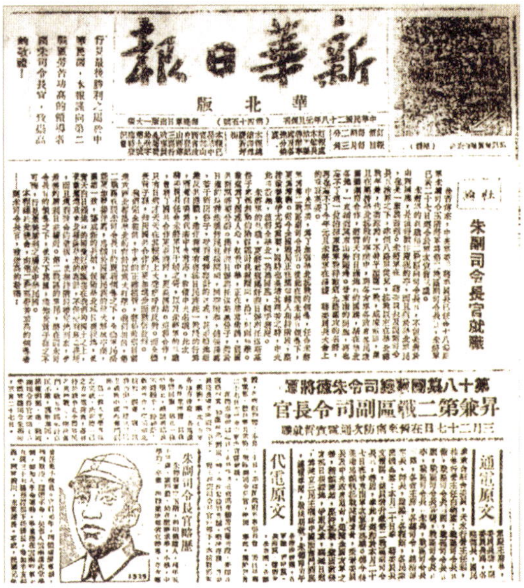

1939年元旦《新华日报》刊发的朱德升兼第二战区副司令长官的报道

4月10日前后，从东西南北四面进犯的日军相继侵入抗日根据地，第129师主力和第115师第689团即按总部的预定部署，由辽县以南地区转移到日军合围圈外的涉县以北地区，隐蔽待敌。第115师第344旅、决死1纵队、各游击支队和八路军总部特务团英勇阻击日军，除屯留、长治、昔阳3路出犯的日军外，其他6路进攻均被阻止。

1938年春，晋东南粉碎日军“九路围攻”战斗动员大会上第386旅周希汉参谋长作报告（徐肖冰 摄）

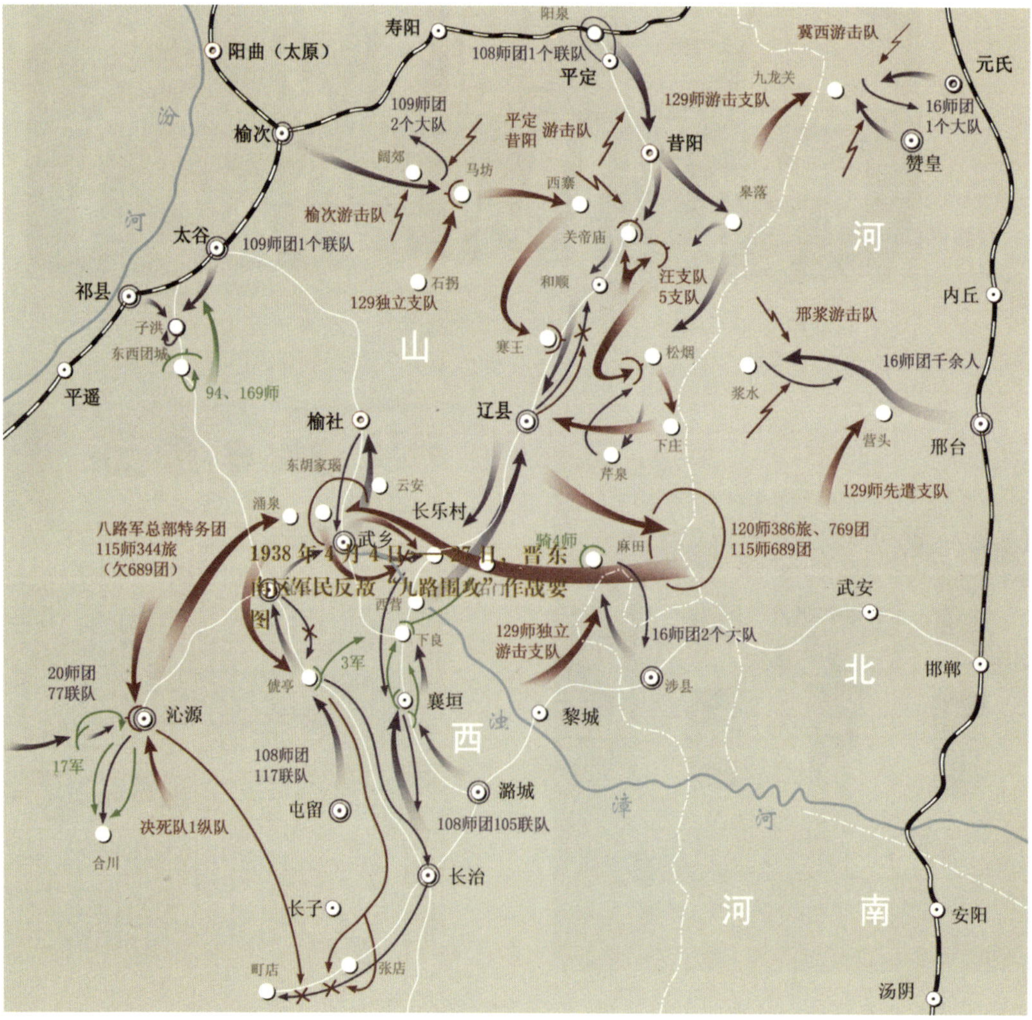

1938年4月晋东南反“九路围攻”作战要图

4月12日，日军第108师团步、骑兵6000余人，分两路孤军深入武乡一带。15日，八路军以第772团、第689团为左纵队，第771团为右纵队，第769团为后续部队，沿武乡至襄垣大道跟进。

山西武乡县长乐之战旧址

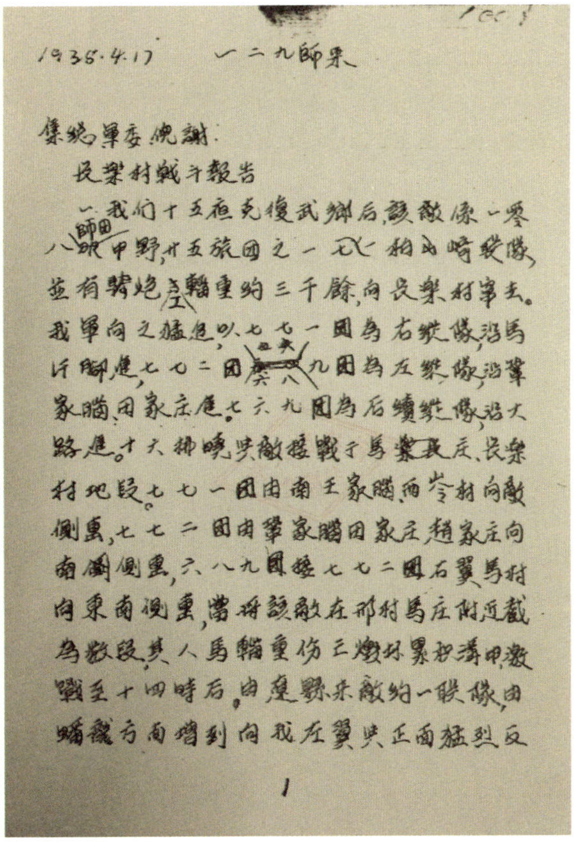

1938.4.17　一二九師來

集總、軍委鈞鑒：

長樂村戰斗報告

一、我們十五號克復武鄉后，該敵係一零八師團中野廿五旅團之一一七聯隊，並有騎炮工輜重約三千餘，向長樂村竄去。我軍向之猛追，以七七一團為右縱隊，沿馬廠腳進，七七二團、六八九團為左縱隊，沿辇家腦、田家庄進。七六九團為后續縱隊，沿大路進。十六拂曉與敵接戰于馬家莊、長樂村地段。七七一團由南王家腦、西岑村向敵側击，七七二團由辇家腦、田家庄、趙家庄向南側击，六八九團接七七二團右翼馬村向東南側击，當將該敵在邢村馬庄附近截為數段，其人馬輜重伤亡燬損累積溝中，激戰至十四時后，由遼縣來敵約一聯隊，由蟠龍方面增到，向我左翼與正面猛烈反

1

1938年4月17日，八路军第129师关于长乐村战斗的报告（中央档案馆馆藏）

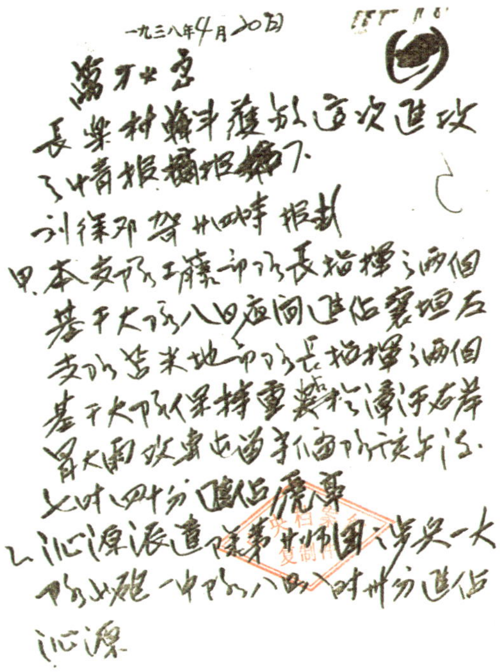

一九三八年4月20日

長樂村戰斗獲敵這次進攻之情報摘抄如下

1938年4月20日，刘伯承、徐向前、邓小平关于长乐村战斗缴获日军情报致彭德怀电（中央档案馆馆藏）

16日拂晓，左右两路纵队超越日军并将其1500余人夹击于武乡以东长乐村地区，日军被截为数段。此时，已通过长乐村的日军主力为解救其被围困部队，集结1000余人，向第129师左翼发动进攻。第772团在戴家瑙与10倍于己的日军激战4小时。14时，日军第105联队2000余人由辽县赶来增援，在猛烈炮火掩护下，一路向马村东南第689团阵地攻击，另一路会合长乐村日军向第772团阵地攻击。第129师遂决定以第769、第689团各一部掩护，主力在黄昏时撤出战斗。

1938年4月，第129师386旅部攻入榆社城（顾棣收藏）

叶成焕（1914—1938）八路军第129师386旅772团团长，河南新县人，为129师在抗战初期的"三战三捷"做出了重大贡献。1938年4月18日为国捐躯

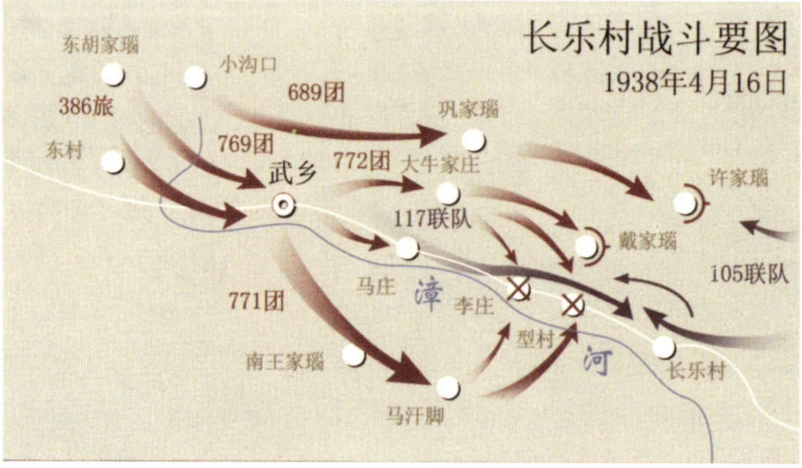

长乐村战斗要图

此战，八路军共毙伤日军2200余人，缴获轻机枪两挺、步马枪100余支和大批军用物资。八路军伤亡800余人，第772团团长叶成焕牺牲。长乐村战斗是粉碎日军“九路围攻”中具有决定意义的一仗。日军在这里遭到歼灭性打击后，其他各路纷纷撤退，晋东南的中国军队最终取得了反“围攻”作战的胜利。

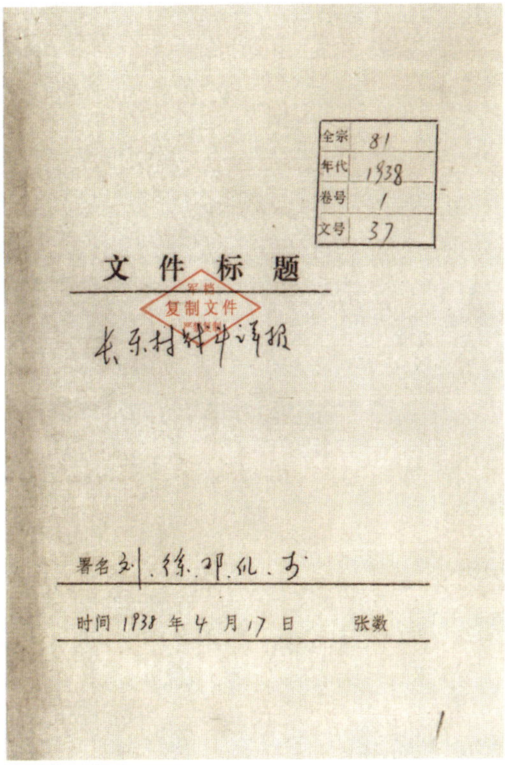

全宗	81
年代	1938
卷号	1
文号	37

文件标题

复制文件

长乐村战斗详报

署名

时间 1938 年 4 月 17 日　　张数

1

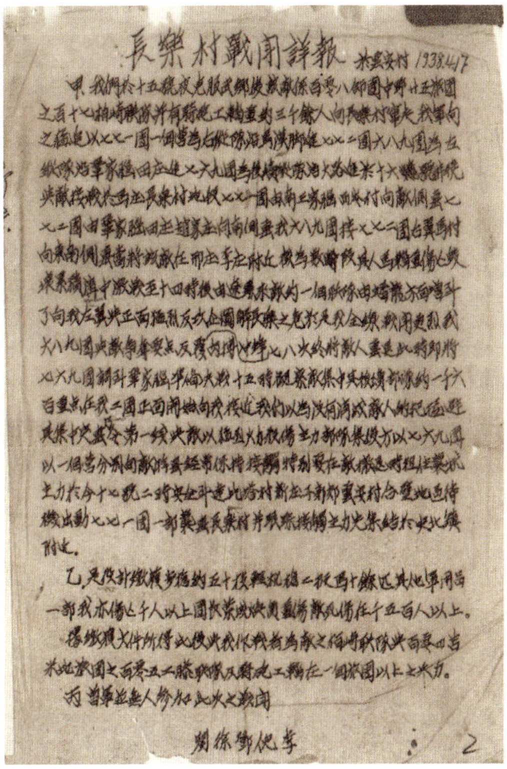

長樂村戰鬥詳報

1938年4月17日，八路军第129师关于长乐村战斗详报（解放军档案馆馆藏）

1938年春，八路军第129师反“九路围攻”战利品（顾棣收藏）

反日军“九路围攻”中收复的长治城

从1937年11月下旬到1938年4月下旬，晋察冀、晋西北、晋西南、晋东南抗日根据地军民相继多次粉碎日军的多路围攻，不仅拖住了日军大量兵力，造成其不能全力西进、南下、东援的形势，配合了国民党正面战场作战，同时加速了山西敌后根据地的形成和巩固，为扩展新的抗日基地和开辟广阔的敌后战场奠定了基础。

群众庆祝反“九路围攻”胜利

二

雄兵出华北，抗日烽火遍北国

在艰苦的抗日战争中，毛泽东和党中央认为，山区地形条件虽对八路军发展抗日游击战争有利，但资源、人力毕竟有限，而平原地域广阔、人口稠密、资源丰富、交通发达，是八路军坚持长期抗战的必然发展趋势。1938年4月21日，毛泽东、张闻天、刘少奇发出关于开展平原游击战的指示，八路军各部自4月下旬起，陆续抽调主力，以山西抗日根据地为前沿基地，开始向华北平原地区实行战略展开。

八路军挺进平原作战图

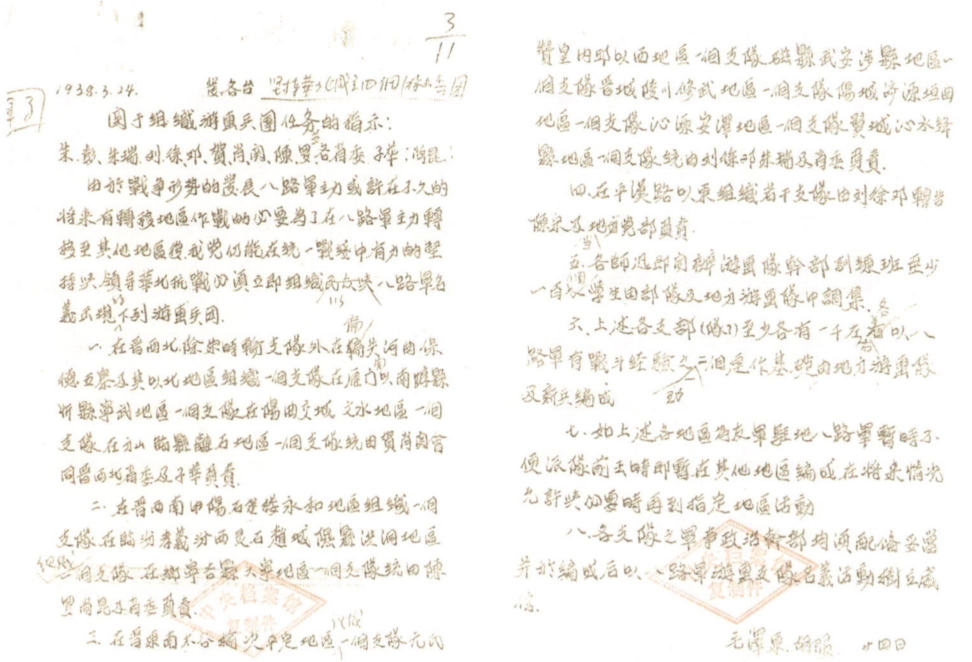

1938.3.24.

关于组织游击兵团任务的指示：

朱、彭、朱瑞、刘、徐、邓、贺、肖、关、陈、罗、各省委、子华、尚昆：

由于战争形势的发展八路军主力或许在不久的将来有转移地区作战的必要，为了在八路军主力转移至其他地区后我党仍能在统一战线中有力的坚持与领导华北抗战，必须立即组织八路军名义的游击兵团。

一、在晋西北除宋时轮支队外在偏关河曲保德五寨及其以北地区组织一个支队，在雁门以南崞县忻县宁武地区一个支队，在阳曲交城文水地区一个支队，在岚县临县离石地区一个支队，统由贺肖关会同晋西北省委及子华负责。

二、在晋西南蒲县隰县永和地区组织一个支队，在临汾孝义汾西灵石赵城洪洞地区一个支队，在乡宁吉县大宁地区一个支队，统由陈罗尚昆及省委负责。

三、在晋东南和顺辽县榆社武乡地区一个支队，在赞皇内邱以西地区一个支队，磁县武安涉县地区一个支队，晋城陵川修武地区一个支队，阳城济源垣曲地区一个支队，沁源安泽地区一个支队，翼城沁水绛县地区一个支队，统由刘徐邓朱瑞及省委负责。

四、在平汉路以东组织若干支队，由刘徐邓转告陈宋及地方党部负责。

五、各师迅即开办游击队干部训练班，至少一百个学生由部队及地方游击队中调集。

六、上述各支队至少各有一千人，以八路军有战斗经验之二个连作基干，由地方游击队及新兵编成。

七、如上述各地区为友军驻地，八路军暂时不便派队前去时，即暂在其他地区编成，在将来情况允许与必要时再到指定地区活动。

八、各支队之军事政治干部均须配备妥当，并于编成后以八路军游击支队名义活动，树立威信。

毛泽东、胡服　廿四日

1938年3月24日，毛泽东、刘少奇关于组织游击兵团任务给八路军各部的指示（中央档案馆馆藏）

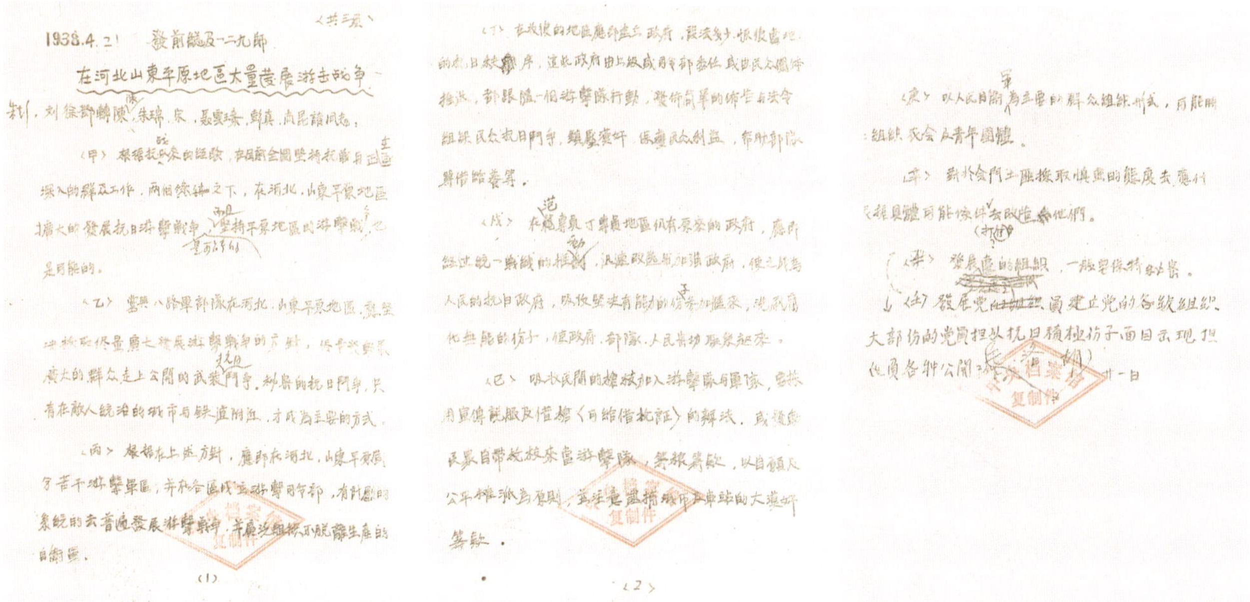

〈共三页〉

1938.4.21　发前总及一二九师

在河北山东平原地区大量发展游击战争

朱彭，刘徐邓，陈朱瑞，宋，聂吕，彭真，尚昆诸同志：

（甲）根据抗战以来的经验，在广大群众拥护抗战与有深入的群众工作，两个条件之下，在河北、山东平原地区广大的发展抗日游击战争，坚持平原地区的游击战争，也是可能的。

（乙）当与八路军部队在河北、山东平原地区，应坚决执行尽量广大发展游击战争的方针，将平汉以东广大的群众走上公开的武装抗日斗争。秘密的抗日斗争，只有在敌人统治的城市与铁道附近，才成为主要的方式。

（丙）根据上述方针，应即在河北、山东平原，分若干游击军区，并在各区成立游击司令部，有计划的系统的去普遍发展游击战争，并广泛组织不脱离生产的自卫团。

（1）

（丁）在收复的地区应即建立政府，设法多多恢复当地的抗日秩序，这些政府由上级或司令部委任，或由民众团体推选，都跟随一个游击队行动，发布简单的布告与法令，组织民众抗日斗争，镇压汉奸，保护民众利益，帮助部队筹借给养等。

（戊）在各地现有原来的政府，应经过统一战线的推动，迅速改造与加强政府，使之成为人民的抗日政府，吸收坚决有能力的分子加强之，洗刷腐化无能的分子，使政府、部队、人民共同联系起来。

（己）吸收民间的枪械加入游击队与军队，当采用宣传说服及借枪（开给借枪证）的办法，或号召民众自带枪械来当游击队，筹粮筹款，以自愿及公平摊派为原则，并注意征借城市与车站的大汉奸筹款。

（2）

（庚）以人民自卫军为主要的群众组织形式，可能时组织农会及青年团体。

（辛）对于会门土匪采取慎重的态度去应付，具体可能条件去改造他们。

（壬）发展党的组织，一般要保持秘密。

（癸）发展党员，建立党的各级组织，大部份的党员担任抗日积极份子面目出现，担任各种公开工作。

廿一日

1938年4月21日，毛泽东、张闻天、刘少奇关于在河北山东平原区开展游击战争给八路军总部的指示（中央档案馆馆藏）

1938 年 4 月下旬，第 129 师副师长徐向前率领第 769 团和第 115 师第 689 团、第 5 支队等部，首先东出太行，挺进冀南，与先期到达的第 386 旅副旅长陈再道指挥的东进纵队、第 129 师政治部副主任宋任穷指挥的骑兵团等部及第 386 旅第 771 团、汪乃贵支队共同开辟冀南和冀鲁豫边抗日根据地。

1938 年 3 月，开创冀南平原抗日根据地的领导人陈再道、宋任穷、李聚奎（左起）合影

1938 年 5 月，第 129 师副师长徐向前率部进抵冀南时和符竹庭、宋任穷、肖华（左起）合影

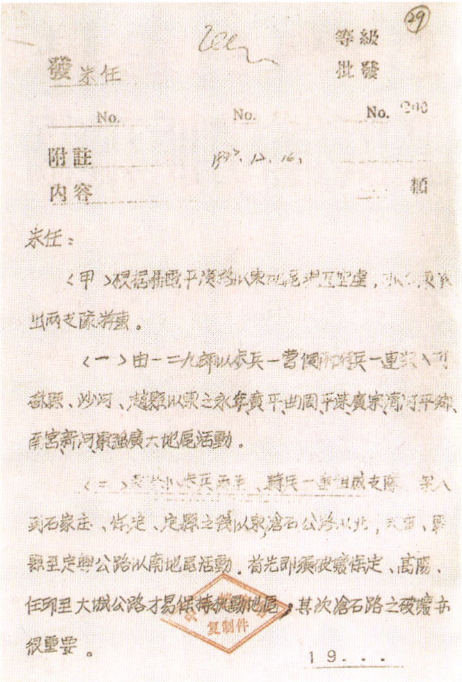

發 宋任　　等級　批發

No.　No.　No. 200

附註　1937.12.16.

内容

宋任：

（甲）根据[illegible]平汉路以东[illegible]空虚，[illegible]出两支队游击。

（一）由一二九师以步兵一营偕同骑兵一连[illegible]入[illegible]县、沙河、赵县以東之永年、廣平、曲周、平鄉、廣宗、[illegible]、南宫、新河、冀縣廣大地區活動。

（二）[illegible]以步兵两连、骑兵一连组成支隊，[illegible]入到石家庄、保定、定縣之綫以東，滄石公路以北，[illegible]、[illegible]縣至定興公路以南地區活動。首先須破壞保定、高陽、任邱至大城公路才易保持機動地區，其次滄石路之破壞亦很重要。

19...

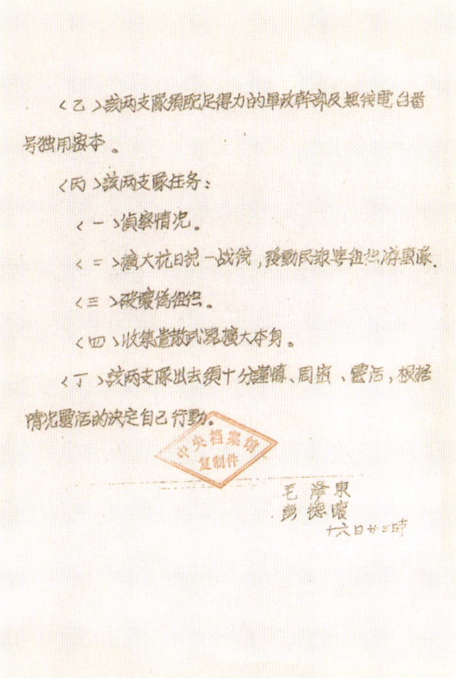

（乙）該两支隊須配足得力的軍政幹部及無綫電台番号独用密本。

（丙）該两支隊任务：

（一）偵察情况。

（二）擴大抗日統一战綫，發動民衆普组游擊隊。

（三）破壞偽组织。

（四）收集遺散武器擴大本身。

（丁）該两支隊出去須十分謹慎、周密、靈活，根据情况靈活的决定自己行動。

毛泽東
彭德懷
十六日廿三時

1937 年 12 月 16 日，毛泽东、彭德怀关于东进纵队和骑兵一连先赴冀南的指示（中央档案馆馆藏）

5月上旬，第120师宋时轮支队由雁北出发，抵达平西与晋察冀军区邓华支队会合，合编为八路军挺进纵队，开辟冀东抗日游击战区。

1938年初，晋察冀军区邓华支队挺进平西地区，开辟了平西抗日根据地

1938年5月，第120师宋时轮支队与晋察冀军区邓华支队合编的八路军第四纵队挺进冀东平原，开展游击战争

7月底，由第120师第358旅第715团、师骑兵营一个连和战动总会第4游击支队组成的大青山支队，由第358旅政委李井泉率领，自雁北挺进绥远，开辟绥南、绥中、绥西抗日游击根据地。

李井泉政委率八路军大青山支队挺进大青山

大青山游击部队在战斗中

挺进大青山行军路线图

9月下旬，第115师第343旅一部与先前到达的第115师第5支队、第129师津浦支队发展冀鲁边根据地。自此，八路军在山西山区抗日根据地初步巩固之后，不失时机地迅速挺进冀南、豫北、冀鲁豫边区、冀鲁边区、冀东和大青山地区，将抗日的烽火燃烧到了河北、山东、绥远和河南广大地区。

1939年8月，挺进冀鲁平原的八路军第115师东进抗日挺进纵队司令员兼政委肖华（右1）、政治部主任符竹庭（右3）等和129师东进纵队参谋长邓永耀（右4）于河北南宫县合影

1938年9月，第115师第344旅副旅长杨得志（左3）奉命率部发展冀鲁豫平原抗日根据地时与部分领导人合影

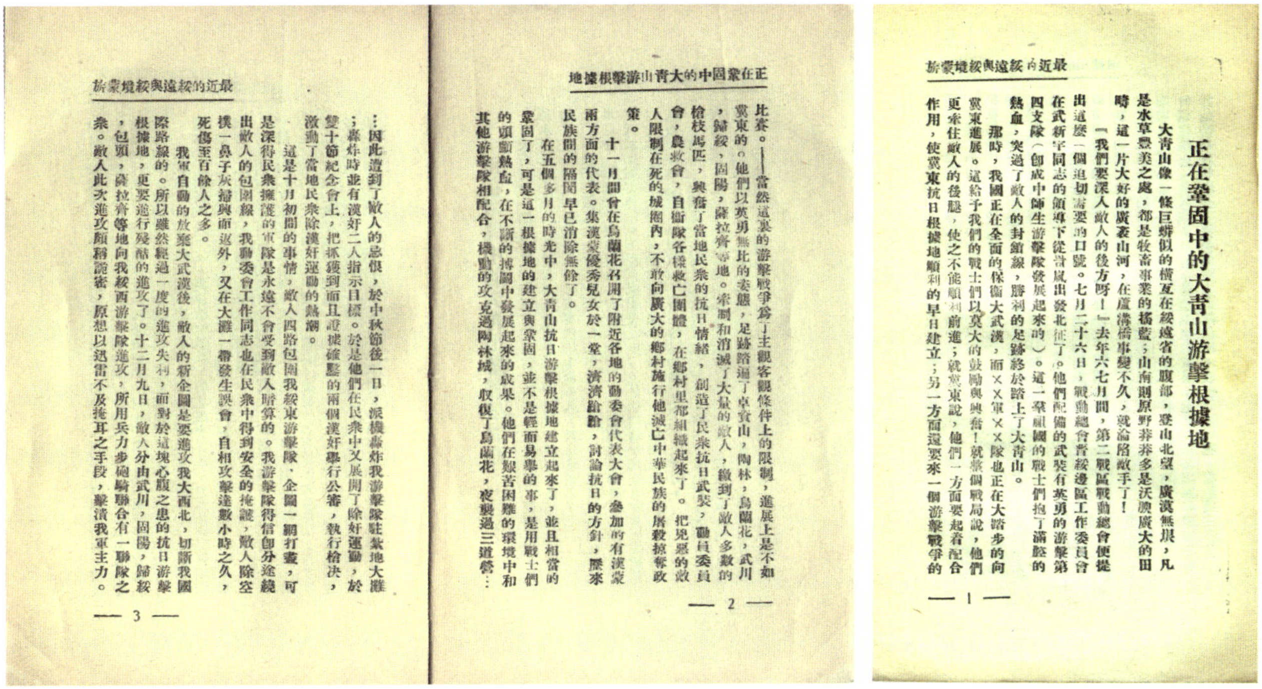

最近的綏遠與綏境蒙旂

正在鞏固中的大青山游擊根據地

大青山像一條巨蟒似的橫亙在綏遠省的腹部，登山北望，廣漠無垠，凡是水草豐美之處，都是牧畜事業的搖籃；山南則原野莽莽多是沃腴廣大的田疇，這一片大好的廣袤山河，在蘆溝橋事變不久，就淪陷敵手了！

「我們要深入敵人的後方呀！」去年六七月間，第二戰區戰動總會便提出這麼一個迫切需要的口號。七月二十六日，戰動總會晉綏邊區工作委員會在武新宇同志的領導下從晉嵐出發北征了。他們配備的武裝有英勇的游擊第四支隊（即成中師生游擊隊發展起來的）。這一群祖國的戰士們抱了滿腔的熱血，突過了敵人的封鎖線，勝利的足跡終於踏上了大青山。

那時，我國正在全面的保衛大武漢，而××軍××隊也正在大踏步的向冀東進展。這給予我們的戰士們以莫大的鼓勵與興奮！就整個戰局說，他們更牽住敵人的後腿，使之不能順利前進；就冀東說，他們一方面要起着配合作用，使冀東抗日根據地順利的早日建立；另一方面還要來一個游擊戰爭的

— 1 —

正在鞏固中的大青山游擊根據地

比賽。——當然這裏的游擊戰爭為了主觀客觀條件上的限制，進展上是不如冀東的。他們以英勇無比的姿態，足跡踏遍了卓資山，陶林，烏蘭花，武川，歸綏，固陽，薩拉齊等地。牽制和消滅了大量的敵人，繳到了敵人多數的槍枝馬匹，興奮了當地民衆的抗日情緒，創造了民衆抗日武裝，動員委員會，農救會，自衛隊各樣救亡團體，在鄉村里都組織起來了。把兇惡的敵人限制在死的城圈內，不敢向廣大的鄉村施行他滅亡中華民族的屠殺掠奪政策。

十一月間曾在烏蘭花召開了附近各地的動委會代表大會，參加的有漢蒙兩方面的代表。集漢蒙優秀兒女於一堂，濟濟蹌蹌，討論抗日的方針，歷來民族間的隔閡早已消除無餘了。

在五個多月的時光中，大青山抗日游擊根據地建立起來了，並且相當的鞏固了，可是這一根據地的建立與鞏固，並不是輕而易舉的事，是用戰士們的頭顱熱血，在不斷的搏鬭中發展起來的成果。他們在艱苦困難的環境中和其他游擊隊相配合，機動的攻克過陶林城，收復了烏蘭花，夜襲過三道營……

— 2 —

最近的綏遠與綏境蒙旂

……因此遭到了敵人的忌恨，於中秋節後一日，派機轟炸我游擊隊駐紮地大灘；轟炸時並有漢奸二人指示目標。於是他們在民衆中又展開了除奸運動，於雙十節紀念會上，把抓獲到而且證據確鑿的兩個漢奸舉行公審，執行槍決，激動了當地民衆除漢奸運動的熱潮。

這是十月初間的事情，敵人四路包圍我綏東游擊隊，企圖一網打盡，可是深得民衆擁護的軍隊是永遠不會受到敵人暗算的。我游擊隊得信即分途繞出敵人的包圍線，我動委會工作同志也在民衆中得到安全的掩護，敵人除空撲一鼻子灰掃興而返外，又在大灘一帶發生誤會，自相攻擊達數小時之久，死傷至百餘人之多。

我軍自動的放棄大武漢後，敵人的新企圖是要進攻我大西北，切斷我國際路線的。所以雖然經過一度的進攻失利，而對於這塊心腹之患的抗日游擊根據地，更要進行殘酷的進攻了。十二月九日，敵人分由武川，固陽，歸綏，包頭，薩拉齊等地向我綏西游擊隊進攻，所用兵力步砲騎聯合有一聯隊之衆。敵人此次進攻頗稱詭密，原想以迅雷不及掩耳之手段，擊潰我軍主力。

— 3 —

《正在巩固中的大青山游击根据地》文章节选

晋察冀“秋季反围攻”

在山西的各抗日武装，进一步发动广泛的游击战，主动出击敌人，继续粉碎敌军的多路围攻，巩固山西敌后战略基地。1938年9月，日军实施“中攻武汉、南取广州、北围五台”的作战计划，在华北集中第26、第109、第110师团和独立混成第2、第4旅团等部5万余兵力向五台、涞源、阜平等中心地区，发动了多达25路的疯狂进攻。晋察冀军区部队和第120师主力，在根据地民众和邻区部队配合下，实行游击战与有利条件下的运动战相结合、各个歼灭敌人的方针，粉碎日军的围攻。

五台山金岗库反围攻战斗

聂荣臻在前线指挥秋季反围攻

1938 年 9 月聂荣臻在五台山留影（顾棣收藏）

第一阶段从 9 月 20 日至 10 月 6 日，先后在完县、曲阳、唐县和张家湾等地阻击日军，迟滞日军前进；第二阶段从 10 月 6 日至 15 日，日军数千人合击石咀、台怀、金岗库地区，15 日遭第 120 师第 359 旅第 717 团伏击，全歼日军一运输大队；第三阶段从 10 月 16 日至 11 月 17 日，分别在郑家庄、高门、洪子店、灵寿、阜平、邵家庄、滑石片等地予日军沉重打击，其中在韩家峪两路日军自相混战，死伤甚重。

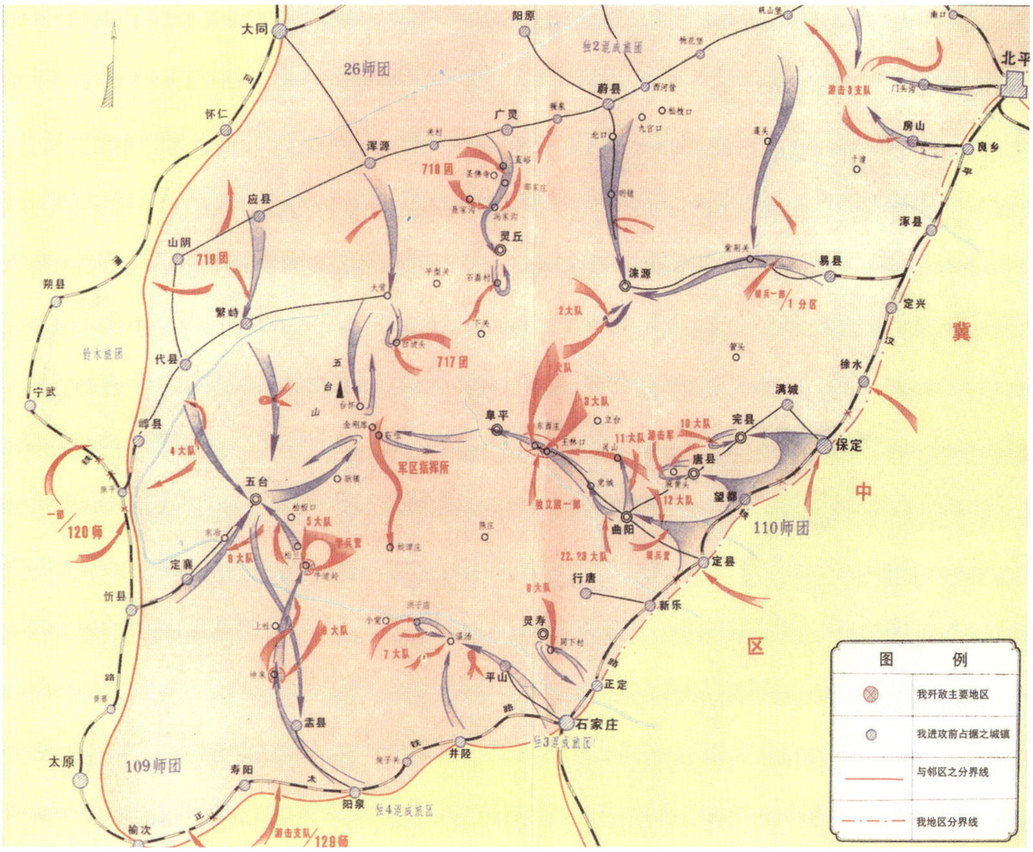

1938 年 9 月 20 日至 10 月 6 日反日军“北围五台”（晋察冀秋季反围攻）战役经过要图（一）

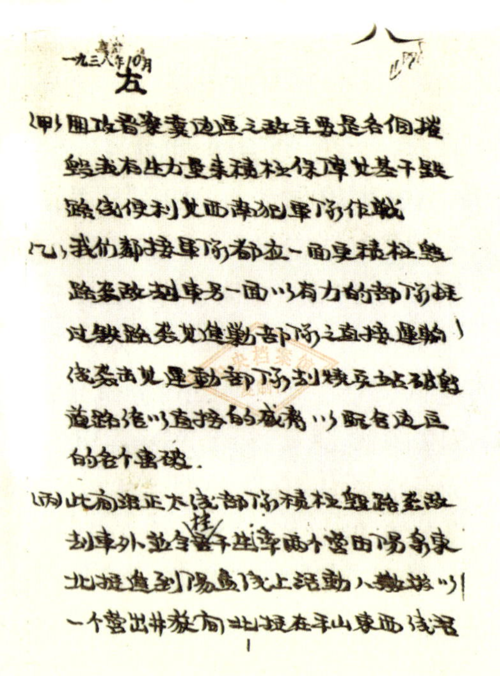

一九三八年10月
左
(甲)围攻晋察冀边区之敌主要是各个击破我有生力量来积极保障其基干铁路线便利其西南北军队作战
(乙)我们邻接军队都应一面要积极断路袭敌截车另一面以有力的部队挺进铁路袭其进动部队之直接运输线袭击其运动部队烧车站破铁道路借以直接的成绩以配合边区的各个击破.
(丙)此前须正太线部队积极断路袭敌截车外并令桂干率两个营由阳泉东北挺进到阳盂线上活动,八路以一个营出井陉向北挺在平山东西线活

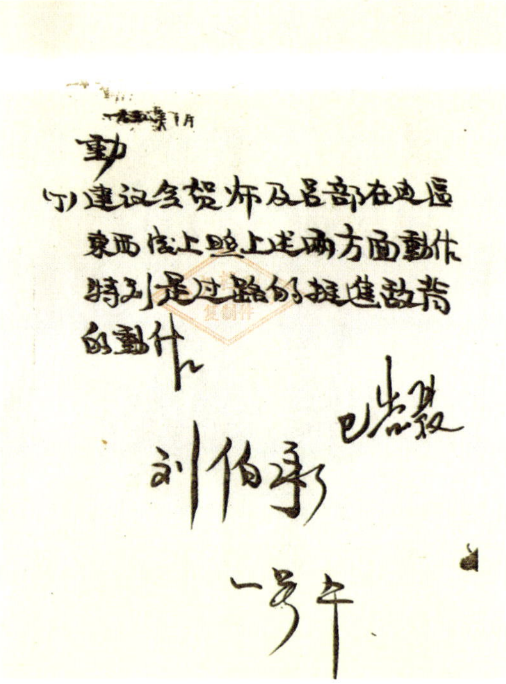

动
(丁)建议令贺师及吕部在边区东西线上照上述两方面动作特别是迂路的挺进敌背的动作。
已告聂
刘伯承
一号午

1938 年 10 月 1 日，刘伯承关于敌围攻晋察冀边区目的和我各个击破的部署致左权电（中央档案馆馆藏）

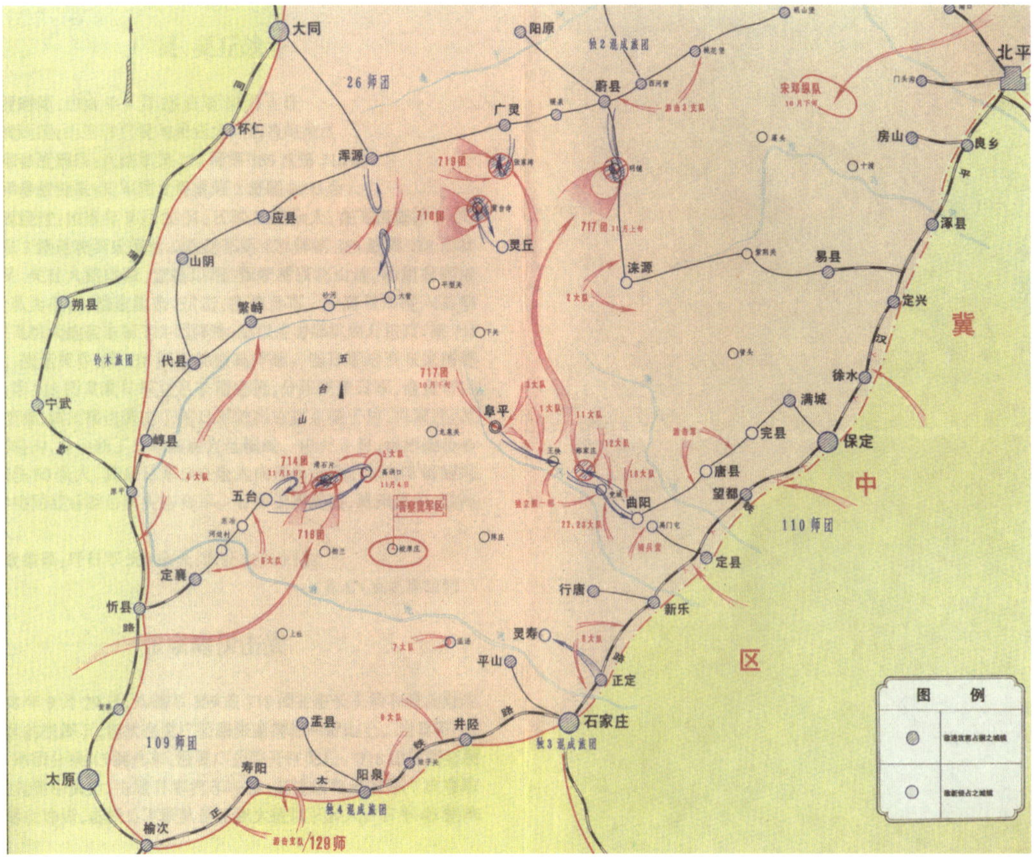

1938 年 10 月 6 日至 11 月 17 日反日军“北围五台”（晋察冀秋季反围攻）战役经过要图（二）

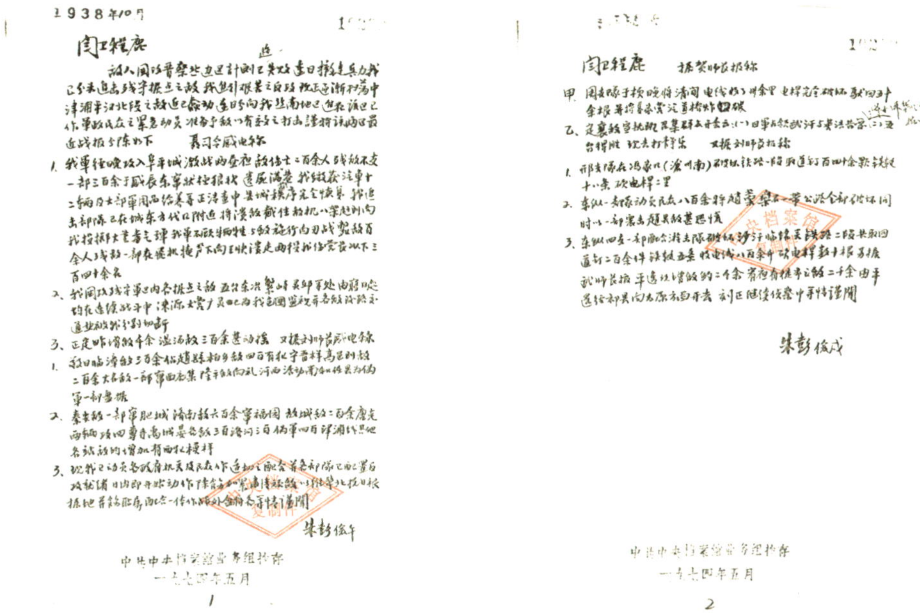

1938 年 10 月 28 日，朱德、彭德怀转报聂荣臻、刘伯承关于日军围攻晋察冀边区计划已趋失败致阎锡山、卫立煌等的电报（中央档案馆馆藏）

八路军第 120 师第 359 旅在五台山的一次战斗胜利后召开祝捷大会

为配合晋察冀根据地反围攻战役，第120、129师各一部广泛出击大同至太原、太原至石家庄铁路沿线的日军，积极展开交通破袭战。这次战役连续作战48天，进行大小战斗167次，歼灭日军5331人，胜利粉碎了日军的围歼计划，保卫了晋察冀抗日根据地，同时有力地策应了正面战场友军的武汉会战。

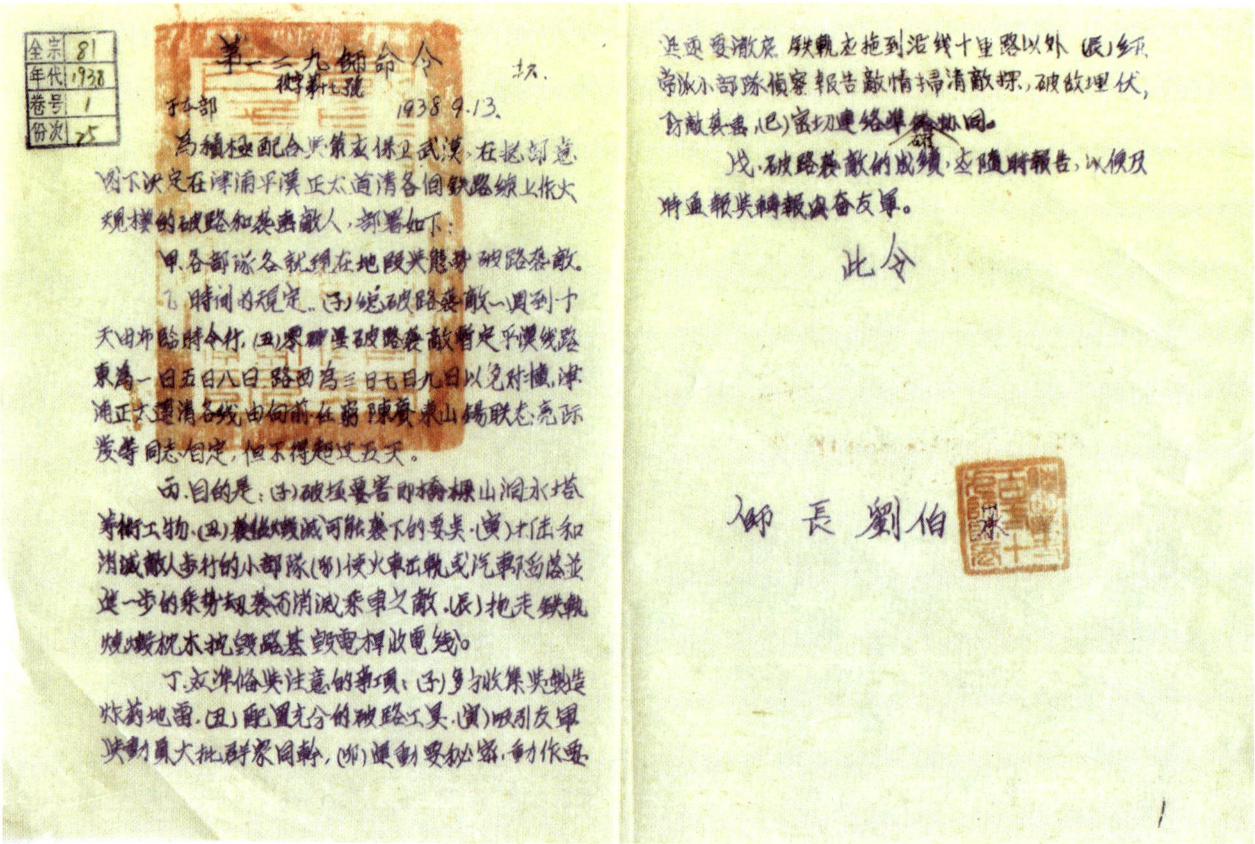
全宗 81
年代 1938
卷号 1
份次 25

第一二九師命令
抄.
于本部 1938.9.13.

為積極配合與策應保衛武漢，在總部意圖下決定在津浦平漢正太道清各個鉄路線上作大規模的破路和襲擊敵人，部署如下：

甲、各部隊各就現在地段與態勢破路襲敵。

乙、時間的規定：(子)總破路襲敵一周到十天由師臨時命令行，(丑)兩翼開始破路襲敵暫定平漢線路東為一日五日八日，路西為三日七日九日以免對擋，津浦正太道清各線由何前、任窮、陳賡、秦山、錫聯、志亮等同志自定，但不得超过五天。

丙、目的是：(子)破壞要害即橋樑山洞水塔等技術工物，(丑)襲擊殲滅可能襲下的要点，(寅)打擊和消滅敵人出扰的小部隊，(卯)使火車出軌或汽車翻倒並進一步的乘勢截襲而消滅乘車之敵，(辰)拖走鉄軌，燒燬枕木，挖毀路基，毀電桿收電线。

丁、政治上应注意的事项：(子)多多收集與製造炸药地雷，(丑)配置充分的破路工具，(寅)吸引友軍與動員大批群眾同干，(卯)運動要秘密，動作要迅速要徹底，鉄軌应拖到沿线十里路以外，(辰)须常派小部隊偵察報告敵情，掃清敵探，破敌埋伏，防敌襲击，(巳)密切連絡保持協同。

戊、破路襲敵的成績，应隨時報告，以便及時通報與轉報上峰及友軍。

此令

師長 劉伯承

1938年9月13日，第129师关于对津浦、平汉、正太、道清各铁路作大规模破路袭敌部署的命令（解放军档案馆馆藏）

在这次反围攻作战期间，中共六届六中全会主席团给晋察冀边区领导和党政军民发电慰勉，指出：“全会完全相信你们必能更加团结一致，联合一切友党友军，胜利地粉碎敌人对于你们的围攻，并且进一步地巩固与扩大你们的根据地。”同时还指出：“全会完全同意边区党委所执行的坚定的统一战线的方针，并在这个方针下，由于全党全军的努力，已经创造晋察冀边区成为敌后模范的抗日根据地及统一战线的模范区。你们的经验将成为全党全国在抗战中最有价值的指南……”

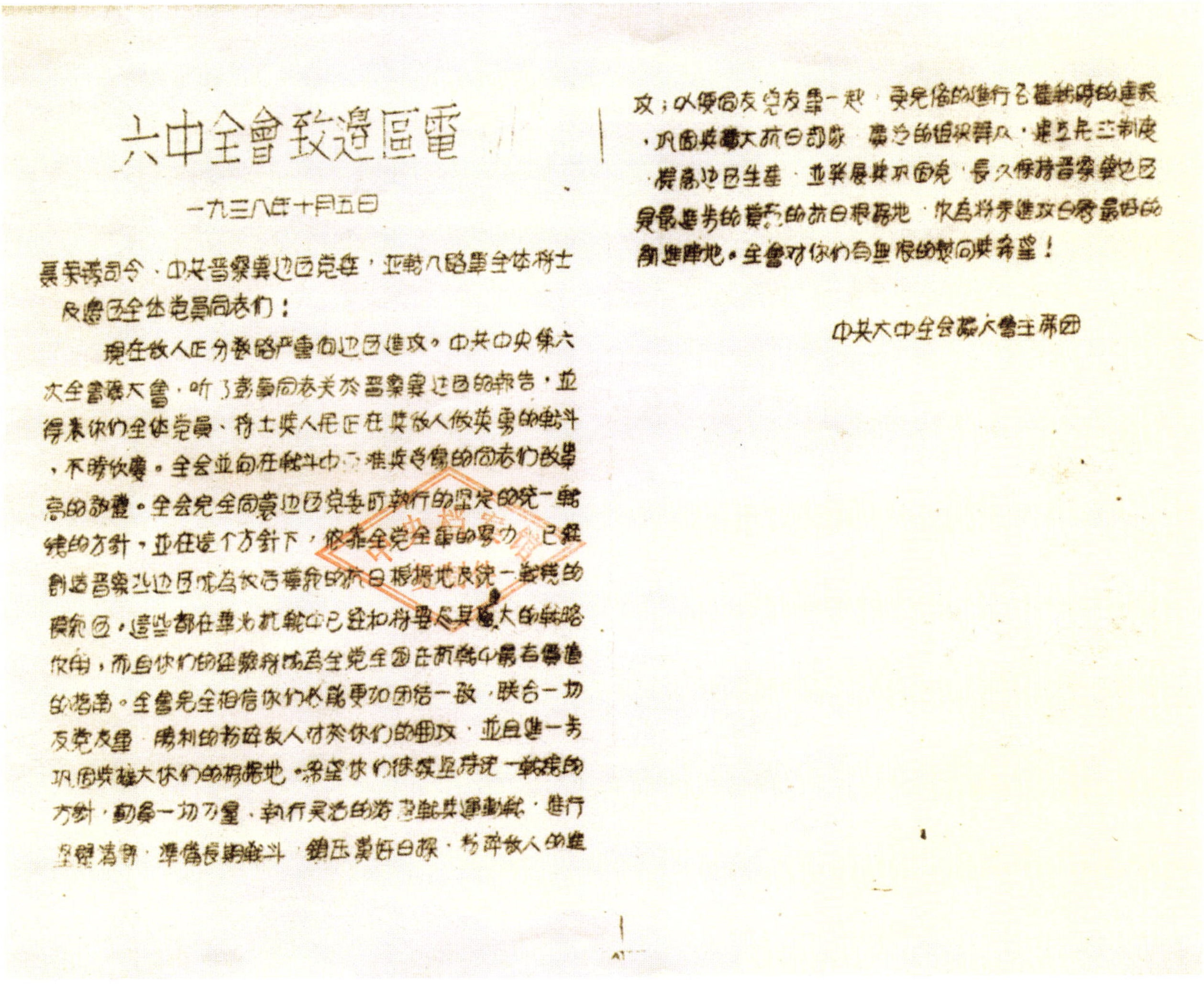
六中全會致邊區電

一九三八年十月五日

聂荣臻司令、中共晋察冀边区党委，并转八路军全体将士及边区全体党员同志们：

现在敌人正分数路严重向边区进攻。中共中央第六次全会扩大会，听了彭真同志关于晋察冀边区的报告，并得悉你们全体党员、将士与人民正在与敌人作英勇的战斗，不胜欣慰。全会并向在战斗中殉难与受伤的同志们致崇高的敬礼。全会完全同意边区党委所执行的坚定的统一战线的方针，并在这个方针下，依靠全党全军的努力，已经创造晋察冀边区成为敌后模范的抗日根据地及统一战线的模范区，这些都在华北抗战中已经和将要尽其伟大的战略作用，而且你们的经验将成为全党全国在抗战中最有价值的指南。全会完全相信你们必能更加团结一致，联合一切友党友军，胜利的粉碎敌人对于你们的围攻，并且进一步巩固与扩大你们的根据地。希望你们继续坚持统一战线的方针，动员一切力量，执行灵活的游击战与运动战，进行坚壁清野，准备长期战斗，镇压汉奸白探，粉碎敌人的进攻；以便同友党友军一起，更充分的进行各种新时期的建设，巩固与扩大抗日部队，广泛的组织群众，建立民主制度，提高边区生产，并发展与巩固党，长久保持晋察冀边区是最进步的模范的抗日根据地，作为将来进攻日寇最好的前进阵地。全会对你们有无限的慰问与希望！

中共六中全会扩大会主席团

1938年10月5日，中共六届六中全会主席团就晋察冀1938年秋季反围攻给晋察冀边区领导和党政军民发电慰勉（中央档案馆馆藏）

从1938年4月下旬开始实行向华北敌后的大规模游击战战略展开，到同年10月，八路军各部艰苦奋战5个多月，先后进行战斗约1000次，毙伤日军两万余人，缴获枪支8000余支，成功将抗日游击战争突破以山西为中心的敌后山区范围，推向广阔的平原地区和整个华北敌后，扩展为晋绥、晋察冀、晋冀豫、山东、冀鲁豫五大抗日根据地，从而在华北形成了西起黄河东岸，东达渤海之滨，北至热察绥，南到陇海铁路的广大敌后战场，造成了对日军的“反包围”形势，使日军的华北后方变成了前线。

1937年11月至1938年10月，八路军创建华北敌后抗日根据地略图

第三章

浴血奋战

日军攻陷武汉、广州之后，抗日战争进入战略相持阶段。此时国内抗战局势特别是敌后抗战形势发生重大变化。共产党领导的敌后游击战争的广泛发展，形成了独立的敌后战场，对日军构成日益严重的威胁。此时，侵华日军基本上停止了对国民党正面战场的战略进攻，将其主力转移到华北、华南、华中敌后战场，集中打击和消灭共产党及其领导下的八路军。此后，半数以上的侵华日军被吸引于华北战场，中国共产党及其领导的敌后抗日军民成为抗击外侮的主要力量。

一

日军大“扫荡”，疯狂围剿根据地

1938 年 11 月，日本大本营陆军部根据其新的战略，制定了《陆军作战指导纲要》，要求其华北方面军“主要确保占领地区安定，特别是首先谋求迅速地恢复河北省北部、山东省、山西省北部及蒙疆地区等重要地区的治安，并确保主要交通线。按需要，在占领地区进行大规模的扫荡作战。”日军扫荡华北的基本方针就是“治安肃正”，实行长期的以共产党为主要对象的、以山岳地带为枢纽的“肃正讨伐”和“治安工作”。从此，日军开始在华北广泛进行杀伐“扫荡”，并随着时间的推移而愈演愈烈，1941 年至 1942 年达到高峰。

日军“肃正建设”计划

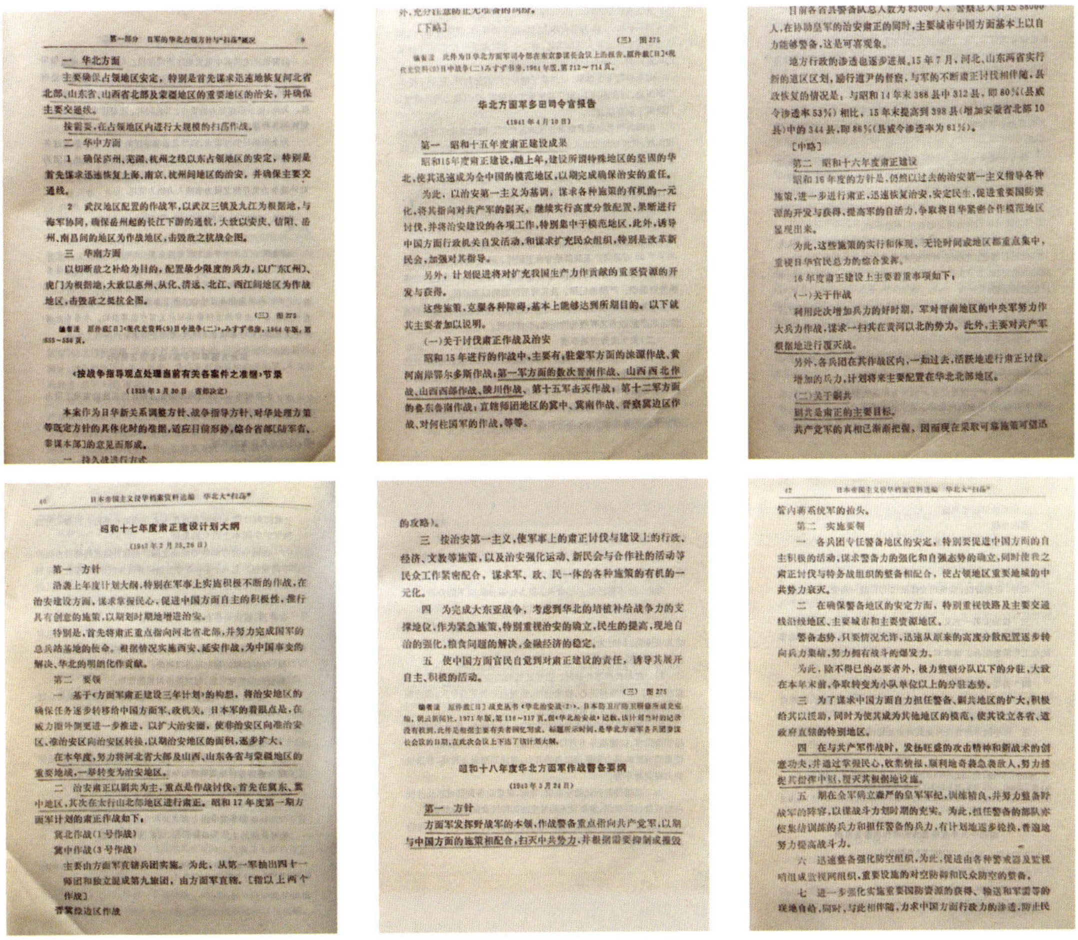

第一部分 日军的华北占领方针与“扫荡”概况 9

一 华北方面

主要确保占领地区安定，特别是首先谋求迅速地恢复河北省北部、山东省、山西省北部及蒙疆地区的重要地区的治安，并确保主要交通线。

按需要，在占领地区内进行大规模的扫荡作战。

二 华中方面

1 确保庐州、芜湖、杭州之线以东占领地区的安定，特别是首先谋求迅速恢复上海、南京、杭州间地区的治安，并确保主要交通线。

2 武汉地区配置的作战军，以武汉三镇及九江为根据地，与海军协同，确保岳州起的长江下游的通航，大致以安庆、信阳、岳州、南昌间的地区为作战地区，击毁敌之抗战企图。

三 华南方面

以切断敌之补给为目的，配置最少限度的兵力，以广东〔州〕、虎门为根据地，大致以惠州、从化、清远、北江、西江间地区为作战地区，击毁敌之抵抗企图。

（三） 图 273

编者注 原件载〔日〕《现代史资料(9)日中战争(二)》，みすず书房，1964 年版，第 555～556 页。

《按战争指导观点处理当前有关各案件之准据》节录

（1939 年 3 月 30 日 省部决定）

本案作为日华新关系调整方针、战争指导方针、对华处理方策等既定方针的具体化时的准据，适应目前形势，综合省部〔陆军省、参谋本部〕的意见而形成。

一 持久战进行方式

外，充分注意防止无保备的问题。

〔下略〕

（三） 图 275

编者注 此件为日华北方面军司令部在东京参谋长会议上的报告，原件载〔日〕《现代史资料(9)日中战争(二)》みすず书房，1964 年版，第 712～714 页。

华北方面军多田司令官报告

（1941 年 4 月 10 日）

第一 昭和十五年度肃正建设成果

昭和15年度肃正建设，继上年，建设所谓特殊地区的坚固的华北，使其迅速成为全中国的模范地区，以期完成确保治安的重任。

为此，以治安第一主义为基调，谋求各种施策的有机的一元化，将其指向对共产军的剿灭，继续实行高度分散配置，果断进行讨伐，并将治安建设的各项工作，特别集中于模范地区，此外，诱导中国方面行政机关自发活动，和谋求扩充民众组织，特别是改革新民会，加强对其指导。

另外，计划促进将对扩充我国生产力作贡献的重要资源的开发与获得。

这些施策，克服各种障碍，基本上能够达到所期目的。以下就其主要者加以说明。

(一)关于讨伐肃正作战及治安

昭和 15 年进行的作战中，主要有，驻蒙军方面的涞源作战、黄河南岸鄂尔多斯作战；第一军方面的数次晋南作战、山西西北作战、山西西部作战、陕川作战、第十五军击灭作战；第十二军方面的鲁东鲁南作战；直辖师团地区的冀中、冀南作战、晋察冀边区作战、对何柱国军的作战，等等。

目前各省县警备队总人数为 83000 人，警察总人员达 58000 人，在协助皇军的治安肃正的同时，主要城市中国方面基本上以自力能够警备，这是可喜现象。

地方行政的渗透也逐步进展，15 年 7 月，河北、山东两省实行新的道区区划，励行道尹的督察，与军的不断肃正讨伐相伴随，县政恢复的情况是：与昭和 14 年末 388 县中 312 县，即 80%（县威令渗透率 53%）相比，15 年末提高到 398 县（增加安徽省北部 10 县）中的 344 县，即 86%（县威令渗透率为 61%）。

〔中略〕

第二 昭和十六年度肃正建设

昭和 16 年度的方针是，仍然以过去的治安第一主义指导各种施策，进一步进行肃正，迅速恢复治安，安定民生，促进重要国防资源的开发与获得，提高军的自活力，争取将日华紧密合作模范地区呈现出来。

为此，这些施策的实行和体现，无论时间或地区都重点集中，重视日华官民总力的综合发挥。

16 年度肃正建设上主要着重事项如下：

(一)关于作战

利用此次增加兵力的好时期，军对晋南地区的中央军努力作大兵力作战，谋求一扫其在黄河以北的势力。此外，主要对共产军根据地进行覆灭战。

另外，各兵团在其作战区内，一如过去，活跃地进行肃正讨伐。增加的兵力，计划将来主要配置在华北北部地区。

(二)关于剿共

剿共是肃正的主要目标。

共产党军的真相已渐渐把握，因而现在采取可靠施策可望迅

40 日本帝国主义侵华档案资料选编 华北大“扫荡”

昭和十七年度肃正建设计划大纲

（1942 年 2 月 25,26 日）

第一 方针

沿袭上年度计划大纲，特别在军事上实施积极不断的作战，在治安建设方面，谋求掌握民心，促进中国方面自主的积极性，推行具有创意的施策，以期划时期地增进治安。

特别是，首先将肃正重点指向河北省北部，并努力完成国军的总兵站基地的使命。根据情况实施西安、延安作战，为中国事变的解决、华北的明朗化作贡献。

第二 要领

一 基于《方面军肃正建设三年计划》的构想，将治安地区的确保任务逐步转移给中国方面军、政机关。日本军的着眼点是，在威力圈外侧更进一步推进，以扩大治安圈，使非治安区向准治安区、准治安区向治安区转换，以期治安地区的面积，逐步扩大。

在本年度，努力将河北省大部及山西、山东各省与蒙疆地区的重要地域，一举转变为治安地区。

二 治安肃正以剿共为主，重点是作战讨伐，首先在冀东、冀中地区，其次在太行山北部地区进行肃正。昭和 17 年度第一期方面军计划的肃正作战如下：

冀北作战（1 号作战）

冀中作战（3 号作战）

主要由方面军直辖兵团实施。为此，从第一军抽出四十一师团和独立混成第九旅团，由方面军直辖。〔指以上两个作战〕

晋察冀边区作战

的攻略）。

三 按治安第一主义，使军事上的肃正讨伐与建设上的行政、经济、文教等施策，以及治安强化运动、新民会与合作社的活动等民众工作紧密配合，谋求军、政、民一体的各种施策的有机的一元化。

四 为完成大东亚战争，考虑到华北的培植补给战争力的支撑地位，作为紧急施策，特别重视治安的确立，民生的提高，现地自治的强化，粮食问题的解决，金融经济的稳定。

五 使中国方面官民自觉到对肃正建设的责任，诱导其展开自主、积极的活动。

（三） 图 275

编者注 原件载〔日〕战史丛书《华北治安战(2)》，日本防卫厅防卫研修所战史室编，朝云新闻社，1971 年版，第 116～117 页。据《华北治安战》记载，该计划当时的记录没有找到，此件是根据主要有关者回忆写成。标题所示时间，是华北方面军各兵团参谋长会议的日期，在此次会议上下达了该计划大纲。

昭和十八年度华北方面军作战警备要纲

（1943 年 3 月 24 日）

第一 方针

方面军发挥野战军的本领，作战警备重点指向共产党军，以期与中国方面的施策相配合，扫灭中共势力，并根据需要抑制或摧毁

42 日本帝国主义侵华档案资料选编 华北大“扫荡”

管内蒋系统军的抬头。

第二 实施要领

一 各兵团专任警备地区的安定，特别要促进中国方面的自主积极的活动，谋求警备力的强化和自强态势的确立，同时使我之肃正讨伐与特务战组织的警备相配合，使占领地区重要地域的中共势力衰灭。

二 在确保警备地区的安定方面，特别重视铁路及主要交通线沿线地区、主要城市和主要资源地区。

警备态势，只要情况允许，迅速从原来的高度分散配置逐步转向兵力集结，努力拥有战斗的爆发力。

为此，除不得已的必要者外，极力整顿分队以下的分驻，大致在本年末前，争取转变为小队单位以上的分驻态势。

三 为了谋求中国方面自力担任警备、剿共地区的扩大，积极给其以援助，同时为使其成为其他地区的模范，使其设立各省、道政府直辖的特别地区。

四 在与共产军作战时，发扬旺盛的攻击精神和新战术的创意功夫，并通过掌握民心，收集情报，顺利地奇袭急袭敌人，努力捕捉其指挥中枢，覆灭其根据地设施。

五 期在全军确立森严的皇军军纪，训练精良，并努力整备野战军的阵容，以谋战斗力划时期的充实。为此，担任警备的部队亦使集结训练的兵力和担任警备的兵力，有计划地逐步轮换，普遍地努力提高战斗力。

六 迅速整备强化防空组织，为此，促进由各种警戒器及监视哨组成监视网组织，重要设施的对空防御和民众防空的整备。

七 进一步强化实施重要国防资源的获得、输送和军需等的现地自给，同时，与此相伴随，力求中国方面行政力的渗透，防止民

日军政略攻势战略持久期作战指导要纲和日军在昭和十五年、十六年、十七年、十八年度华北方面军作战警备要纲

“囚笼政策”

1939 年 9 月多田骏接任日军华北方面军司令官后，加紧对根据地的扫荡，在华北大规模修筑公路、铁路、挖壕筑堡，由点连线，由线成面，大力推行竭泽而渔的“囚笼政策”，实行“分区扫荡、分散布置、灵活进剿的牛刀子战术”。刘伯承师长揭穿了日军的图谋，指出日军强化交通的目的是“企图对我们大块根据地，用据点、铁路、公路构成网状，把抗战军民缠绕起来。打一个比喻来说，敌人要用铁路为柱，公路作链，据点作锁来造成一个囚笼，想把我军民装进里面去，凌迟处死。”

日军在冀西阜平城架设的铁丝网
（赵烈 摄）

一、隔离线的构成

古代中国城镇都有城墙围绕，用以防御外侵和保护城镇居民。另外，在中国本土、满洲、蒙古之间还筑有万里长城。它对防御外敌入侵究竟发挥多大作用姑且不论，但却是拥抱和保护中国本土民众的象征。

在同中共方面争夺民众之际，用这种隔离线将我方保护下民众包容起来，与中共势力划清界线加以保护，增进实际利益，使居民安定，靠向我方，效果是很大的。在准治安地区的交界线，适当构设隔离壕和若干小堡垒（岗楼、据点），或者两者并用，被认为是有效方法而推行。

这种方法，对于交通线这样重要长距离物体的防护，也有效果。在京汉线两侧各 10 公里，构筑了长达 500 公里的隔离壕，与中共军的根据地得以隔绝。它还切断了冀中、冀中丰富物资向根据地运输，起到经济封锁的作用。

总之，对共战的着眼点在于，适应所谓争取、组织民众这一特点而采取施策，这是受到重视的。

二、新民会进行思想战

方面军将作为组成反共势力的精神基础的新民会扩大起来。为了动员民众参加对共战，方面军认为，最根本的是使民众感到各种施策确能给他们带来幸福，故力图普及新民精神和开展实践活动。

三、中国方面武装团体和自卫组织的协助治安

扶植和加强中国方面武装和自卫力量，并以逐步使之成为对共战的主体为最终目标，而推进各种施策。

（三） 图275

编者注　此件摘自〔日〕战史丛书《华北治安战〈2〉》，日本防卫厅防卫研修所战史室编，朝云新闻社，1971 年版，第528 ~537 页。

日军肃正建设三年计划中关于“隔离线”的描述

（一）据点构筑情形

1.敌据点周围有加至三道障碍。第一道是鹿柴；第二道是壕沟，深八尺至一丈，宽六尺至九尺，内有水；第三道在沟外边设有三至四层铁丝网，高三尺至六尺。

2.敌之房普通高二丈，上房四角主要方向筑有碉堡，高有三至七丈，还有七八尺高的，上设望远哨，并设机枪座，房下四角设有机枪掩体和枪眼，屋内挖有地洞。

3.敌住房周围五六十尺内，房完全拆毁，易接近据点之路暗埋地雷，并养有警犬和通讯鸽。

4.滹沱河以东，永定河至北宁路、永安、霸县、固安一带，敌伪据点稠密，碉堡增加，封锁我之活动。

（二）永定河两岸至滹沱河间，敌人修路形成蛛网，据点之间构筑公路，并在路之两侧建筑碉堡。

1940 年 11 月 9 日，冀中军区司令员吕正操、政委程子华关于敌碉堡情形及敌图在冀中推行火网政策致毛泽东、王稼祥等电的部分内容

1942 年 10 月，日军华北方面军参谋长安达二十三夸耀地说：“华北碉堡已经建成者 7700 余个，遮断壕也修成 11860 公里之长，实为起自山海关经张家口至宁夏万里长城的六倍，地球外围的四分之一。”

日军在华北修筑的碉堡

根据地军民填埋日军封锁沟

“治安强化”运动

1941年7月冈村宁次取代多田骏后，极力推行“治安强化”运动，即所谓军、政、会、民为一体的“总力战”。“治安强化运动”是“治安肃正”的演进，意即强化日军在华北的进攻、统制、奴役和掠夺。在治安强化运动之下，敌人以“囚笼”为依托，将华北分为三种地区：即“治安区（日军占领区）”“准治安区（游击区）”“非治安区（抗日根据地）”，施行不同的政策。对“治安区”实行“清乡”政策，县筑县界沟，乡筑乡界沟，强行清查户口，颁发“良民证”，建立保甲制度，实行村民“连坐法”，推行大编乡等，强化日军的奴役统治。

一　华北日军状况

日军华北方面军师团长以上人员名单

华北方面军司令官和参谋长

司令官：
寺内寿一(1937.8.26)
杉山元(1938.11.25)
多田骏(1939.9.12)
冈村宁次(1941.7.7)
冈部直三郎(1944.8.25)
下村定(1944.11.22)
根本博(1945.8.11)

参谋长：
冈部直三郎(1937.8)
山下奉文(1938.7.15)
笠原幸雄(1939.8.23)
田边盛武(1941.3.1)
安达二十三(1941.11.6)
大城户三治(1942.11.9)
高桥坦(1944.10.14)

各军司令官

第1军：
香月清司(1937.8.26)　岩松义雄(1941.6.20)
梅津美治郎(1938.5.30)　吉本贞一(1942.8.1)
筱塚义男(1939.9.7)　澄田睐四郎(1944.11.22)

第2军：
西尾寿造(1937.8.31)　七田一郎(1943.5.28)
东久迩宫稔彦王(1938.4.30)　丰岛房太郎(1943.10.29)
上月良夫(1942.7.1)

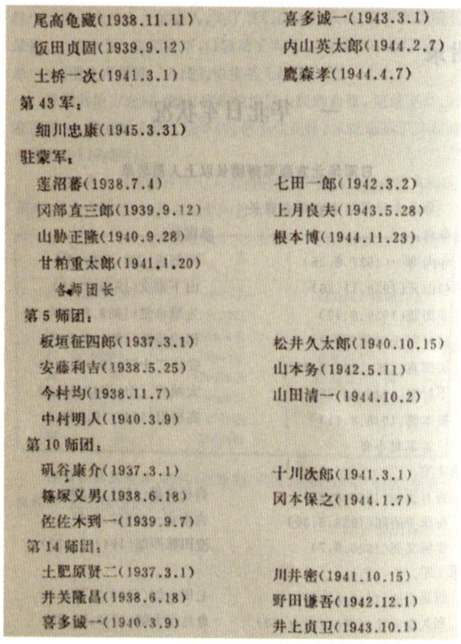

尾高龟藏(1938.11.11)　喜多诚一(1943.3.1)
饭田贞固(1939.9.12)　内山英太郎(1944.2.7)
土桥一次(1941.3.1)　鹰森孝(1944.4.7)

第43军：
细川忠康(1945.3.31)

驻蒙军：
莲沼蕃(1938.7.4)　七田一郎(1942.3.2)
冈部直三郎(1939.9.12)　上月良夫(1943.5.28)
山胁正隆(1940.9.28)　根本博(1944.11.23)
甘粕重太郎(1941.1.20)

各师团长

第5师团：
板垣征四郎(1937.3.1)　松井久太郎(1940.10.15)
安藤利吉(1938.5.25)　山本务(1942.5.11)
今村均(1938.11.7)　山田清一(1944.10.2)
中村明人(1940.3.9)

第10师团：
矶谷廉介(1937.3.1)　十川次郎(1941.3.1)
筱塚义男(1938.6.18)　冈本保之(1944.1.7)
佐佐木到一(1939.9.7)

第14师团：
土肥原贤二(1937.3.1)　川井密(1941.10.15)
井关隆昌(1938.6.18)　野田谦吾(1942.12.1)
喜多诚一(1940.3.9)　井上贞卫(1943.10.1)

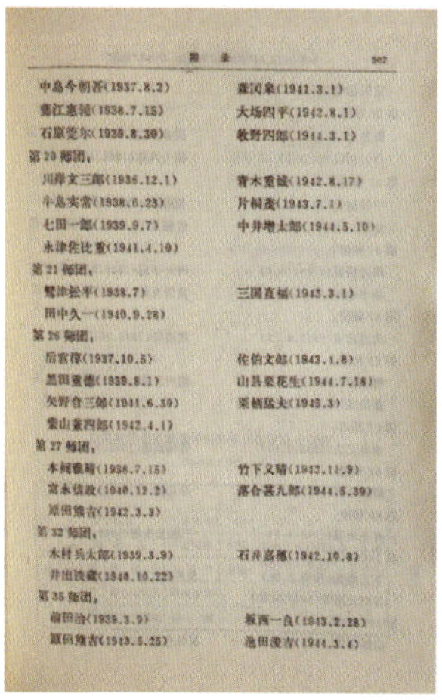

附　录　907

中岛今朝吾(1937.8.2)　森冈皋(1941.3.1)
藤江惠辅(1938.7.15)　大场四平(1942.8.1)
石原莞尔(1939.8.30)　牧野四郎(1944.3.1)

第20师团：
川岸文三郎(1936.12.1)　青木重诚(1942.8.17)
牛岛实常(1938.6.23)　片桐茂(1943.7.1)
七田一郎(1939.9.7)　中井增太郎(1944.5.10)
永津佐比重(1941.4.10)

第21师团：
鹫津鈆平(1938.7)　三国直福(1943.3.1)
田中久一(1940.9.28)

第26师团：
后宫淳(1937.10.5)　佐伯文郎(1943.1.8)
黑田重德(1939.8.1)　山县栗花生(1944.7.18)
矢野音三郎(1941.6.30)　栗栖猛夫(1945.3)
柴山兼四郎(1942.4.1)

第27师团：
本间雅晴(1938.7.15)　竹下义晴(1942.11.9)
富永信政(1940.12.2)　落合甚九郎(1944.5.39)
原田熊吉(1942.3.3)

第32师团：
木村兵太郎(1939.3.9)　石井嘉穗(1942.10.8)
井出铁藏(1940.10.22)

第35师团：
前田治(1939.3.9)　板西一良(1943.2.28)
原田熊吉(1940.5.25)　池田浚吉(1944.3.4)

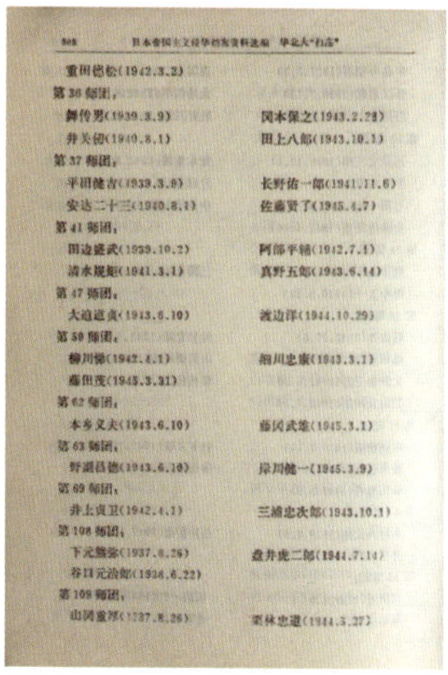

908　日本帝国主义侵华档案资料选编　华北大“扫荡”

重田德松(1942.3.2)

第36师团：
舞传男(1939.3.9)　冈本保之(1943.2.28)
井关仞(1940.8.1)　田上八郎(1943.10.1)

第37师团：
平田健吉(1939.3.9)　长野祐一郎(1941.11.6)
安达二十三(1940.8.1)　佐藤贤了(1945.4.7)

第41师团：
田边盛武(1939.10.2)　阿部平辅(1942.7.1)
清水规矩(1941.3.1)　真野五郎(1943.6.14)

第47师团：
大迫通贞(1943.6.10)　渡边洋(1944.10.29)

第59师团：
柳川悌(1942.4.1)　细川忠康(1943.3.1)
藤田茂(1945.3.21)

第62师团：
本乡义夫(1943.6.10)　藤冈武雄(1945.3.1)

第63师团：
野副昌德(1943.6.10)　岸川健一(1945.3.9)

第69师团：
井上贞卫(1942.4.1)　三浦忠次郎(1943.10.1)

第108师团：
下元熊弥(1937.8.26)　盘井虎二郎(1944.7.14)
谷口元治郎(1938.6.22)

第109师团：
山冈重厚(1937.8.26)　栗林忠道(1944.5.27)

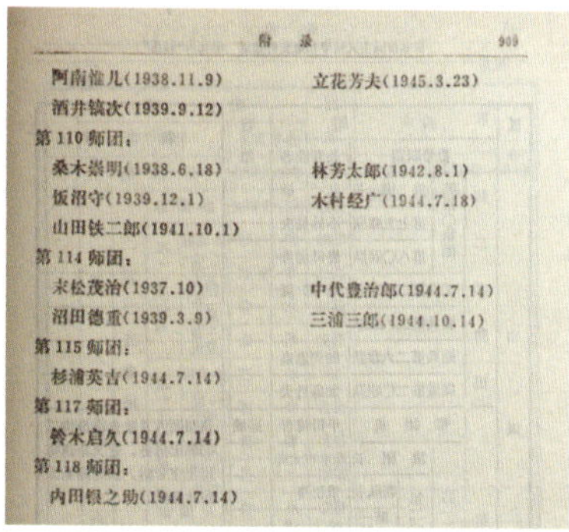

附　录　909

阿南惟几(1938.11.9)　立花芳夫(1945.3.23)
酒井镐次(1939.9.12)

第110师团：
桑木崇明(1938.6.18)　林芳太郎(1942.8.1)
饭沼守(1939.12.1)　木村经广(1944.7.18)
山田铁二郎(1941.10.1)

第114师团：
末松茂治(1937.10)　中代丰治郎(1944.7.14)
沼田德重(1939.3.9)　三浦三郎(1944.10.14)

第115师团：
杉浦英吉(1944.7.14)

第117师团：
铃木启久(1944.7.14)

第118师团：
内田银之助(1944.7.14)

日军华北方面军师团长以上人员名单

对“准治安区”实行“蚕食”政策，广修封锁沟墙与碉楼，压迫八路军退缩到其巩固区外的范围内，从而把抗日游击区变为敌占区，伸张扩大其占领地，缩小与割裂抗日根据地。如在冀南根据地，把平原划成“井”字、“池”字、“田”字、菊花诸状。修筑公路情况：1940年底，冀南共有公路83条，2000公里；1941年春增到116条，2500公里；1942年增加到600条，近5000公里。挖沟筑墙情况：加深加宽原有河流，在铁路、公路两旁挖护路沟，加高旧县城城墙，筑土围子，挖封锁沟，筑封锁墙，以致县有县界沟，乡有乡界沟。1942年统计封锁沟墙全长约1000公里。在这样密如蜘蛛网的公路、河流等交通线上，日军又筑起大小据点、大小碉堡，到1943年达到920个。

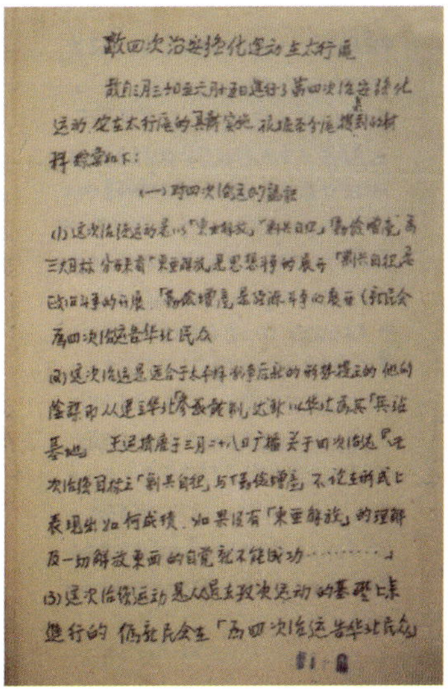

1942年第129师政治部文件《敌四次治安强化运动在太行区》

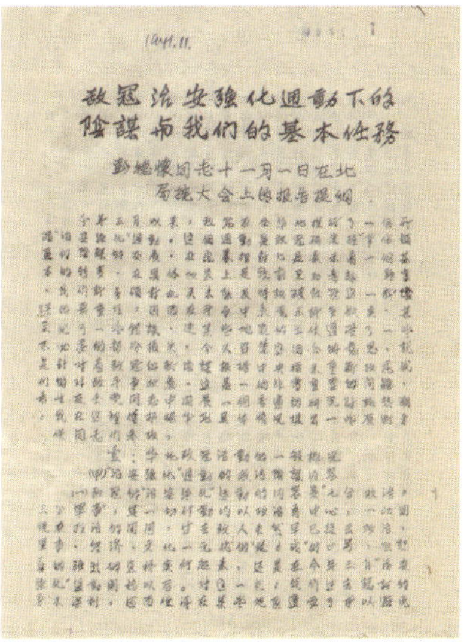

敌寇治安强化运动下的阴谋与我们的基本任务

彭德怀同志十一月一日在北方局扩大会上的报告提纲

1941年11月，彭德怀关于日军治安强化运动下的阴谋与八路军的基本任务报告提纲

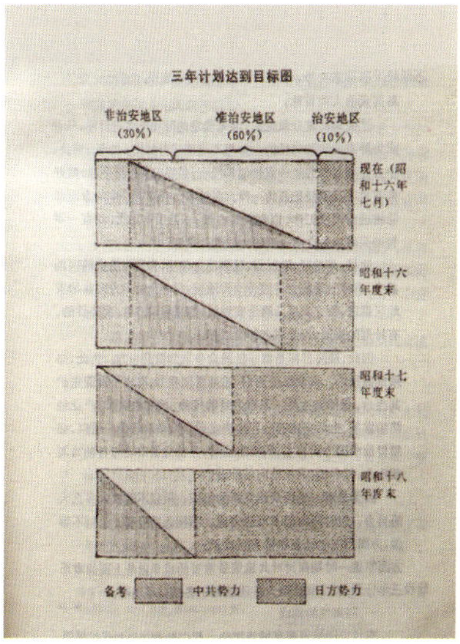

1941年日军“肃正建设”三年计划达到目标图

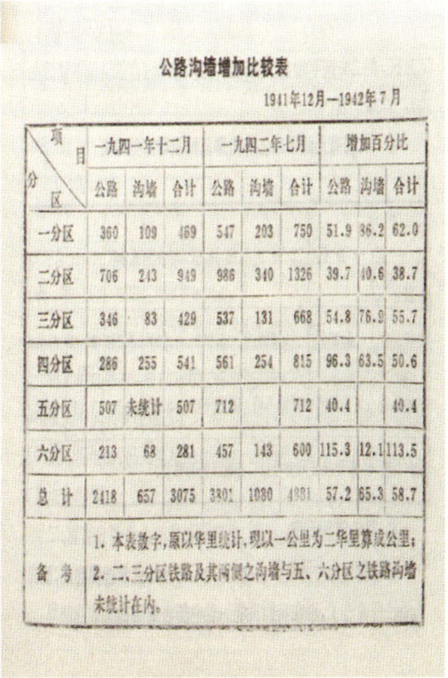

公路沟墙增加比较表

1941年12月—1942年7月

项目 / 分区	一九四一年十二月			一九四二年七月			增加百分比		
	公路	沟墙	合计	公路	沟墙	合计	公路	沟墙	合计
一分区	360	109	469	547	203	750	51.9	86.2	62.0
二分区	706	243	949	986	340	1326	39.7	40.6	38.7
三分区	346	83	429	537	131	668	54.8	76.9	55.7
四分区	286	255	541	561	254	815	96.3	63.5	50.6
五分区	507	未统计	507	712		712	40.4		40.4
六分区	213	68	281	457	143	600	115.3	12.1	113.5
总计	2418	657	3075	3801	1080	4881	57.2	65.3	58.7
备考	1. 本表数字，原以华里统计，现以一公里为二华里算成公里；2. 二、三分区铁路及其两侧之沟墙与五、六分区之铁路沟墙未统计在内。								

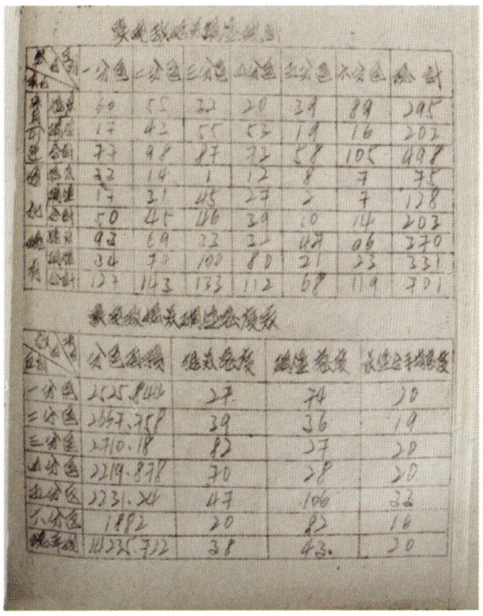

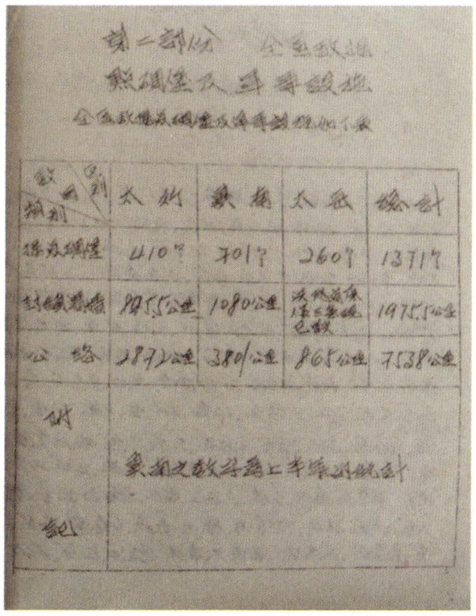

1942年7月《冀南敌伪据点、碉堡、沟墙及其兵力概况》部分统计表

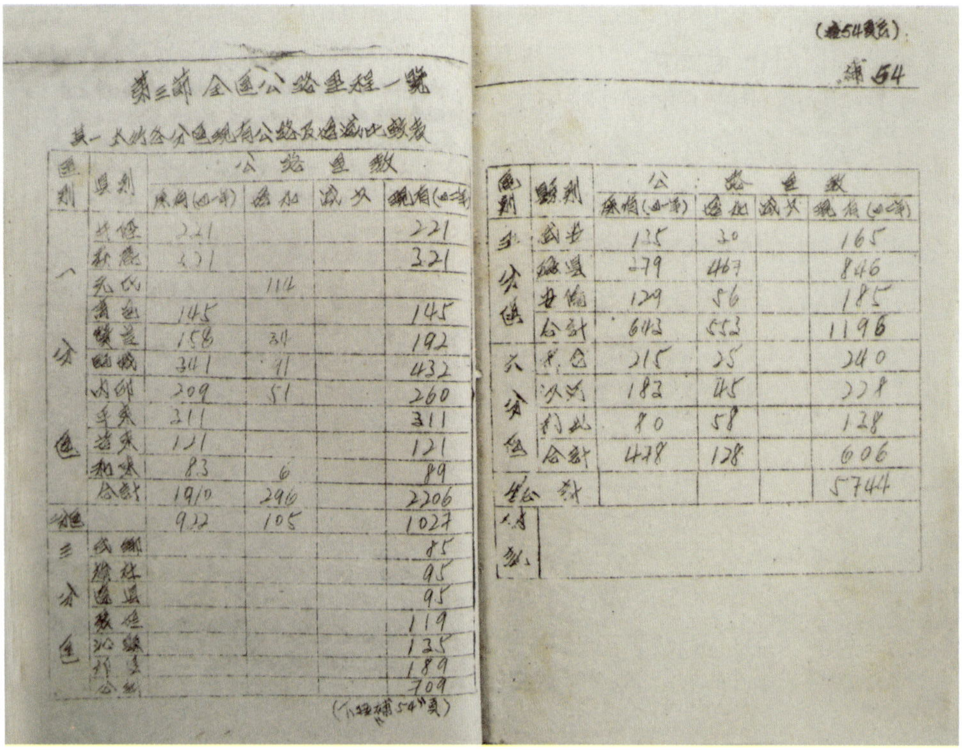

1942年7月太行各分区公路增减比较表

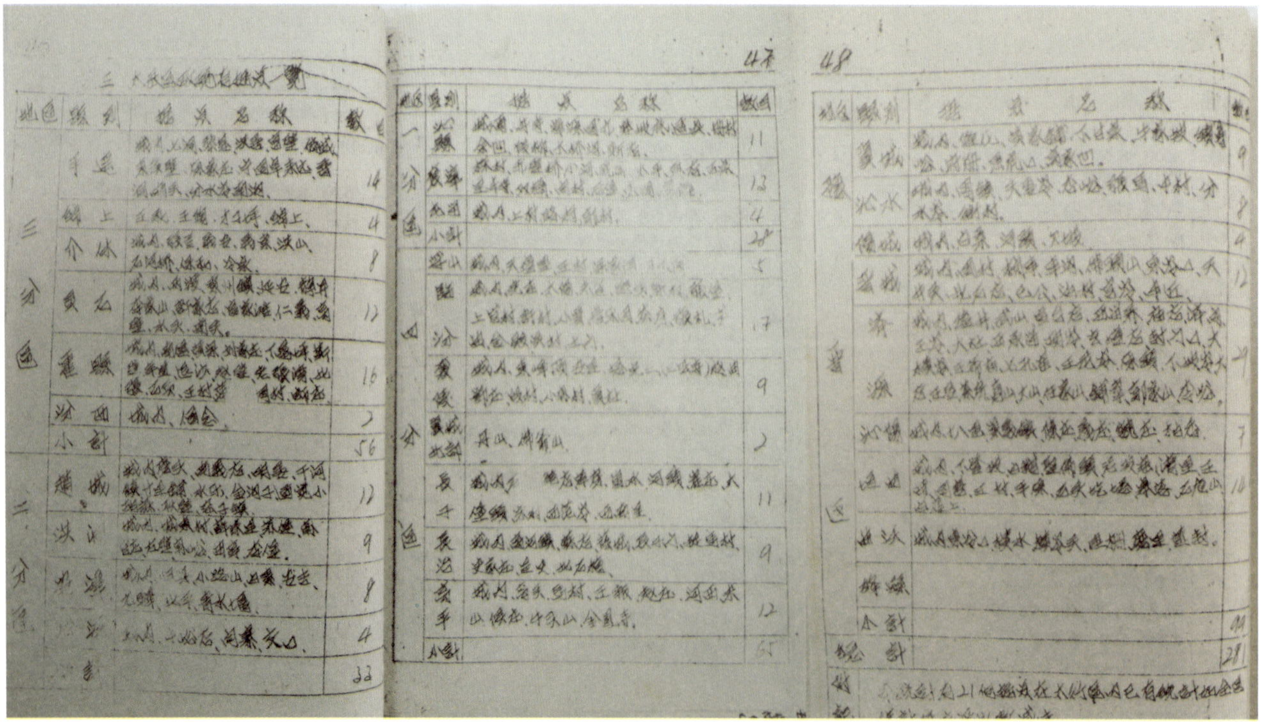

1942年7月太岳区日军据点一览表

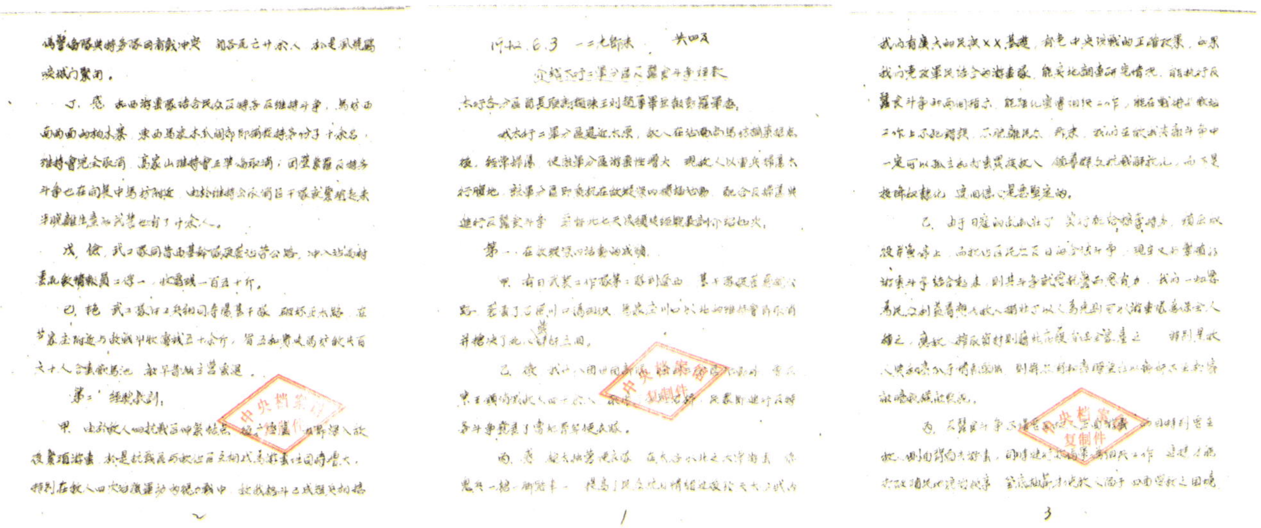

1942 年 6 月 3 日，刘伯承、邓小平等关于太行二军分区反蚕食斗争经验教训（中央档案馆馆藏）

1942 年晋冀鲁豫边区封锁沟墙略图

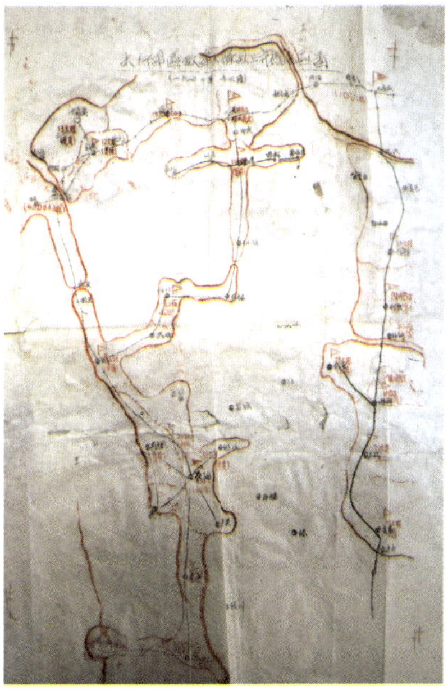

1942 年太行、太岳区日军大队以上守备地区图

对“非治安区”，实行杀光、烧光、抢光的“三光政策”，建立“无人区”，反复“扫荡”以摧毁根据地和抗日力量。在“扫荡”作战的战术上有：“铁壁合围”“捕捉奇袭”“纵横扫荡”“反转电击”“辗转剔抉”等。

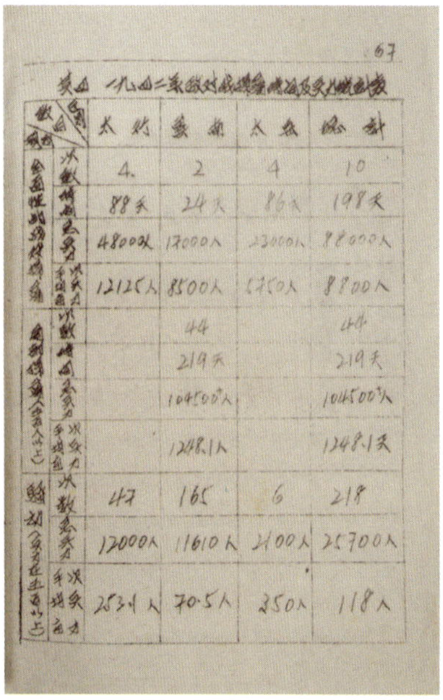

67

表五 一九四二年敌对我扫荡时间及兵力统计表

	太行	冀南	太岳	总计
全面性的战役扫荡 次数	4	2	4	10
时间	88天	24天	86天	198天
总兵力	48000人	17000人	23000人	88000人
平均每次兵力	12125人	8500人	5750人	8800人
局部扫荡（五百人以上） 次数		44		44
时间		219天		219天
总兵力		104500人		104500人
平均每次兵力		1248.1人		1248.1人
骚扰（兵力在五百人以下） 次数	47	165	6	218
总兵力	12000人	11610人	2100人	25700人
平均每次兵力	253.1人	70.5人	350人	118人

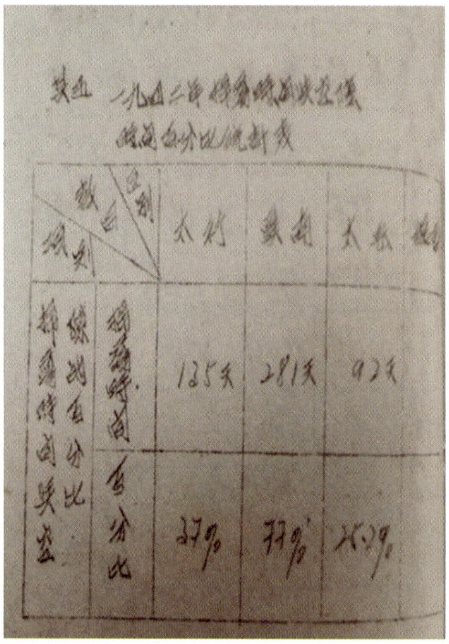

表五 一九四二年[illegible]统计表

	太行	冀南	太岳	
[illegible]	135天	281天	92天	
[illegible]百分比	37%	77%	25.3%	

1942年日军对晋冀鲁豫边区“扫荡”时间、兵力等统计表

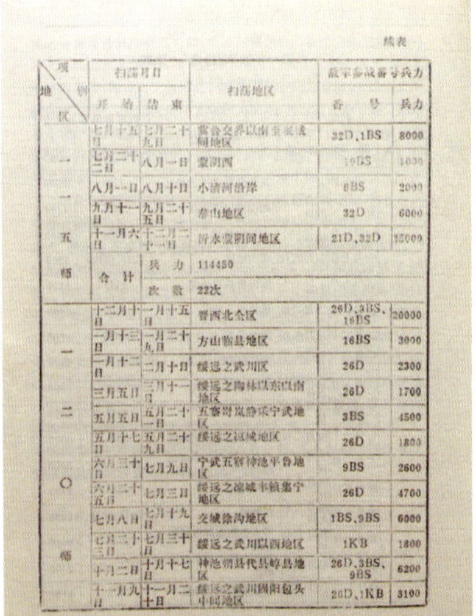

续表

地区	开始	结束	扫荡地区	番号	兵力
一一五师	七月十五日	七月二十九日	冀鲁交界以南至滨武间地区	32D、1BS	8000
	七月二十二日	八月一日	蒙阴西	10BS	1000
	八月一日	八月十日	小清河沿岸	6BS	2000
	九月十一日	九月二十五日	泰山地区	32D	6000
	十一月六日	十二月二十一日	沂水蒙阴间地区	21D、32D	15000
	合计	兵力	114450		
		次数	22次		
一二〇师	十二月十日	一月十五日	晋西北全区	26D、3BS、16BS	20000
	一月十三日	一月二十九日	方山临县地区	16BS	3000
	一月十二日	二月十日	绥远之武川区	26D	2300
	三月五日	三月十一日	绥远之陶林以东以南地区	26D	1700
	五月五日	五月二十一日	五寨岢岚静乐宁武地区	3BS	4500
	五月十七日	五月二十九日	绥远之凉城地区	26D	1800
	六月三十日	七月九日	宁武五寨神池平鲁地区	9BS	2600
	六月二十五日	七月三日	绥远之凉城丰镇集宁地区	26D	4700
	七月八日	七月十九日	交城除沟地区	1BS、9BS	6000
	七月二十三日	七月三十日	绥远之武川以西地区	1KB	1800
	十月二日	十月十七日	神池朔县代县崞县地区	26D、3BS、9BS	6200
	十一月九日	十一月二十日	绥远之武川固阳包头中间地区	26D、1KB	3100

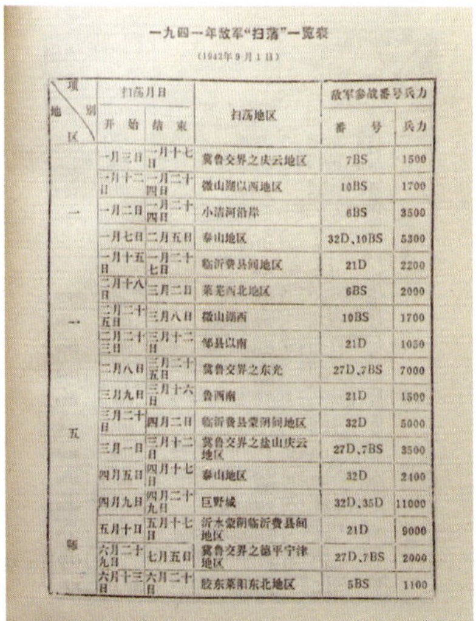

一九四一年敌军“扫荡”一览表

（1942年9月1日）

地区	开始	结束	扫荡地区	番号	兵力
一一五师	一月三日	一月十七日	冀鲁交界之庆云地区	7BS	1500
	一月十二日	一月二十四日	微山湖以西地区	10BS	1700
	一月二日	一月二十四日	小清河沿岸	6BS	3500
	一月七日	二月五日	泰山地区	32D、10BS	5300
	一月十五日	一月二十七日	临沂费县间地区	21D	2200
	二月十八日	三月二日	莱芜西北地区	6BS	2000
	二月二十五日	三月八日	微山湖西	10BS	1700
	二月二十三日	三月十二日	邹县以南	21D	1050
	二月八日	三月二十五日	冀鲁交界之东光	27D、7BS	7000
	三月九日	三月十六日	鲁西南	21D	1500
	三月二十日	四月二日	临沂费县蒙阴间地区	32D	5000
	三月一日	三月十二日	冀鲁交界之盐山庆云地区	27D、7BS	3500
	四月五日	四月十七日	泰山地区	32D	2400
	四月九日	四月二十九日	巨野城	32D、35D	11000
	五月十日	五月十七日	沂水蒙阴临沂费县间地区	21D	9000
	六月二十九日	七月五日	冀鲁交界之德平宁津地区	27D、7BS	2000
	六月十三日	六月二十日	胶东莱阳东北地区	5BS	1100

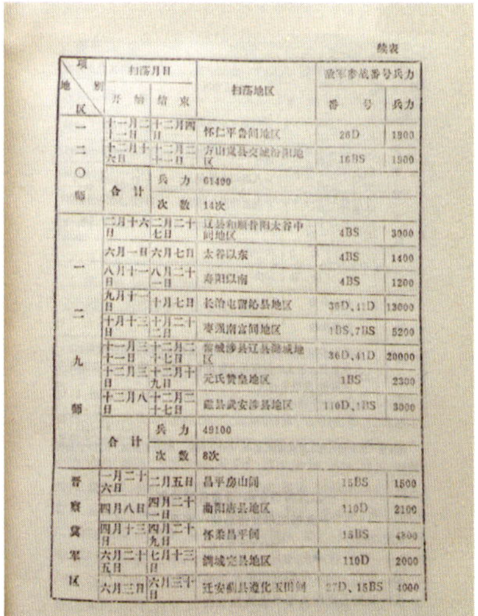

续表

地区	开始	结束	扫荡地区	番号	兵力
一二〇师	十一月二十一日	十二月四日	怀仁平鲁间地区	26D	1300
	十二月十六日	十二月三十一日	方山岚县交城汾阳地区	16BS	1500
	合计	兵力	61400		
		次数	14次		
一二九师	二月十六日	二月二十七日	辽县和顺昔阳太谷中间地区	4BS	3000
	六月一日	六月七日	太谷以东	4BS	1400
	八月十一日	八月二十一日	寿阳以南	4BS	1200
	九月十一日	十月七日	长治屯留沁县地区	36D、41D	13000
	十月十三日	十月二十二日	枣强南宫间地区	1BS、7BS	5200
	十一月三十一日	十二月二十七日	黎城涉县辽县潞城地区	36D、41D	20000
	十二月三日	十二月十九日	元氏赞皇地区	1BS	2300
	十二月八日	十二月二十七日	磁县武安涉县地区	110D、1BS	3000
	合计	兵力	49100		
		次数	8次		
晋察冀军区	一月二十六日	二月五日	昌平房山间	15BS	1500
	四月八日	四月二十一日	曲阳唐县地区	110D	2100
	四月十三日	四月二十九日	怀柔昌平间	15BS	4800
	六月二十五日	七月十三日	满城完县地区	110D	2000
	六月三日	六月三十日	迁安蓟县遵化玉田间	27D、15BS	4000

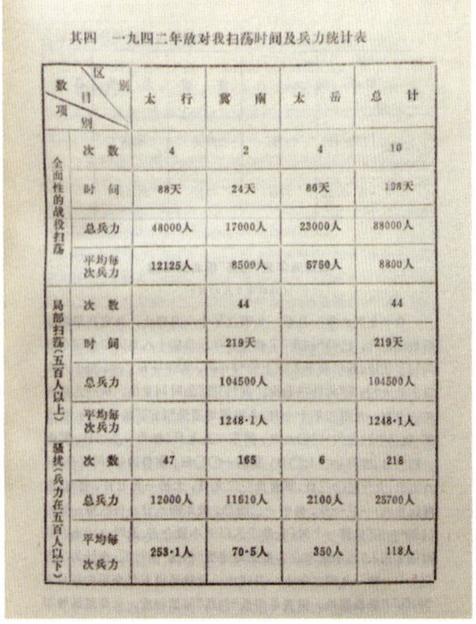

其四 一九四二年敌对我扫荡时间及兵力统计表

数目项别 \ 区别		太行	冀南	太岳	总计
全面性的战役扫荡	次数	4	2	4	10
	时间	88天	24天	86天	198天
	总兵力	48000人	17000人	23000人	88000人
	平均每次兵力	12125人	8500人	5750人	8800人
局部扫荡（五百人以上）	次数		44		44
	时间		219天		219天
	总兵力		104500人		104500人
	平均每次兵力		1248·1人		1248·1人
骚扰（兵力在五百人以下）	次数	47	165	6	218
	总兵力	12000人	11610人	2100人	25700人
	平均每次兵力	253·1人	70·5人	350人	118人

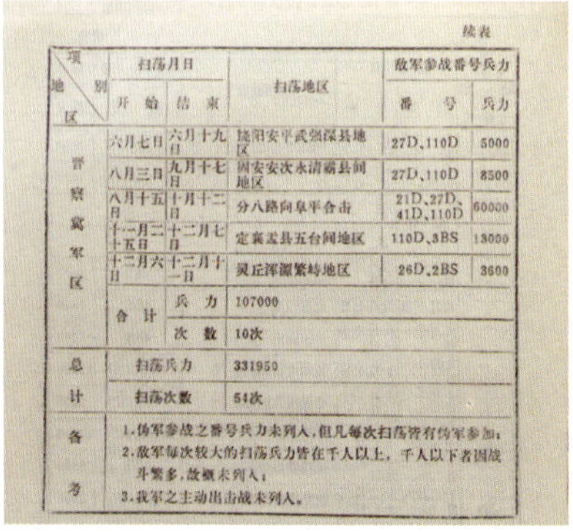

续表

地区	开始	结束	扫荡地区	番号	兵力
晋察冀军区	六月七日	六月十九日	饶阳安平武强深县地区	27D、110D	5000
	八月三日	九月十七日	固安安次永清霸县间地区	27D、110D	8500
	八月十五日	十月十二日	分八路向阜平合击	21D、27D、41D、110D	60000
	十一月二十五日	十二月七日	定襄盂县五台间地区	110D、3BS	13000
	十二月六日	十二月十一日	灵丘浑源繁峙地区	26D、2BS	3600
	合计	兵力	107000		
		次数	10次		
总计	扫荡兵力		331950		
	扫荡次数		54次		
备考	1.伪军参战之番号兵力未列入，但凡每次扫荡皆有伪军参加； 2.敌军每次较大的扫荡兵力皆在千人以上，千人以下者因战斗繁多，故概未列入； 3.我军之主动出击战未列入。				

晋冀鲁豫边区1942年敌情总结部分统计表

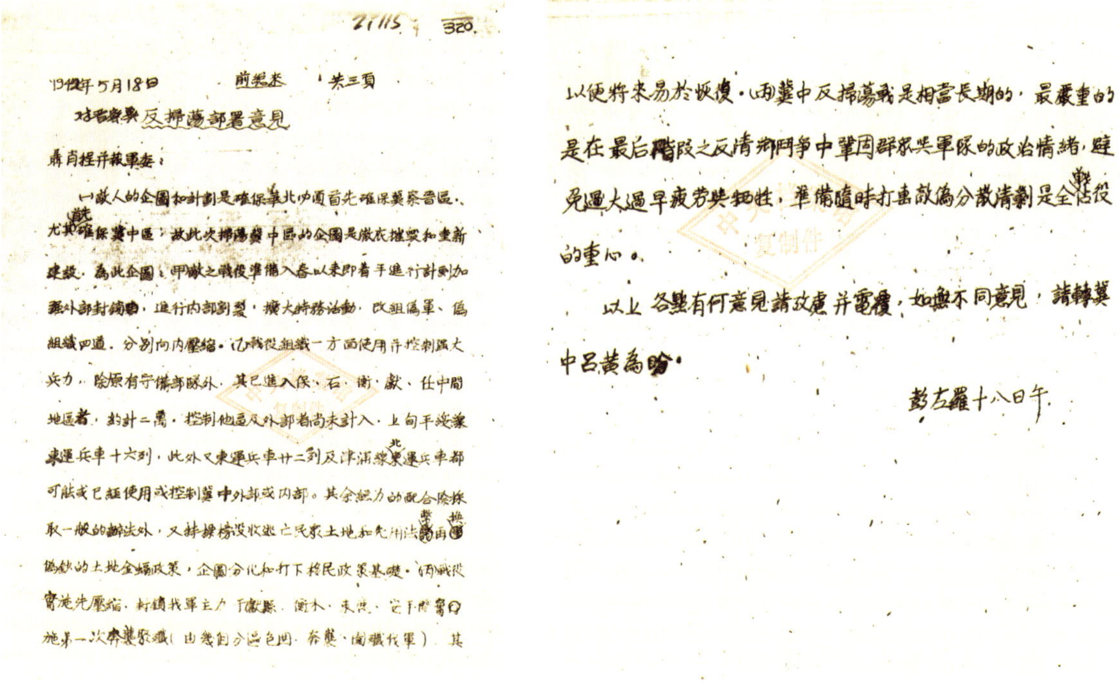
1942年5月18日　前總來　共三頁

對晉察冀反掃蕩部署意見

以便將來易於恢復。(丙)冀中反掃蕩戰是相當長期的，最嚴重的是在最後階段之反清剿鬥爭中鞏固群眾與軍隊的政治情緒，避免遭大過早疲勞與犧牲，準備隨時打擊敵偽分散清剿是全戰役的重心。

以上各點有何意見請考慮并電覆，如無不同意見，請轉冀中呂黃為盼。

彭左羅十八日午

1942年5月18日，彭德怀、左权、罗瑞卿关于对晋察冀反“扫荡”部署的意见给聂荣臻等电（中央档案馆馆藏）

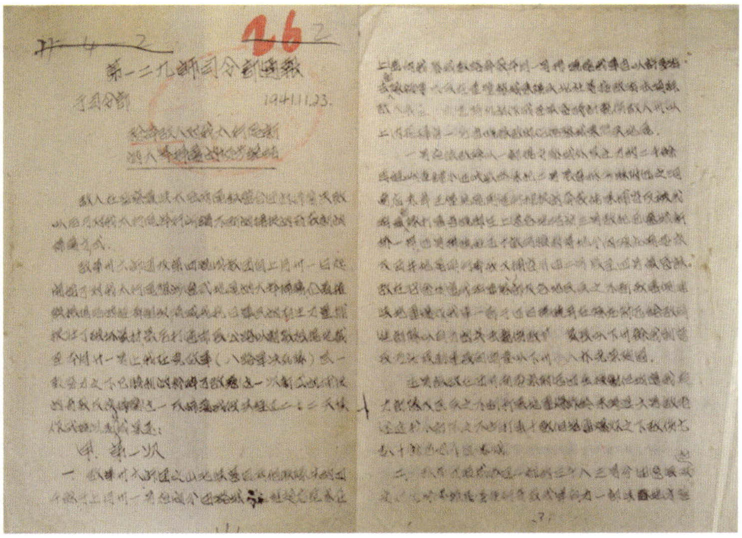
第一二九师司令部通报

1941年11月23日第129师司令部关于粉碎日军对太行区新的大举扫荡的初步总结

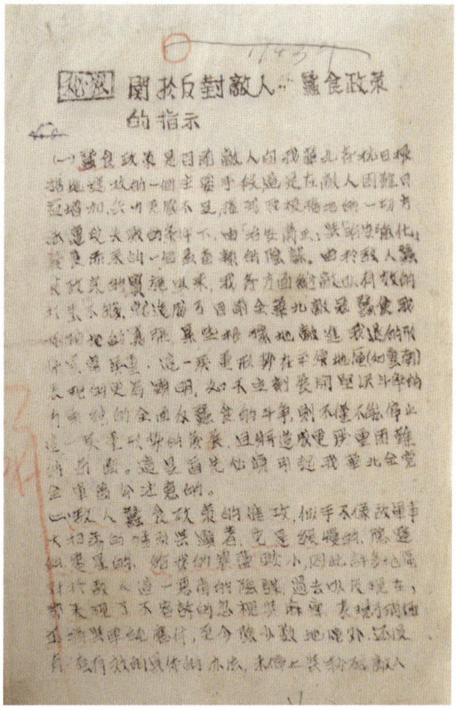
關於反對敵人蠶食政策的指示

1942年5月8日中共北方局军分会关于反对敌人蚕食政策的指示

二

威武八路军，三师主力战平原

根据日军首先对平原根据地进行“扫荡”的敌情变化和中共中央确定的“巩固华北、发展华中”的战略方针，八路军总部和中共中央北方局从1938年10月至12月连发指示，部署八路军主力由山西向华北平原地区实行第三次战略展开。

1938年10月，参加中共六届六中全会的部分领导人合影，
前排左起：康生、毛泽东、王稼祥、朱德、项英、王明；
后排左起：陈云、博古、彭德怀、刘少奇、周恩来、张闻天

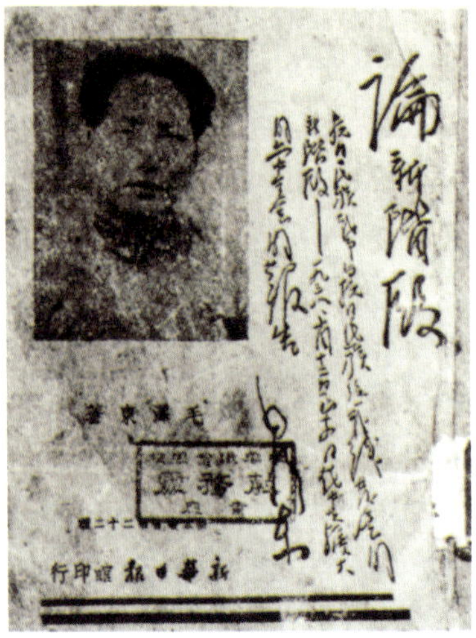

毛泽东在党的六届六中全会上作的《论新阶段》报告的单行本

中共扩大的六中全会政治决议案

中共六届六中全会根据毛泽东的报告通过的政治决议案

第 115 师挺进山东时朱德亲临干部会合影

第 115 师一部挺进山东途中

第 115 师主力挺进山东

1938 年 12 月 10 日，第 115 师先遣部队第 343 旅第 685 团，以苏鲁豫支队名义，由山西长治地区先期入鲁，进抵山东（微山）湖西地区。12 月 20 日，第 115 师代师长陈光、政治委员罗荣桓率师部和第 686 团，由晋西灵石县出发，越过敌人多道封锁线，行程 1500 公里，于 1939 年 3 月进入鲁西平原，先后取得了陆房战斗、梁山战斗、抱犊崮等战斗的胜利。

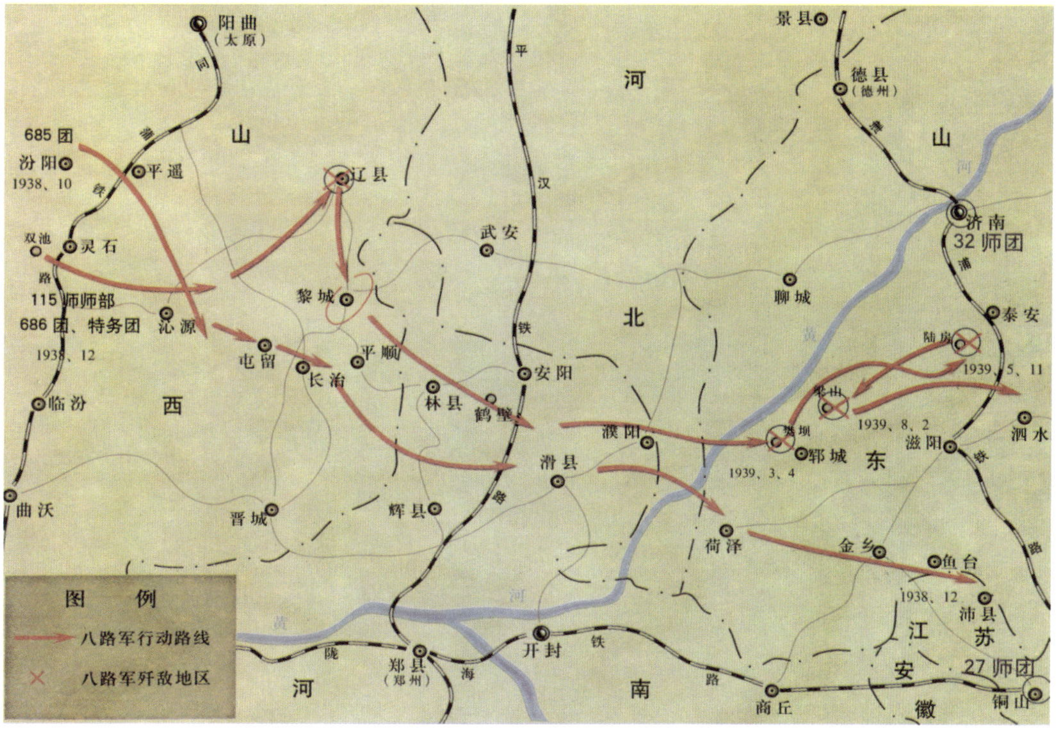

第 115 师挺进山东作战行动要图

第 115 师到达山东泰西地区后召开干部会议

第 115 师政委罗荣桓给广大干部传达党的六届六中全会精神

1940 年 4 月至 5 月，第 115 师在鲁南抱犊崮山区经过一个月苦战，毙伤日伪军 2200 余人，保卫了鲁南根据地

1939 年 5 月，第 115 师在山东陆房地区取得歼敌 1300 余人的胜利，图为陆房战场一角

1939 年 8 月，梁山战斗中第 115 师战士们向日军射击

第129师主力开赴冀南

1939年春，刘伯承在冀南指挥作战

1938年12月21日，第129师刘伯承、邓小平率师部直属部队和第386旅两部，由太行山挺进冀南，执行巩固冀南和鲁西北平原抗日根据地的任务。到1939年3月，第129师主力作战100余次，歼灭日伪军3000余人，取得香城固等战斗的胜利。1939年6月，日军扫荡重点由平原转向山区，第129师师部返回太行山。

1938年12月，第129师主力抵达冀南，青年抗敌游击队纵队部分干部在山东朝城县杨庄合影

第129师在香城固战斗中缴获的日军山炮和炮弹

第120师主力转战冀中

1938年12月22日，第120师贺龙、关向应率直属队、教导团等部，从晋西北岚县出发，进抵冀中。到1939年7月，第120师在冀中地区作战160余次，歼灭日伪军4900余人，取得了大曹村、齐会、陈庄等战斗的胜利。8月，日军扫荡重点转向北岳山区，第120师师部由冀中转战回晋察冀边区，后返回晋西北。

第120师抵达冀中时聂荣臻和贺龙合影

第120师在河北灵寿县陈庄战斗中某部机枪阵地

贺龙率第120师主力到达冀中高阳县惠伯口地区受到人民热烈欢迎

第120师在冀中齐会地区冒着日军施放的毒气战斗

第120师在冀中大曹村战斗中的某部阵地

吕正操将军 1942 年在山西吕梁兴县留影（顾棣收藏）

抗日战争时期，为了适应对敌斗争的新形势，八路军先后组建了第一至第五纵队。1939 年 7 月初，徐向前、朱瑞奉命率一部分干部由冀南抵鲁南沂水，与山东纵队指挥部会合，8 月 1 日成立八路军第一纵队，徐向前任司令员，朱瑞任政治委员，统一指挥黄河以北山东、苏北的八路军部队。

抗战期间，朱瑞（左 4）和肖华（左 1）、杨勇（左 2）、陈光（左 3）等在山东合影

八路军三纵队兼冀中军区政委程子华（顾棣收藏）

八路军第一纵队领导人名录	
司令员	徐向前
政治委员	朱瑞
参谋处长	罗舜初
副参谋长	陈伯钧
政治部主任	朱瑞（兼）

八路军第二纵队领导人名录	
司令员	左权 杨得志(后)
政治委员	黄克诚 崔田民(后) 苏振华(后)
副司令员	杨得志 杨勇(后)
参谋长	韩振纪 卢绍武(后)
政治部主任	崔田民
政治部副主任	唐亮

八路军第三纵队领导人名录			
司令员	吕正操	政治委员	王平 程子华（后）
副司令员	孟庆山	副政治委员	王平
参谋长	孙毅 沙克(后)	副参谋长	李英武
政治部主任	孙志远 卓雄(后)	政治部副主任	卓雄

八路军第一、二、三纵队领导人名录

1940年2月八路军第二纵队成立，直属八路军总部，左权兼司令员，后杨得志任司令员，黄克诚任政治委员，在冀鲁豫边区与敌展开激烈斗争。1938年5月，八路军第三纵队兼冀中军区成立，吕正操任司令员，王平、程子华先后任政治委员，开展冀中平原的抗日游击战争。

1940年，八路军第四纵队司令员彭雪枫在华中抗日前线

1940年9月底，八路军第五纵队东进抵达江苏盐城。图为黄克诚（中间站立者）在干部会上做动员报告

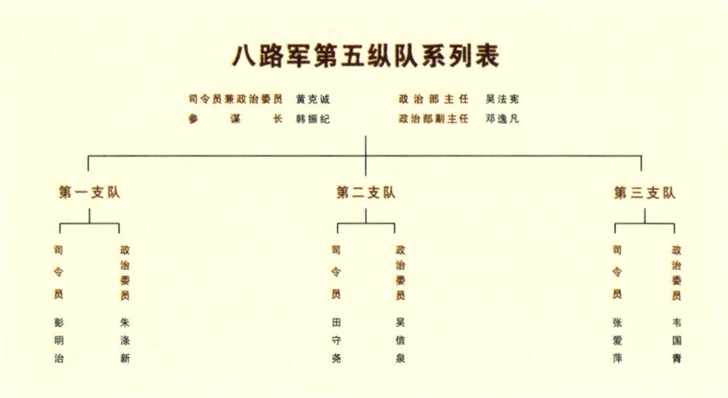

八路军第五纵队系列表

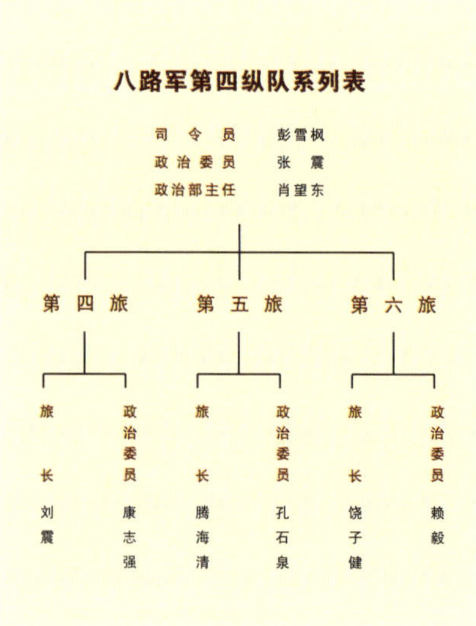

八路军第四纵队系列表

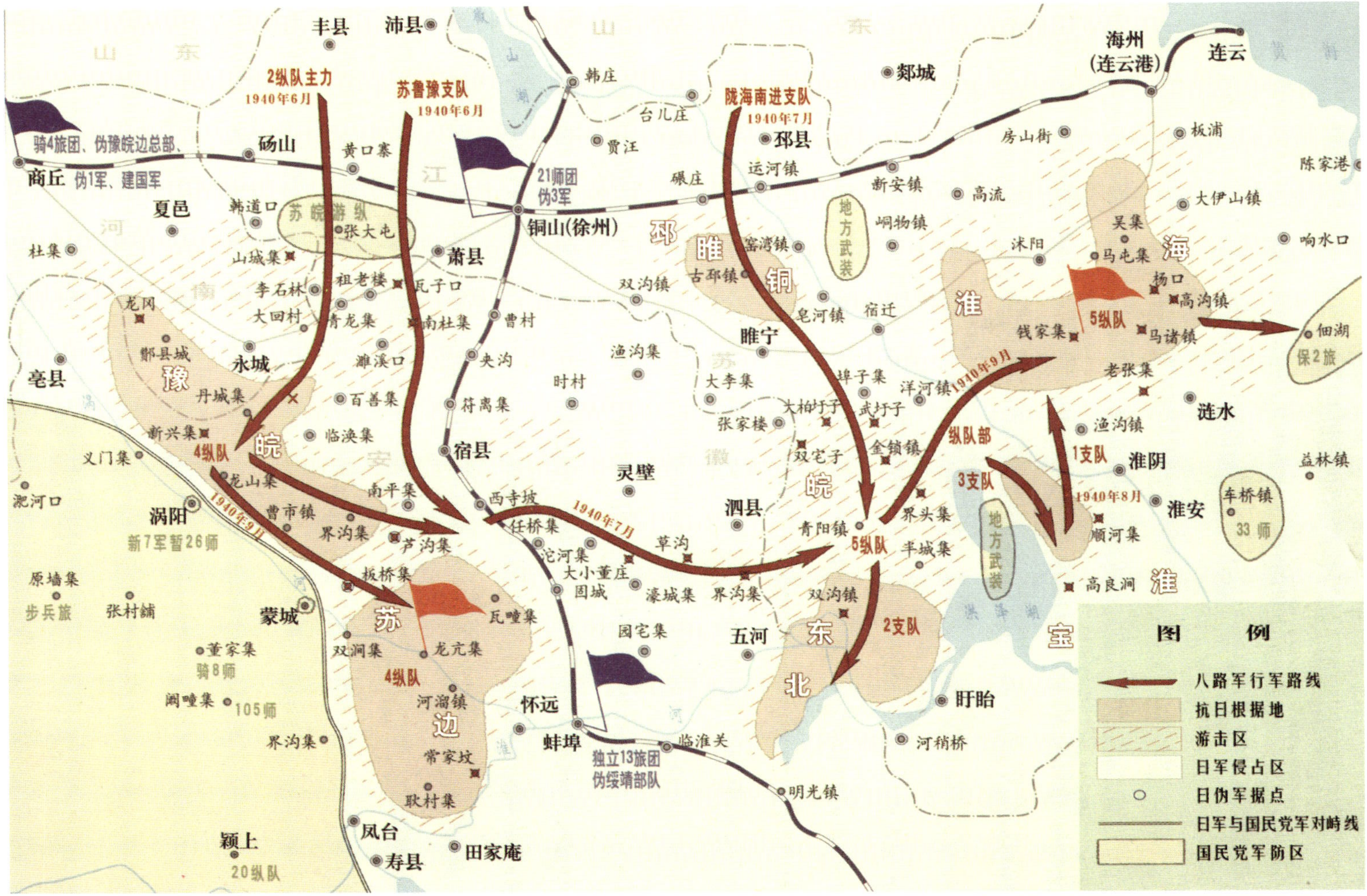

1940年6月至10月，八路军挺进华中行动路线图

为发展华中打开苏北抗日局面，支援新四军，1940年5月，八路军第四、五纵队成立，彭雪枫任第四纵队司令员，率部坚持豫皖苏边区抗日斗争；黄克诚任第五纵队司令员兼政委，开辟淮海区抗日根据地。1941年1月，八路军第四、第五纵队改编为新四军第三师和第四师。

三

浴血反“扫荡”，钢铁长城卫中华

面对日军的疯狂“扫荡”，各抗日根据地动员和组织广大群众，配合八路军进一步开展了广泛的敌后游击战争。

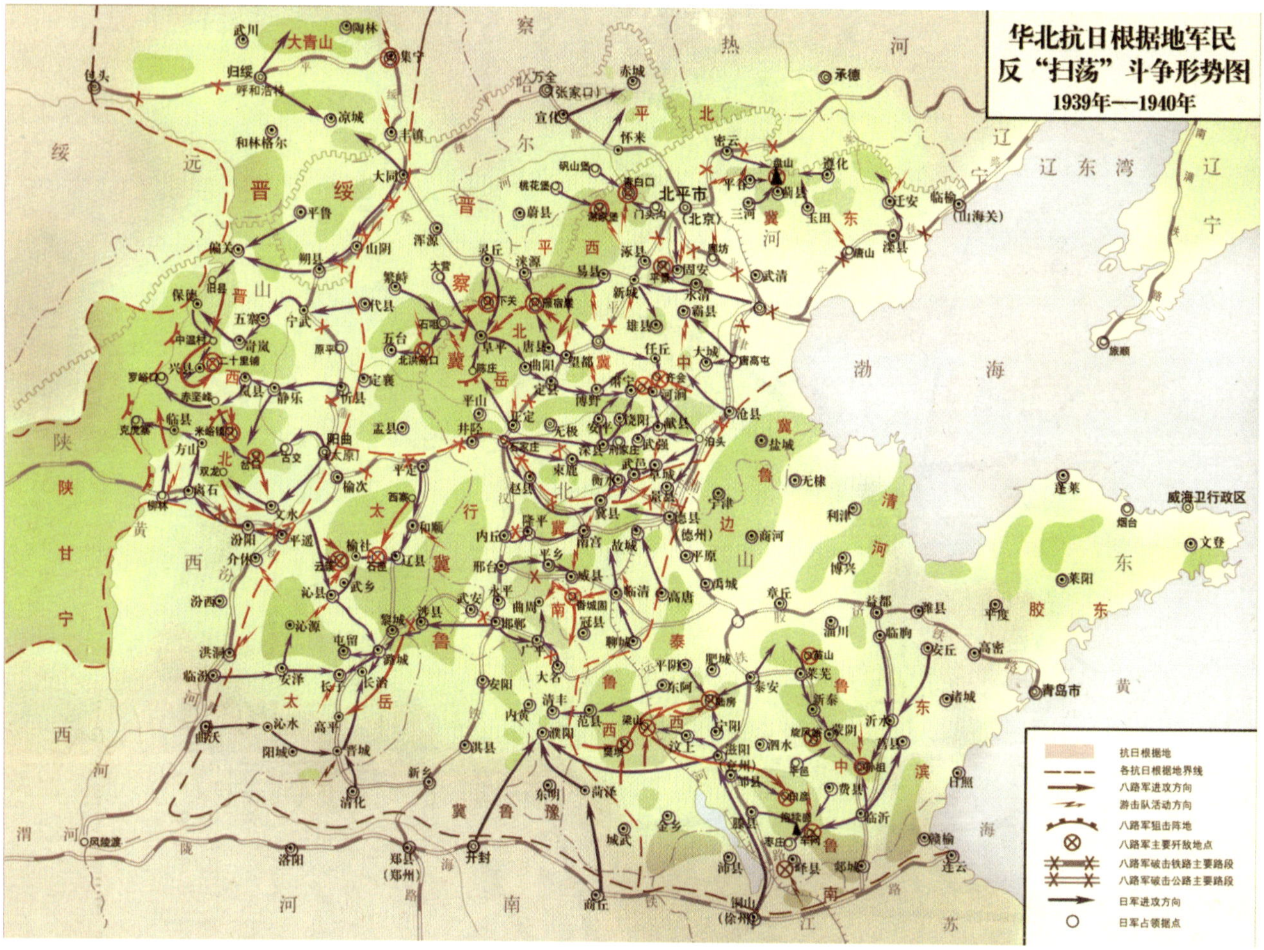

华北抗日根据地军民反“扫荡”斗争形势图

黄土岭战斗中，八路军炮兵向日军轰击

杨成武（右 1）在黄土岭前线指挥战斗

黄土岭战斗，“名将之花”凋谢在太行山上

1939 年 10 月 25 日至 12 月 8 日，日军集中两万余兵力分 11 路向晋察冀根据地北岳区进行大规模“扫荡”（日军号称“太行山脉肃正作战”）。11 月 3 日，八路军一部在雁宿崖伏击歼敌 500 余人。4 日，日军阿部规秀中将率两个大队 1500 余人，由涞源向雁宿崖方向驰援。7 日，日军进入伏击圈，在战斗进行过程中，指挥员从望远镜中发现有腰挂战刀的日军指挥官活动，即令第一军分区炮兵连以迫击炮对其进行袭击。此次战斗共歼灭日军 900 余人，号称“名将之花”、山地战专家的日军独立混成第 2 旅旅团长阿部规秀被击毙。

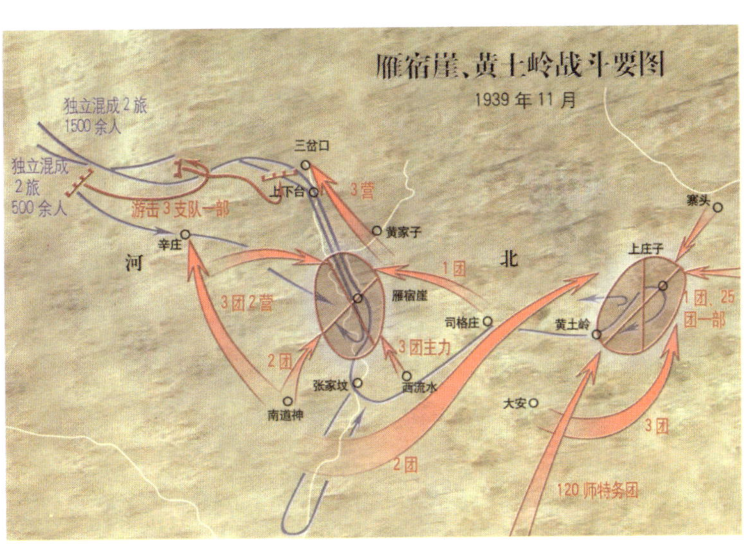

雁宿崖、黄土岭战斗要图

晋察冀军区第一军分区司令员杨成武陪同聂荣臻检阅慰问黄土岭战斗参战部队

晋察冀军区司令部《1939年冬季战役总结》中记录了该战役经过：“在第一时期，我以各个击破敌人于外线，集结主力突击敌人的一点，经过大小战斗30余次，十几天的鏖战，在雁宿崖、三岔口、黄土岭等地进行主要战斗，歼敌千五百人，并当场击毙辻村大佐、炮兵大佐和阿部中将旅团长。”

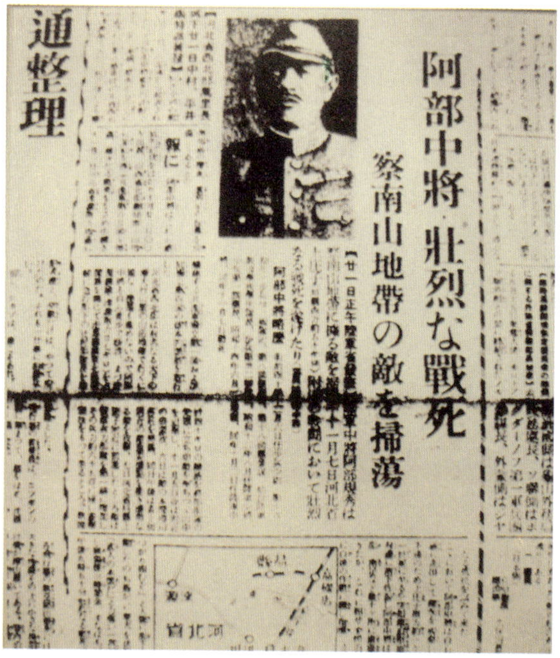
阿部中將 壯烈な戰死
察南山地帶の敵を掃蕩

日本报纸登载阿部规秀中将战死的报道

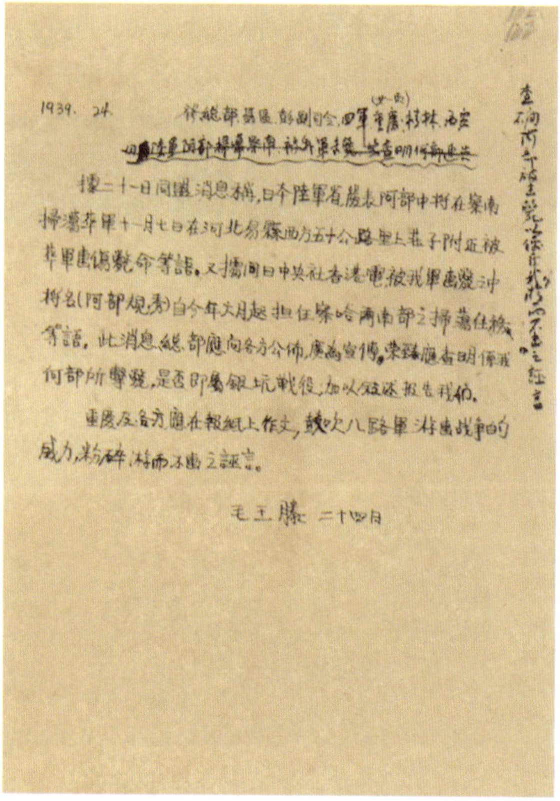
1939. 24.

據二十一日同盟消息稱，日本陸軍省發表阿部中將在察南掃蕩本軍十一月七日在河北易縣西方五十公里上莊子附近被本軍擊傷斃命等語。又據同日中央社香港電被我軍擊斃之中將名（阿部規秀）自今年六月起担任察哈爾南部之掃蕩任務等語，此消息總部應向各方公佈，廣為宣傳。聶應查明係我何部所擊斃，是否即雁宿崖戰役，加以綜述報告我們。

重慶及各方應在報紙上作文，鼓吹八路軍游击战争的威力，粉碎游而不击之謠言。

毛王滕 二十四日

1939年11月24日，毛泽东、王稼祥、滕代远关于阿部规秀被我军击毙给总部、晋察冀军区等电（中央档案馆馆藏）

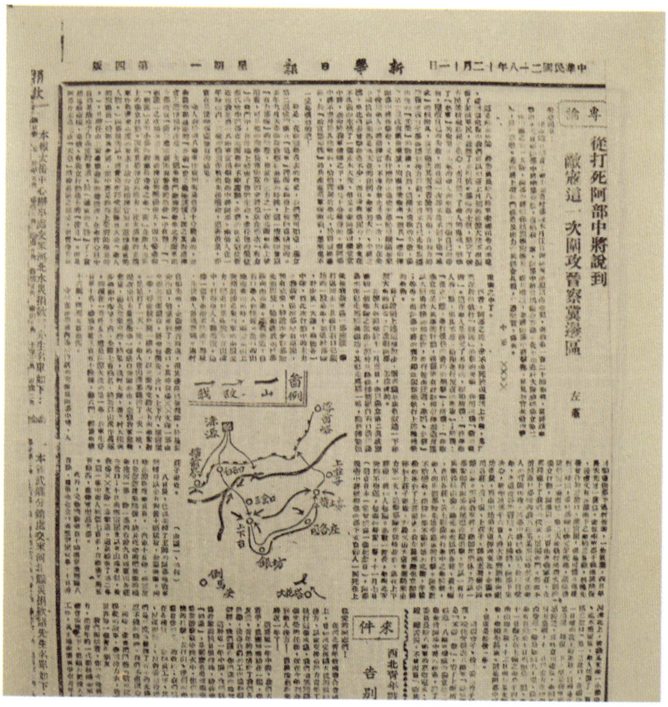
新華日報

從打死阿部中將說到敵寇這一次圍攻晉察冀邊區

1938年12月11日《新华日报》刊发的“从打死阿部中将说到敌寇这一次大围攻晋察冀边区”的报道

11 月 20 日，日军又集结 1.8 万人，由灵丘、大营、党城、灵寿等处出发，分多路合击晋察冀军区机关所在地阜平。外线八路军积极行动，有力打击敌人。从 12 月 1 日起，日军以银坊、峰泉、军城为目标，对第 1、3 军分区进行“扫荡”，频频扑空。此时，天气转冷，日军已十分疲惫，又遭不断打击，被迫于 12 月 3 日撤出阜平。八路军趁机伏击回撤之敌，在北高洪口等地歼敌。晋察冀部队在八路军第 120 师的配合下，经过 43 天大小 108 次战斗，毙伤敌军 3600 余人。

1939 年反“扫荡”开始，人民群众向深山隐蔽转移

1939 年八路军第 120 师第 359 旅展示胜利品

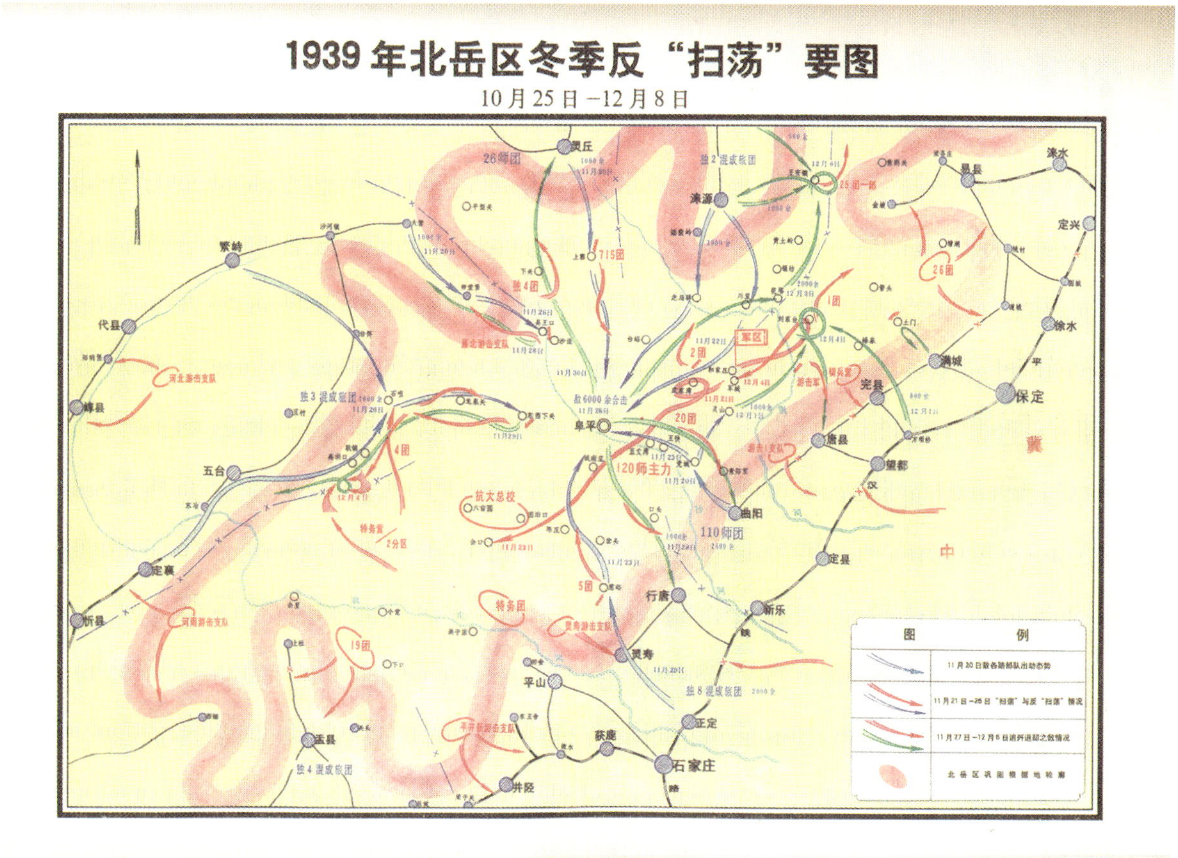

1939 年北岳区冬季反“扫荡”要图

米峪镇战斗，晋西北反“扫荡”模范战例

1940年6月，日军调集第26师团一部、独立混成第3、9、16旅团主力，集中3.7万重兵，进一步发动对晋西北根据地的“扫荡”（日军号称“西北山西肃正作战”）。日军分进合击根据地腹心地区，一直推进到黄河岸边。6月15日，在静乐的村上大队700余人去米峪镇方向“扫荡”，第120师第358旅决定在米峪镇消灭这股敌人。17日第358旅第4团、第716团、第2支队在米峪镇和国练村等地向日军发起进攻，日军使用毒气和猛烈炮火掩护，企图突围，血战至18日晨，残余日军溃退到国练村程家大院，第716团和第4团经过连续攻击，全歼日军。米峪镇战斗打击了日军的嚣张气焰，是晋西北军民反“扫荡”的一次模范战例。

米峪镇战斗中我军勇猛冲锋（顾棣收藏）

1940年米峪镇战斗胜利结束后，第120师第358旅李井泉政委在祝捷大会上讲话（顾棣收藏）

第120师第358旅旅长张宗逊将军（中间未戴帽子者）在前线布置战斗（顾棣收藏）

1940年6月，第120师粉碎日军对晋西北抗日根据地的大“扫荡”，图为八路军某部在阵地上进行战斗动员（顾棣收藏）

从6月7日至7月8日，在贺龙、关向应指挥下，晋西北军民展开反“扫荡”作战，前后作战250余次，共歼日伪军4500余人。

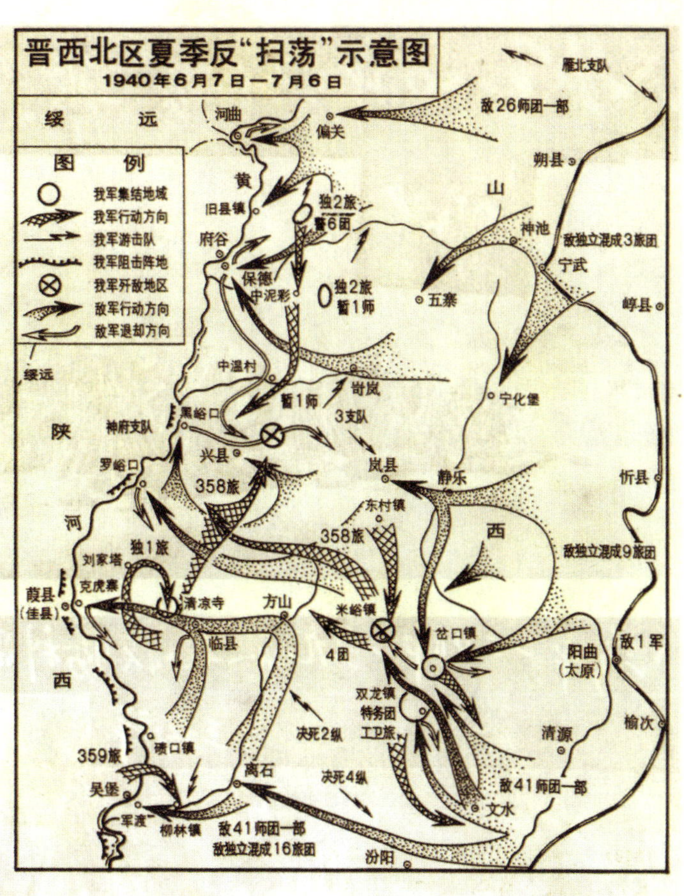

晋西北夏季反“扫荡”示意图

1940年冬晋西北反“扫荡”战斗

百团大战，打破日军“囚笼政策”

1940年，日军推行的“囚笼政策”已利用平汉铁路切断了山区根据地与平原根据地的联系，利用正太铁路切断了太行根据地与晋察冀根据地的联系，晋冀豫根据地以白（圭）晋（城）线为界，被分割为太行、太岳两区。为打破日军的“囚笼政策”，八路军总部集中除山东之外的所属各部，乘青纱帐和雨季，对日军发动大规模的进攻战役，主要目的是破袭日军在华北的交通线。随着战役的展开，八路军参战部队达到105个团约20万人，故称“百团大战”。

百团大战要图

百团大战八路军指挥系统表

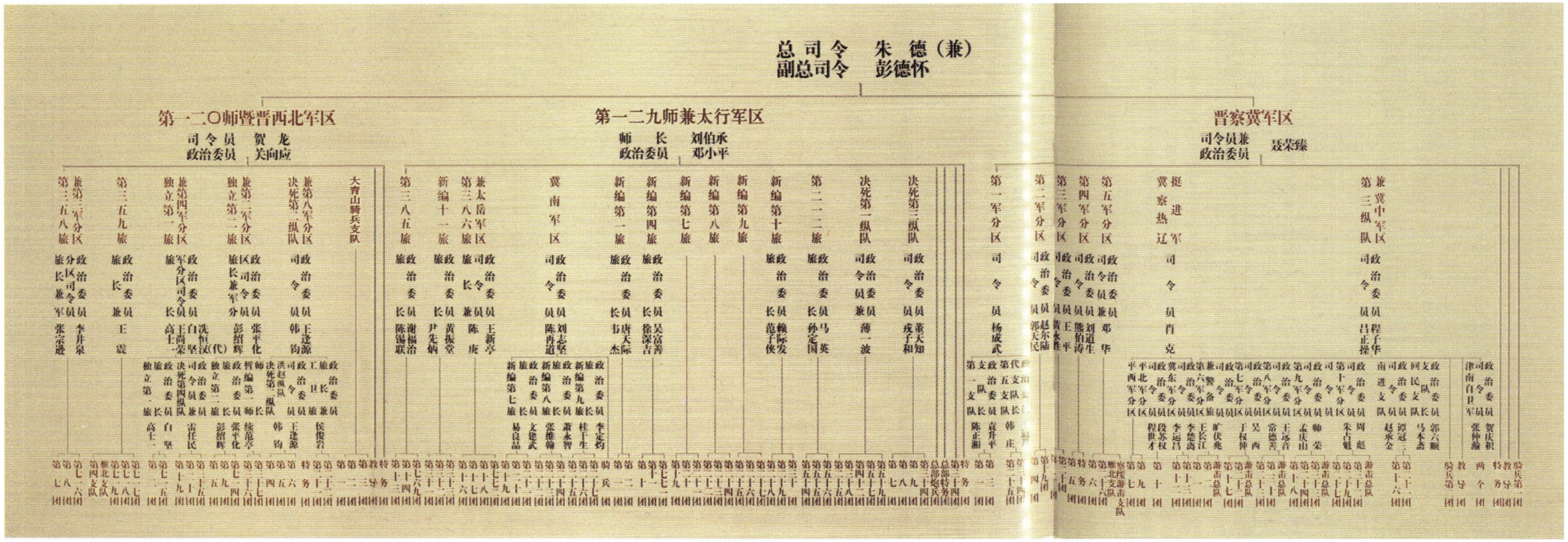

百团大战八路军指挥系统表

1940年7月22日，八路军总部向晋察冀军区和第120师、第129师下达《战役预备命令》，并报中共中央军委。《战役预备命令》指出发动此役的目的是："彻底破坏正太线若干要隘，消灭部分敌人，收复若干重要名胜关隘据点，较长期截断该线交通。"

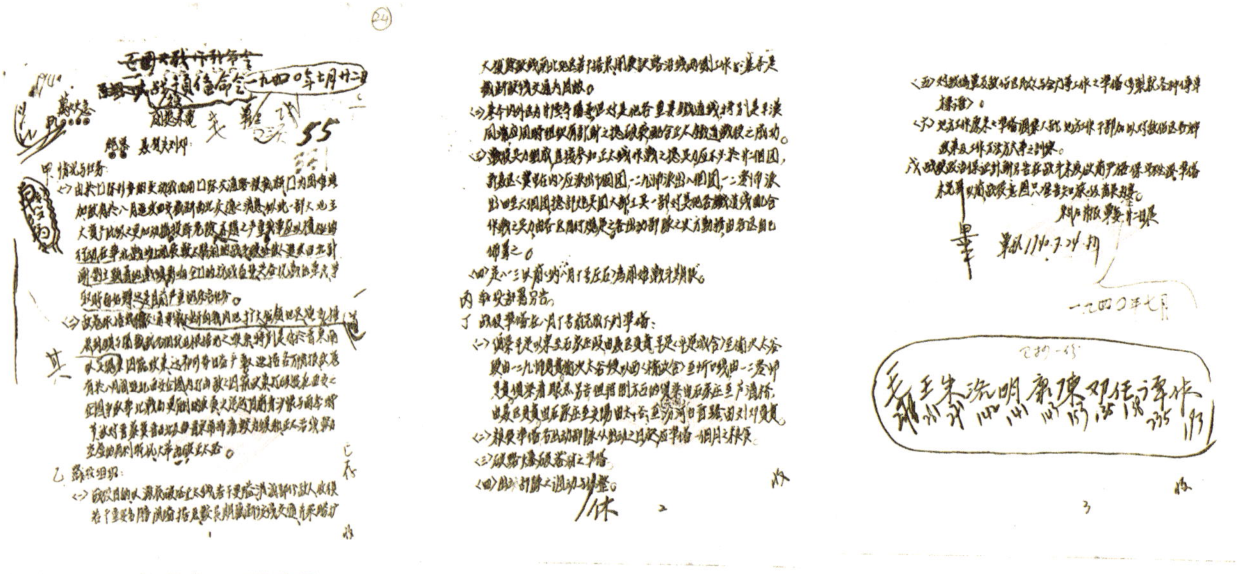

1940年7月22日，朱德、彭德怀、左权下达《百团大战预备命令》（中央档案馆馆藏）

1940年8月8日，八路军总部下达《百团大战战役行动命令》，对作战兵力及作战区域做了部署，同时确定了战役发起时间："限八月廿号开始战斗。"

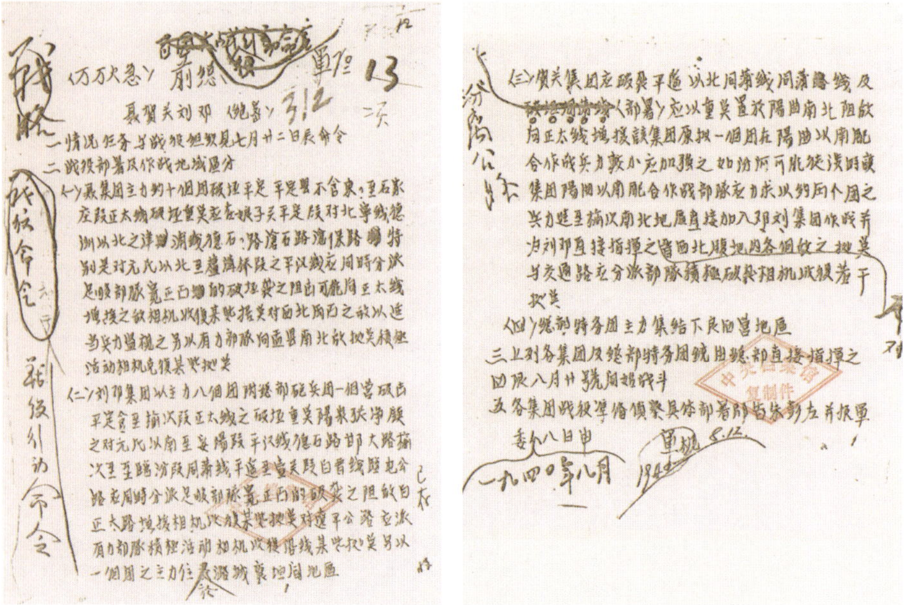

1940年8月8日，八路军前线总指挥部下达的《百团大战战役行动命令》

谢家庆（1912—1940）第129师第16团团长，指挥芦家庄车战战斗，打响了百团大战第一枪。1940年11月在关家垴战斗中壮烈牺牲

山西阳泉狮脑山战斗中的第 129 师第 385 旅某部机枪阵地

八路军部队占领娘子关日军阵地

百团大战前后共经过三个阶段。第一阶段是交通总破袭，重点是正太铁路。正太铁路贯穿太行山脉，是日军控制山西、河北两省的重要交通命脉，也是阻隔晋察冀和晋冀豫两大根据地联系的重大障碍。8 月 20 日夜各参战部队在正太、同蒲、白晋、平汉、德石、平绥、北宁、津浦等铁路交通线同时发起攻击，战役正式打响。至 9 月 10 日，晋察冀军区部队先后攻克正太铁路上的娘子关、井陉煤矿等重要据点，控制正太铁路东段；第 129 师和晋冀豫军区部队占领正太铁路阳泉至榆次段的至高点狮脑山，控制正太铁路西段。第 120 师等部一度切断了同蒲铁路北段。这一阶段的主动进攻，歼灭了大量日伪军。

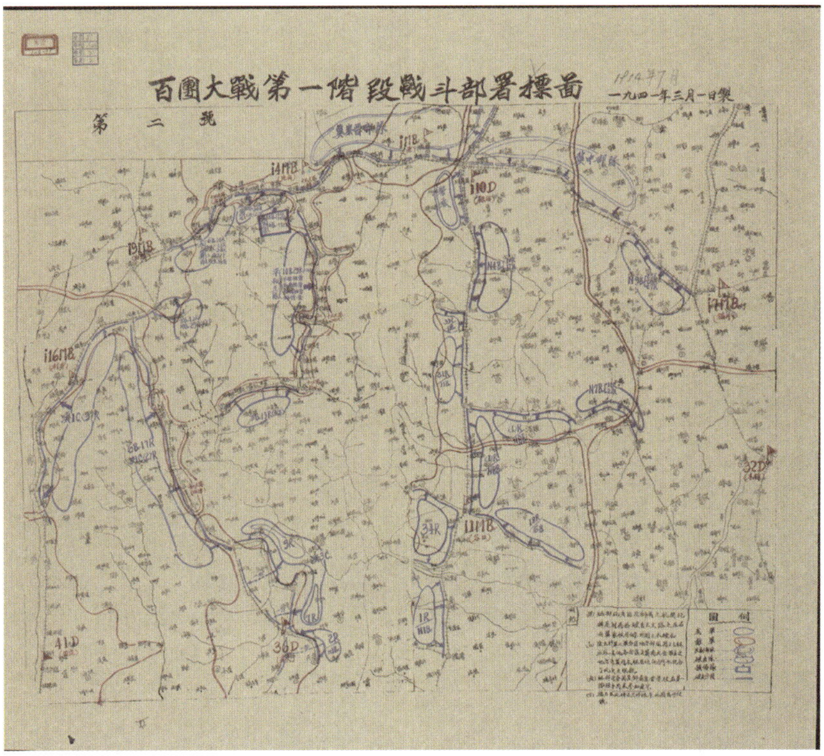

百团大战第一阶段战斗部署标图（解放军档案馆馆藏）

1940 年 8 月百团大战中八路军破击正太铁路芦家庄段日军运兵铁路（叶苍林 摄）

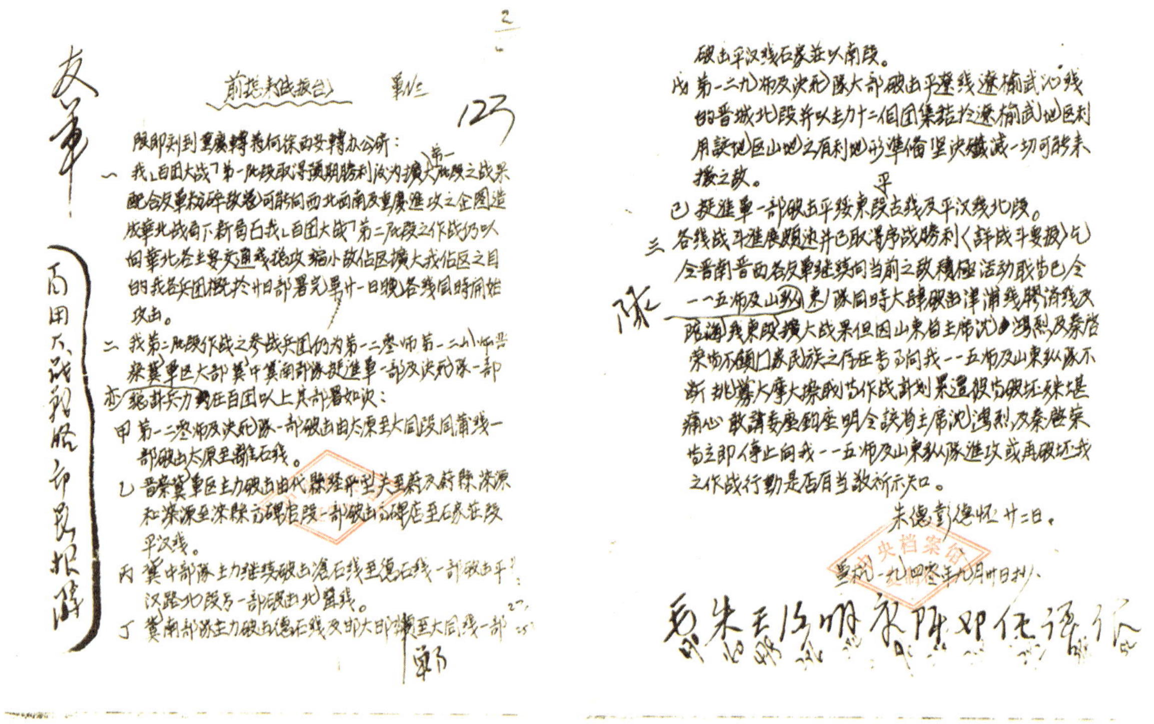

前总来战报（二） 第N三 123

限即刻到重庆转蒋何徐西安转办公厅：

一、我“百团大战”第一阶段取得预期胜利后为扩大第一阶段之战果配合友军粉碎敌寇可能向西北西南及重庆进攻之企图造成华北战局下新局面我“百团大战”第二阶段之作战仍以向华北各主要交通线总攻缩小敌占区扩大我占区之目的我各兵团概于廿日部署完毕廿一日晚各线同时开始攻击。

二、我第二阶段作战之参战兵团仍为第一二〇师第一二九师晋察冀军区大部冀中冀南部队挺进军一部及决死队一部总计兵力亦在百团以上其部署如次：

甲、第一二〇师及决死队一部破击由太原至大同段同蒲线一部破击太原至离石线。

乙、晋察冀军区主力破击由代县经平型关至蔚县及蔚县涞源和涞源至[illegible]石碑店段一部破击石碑店至石家庄段平汉线。

丙、冀中部队主力继续破击沧石线至德石线一部破击平汉路北段另一部破击北宁线。

丁、冀南部队主力破击德石线及[illegible]至大同线一部破击平汉线石家庄以南段。

戊、第一二九师及决死队大部破击平辽线辽榆武沁线的晋城北段并以主力十二个团集结于辽榆武地区利用该地区山地之有利地形准备坚决歼灭一切可能来援之敌。

己、挺进军一部破击平绥东段古线及平汉线北段。

三、各线战斗进展颇速并已取得序战胜利（详战斗要报）[illegible]令晋南晋西各友军继续向当前之敌积极活动战当已令一一五师及山东纵队同时大举破击津浦线胶济线及陇海线东段扩大战果但因山东省主席沈鸿烈及秦启荣等不顾国家民族之存亡专事向我一一五师及山东纵队不断挑衅大摩擦致使作战计划未遂极为破坏殊堪痛心故请委座钧座明令该省主席沈鸿烈及秦启荣等立即停止向我一一五师及山东纵队进攻或再破坏我之作战行动是否有当敬祈示知。

朱德彭德怀 廿二日。

[illegible]一九四〇年九月廿日[illegible]

1940 年 9 月 22 日，朱德、彭德怀关于百团大战第二阶段部署致蒋介石等电（中央档案馆馆藏）

華北交通總攻擊戰

捷報

第十九號 九月廿九日

百團大戰第二階段重要發展！

繼正太之後切斷晉敵命脈

我猛烈破擊同蒲路

攻克忻口鎮少數殘敵即可肅清

爆炸聲中我分段施行澈底破壞

十八集團軍參謀處編 華北新華日報館印

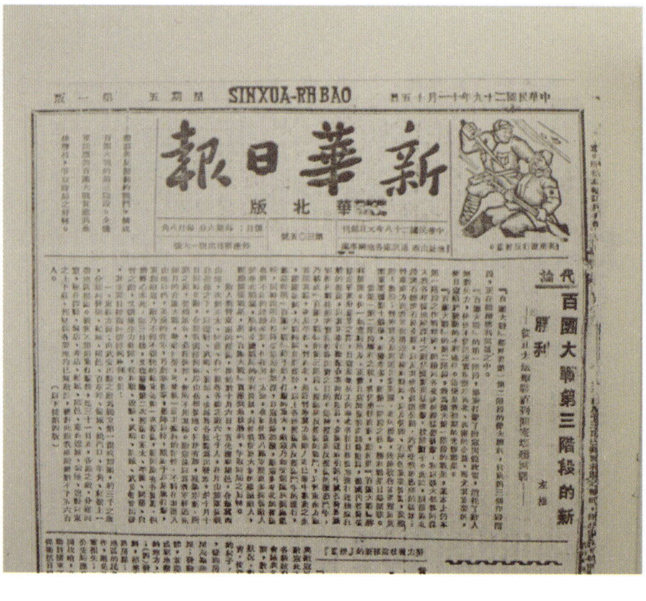

SINXUA-RHBAO

新華日報

華北版

論百團大戰第三階段的新勝利

《新华日报》关于“百团大战”战况的报道

罗瑞卿、陈赓等在关家垴战斗时视察战况

第二阶段从9月22日开始，扩大前一阶段战果，继续进行破袭战，重点攻克交通线两侧和深入根据地内的日伪据点。晋察冀部队进行了涞灵战役，第129师等部进行了榆辽战役等。第三阶段主要是反击日军的报复“扫荡”。关家垴战斗为百团大战的收尾之战，经过惨烈的战斗，日军第36师团冈崎大队死伤400余人，冈崎等两个大队长被击毙，八路军也付出了较大伤亡的代价。

第129师某部强攻榆辽公路的管头日军据点

百团大战第二阶段战斗部署标图（解放军档案馆馆藏）

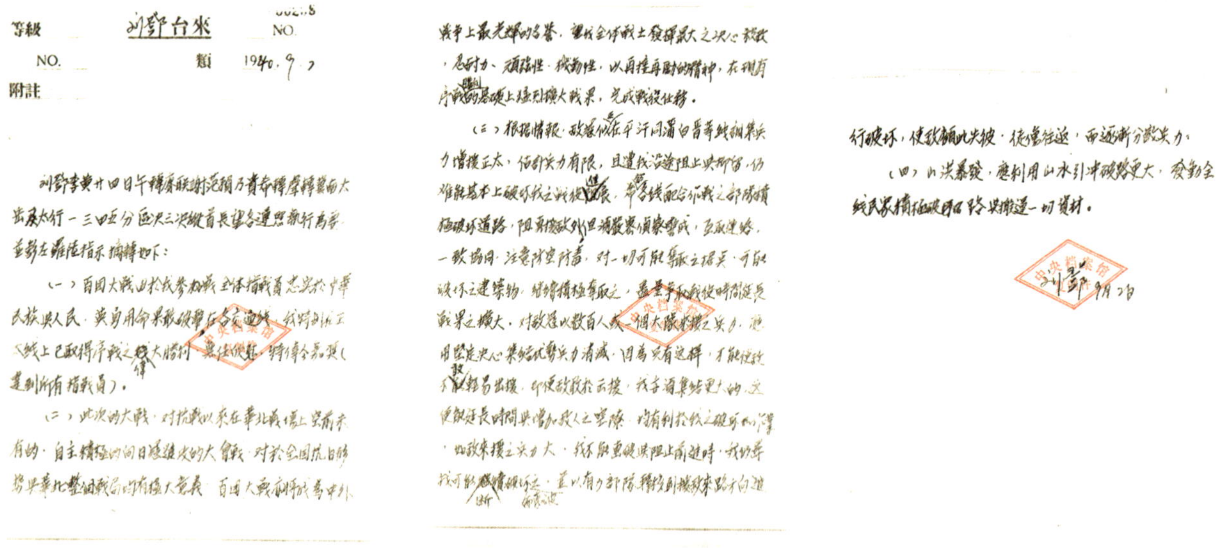

1940 年 9 月 2 日，刘伯承、邓小平关于嘉奖百团大战有功人员及作战部署致各旅军区电（中央档案馆馆藏）

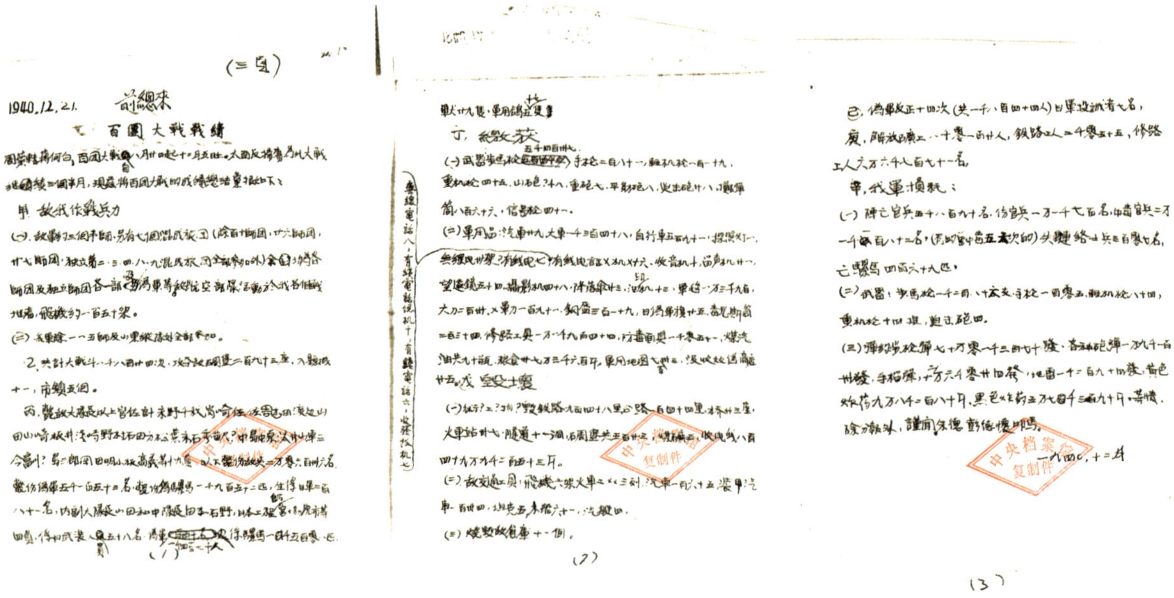

1940 年 12 月 21 日，朱德、彭德怀关于百团战绩致周恩来、叶剑英转蒋介石等电（中央档案馆馆藏）

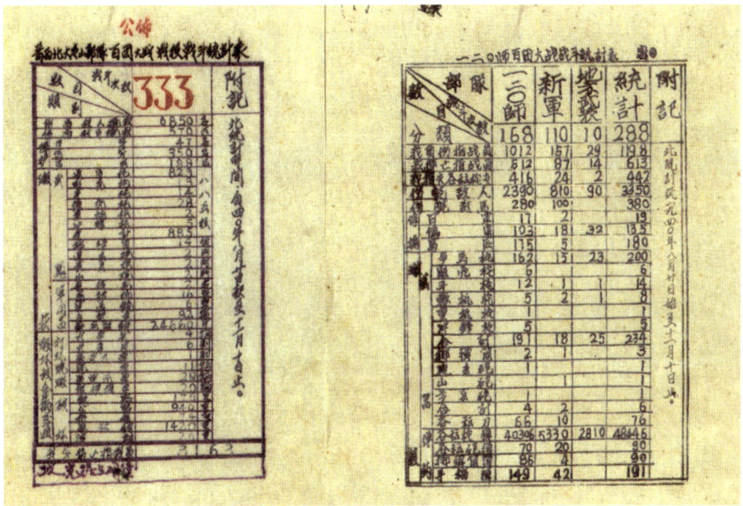

晋西北大青山支队和120师百团大战战况统计（解放军档案馆馆藏）

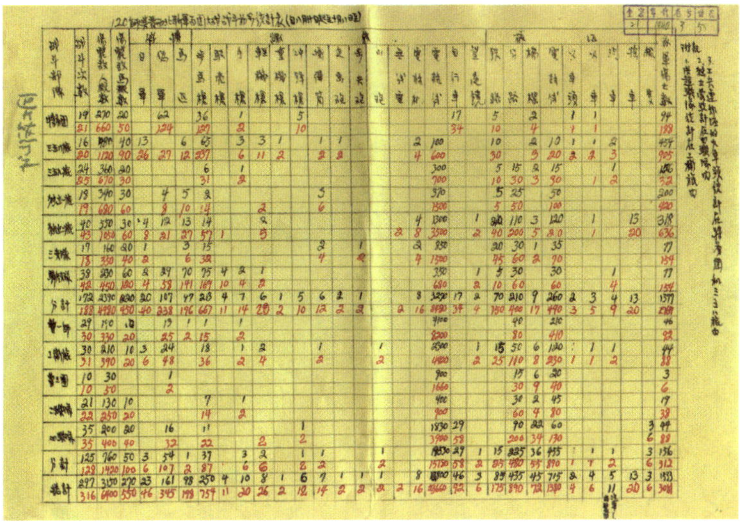

第120师与晋西北新军百团大战战斗初步统计表（解放军档案馆馆藏）

从8月20日至1941年1月24日，仅在前三个半月中，百团大战共进行大小战斗1824次，毙伤日军20645人，伪军5155人，俘虏日军281人，伪军18407人；破坏铁路474公里，公路1502公里，桥梁313座，火车站37个；缴获步马枪5437支，手枪281支，轻重机枪224挺，炮53门，汽车98辆，大车1148辆及其他大批军用品。

百团大战沉重打击了日军的“囚笼政策”，有效改善了根据地周边的环境，打出了共产党领导的敌后抗日军民的声威。

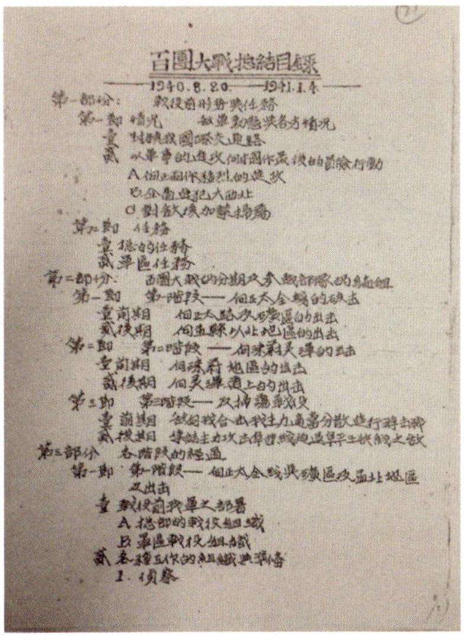

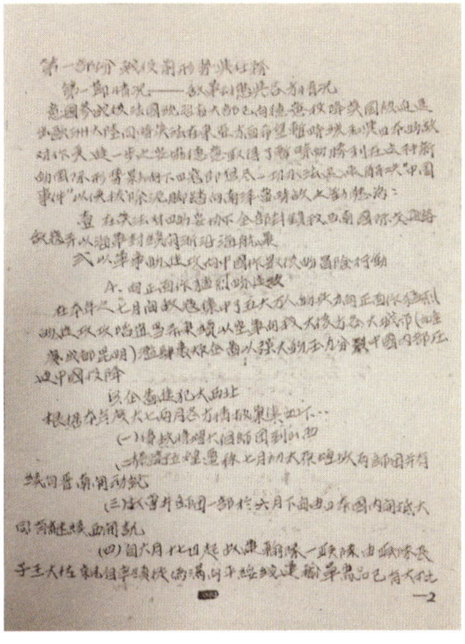

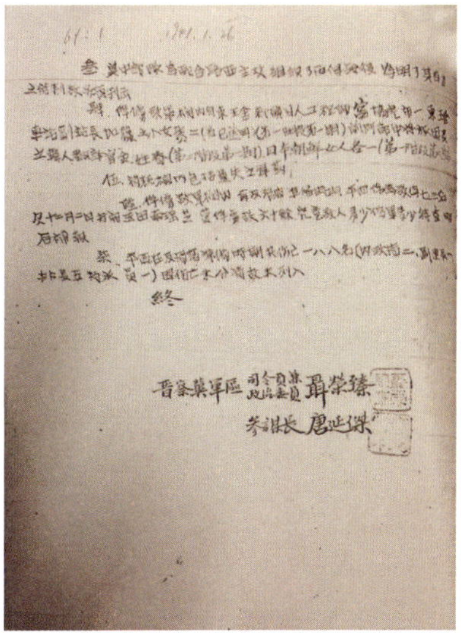

百团大战总结目录（解放军档案馆馆藏）

狼牙山战斗，民族气节退敌“百万大战”

1941年，日军为将华北地区变成其发动太平洋战争的兵站基地，加紧对各抗日根据地的分割、蚕食和扫荡。8月14日，日军华北方面军司令官冈村宁次调集第21、第26、第34、第36、第41、第110等6个师团和第2、第3、第4、第8、第9、第15等独立混成旅团各一部及伪军共7万余人，在飞行团配合下，采取铁壁合围、分区扫荡、梳篦清剿、辗转抉剔等战术和烧光、杀光、抢光的“三光”政策，对晋察冀抗日根据地的北岳区、平西区实行毁灭性大“扫荡”（日军号称“百万大战”），企图以优势兵力摧毁晋察冀抗日根据地，歼灭八路军晋察冀军区部队主力。

日军华北方面军司令官冈村宁次

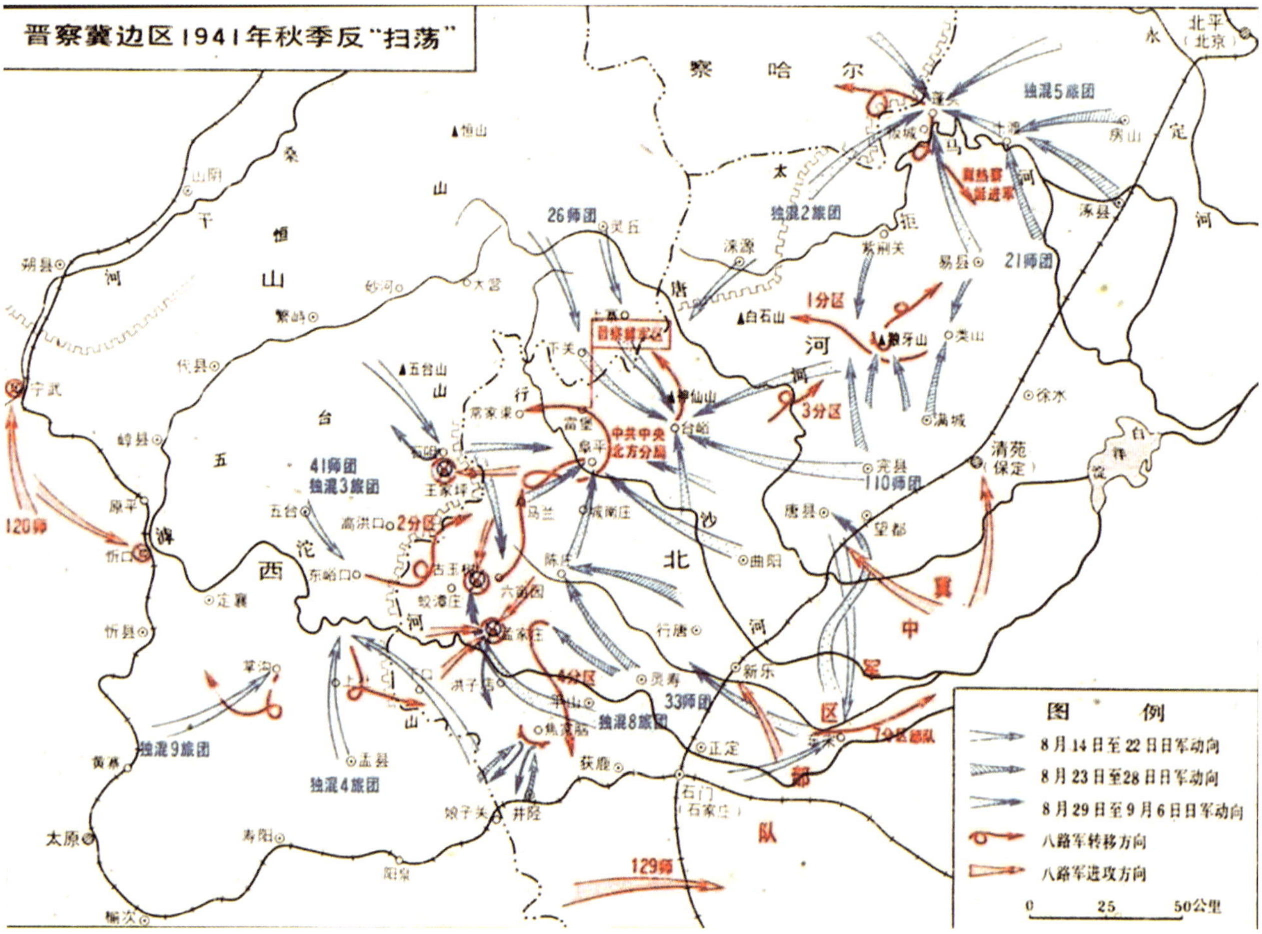

晋察冀边区1941年秋季反“扫荡”

据统计，这次“扫荡”共有15万间房屋被日军炮火摧毁或直接烧掉，部分地区变为“无人区”，根据地群众累计有4800多人被杀、17000多人被捕。

续表

县名 \ 数目 \ 项别	被烧房屋	损失票洋	损失粮食	用具件数	农具件数	被毁庄稼亩数
平定	4466	213	26568	15673	4188	9763
共计	115186	193354	25735428	276135	212982	23350
灵丘	1123	22230	18090			369
繁峙	1300	300	68400	255		
二专区		50416	11010			
共计	2423	72946	97500	255		369
总计	152195	553611	56584265	401415	249944	52221

说明：

1. 一分区损失票洋内有公款4495.5元，易县、定兴及涞源一部为衣服、布匹、棉花、麻等损失的估价。
2. 一、四分区粮食损失均折合成斤数计算(每斗27斤)，三分区损粮数内私粮有39370.4石(折合成斤数为10630008斤)。
3. 四分区钱的损失多是私人的，粮食也是私人的。
4. 五分区全是专区及地委机关的损失。钱数37150元是修窑洞用的钱(42个洞子)，电池400元，其余12866元为其他损失的折价。
5. 盂县所损之钱系县区合作社贸易局之损失，约有500元是统累税款之损失。

(一) 20—1,584

1941年秋季反“扫荡”财产损失统计

县名 \ 数目 \ 类别	干部		群众			
	牺牲	被捕	被杀	被捕	负伤	被奸淫
平定	2	4	24	13	28	
共计	25	57	2860	7601	1076	
灵丘	2		95		34	
繁峙	11		103			150
广灵	3	4				
应县	4	1				
共计	20	5	198		34	150
总计	201	426	4525	17837	1553	1538
说明	1. 干部损失中，一分区包括有村级干部，三分区包括大部党员干部，四、五分区区干部在内。 2. 群众损失中，三分区的包括村干部在内(群众干部)。 3. 群众损失只21县有统计，干部损失是29县的统计，都是不完整的统计。					

(一) 20—1,584

1941年秋季反“扫荡”干部群众损伤统计

日军在山西五台制造“无人区”
老百姓的房屋被烧光(顾棣收藏)

五台“无人区”农田被毁坏(蔡尚雄 摄)

9月25日，日伪军3500余人“扫荡”围攻狼牙山，为掩护主力和群众转移，第1军分区第1团7连6班班长马宝玉、副班长葛振林等5人毅然把敌人引向主峰棋盘陀，打退日军4次冲锋，毙伤日军50余人后，因弹药殆尽，5人将武器损坏，高呼口号，一起跳下悬崖。马宝玉等3人壮烈殉国，葛振林、宋学义在半山腰被树枝挡住，他们负伤脱险后返回部队。

狼牙山五壮士幸存者葛振林（右）、宋学义

杨成武司令给五壮士之一葛振林戴光荣花（李途 摄）

狼牙山道士向记者讲述目击五壮士英勇抗击日寇、砸碎武器、高呼口号、跳崖殉国的悲壮情景（李途 摄）

狼牙山五壮士跳崖处

晋察冀军区所属部队4万余人和广大民兵，采取内线与外线密切结合的作战方针，广泛开展群众性游击战争，反击日伪军的“扫荡”。为配合晋察冀军区反“扫荡”战役，八路军冀鲁豫军区第129师、晋西北军区第120师和冀中军区部队根据八路军总部命令，相继对日伪军发起进攻，先后攻克沙河、南和等5座县城和宁武、忻口车站，一度中断了日军铁路交通。两个月的反“扫荡”，边区军民与日军作战800余次，毙伤日军5500余人。

战斗在狼牙山上（刘峰 摄）

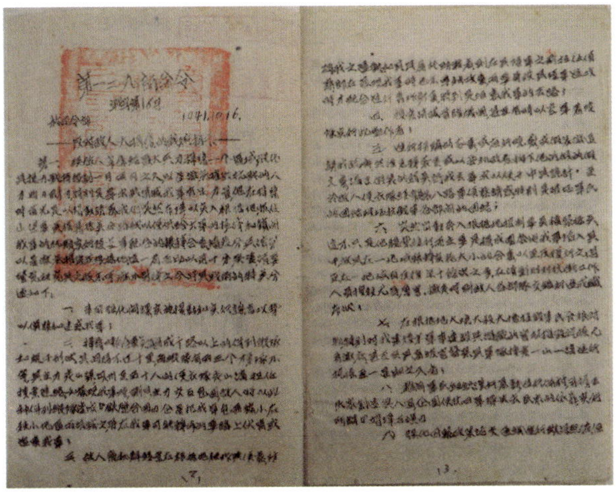

1941年10月16日，第129师反对敌人“大扫荡”的战术指示

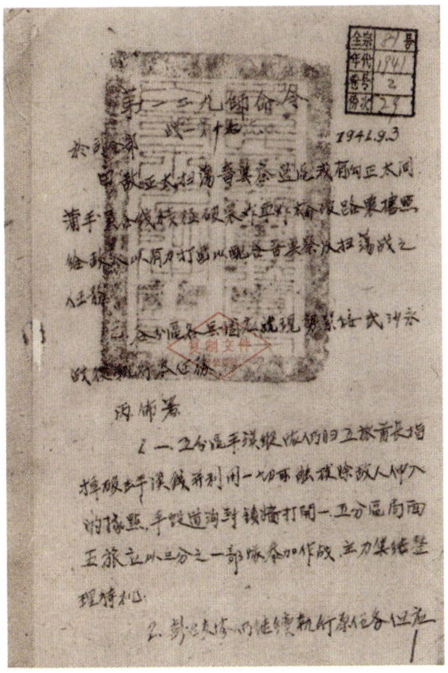

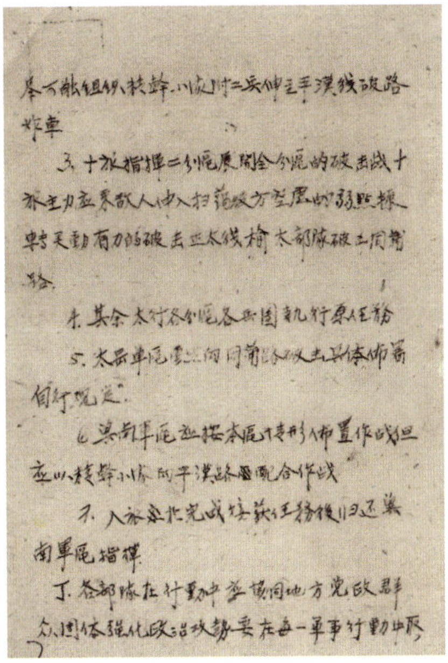

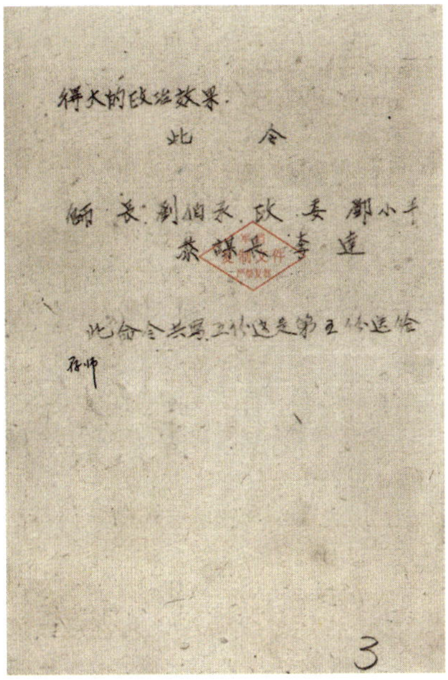

1941年第129师关于破袭正太、同蒲、平汉各线部队的命令（解放军档案馆馆藏）

黄崖洞保卫战，书写抗敌光荣战史

位于黎城县西北部，地处黎城、辽县、武乡之间的黄崖洞，是镶嵌在海拔1600米崖壁上的天然大石洞，陡崖千仞、壁峰矗立、树林密布、四面环山。利用黄崖洞的有利地形，1939年7月，八路军副参谋长左权在这里亲自主持建造了八路军自己的兵工厂。在两平方公里范围内，建有12栋厂房，安装各种机器40多部，可以生产步枪、手榴弹，还可以制造掷弹筒，年产的武器弹药可装备16个团，是八路军抗日根据地创建最早、规模最大的兵工基地。

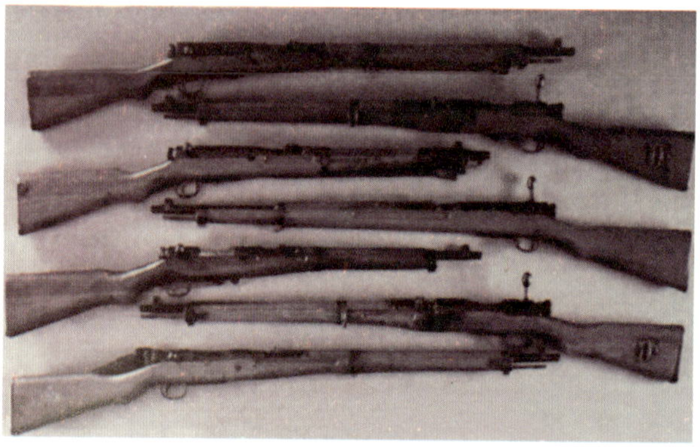
黄崖洞生产的“八一式”步马枪

黄崖洞生产的“五五式”步枪

黄崖洞生产的“五〇”掷弹筒

山西黎城黄崖洞洞口原八路军兵工厂武器库（林扬 摄）

八路军军工部部长、
军工专家刘鼎

黄崖洞兵工厂第一任厂长
程明升

黄崖洞兵工厂聚集了一支人才济济、功勋卓著的科技大军。有从南洋归来的华侨及来自清华、燕京大学和武汉、上海、天津、太原等城市的工程技术人员，也有根据地土生土长的能工巧匠。第一任厂长程明升毕业于日本早稻田大学电机系，副厂长刘贵福来自太原兵工厂，在八路军军工部部长刘鼎的组织带领下突破重重科技难关，相继研发并开创了“八一式”步马枪、“五〇”掷弹筒、单响短枪、炮弹、枪弹发射药和烈性炸药的批量生产。

兵器展览

兵工厂战士与工人师傅们制造枪支和弹药

八路军兵工厂制造地雷、手榴弹等武器

山西黎城黄崖洞保卫战战场遗址
（林扬 摄）

山西黎城黄崖洞保卫战左权将军指挥所
（林扬 摄）

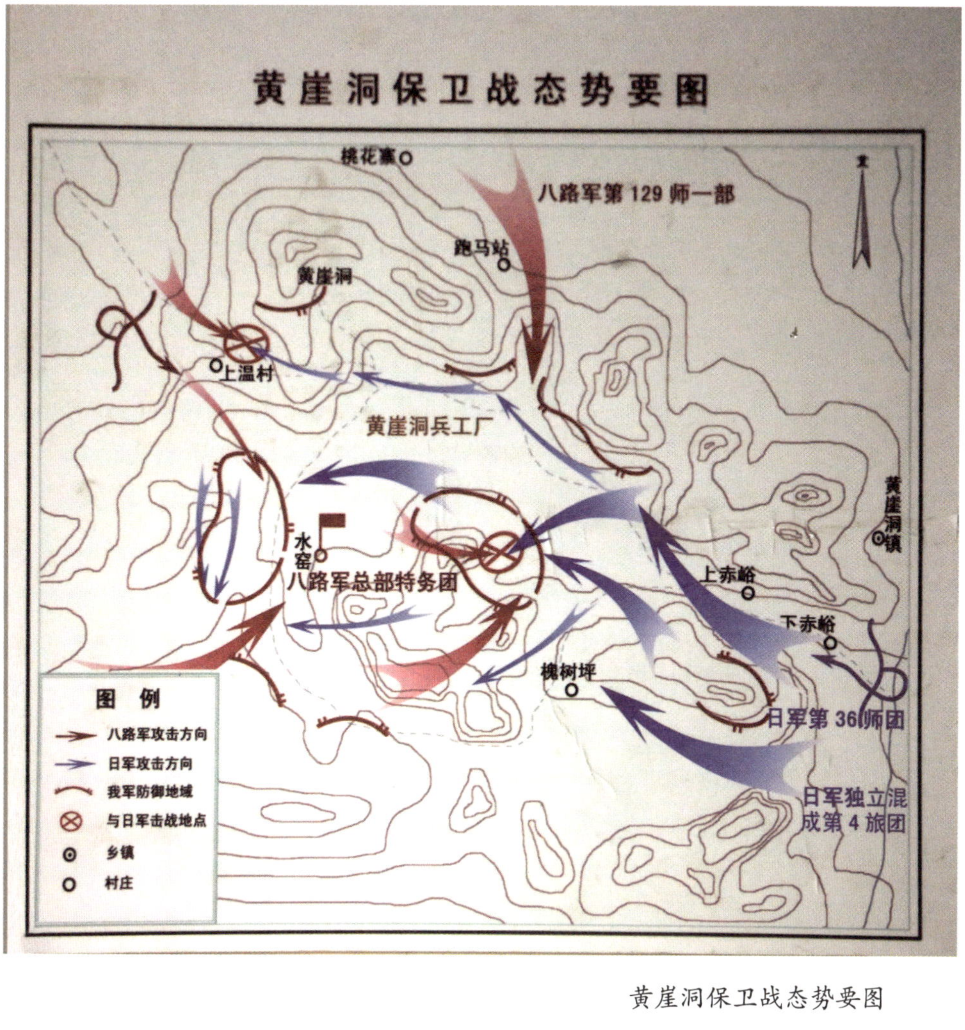

黄崖洞保卫战态势要图

1940年底八路军总部特务团进驻黄崖洞，左权副参谋长亲自指导设防工作，把周围山地分成6个守备区，构筑了以地堡为主的坚固的防御工事，形成前后、高低、明暗，直射、斜射、侧射交叉的多层体系火力网。

1941 年 11 月 11 日，日军主力 5000 余人向黎城黄崖洞八路军兵工厂猛攻，左权发出“保卫生命线”的号召。在这次保卫战中，黄崖洞水窑口出现了激烈的战斗场面，日军连续进攻 4 天，才突破几百米，他们使用了最毒辣的手段，向前沿阵地发射喷火器和燃烧弹，在水窑口阵地上的战士与三面进攻的日军展开了地雷战、肉搏战，击退敌人 11 次冲击。山石上血迹斑斑，阵地前遗尸累累。

1941 年 11 月 11 日，日军向黄崖洞发起进攻

经过与日军八昼夜的激战，八路军以不足一个团（1500人）的兵力，抗击了5000多装备精良日军的疯狂进攻，取得了歼敌1000余人的战果，而八路军只伤亡166人，以6∶1的战绩，开中日战况上敌我伤亡对比空前之记录，写出了中国人民抗击日本侵略者的光荣战史。

黄崖洞战斗场景画

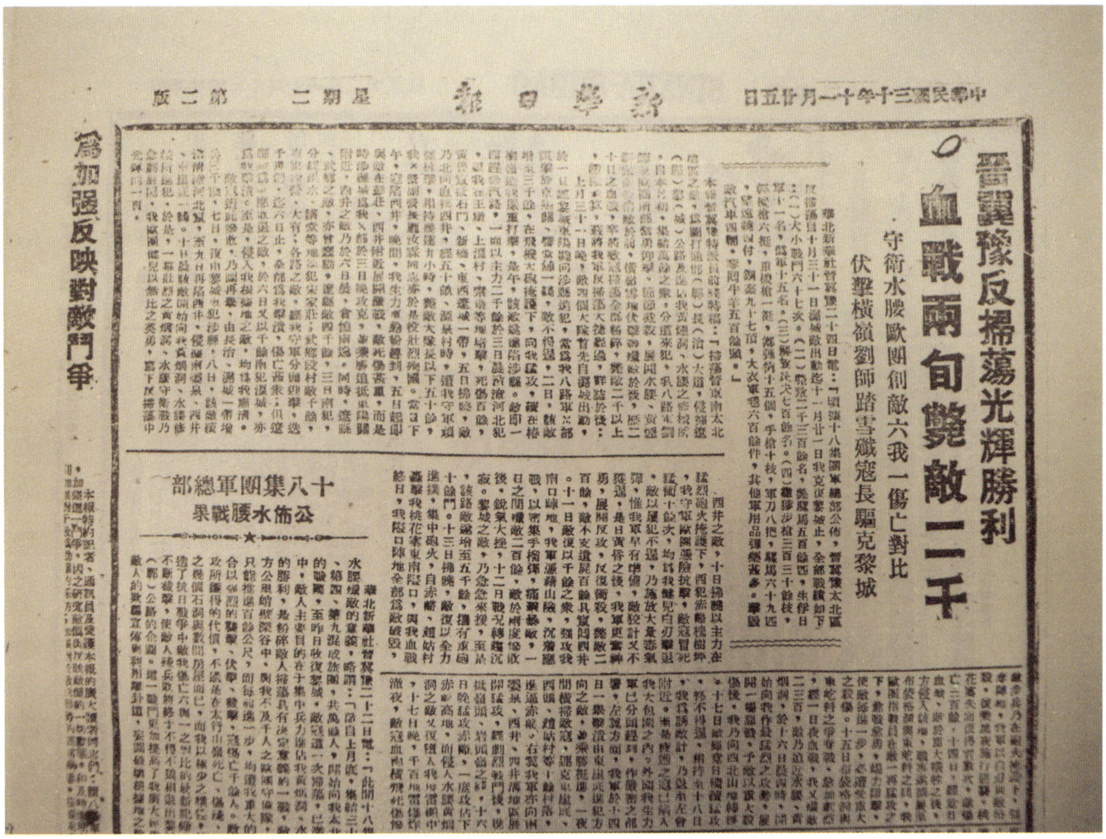

中華民國三十年十一月廿五日 新華日報 星期二 第二版

晉冀豫反掃蕩光輝勝利
血戰兩旬斃敵二千
守衛水腰歐聞創敵六我一傷亡對比
伏擊橫嶺劉師踏雪殲寇長驅克黎城

十八集團軍總部
公佈水腰戰果

為加強反映對敵鬥爭

1941年11月25日《新华日报》关于黄崖洞战斗的报道

十字岭突围，左权将军壮烈牺牲

太平洋战争爆发后，日军华北方面军立即全线出动，开始了对华北全面进攻的“扫荡”作战，其目的是：妄图以先发制人击退因太平洋战争爆发而势将掀起的中国人民抗日的高潮和夺取战争资源，确保交通线。1942 年 1 月 11 日，日军下达了“一号作战”命令，即“驻晋日军总进攻”。“扫荡”地区划分是：第 36 师团在晋东南，目标是摧毁八路军总部和第 129 师师部；第 41 师团在沁河沿岸；独立混成第 3、第 16 旅团在晋西北；独立混成第 4 旅团在石太线南部地区；第 37 师团在夏县周围和中条山南部地区。

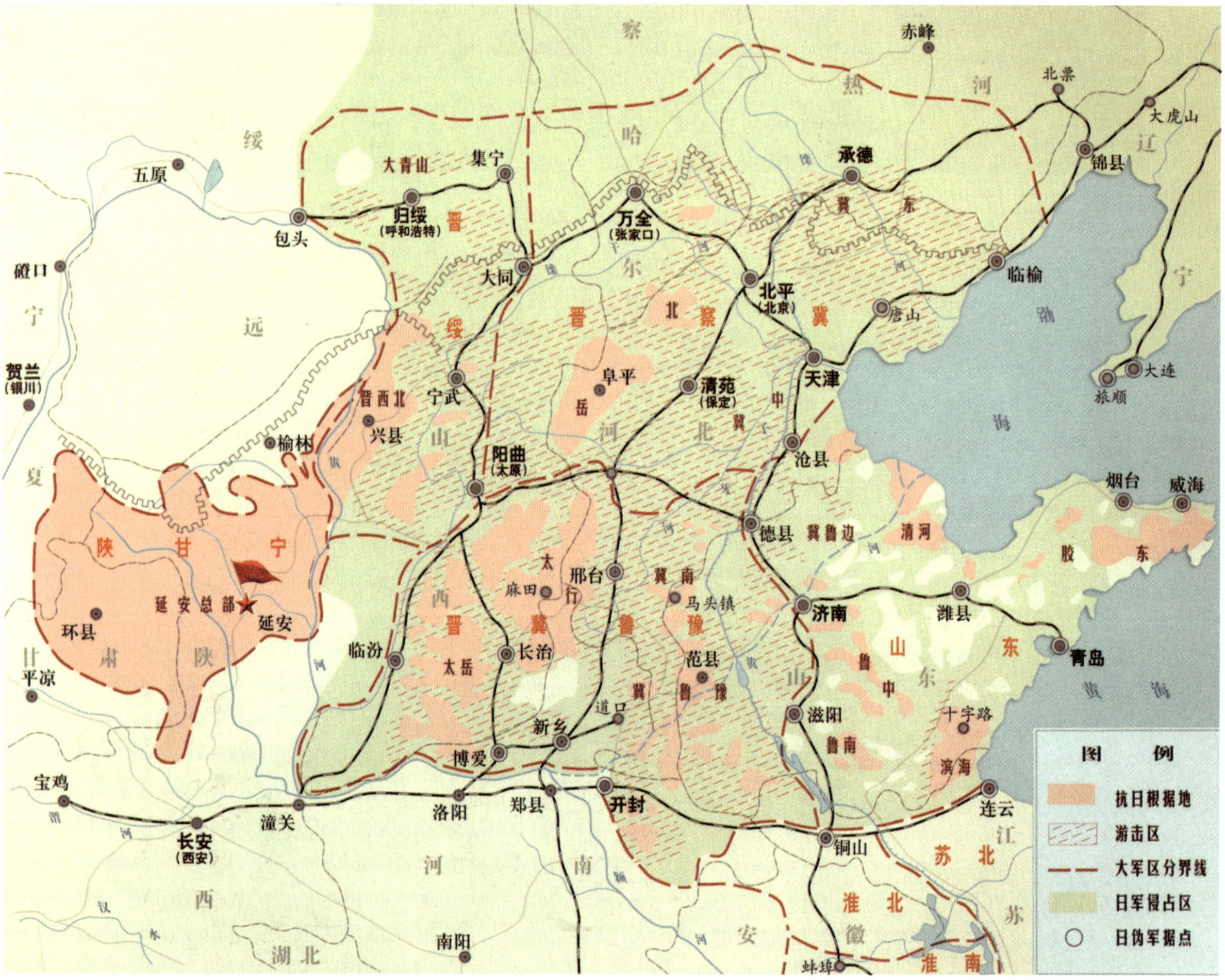

1941 ~ 1942 年坚持华北敌后抗日根据地斗争略图

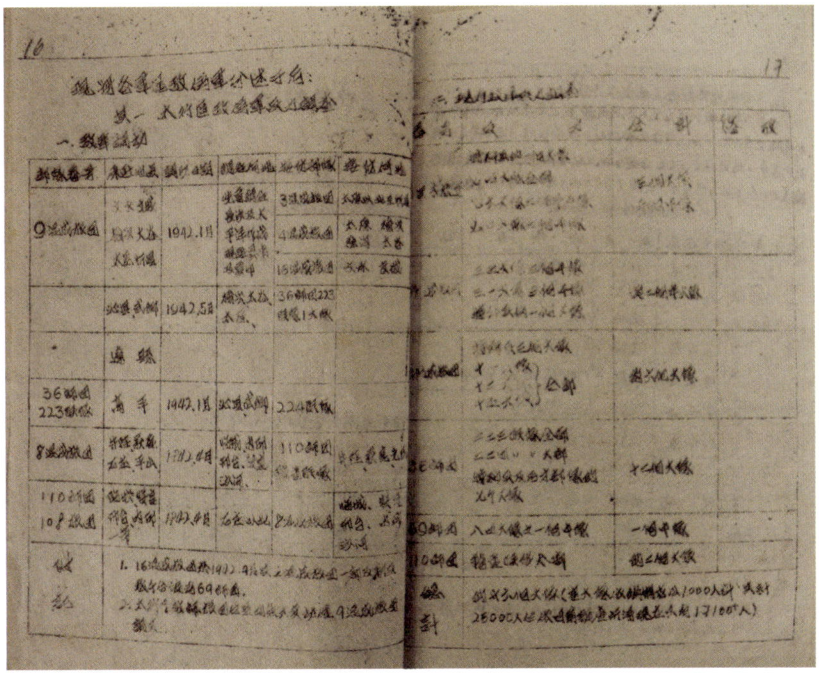

1942年1月至4月，太行区日军调动及兵力调查表

1942年春夏，“驻晋日军总进攻”第一期动用兵力1.5万余人，首先奔袭太行第2、3、4军分区的石拐、洪水、王家峪、黎城等地，接着重点对八路军总部所在地麻田、桐峪进行“铁壁合围”“反转电击”。根据地军民与敌周旋，相机打击，以“伏击”对付敌人的合击，八路军总部和第129师多次巧妙地避开日军扫荡的锋芒。

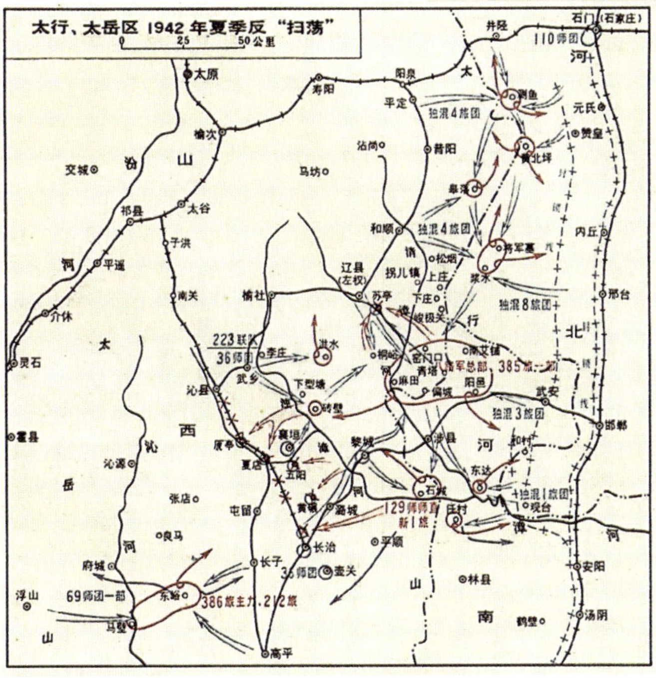

太行、太岳区1942年夏季反“扫荡”示意图

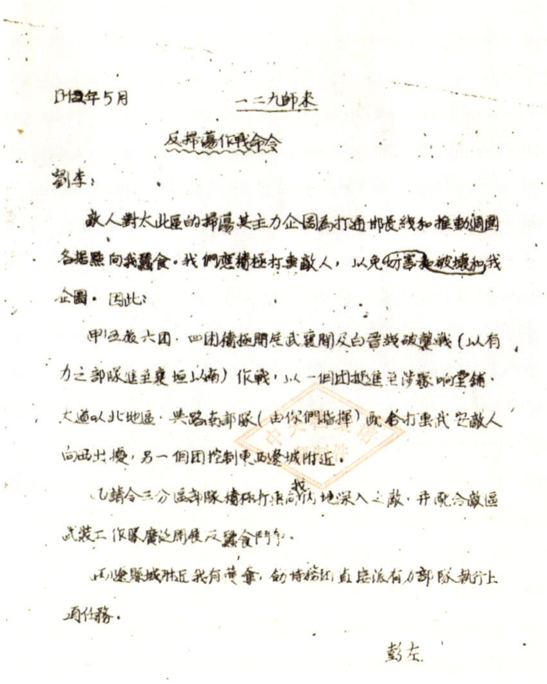
卅一年5月　一二九師來

反掃蕩作戰命令

劉李：

敵人對太北區的掃蕩其主力企圖為打通邯長線和推動週圍各據點向我搶糧。我們應積極打擊敵人，以免妨害和破壞和我企圖。因此：

甲、三八六旅六團、四團積極開展武襄間及白晉線破襲戰（以有力之部隊進至襄垣以南）作戰，以一個團挺進至涉縣、響堂鋪大道以北地區，與路南部隊（由你們指揮）配合打擊武安敵人向西出擾，另一個團控制東西黎城附近。

乙、請令三分區部隊積極打擊向我根據地深入之敵，并配合敵區武裝工作隊廣泛開展反搶糧鬥爭。

丙、黎縣城附近我有黃崖，[illegible]直屬派有力部隊執行上項任務。

彭左

1942年5月，彭德怀、左权关于反“扫荡”作战命令给刘伯承、李达电
（中央档案馆馆藏）

第二期，日军增加到2.5万余人。华北日军第1军司令官岩松义雄中将将自己的战斗指挥所从太原搬到长治，制定了C号作战计划："预定5月15日作战开始，第1期消灭沁河河畔（太岳区）之共军；第2期消灭涉县北方地区（八路军总部驻地）之共军；第3期消灭涉县南方地区（129师师部驻地）之共军。"

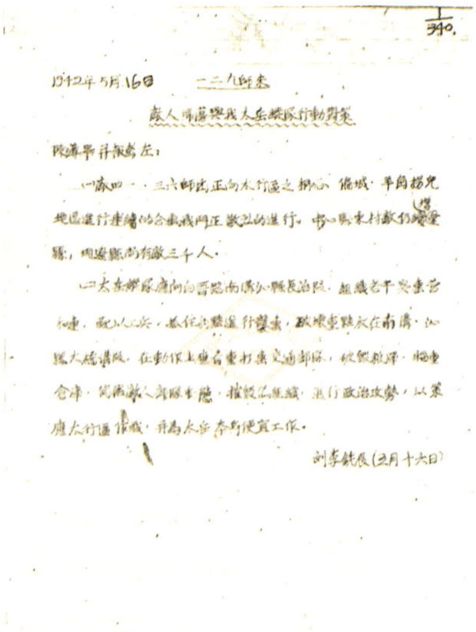

1942年5月16日，刘伯承、李达关于敌"扫荡"情况及太岳纵队行动对策给陈赓等电（中央档案馆馆藏）

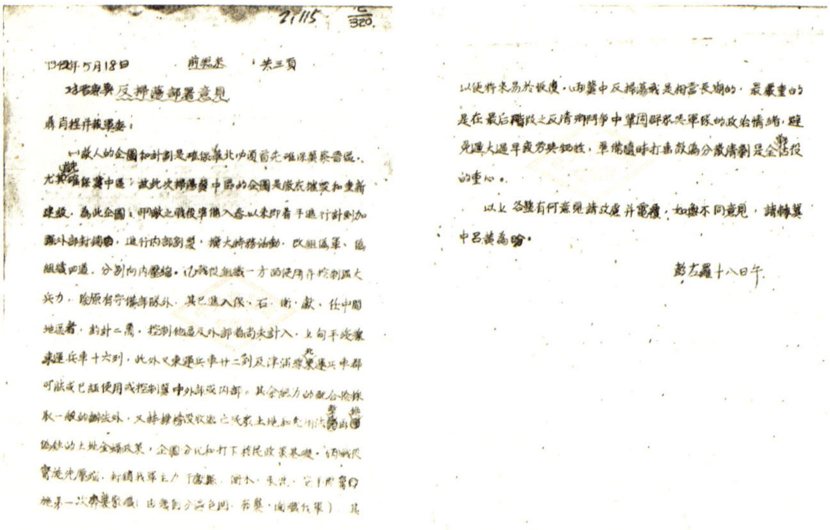

1942年5月18日，彭德怀、左权、罗瑞卿关于对晋察冀反"扫荡"部署的意见给聂荣臻等电（中央档案馆馆藏）

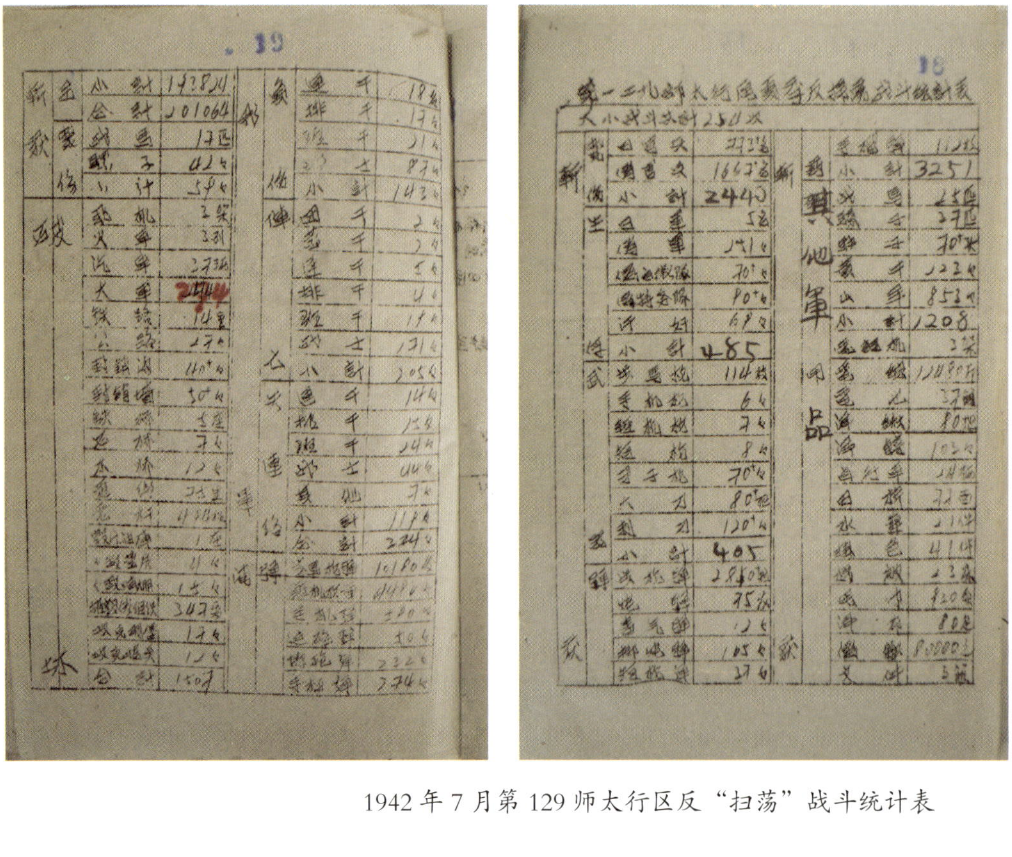

1942年7月第129师太行区反"扫荡"战斗统计表

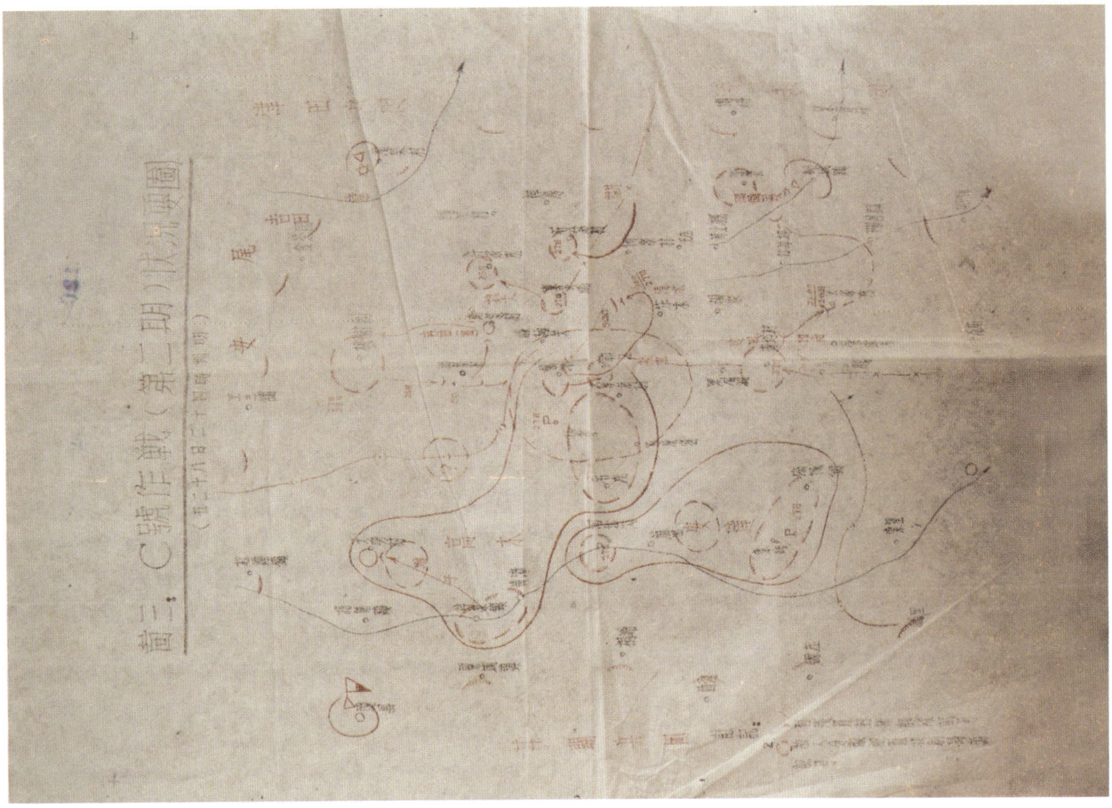

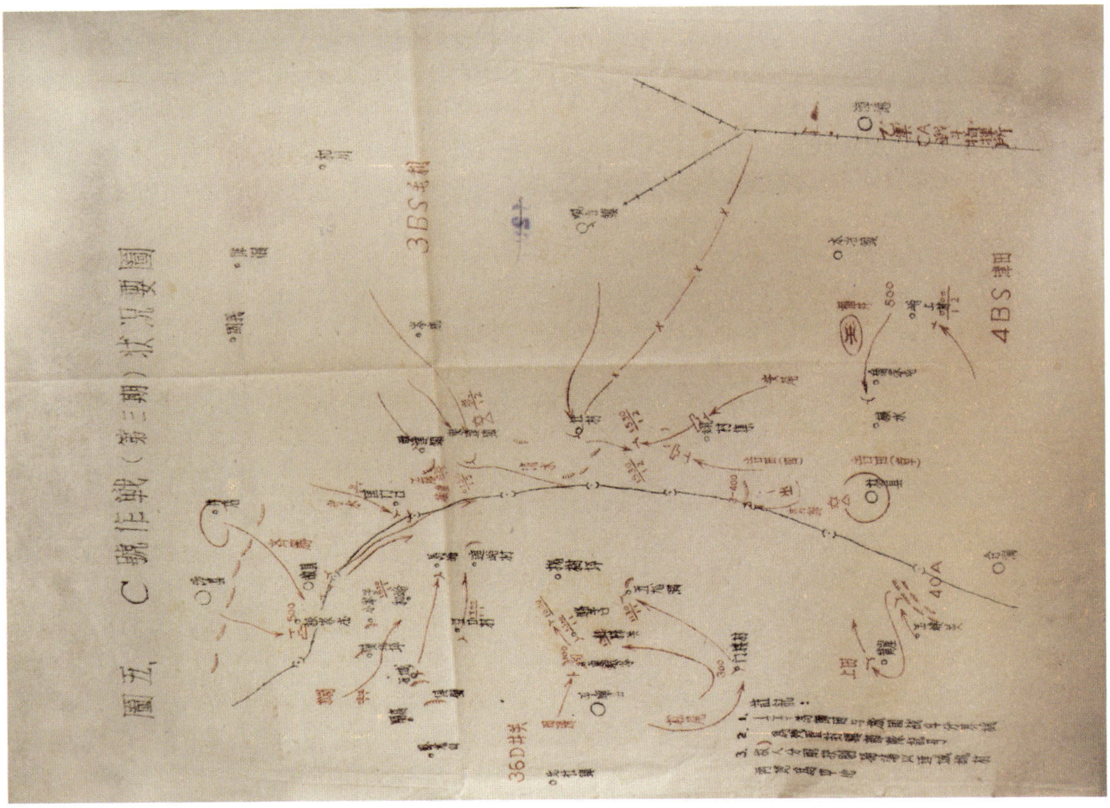

1942年日军C号作战状况要图

日军组成两支特别挺进队，以益子重雄和大川桃吉分别任队长，化装成八路军，先期潜入根据地腹地活动，其主力同时从四面八方向太行根据地腹地合围。1942 年 5 月，八路军总部位置被发现。5 月 24 日，第 129 师师部率主力部队跳出合围圈。

化装成八路军的“益子挺身队”照片，从左向右分别是中队长益子重雄、第二小队长猪股、第一小队长佐佐木，说明提到佐佐木在则界村（麻田附近）作战中阵亡

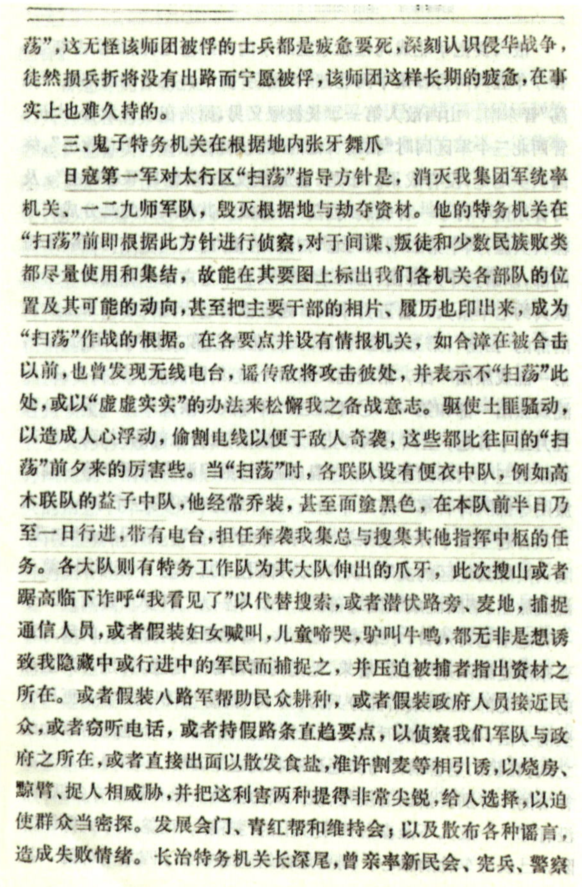

荡”，这无怪该师团被俘的士兵都是疲惫要死，深刻认识侵华战争，徒然损兵折将没有出路而宁愿被俘，该师团这样长期的疲惫，在事实上也难久持的。

三、鬼子特务机关在根据地内张牙舞爪

日寇第一军对太行区“扫荡”指导方针是，消灭我集团军统率机关、一二九师军队，毁灭根据地与劫夺资材。他的特务机关在“扫荡”前即根据此方针进行侦察，对于间谍、叛徒和少数民族败类都尽量使用和集结，故能在其要图上标出我们各机关各部队的位置及其可能的动向，甚至把主要干部的相片、履历也印出来，成为“扫荡”作战的根据。在各要点并设有情报机关，如合漳在被合击以前，也曾发现无线电台，谣传敌将攻击彼处，并表示不“扫荡”此处，或以“虚虚实实”的办法来松懈我之备战意志。驱使土匪骚动，以造成人心浮动，偷割电线以便于敌人奇袭，这些都比往回的“扫荡”前夕来的厉害些。当“扫荡”时，各联队设有便衣中队，例如高木联队的益子中队，他经常乔装，甚至面涂黑色，在本队前半日乃至一日行进，带有电台，担任奔袭我集总与搜集其他指挥中枢的任务。各大队则有特务工作队为其大队伸出的爪牙，此次搜山或者踞高临下诈呼“我看见了”以代替搜索，或者潜伏路旁、麦地，捕捉通信人员，或者假装妇女喊叫，儿童啼哭，驴叫牛鸣，都无非是想诱致我隐藏中或行进中的军民而捕捉之，并压迫被捕者指出资材之所在。或者假装八路军帮助民众耕种，或者假装政府人员接近民众，或者窃听电话，或者持假路条直趋要点，以侦察我们军队与政府之所在，或者直接出面以散发食盐，准许割麦等相引诱，以烧房、鞭背、捉人相威胁，并把这利害两种提得非常尖锐，给人选择，以迫使群众当密探。发展会门、青红帮和维持会；以及散布各种谣言，造成失败情绪。长治特务机关长深尾，曾亲率新民会、宪兵、警察

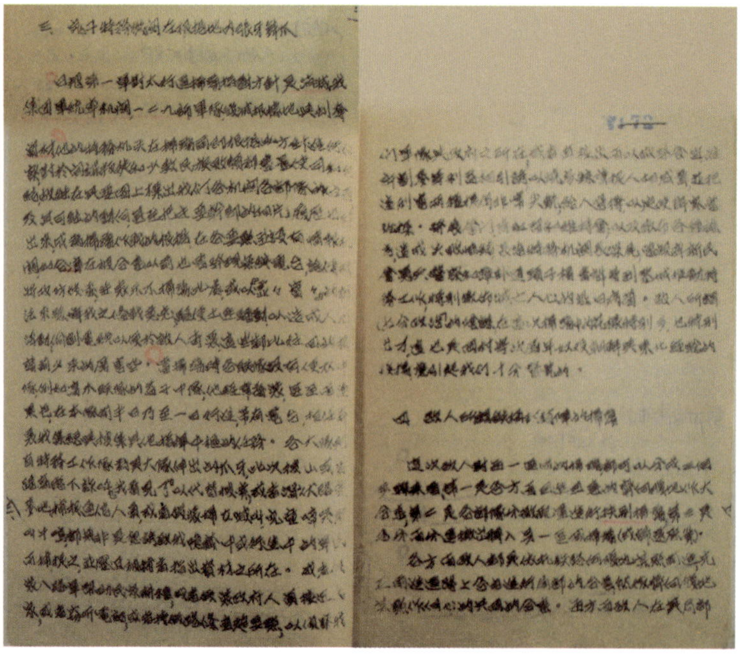

1942 年太行军区反“扫荡”军事总结中记录的高木联队益子中队的间谍活动

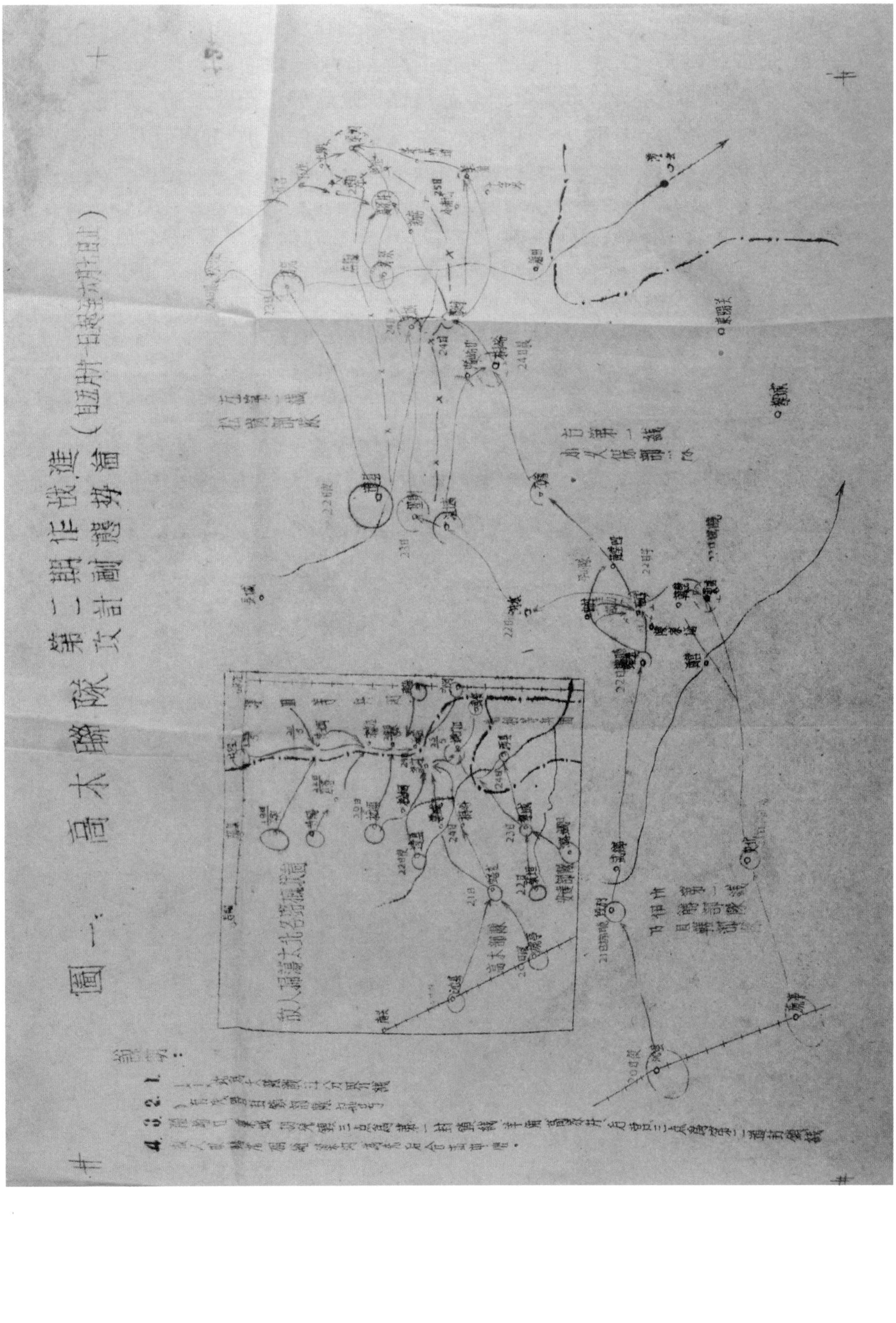

1942年日军高木联队二期作战态势图

1942年5月24日，八路军总部、中共中央北方局等机关和部分掩护部队1万多人被日军精锐部队包围在辽县南艾铺、十字岭一线。25日拂晓，1万多日伪军向合围地区压缩，地面炮火猛烈，空中飞机轮番轰炸。八路军副总司令彭德怀、政治部主任罗瑞卿、副参谋长左权决定分路突围，各自为战，左权要求担任掩护和断后以及带领总直机关、北方局机关和党校突围的重任。南艾铺激战到黄昏，彭、罗率部冲出合围圈。左权在十字岭指挥突围中不幸被炮弹击中，壮烈牺牲。

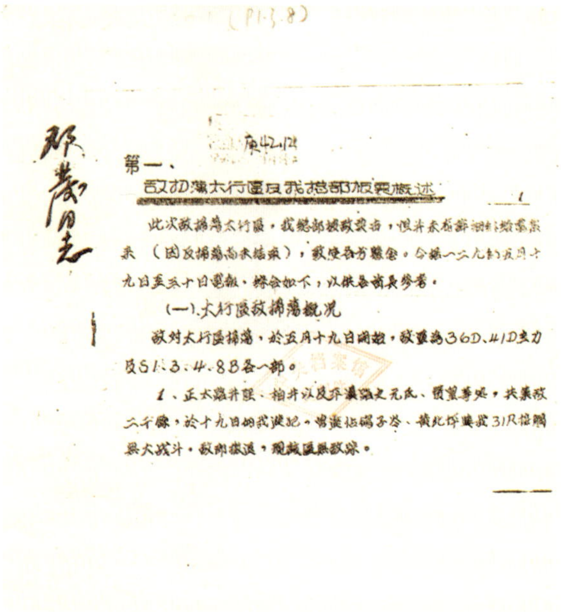
(P1-3-8)

第一、

敌扫荡太行区及我总部被袭概述 1

此次敌扫荡太行区，我总部被敌袭击，但详细情况尚未明了（因反扫荡尚未结束），致使各方悬念。今据一二九师五月十九日至三十日电报，综合如下，以供各首长参考。

(一)、太行区敌扫荡概况

敌对太行区扫荡，於五月十九日开始，敌系为36D、41D主力及51、3、4、8B各一部。

1、正太路井陉、柏井以及平汉路之元氏、赞皇等处，共集敌二千余，於十九日向我进犯，曾进抵碣子岭、黄北坪与我31R接触，展开战斗，敌即撤退，现该区无敌踪。

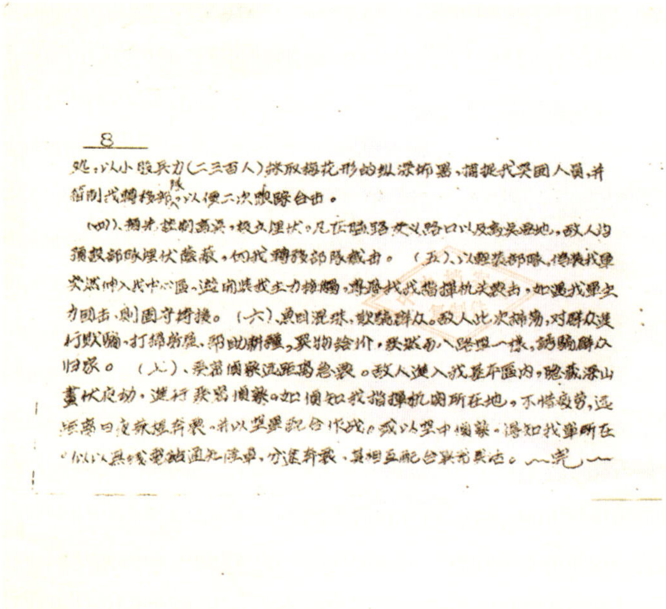
8

处，以小股兵力（二三百人）採取梅花形的纵深佈置，捕捉我突围人员，并箝制我转移部队，以便二次合击。

（四）、构筑假工事、假埋伏。凡在险路或叉路口以及高要地，敌人均预设部队埋伏隐蔽，伺我转移部队截击。（五）、以轻装部队，伪装我军突然冲入我中心区，避开与我主力接触，专寻我指挥机关袭击，如遇我军主力回击，则固守待援。（六）、鱼目混珠，欺骗群众。敌人此次扫荡，对群众进行欺骗、打扫街道、帮助耕种、买物给价，与八路军一样，诱骗群众归家。（七）、秘密侦察远距离急袭。敌人进入我基本区内，隐藏深山昼伏夜动，进行秘密侦察，如侦知我指挥机关所在地，不惜疲劳，远途日夜兼程奔袭，并以空军配合作战，或以空中侦察，得知我军所在，以无线电通知陆军，分途奔袭，互相配合联系甚佳。—完—

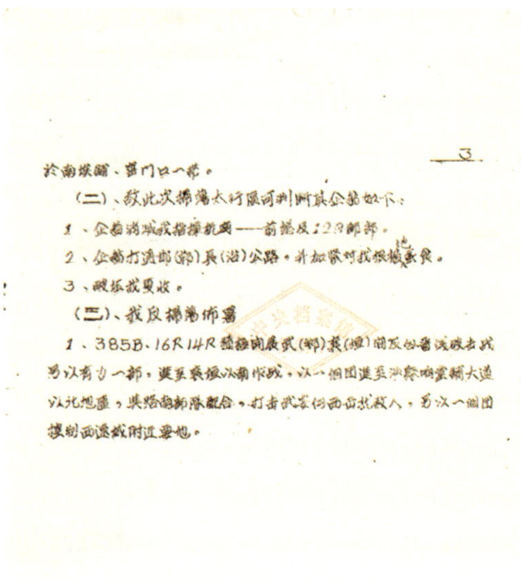
3

於南蛟窝、营门口一带。

（二）、敌此次扫荡太行区可判断其企图如下：

1、企图消灭我指挥机关——前总及129师部。

2、企图打通邯（郸）长（治）公路，并加紧对我根据地抢粮。

3、破坏我麦收。

（三）、我反扫荡佈署

1、385B、16R、14R经邯长武（乡）长（治）间反击[illegible]，以有力一部，进至[illegible]以南作战，以一个团进至[illegible]大道以北地区，与路南部队配合，打击[illegible]之敌人，另以一个团控制西[illegible]附近要地。

1942年6月1日，作战部一局关于日军“扫荡”太行区及八路军总部被袭概述（中央档案馆馆藏）

八路军主力部队顽强阻击行进中的日军

抗战时期的左权

左权副参谋长，是抗日战争中牺牲的八路军最高将领。原名左纪权，1905 年生于湖南醴陵县。1924 年 3 月考入广州陆军讲武学校，同年 11 月转入黄埔军校第一期。1925 年 2 月加入中国共产党，后被选派到苏联学习，先后入苏联中山大学、高级步兵学校深造。1930 年回国后担任红军重要领导职务，长征时在抢渡乌江、飞夺泸定桥、跨过大渡河、突破腊子口等战斗中，均有重要贡献。他文武兼备、著译丰富，先后撰写过《伏击战术》《袭击战术》《战术问题》等著作论文，是中国著名的游击战术创始人之一。左权将军为华北敌后抗战建立了不可磨灭的功勋，他的光辉业绩永留太行山。1942 年 8 月，经晋冀鲁豫边区政府批准，将他牺牲的所在地辽县改名为左权县。

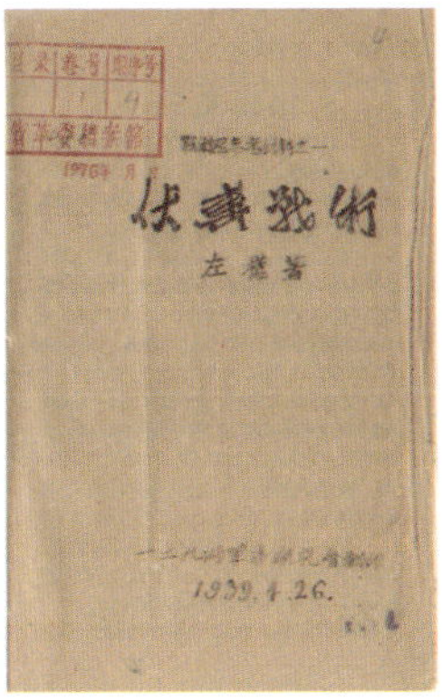

左权著《伏击战术》

1942 年 10 月 10 日，八路军总部全体人员在左权将军墓前合影（顾棣收藏）

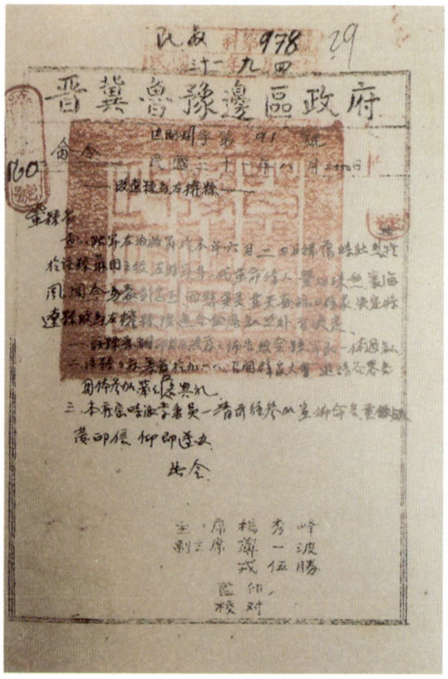
晉冀魯豫邊區政府

此令

主席 楊秀峰
副主席 薄一波
戎伍勝

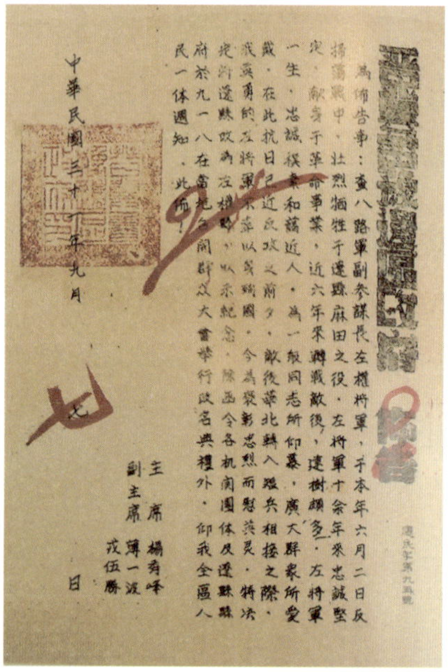
晉冀魯豫邊區政府佈告

為佈告事：查八路軍副參謀長左權將軍，于本年六月二日反掃蕩戰中，壯烈犧牲于遼縣麻田之役。左將軍十余年來忠誠堅定，献身于革命事業，近六年來轉戰敵後，建樹頗多。左將軍一生，忠誠樸素和藹近人，為一般同志所仰慕，廣大群衆所愛戴。在此抗日已近反攻之前夕，敵後華北縣入强兵相接之際，我英勇的左將軍不幸以身殉國。今為褒彰忠烈而慰英灵，特决定將遼縣改為左權縣，以示紀念。除函令各机關團体及遼縣縣府於九一八在當地召開群众大會舉行改名典禮外，仰我全區人民一体週知。此佈！

主席 楊秀峰
副主席 薄一波
戎伍勝

中華民國三十一年九月 日

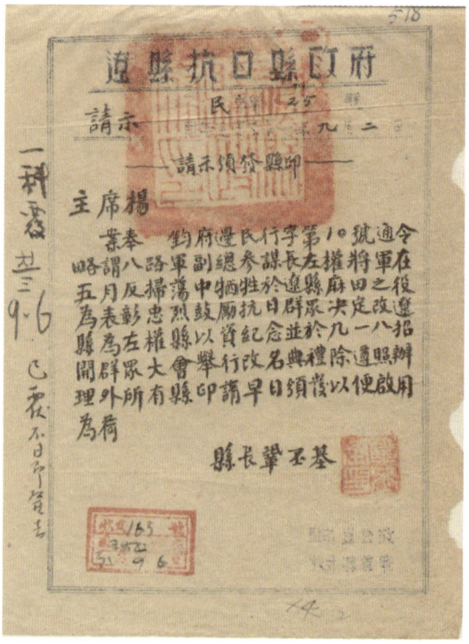
遼縣抗日縣政府

請示

——請示領發縣印——

主席楊

業奉 鈞府邊民行字第10號通令略謂八路軍副總參謀長左權將軍在五月反掃蕩中犧牲於遼縣麻田之役為表彰忠烈鼓勵抗日群眾決定改遼縣為左權縣以資紀念並於九一八招開群眾大會舉行改名典禮除遵照辦理外所有縣印請早日領發以便啟用為荷

縣長 華丕基

晋冀鲁豫边区政府关于将辽县改为左权县一事的通令和辽县抗日县政府的请示

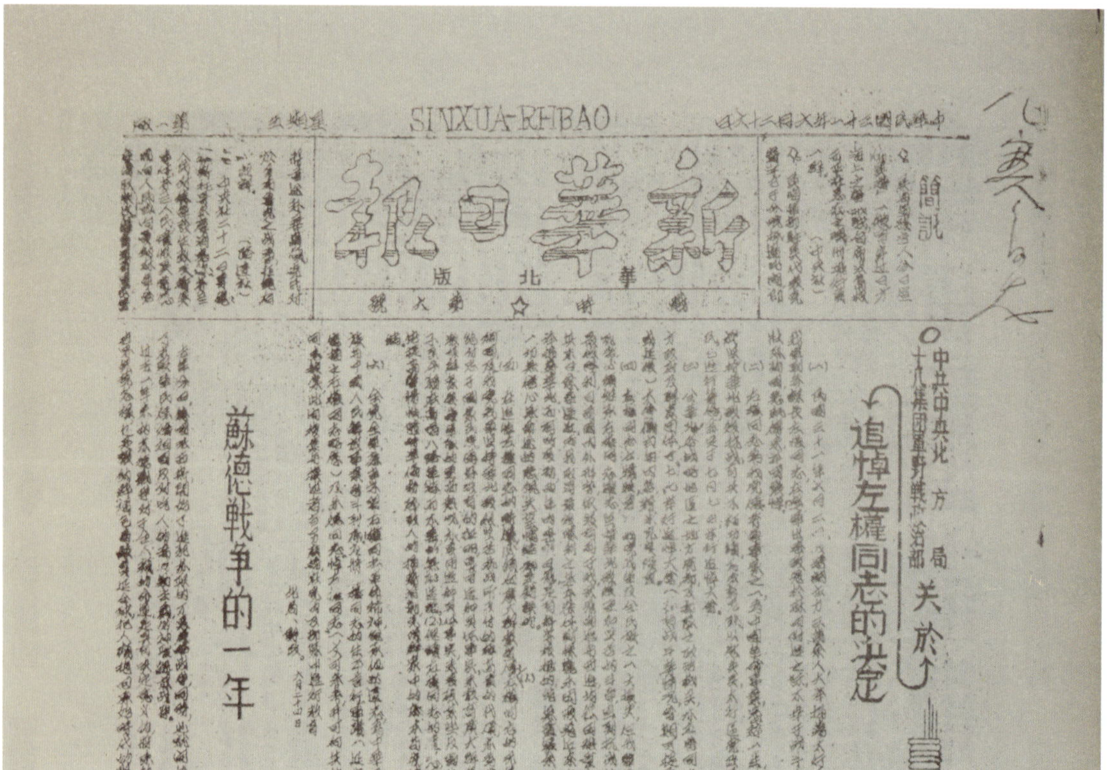
SINXUA-RHBAO

新華日報

華北版

中共中央北方局
十八集團軍野戰政治部
關於追悼左權同志的決定

蘇德戰爭的一年

1942 年 6 月 26 日《新华日报》刊发的关于追悼左权同志的决定

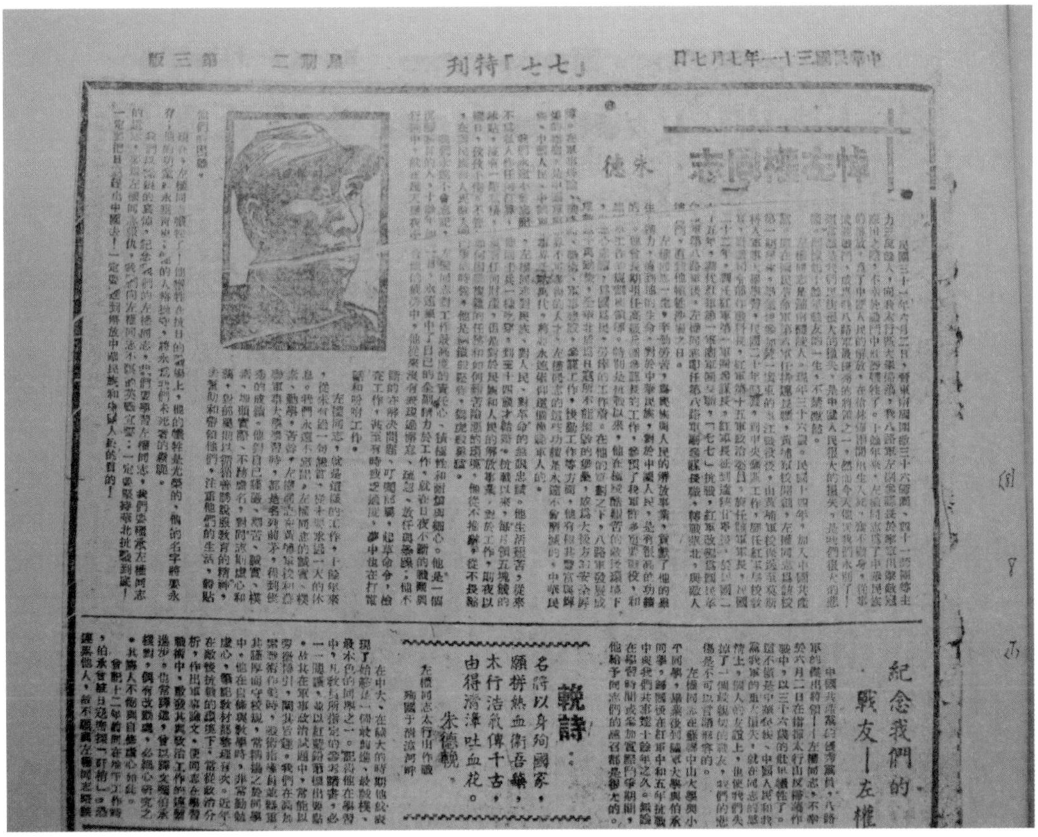
中華民國三十一年七月七日　「七七」特刊　星期二　第三版

悼左權同志

朱德

紀念我們的戰友——左權

輓詩：

名將以身殉國家，
願拼熱血衛吾華，
太行浩氣傳千古，
由得清漳吐血花。

朱德輓

中華民國三十一年六月三日　SINHUA-RHBAD　星期一　第二版

新華日報

華北版

左權同志精神不死

——周恩來——

《新华日报》刊登的朱德、周恩来等悼念左权将军的文章在朱德总司令的鼓励下，左权的妻子刘志兰在延安《解放日报》撰文纪念：“你所留给我的最深切的是你对革命的无限忠诚、崇高的牺牲精神和你全部的不可泯灭的深爱。愤恨填膺，血泪合流，我不仅为你流尽伤心的泪，也将为你流尽复仇的血。你永远活在我的心里，今后悠长的岁月中，想到你将是我最大的安慰。”这是一个妻子对丈夫的悼念，同时也道出了所有中国人民的心声。

左权和妻子刘志兰、女儿左太北在山西武乡砖壁总部合影

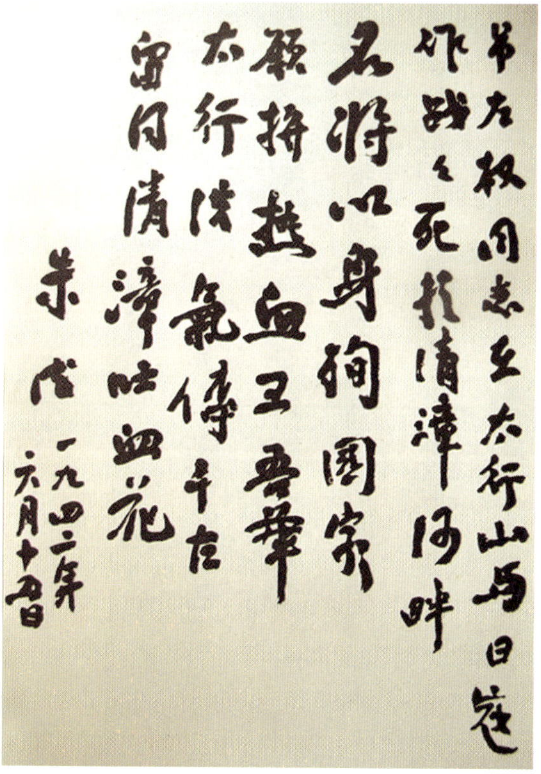

弔左权同志在太行山马日岭作战殉死于清漳河畔

名将以身殉国家
愿拼热血卫吾华
太行浩气传千古
留得清漳吐血花

朱德 一九四二年六月十日

朱德为左权题词

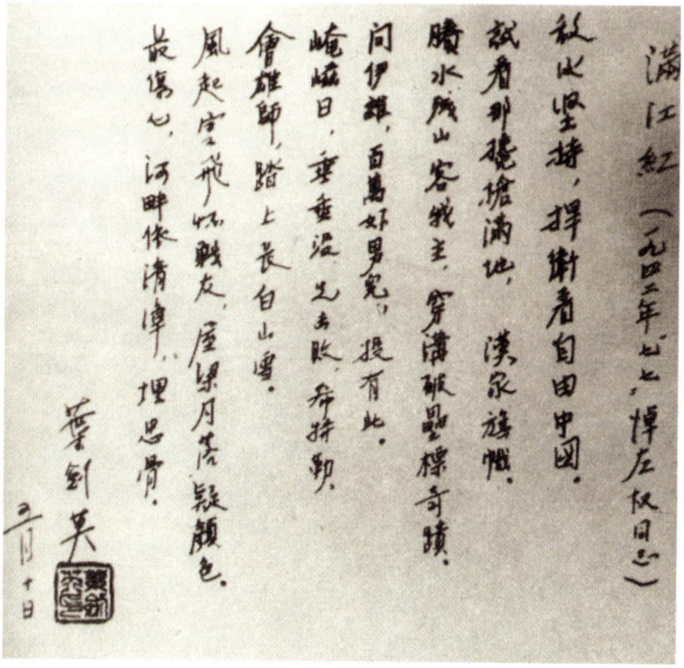

滿江紅（一九四二年七七，悼左权同志）

赖以坚持，捍衛着自由中國。試看那穗槍滿地，漢家旗幟。賸水殘山容我主，穿溝破壘標奇蹟。问伊誰，百萬好男兒，提有此。

崦嵫日，垂垂沒。先去敗，希猶勁。會雄師，踏上長白山雪。風起空飛悼戰友，屋梁月落疑顏色。最傷心，河畔依清漳，埋忠骨。

葉劍英 七月十日

叶剑英为左权题词

韩略村伏击战，“山岳剿共实验区”计划覆灭

1943 年秋，冈村宁次指挥两万余兵力，在飞机的配合下，实行“铁滚扫荡”，企图摧毁太岳根据地，建立所谓“山岳剿共实验区”。为推广这种新战法，冈村宁次特别从各地抽调 180 余名军官前来观战。10 月 24 日，由临汾乘 13 辆汽车前往“扫荡”区观战的日军“参观团”在洪洞县韩略村附近遭到太岳第 2 军分区第 386 旅第 16 团的伏击，180 多名日军军官，除 3 人逃跑外，全部被歼，其中有少将旅团长 1 名，大佐级联队长 6 名，其余也都是中队长以上军官。这一事件宣告了日军“铁滚扫荡”的失败。

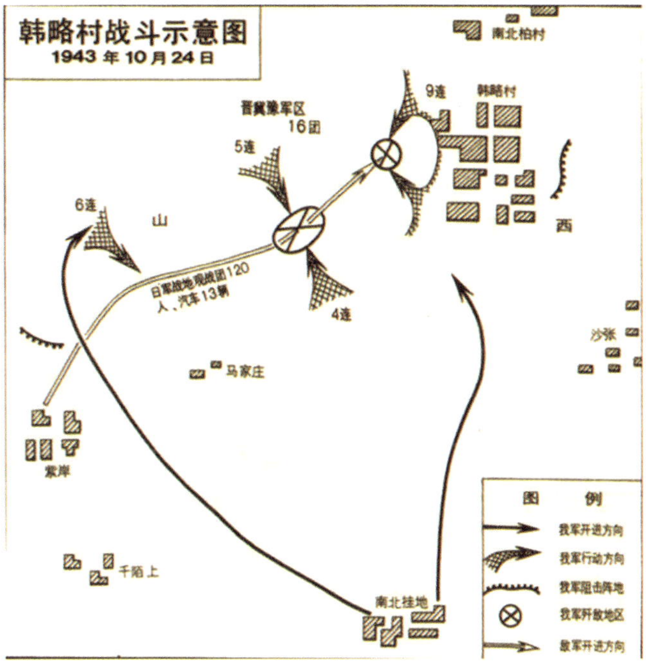

韩略村战斗示意图

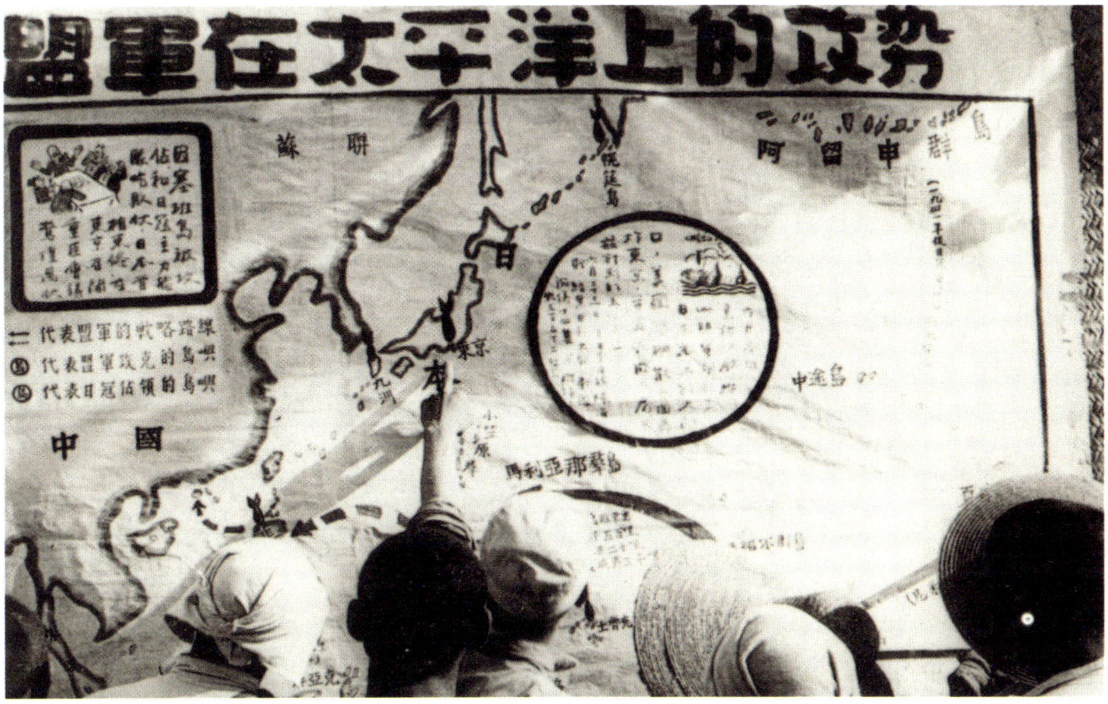

1943 年初，根据地军民在观看太平洋战争形势图（胡冰 摄）

此次反“扫荡”历时53天，作战725次，毙伤日伪军3500余人，攻克日军据点14个。此后，太岳根据地军民越战越强，抗日斗争形势日趋好转。

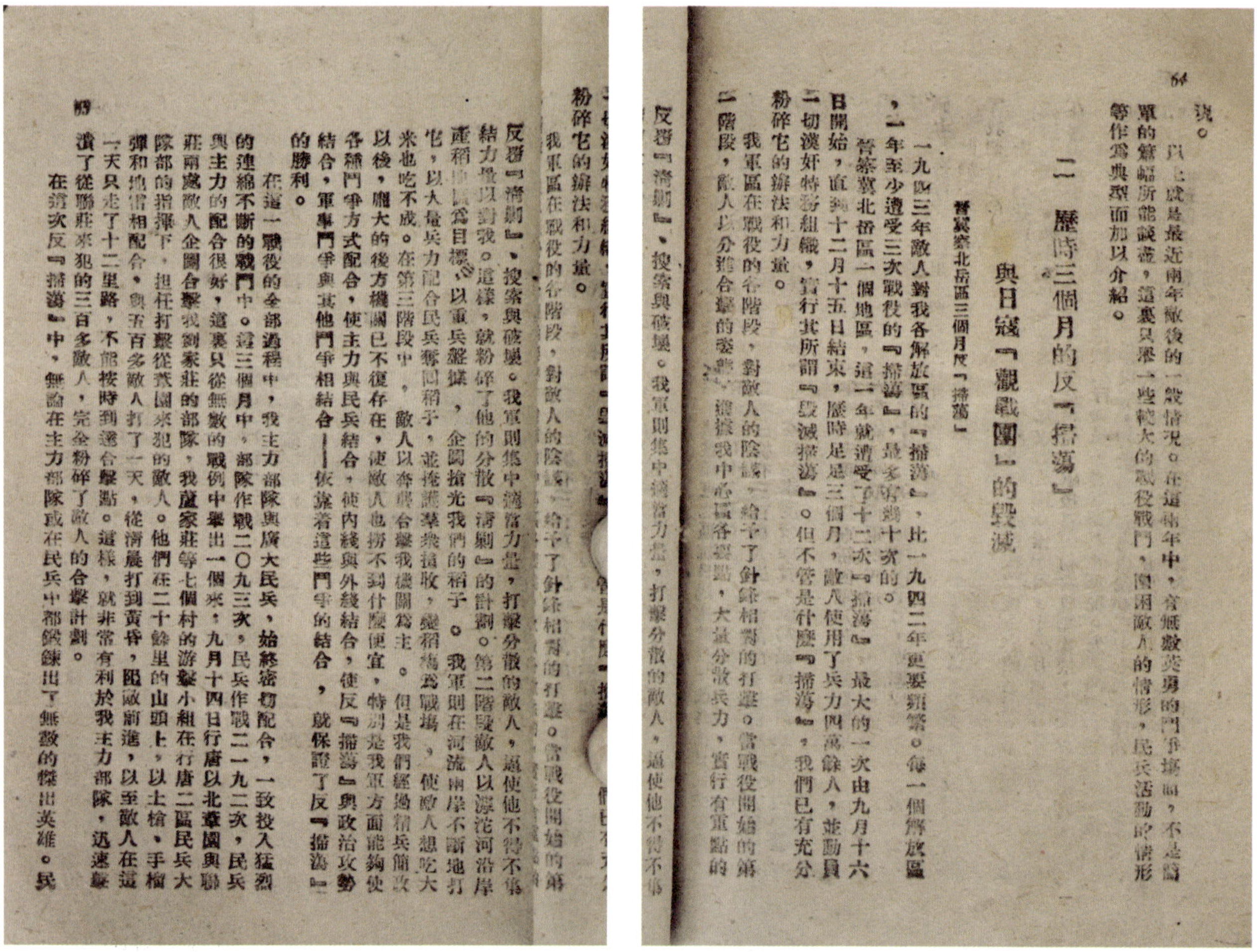

64

說。

只上就是最近兩年敵後的一般情況。在這兩年中，有無數英勇的鬥爭場面，不是簡單的篇幅所能說盡，這裏只舉一些較大的戰役戰鬥，圍困敵人的情形，民兵活動的情形等作爲典型而加以介紹。

二 歷時三個月的反「掃蕩」
與日寇「觀戰團」的毀滅

晉察冀北岳區三個月反「掃蕩」

一九四三年敵人對我各解放區的「掃蕩」，比一九四二年更要頻繁。每一個解放區，一年至少遭受三次戰役的「掃蕩」，最多的竟到十次的。

晉察冀北岳區一個地區，這一年就遭受了十二次「掃蕩」。最大的一次由九月十六日開始，直到十二月十五日結束，歷時是是三個月，敵人使用了兵力四萬餘人，並動員一切漢奸特務組織，實行其所謂「毀滅掃蕩」。但不管是什麼「掃蕩」，我們已有充分粉碎它的辦法和力量。

我軍區在戰役的各階段，對敵人的陰謀，給予了針鋒相對的打擊。當戰役開始的第一階段，敵人以分進合擊的姿態，撲擊我中心區各要點，大量分散兵力，實行有重點的反覆「清剿」，搜索與破壞。我軍則集中精幹力量，打擊分散的敵人，逼使他不得不集結力量以對我。這樣，就粉碎了他的分散「清剿」的計劃。第二階段敵人以滹沱河沿岸產稻地區爲目標，以重兵盤據，企圖搶光我們的稻子。我軍則在河流兩岸不斷地打擊，以大量兵力配合民兵奪回稻子，並掩護群衆搶收，變稻場爲戰場，使敵人想吃大米也吃不成。在第三階段中，敵人以奔襲合擊我機關爲主。但是我們經過精兵簡政以後，龐大的後方機關已不復存在，使敵人也撈不到什麼便宜，特別是我軍方面能夠使各種鬥爭方式配合，使主力與民兵結合，使內綫與外綫結合，使反「掃蕩」與政治攻勢結合，軍事鬥爭與其他鬥爭相結合——依靠着這些鬥爭的結合，就保證了反「掃蕩」的勝利。

在這一戰役的全部過程中，我主力部隊與廣大民兵，始終密切配合，一致投入猛烈的連綿不斷的戰鬥中。這三個月中，部隊作戰二〇九三次，民兵作戰二一九二次，民兵與主力的配合很好，這裏只從無數的戰例中舉出一個來：九月十四日行唐以北章園與聯莊兩處敵人企圖合擊我劉家莊的部隊，我蘆家莊等七個村的游擊小組在行唐二區民兵大隊部的指揮下，担任打擊從龔園來犯的敵人。他們在二十餘里的山頭上，以土槍、手榴彈和地雷相配合，與五百多敵人打了一天，從清晨打到黃昏，阻敵前進，以至敵人在這一天只走了十二里路，不能按時到達合擊點。這樣，就非常有利於我主力部隊，迅速擊潰了從聯莊來犯的三百多敵人，完全粉碎了敵人的合擊計劃。

在這次反「掃蕩」中，無論在主力部隊或在民兵中都鍛鍊出了無數的傑出英雄。民

十八集团军总政治宣传部编印的《日寇参观团的毁灭》

1942年，中共晋西区党委书记林枫（左4）与贺龙（左2）、关向应（右1）、彭真（右2）、周士第（左3）等在兴县合影

“把敌人挤出去”，晋绥八分区反“扫荡”

1942年，为加强保卫边区的力量和统一陕甘宁、晋绥两个区域的军事指挥和军事建设，中共中央军委于5月13日决定成立陕甘宁晋绥联防军司令部。这一时期，中国共产党领导的敌后抗日战争处于极端困难阶段，在日军对华北根据地连续性地“扫荡”下，根据地的人力、物力、财力遭受了严重的破坏。到1942年初，以晋绥根据地为例，面积缩小了1/3，人口减少了2/3以上，破坏局面极为严重。同年，晋西区党委书记林枫在延安整风学习期间，向中央汇报晋绥边区对敌斗争的困难和情况，毛泽东指示：“把敌人挤出去！”

贺龙、萧劲光、张经武（右起）合影

时任陕甘宁晋绥联防军政治委员的习仲勋

陕甘宁晋绥联防军领导人名录

司令员	贺龙
政治委员	关向应　高岗（代）　习仲勋（代）
副司令员	徐向前　萧劲光　王维舟（后）　阎揆要（后）
副政治委员	高岗　林枫　谭政（后）　张仲良（后）
参谋长	徐向前（兼）　张经武（后） 阎揆要（兼）　张文舟（后）
副参谋长	陈伯钧
政治部主任	谭政　甘泗淇（后）
政治部副主任	傅钟（兼）　甘泗淇（后）　张仲良（后）

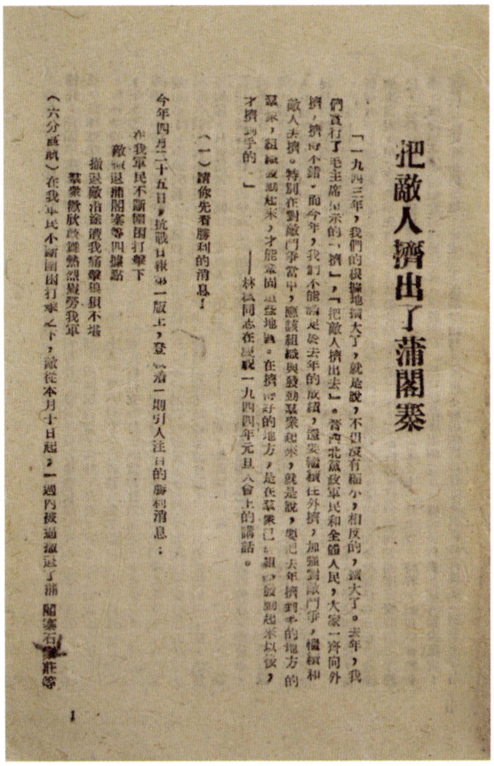

把敵人擠出了蒲閣寨

「一九四三年，我們的根據地擴大了，就是說，不但沒有縮小，相反的，擴大了。去年，我們實行了毛主席指示的「擠」，「把敵人擠出去」。晉西北黨政軍民和全體人民，大家一齊向外擠，擠得不錯。而今年，我們不能滿足於去年的成績，還要繼續往外擠，加強對敵鬥爭，積極和敵人去擠。特別在對敵鬥爭當中，應該組織與發動群衆起來，就是說，要把去年擠到手的地方的群衆，組織發動起來，才能鞏固這些地區。在擠好的地方，是在群衆已經組織發動起來以後，才擠到手的。」

——林[illegible]同志在晉綏一九四四年元旦[illegible]會上的講話。

（一）請你先看勝利的消息！

今年四月二十五日，抗戰日報第一版上，登[illegible]一則引人注目的勝利消息：

在我軍民不斷圍困打擊下
敵[illegible]退蒲閣寨等四據點
撤退敵沿途遭我痛擊損失不堪
群衆歡欣鼓舞熱烈慰勞我軍

（六分區訊）在我軍民不斷圍困打擊之下，敵從本月十日起，一週內被逼撤退了蒲閣寨石[illegible]莊等

1

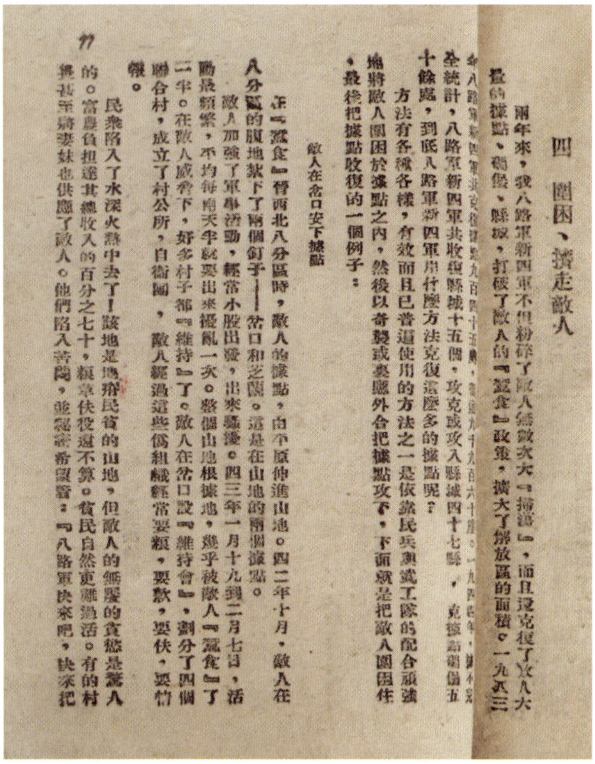

77

四　圍困、擠走敵人

兩年來，我八路軍新四軍不但粉碎了敵人無數次大「掃蕩」，而且還克復了敵人大量的據點、碉堡、縣城，打破了敵人的「蠶食」政策，擴大了解放區的面積。一九四三年八路軍新四軍共克復據點九百四十五處，[illegible]九千九百六十座。一九四四年，[illegible]全統計，八路軍新四軍共收復縣城十五個，攻克或攻入縣城四十七縣，克復[illegible]偽五十餘處，到底八路軍新四軍用什麼方法克復這麼多的據點呢？

方法有各種各樣，有效而且已普遍使用的方法之一是依靠民兵與武工隊的配合頑強地將敵人圍困於據點之內，然後以奇襲或裏應外合把據點攻下。下面就是把敵人圍困住，最後把據點收復的一個例子：

敵人在岔口安下據點

在「蠶食」晉西北八分區時，敵人的據點，由平原伸進山地。四二年十月，敵人在八分區的腹地紮下了兩個釘子——岔口和芝蘭。這是在山地的兩個據點。

敵人加強了軍事活動，經常小股出發，出來騷擾。四三年一月十九到二月七日，活動最頻繁，平均每兩天半就要出來擾亂一次。整個山地根據地，幾乎被敵人「蠶食」了一半。在敵人威脅下，好多村子都「維持」了。敵人在岔口設「維持會」，劃分了四個聯合村，成立了村公所，自衛團，敵人經過這些偽組織經常要糧，要款，要伕，要情報。

民衆陷入了水深火熱中去了！該地是塊窮民窨的山地，但敵人的無厭的貪慾是驚人的。富農負担達其總收入的百分之七十，[illegible]伕役還不算。貧民自然更難過活。有的村[illegible]妻妹也供應了敵人。他們陷入苦悶，並[illegible]：「八路軍快來吧，快來把

晋绥军区编印册《把敌人挤出了蒲阁寨》

地处太原外围的第八军分区，所辖包括太原、汾阳、文水、交城、榆太、交西、清源、祁北8个县，这里敌情严重，战斗频繁，是晋绥边区对敌斗争特别紧张、特别艰苦的地区之一。1943年2月至7月，八分区集中优势兵力，“挤”掉伸进交城西部山区的岔口、芝兰两个敌据点，打开了山区对敌斗争的局面。

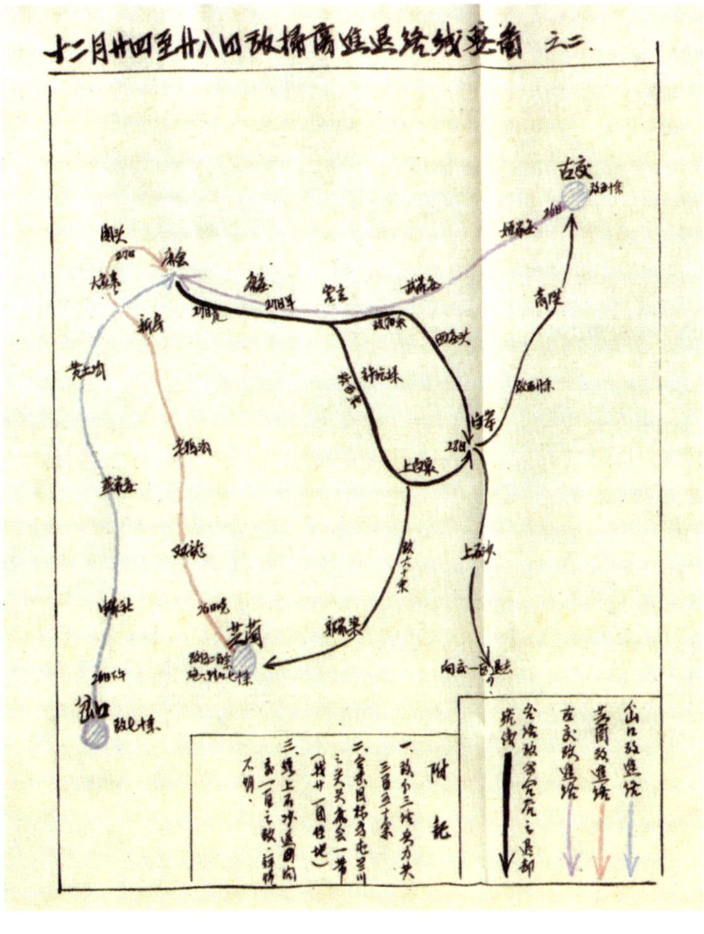

日军扫荡八分区进退路线要图（解放军档案馆馆藏）

1942年冬季
敵两次掃蕩八分區
敵情報告
（第一次：十二月十五日至十七日
第二次：十二月廿四日至廿八日）

1942 年冬季日军两次扫荡八分区敌情报告（解放军档案馆馆藏）

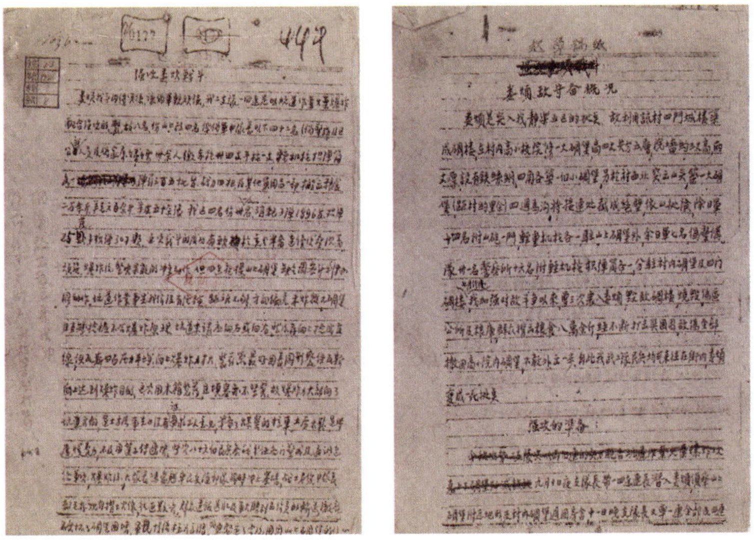

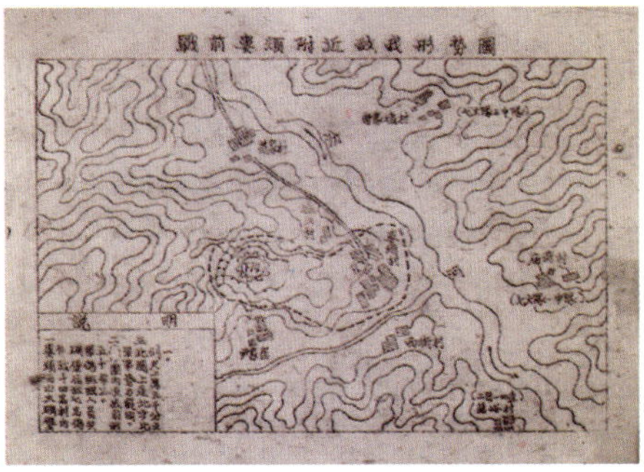

1944 年强攻娄烦战斗总结
（解放军档案馆馆藏）

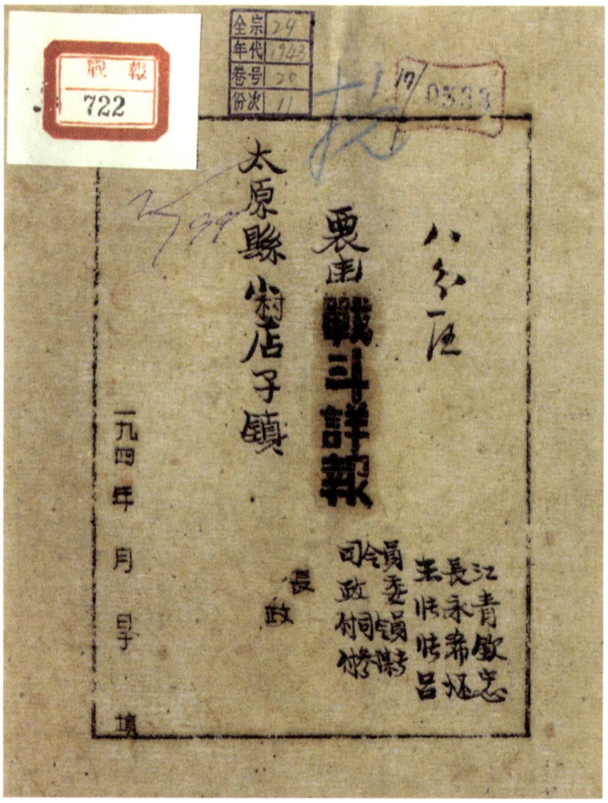

職報
722

全宗 24
年代 1943
卷号 20
份次 11

八分區

襲击戰斗詳報

太原縣小店子鎮

司令員 政委

一九四三年 月 日 填

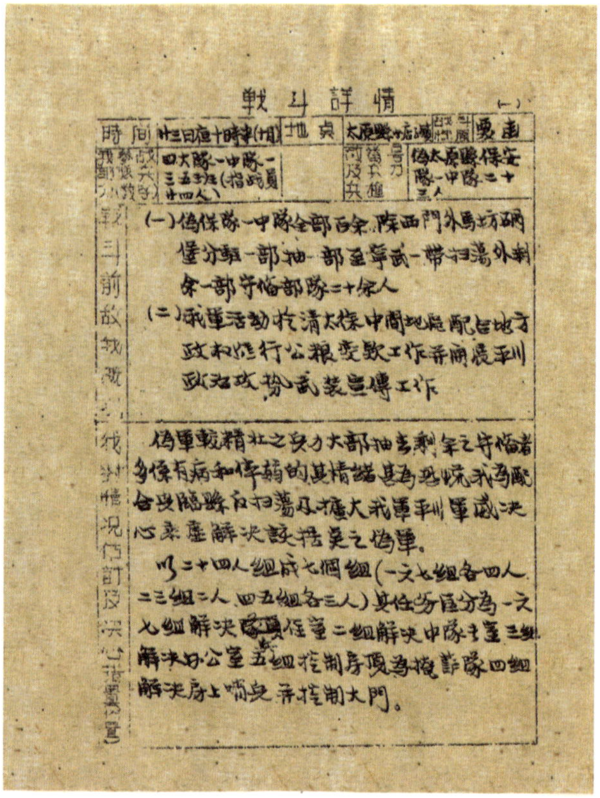

戰斗詳情 (一)

時間：廿三日夜十時半(陽曆)　地点：太原縣小店鎮　戰斗種類：襲击

我參戰部隊及人數：四大隊一中隊一三五班(指戰員廿四人)

敵之番號兵力及兵種：偽太原縣保安隊一中隊二十三人

戰斗前敵我概况：

(一)偽保隊一中隊全部百余，除西門外馬坊碉堡分駐一部，抽一部至寧武一帶扫蕩外，剩余一部守備部隊二十余人

(二)我軍活動於清太徐中間地區，配合地方政权進行公粮变款工作并開展平川政治攻势武装宣傳工作

我對情况判斷及決心部署：

偽軍較精壮之兵力大部抽去，剩余之守備者多係有病和年老的，其情緒甚為恐慌，我為配合[illegible]扫蕩及擴大我軍平川影响，决心來塞解决該据点之偽軍。

以二十四人組成七個組(一至七組各四人，二三組二人，四五組各三人)，其任务區分為：一至七組解决隊長住室，二組解决中隊士兵室，三組解决办公室，五組控制房頂為掩護隊，四組解决房上哨兵并控制大門。

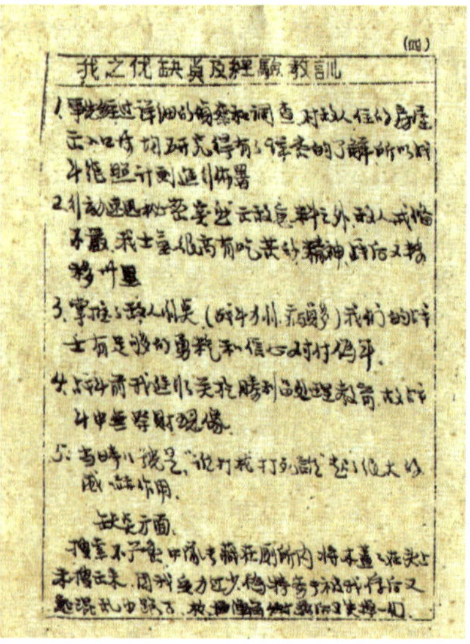

我之优缺点及經驗教訓 (四)

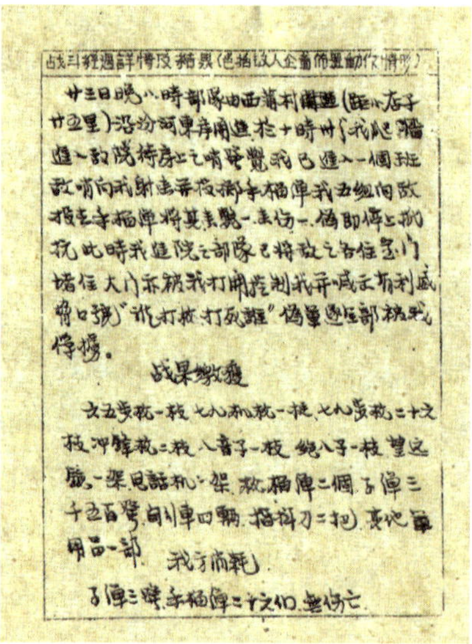

战斗經過詳情及战果(包括敌人企图作战动作情形)

战果缴獲

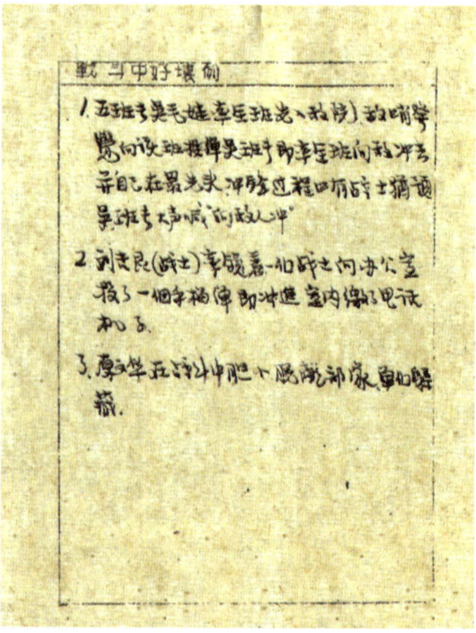

戰斗中好壞例

1943年太原县小店战斗详报（解放军档案馆馆藏）

1943 年，晋绥边区对敌斗争取得了重大胜利。全年挤掉敌人 58 个据点，收复 1000 多个村庄，粉碎敌人大小 13 次扫荡，敌人一切“反挤”的幻想均告破灭。

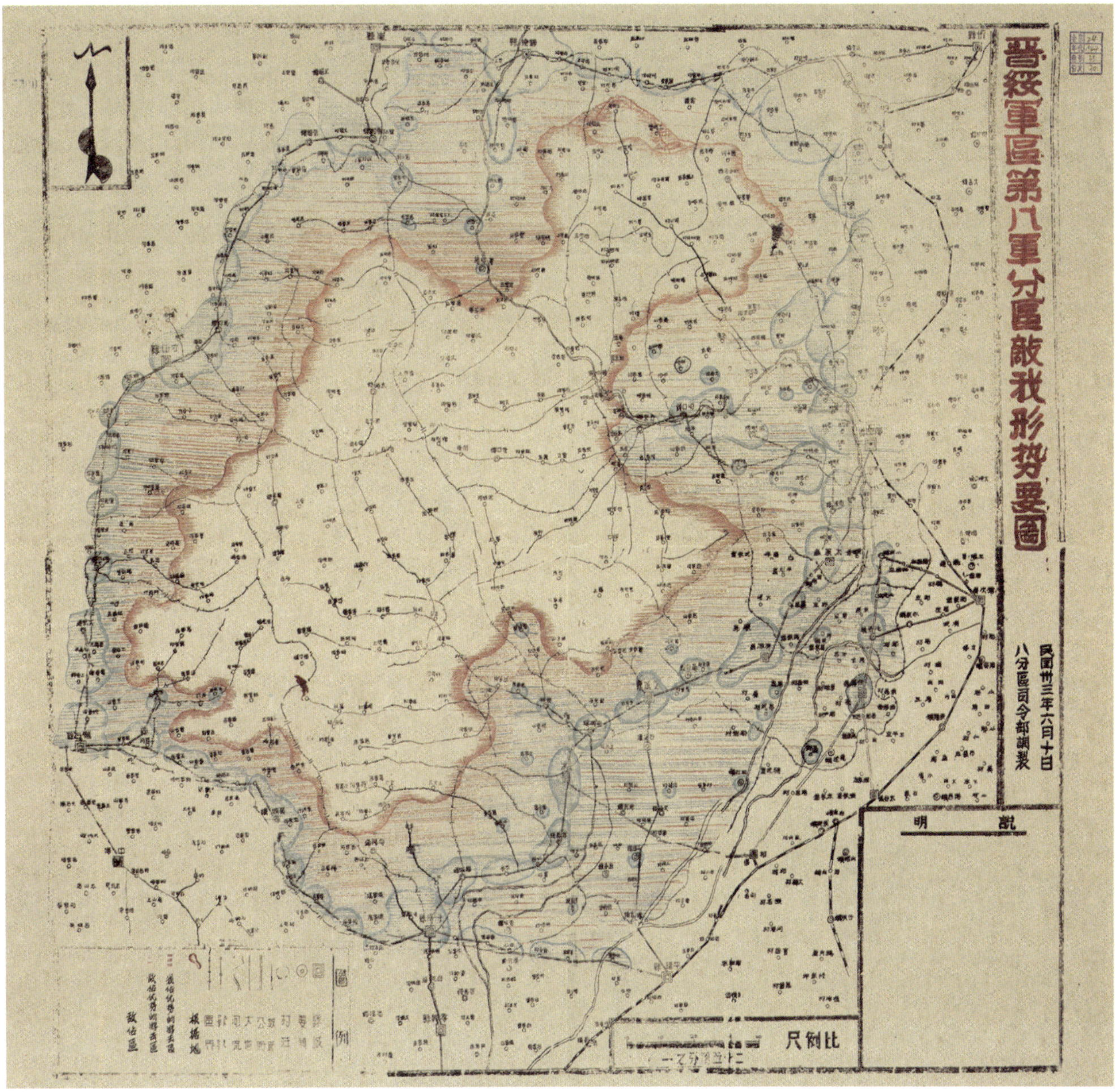

1944 年晋绥军区第八军分区敌我形势要图（解放军档案馆馆藏）

随着太平洋战场日军迭遭失败，在中国战场上也遭到了越来越有力地抵抗与反击。1943 年晋西北恢复了 535 个村政权，基本上将日军挤到了交通线和据点。晋察冀北岳区恢复了 1600 余个村庄，攻克和迫退日军据点、碉堡 200 余处。冀中区攻克迫退日军据点、碉堡 1000 余个，开辟新区 3500 多个村庄。晋冀豫太岳区打开了高平、沁水、沁县、曲沃等边沿区局面。冀鲁豫区与湖西区连成一片。1943 年根据地的恢复与扩大，为今后八路军转入战略反攻创造了条件。

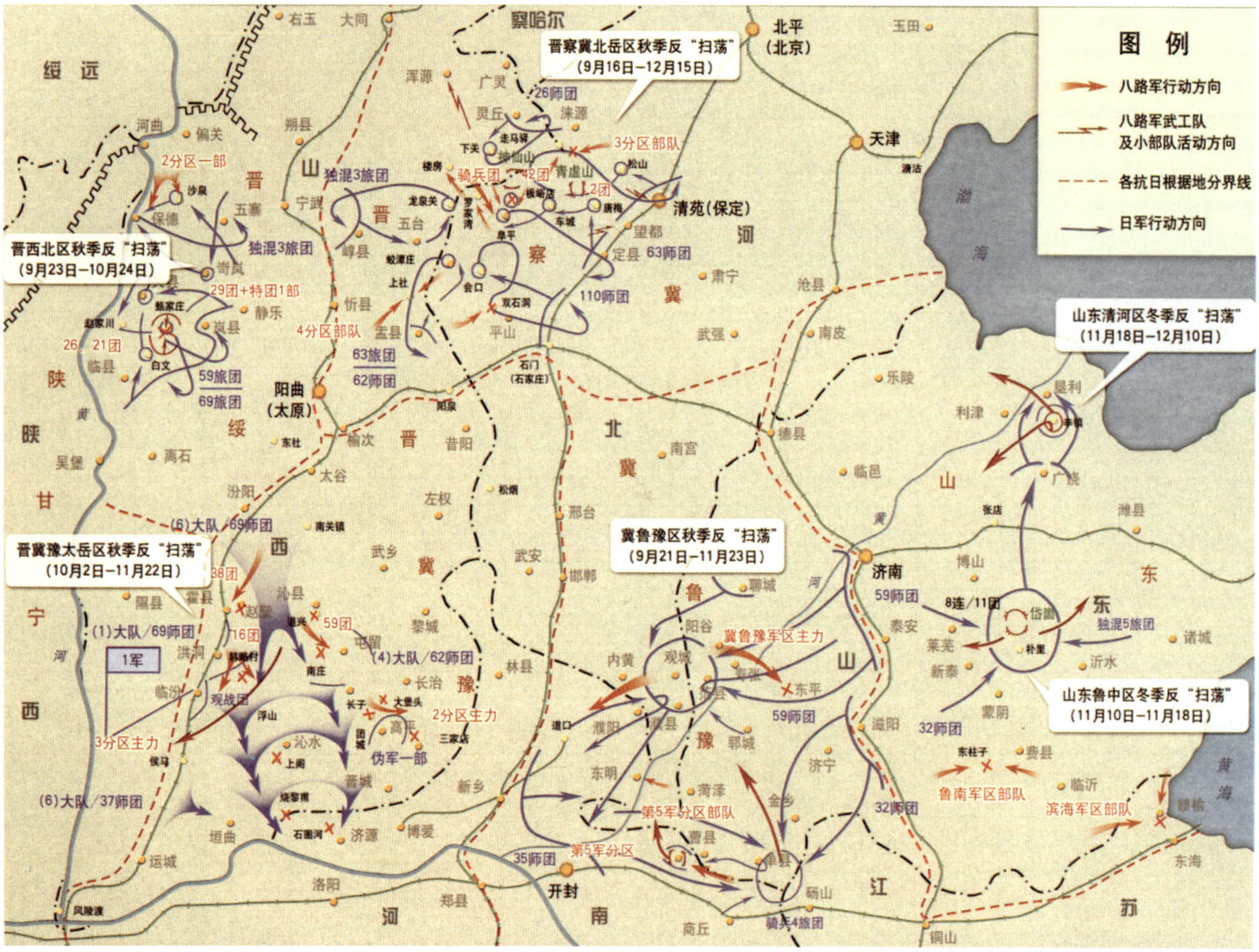

华北敌后军民 1943 年秋冬季反“扫荡”作战要图

第四章

胜利之本

在抗日战争最艰苦的岁月里，各根据地的兵民，怀着对日军的满腔仇恨和对祖国、对家园的无限热爱，群策群力、同仇敌忾，群众性游击战到处开花。在反“扫荡”作战和反“蚕食”斗争中以自己的聪明才智，创造了许多新鲜活泼的游击战术，灵活机动地打击敌人，以至于“敌人来势汹汹”，却是“四面楚歌传来，一拳打去是风”，演出了一幕幕威武雄壮的活剧。

一
全民皆兵驱倭敌

按照中共中央北方局关于进一步巩固抗日根据地，坚持敌后游击战争，克服困难、积蓄力量，为反攻做准备的指示，根据地的抗日武装力量实行“三位一体”的军事体制，按照主力军、地方军、人民武装相结合和根据地、游击区、敌占区的斗争密切配合的原则，派遣千百支武装工作队（简称武工队）和小部队，深入敌占区发动群众打击日军。主力军的任务是打击敌人的主力部队，保卫抗日根据地。

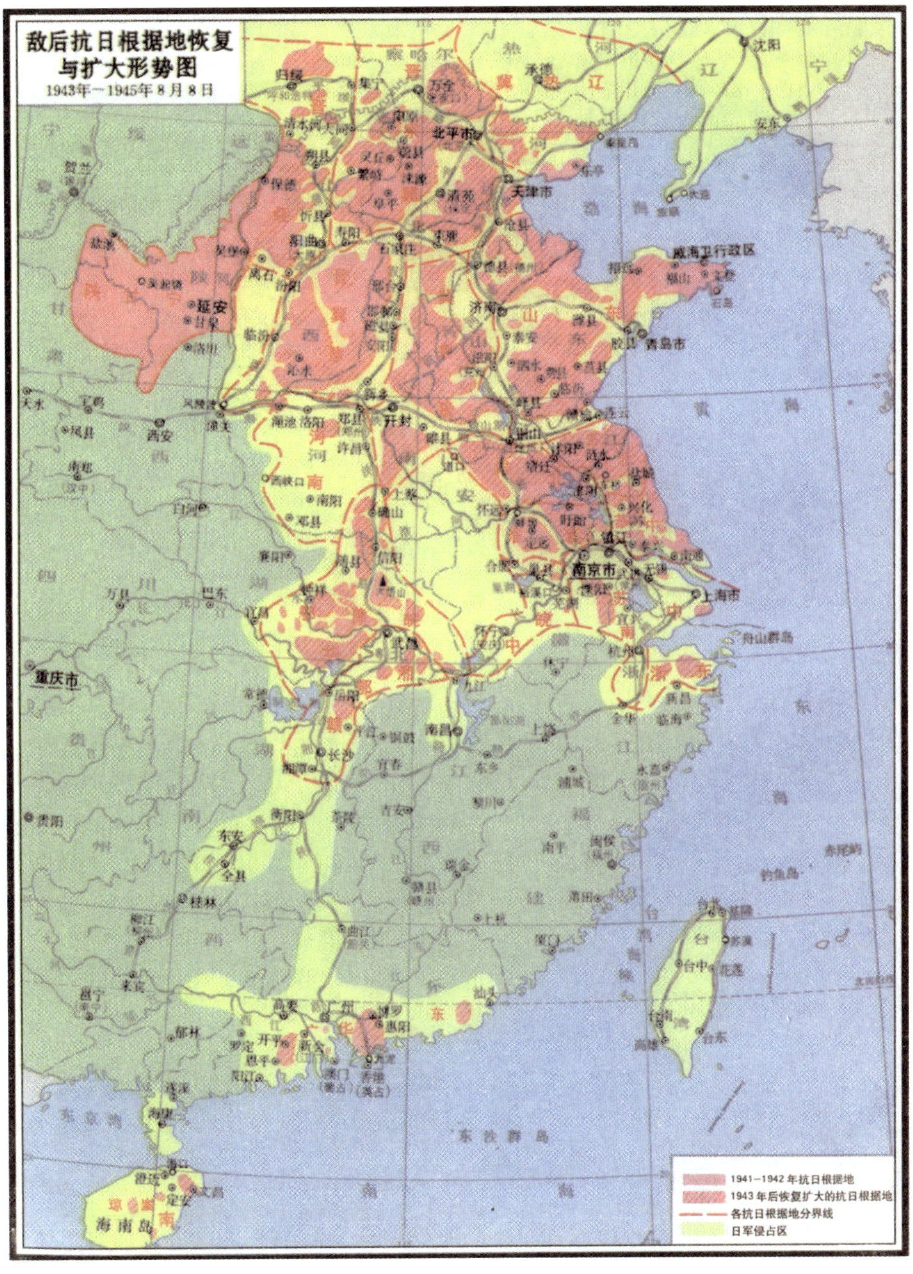

敌后抗日根据地恢复与扩大形势图

八路军步兵（顾棣收藏）

八路军铁骑兵（杨国治 摄）

地方游击队的任务是在县境和分区范围开展游击战，机动灵活，随时打击。

太行区武工队出发到敌占区开展抗日斗争

八路军第三纵队兼冀中军区派出的武工队向敌占区进发

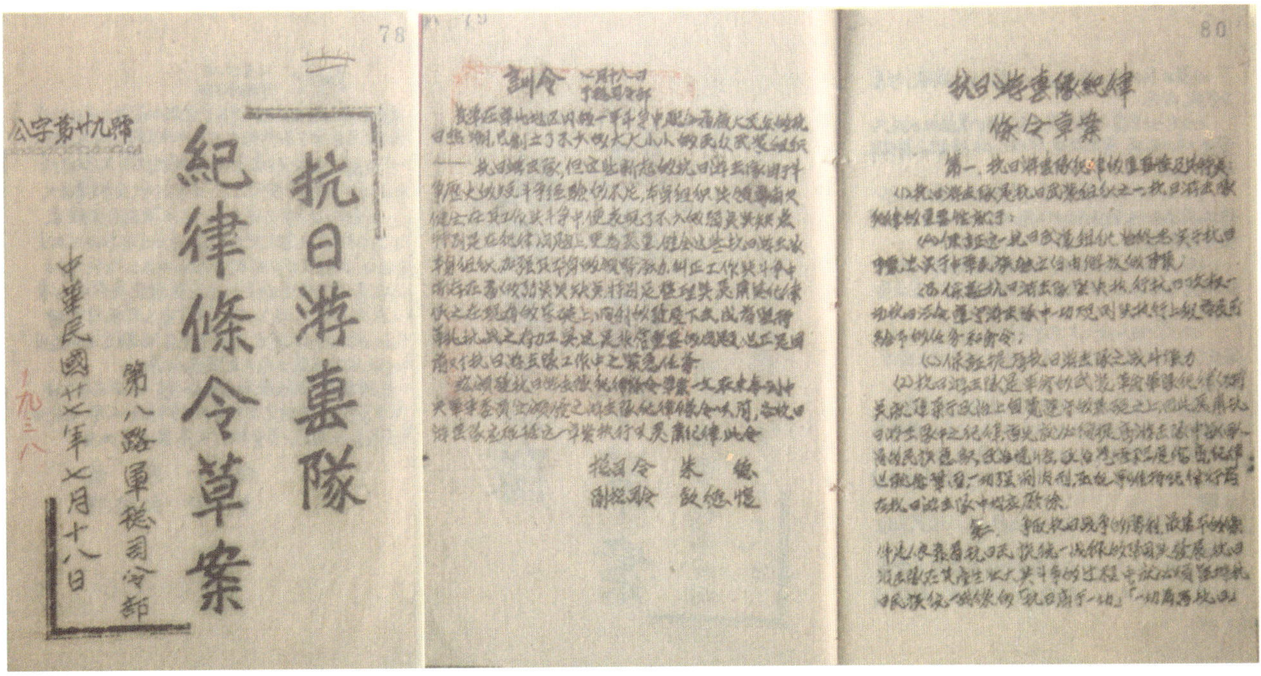

抗日游击队纪律条令草案

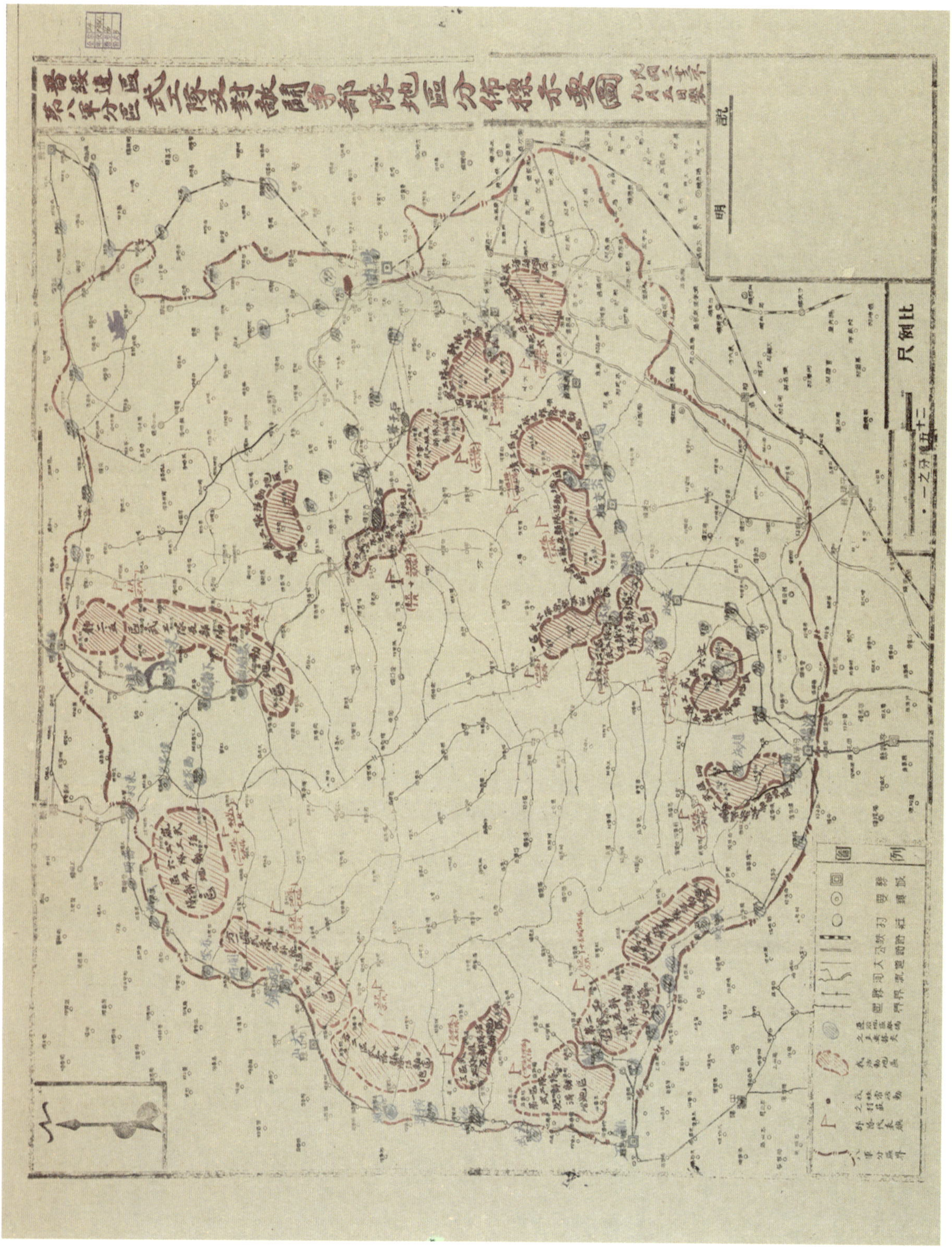

1944年晋绥军区第8军分区武工队及对敌斗争部队地区分布标示要图

八路军带领民兵训练参战（流萤 摄）

民兵的任务是就地坚持活动，保卫村庄和群众。从1940年到1943年期间，围绕“扫荡”与反“扫荡”，“蚕食”与反“蚕食”，“封锁”与反“封锁”，双方展开了异常激烈、极其残酷的搏战，民兵武装组织开展的群众性的游击战，在民族革命战争中发挥了重要的作用。

民兵进行刺杀技术训练（流萤 摄）

民兵进行军事训练（顾棣收藏）

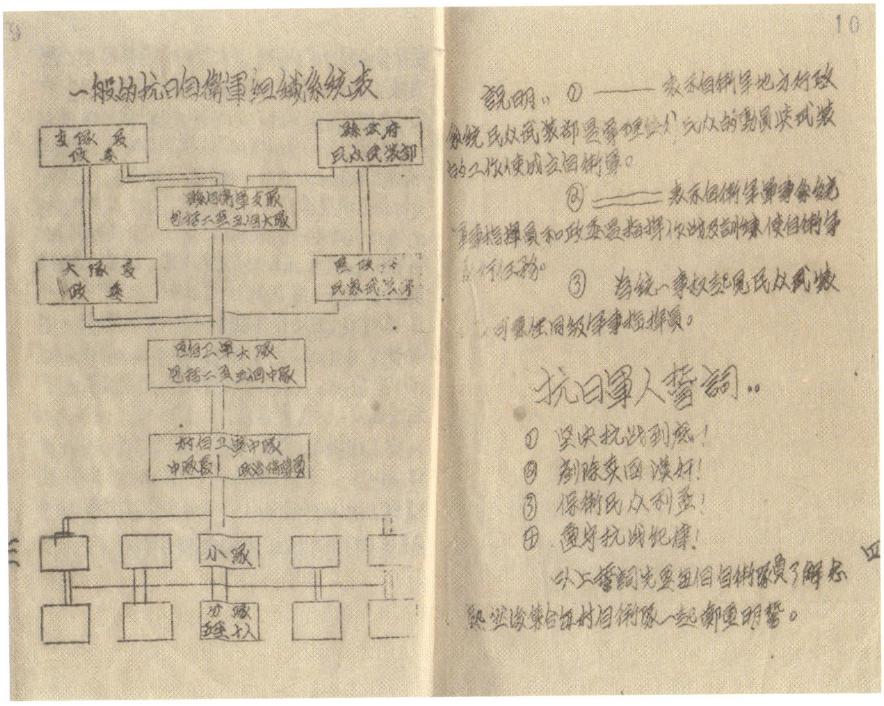

抗日自卫军组织系统表

二 人民战争奏凯歌

一次，刘伯承与军事参谋骑马出行，突然飞来一只黄蜂，蛰伤了战马的眼睛，战马受到惊吓，把刘伯承摔到地上。刘伯承站起来笑着说：“这马就好比日本军队，人数众多，装备精良，俨然是个庞然大物。这黄蜂就好比我们分散出去的游击小组，短小精悍，行动灵活。这些黄蜂虽然一下子蛰不死马，可是马也受不了。”刘伯承惊马的故事可以说是对游击战的一个生动注解。“敌进我退，敌驻我扰，敌疲我打，敌退我追”这十六字诀就是游击战的精髓。

伏击战

俗称“口袋阵”，就是把部队埋伏成口袋状，等敌人钻进来再打。打好伏击战，必须具备五大原则：一是侦察敌情准确；二是巧妙选择伏击地点；三是合理部署兵力；四是正确选择攻击时间；五是迅速撤离战场。

典型战例：神头岭战斗、响堂铺战斗

伏击战宣传画

八路军战斗在古长城（沙飞 摄）

破袭战

交通线是日军的经济命脉，又是其调兵遣将、军需供应的主要依托。破袭战，主要是针对日军交通运输、通信联络、矿山仓库、机械兵器等进行的破坏袭击战斗。

典型战斗：百团大战

拆毁铁路

切断桥梁交通线

割断敌人通信线

拆毁日军据点

切断公路交通线

山西太谷县范村镇游击队打冷枪消灭日兵

麻雀战

“打得赢就打，打不赢就走”是麻雀战术的生动写照。3人一群，5人一伙，漫山遍野，忽聚忽散，随时随地杀伤敌人，好像麻雀吃谷子一样，见机行动，乘隙而入。常用袭击、伏击、狙击等手段偷袭小股日军及据点周围的步哨。

典型战例：山西武乡韩青垴麻雀战

晋东南民兵隐蔽草丛，伺机杀敌（徐肖冰 摄）

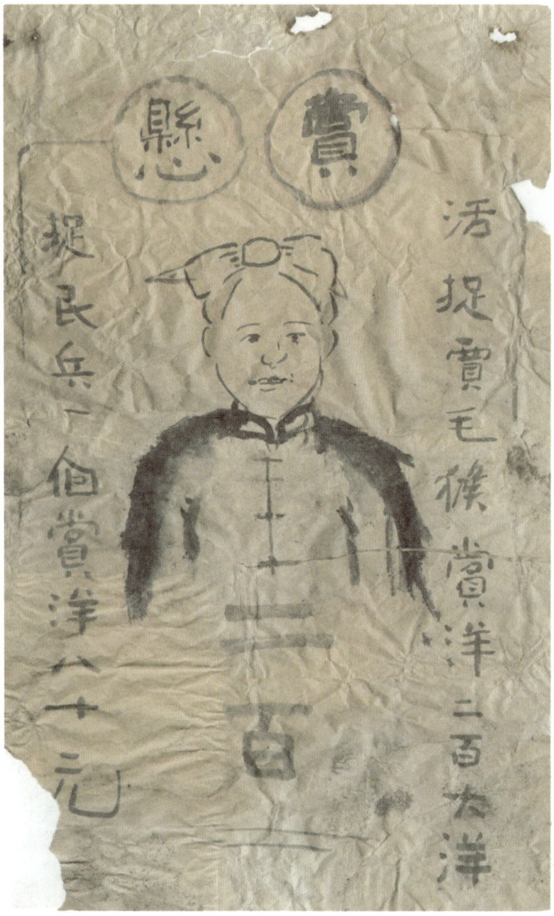

捕捉民兵的悬赏布告

埋伏中的游击队员

窑洞战

窑洞战是太行、太岳山区兵民的创造。利用沟壑纵横的地形，开凿出许多地道式的窑洞，洞洞相连，山山相连，洞道多岔，层层叠叠，群众称之为“拐三弯，设三关，楼上楼，天外天”。它有6个优点：一是找不见（洞口隐秘），二是进不去（各关有民兵把守），三是熏不死（通气孔），四是炸不垮（洞身长深，上下曲折），五是住得久，六是跑得脱。武乡县凿有7500多孔窑洞，与敌人进行战斗570余次，其中漆树坡“窑洞保卫战”以7个民兵、5条枪，抗击了数百名“围剿之敌”，名扬太行区。

窑洞战场面

山西壶关县常行村窑洞战旧址

地雷战

地雷战是根据地军民的又一创造。优点是群众可以自己动手，就地取材，放置位置随机，隐蔽性强，可以做到人自为战，村自为战，陷敌人于防不胜防、心惊肉跳的天罗地网。

典型战例：兴县二十里铺地雷战

太行民兵造石雷打击日寇（顾棣收藏）

民兵在公路上埋地雷（石少华 摄）

民兵在门前埋地雷（流萤 摄）

民兵造石雷（徐肖冰 摄）

日寇惧怕地雷战在山岳绕行组图
（顾棣收藏）

围困战

围困战是根据地军民对日军的据点、碉堡和炮楼实施严密的封锁和警戒，不准敌人外出骚扰，如若出动，少则消灭，多则抄袭老窝，切断敌人与外界的联系，造成其战略物资和生活供应上的极大困难，把敌人困死饿死在据点和碉堡内。

典型战例：沁源围困战

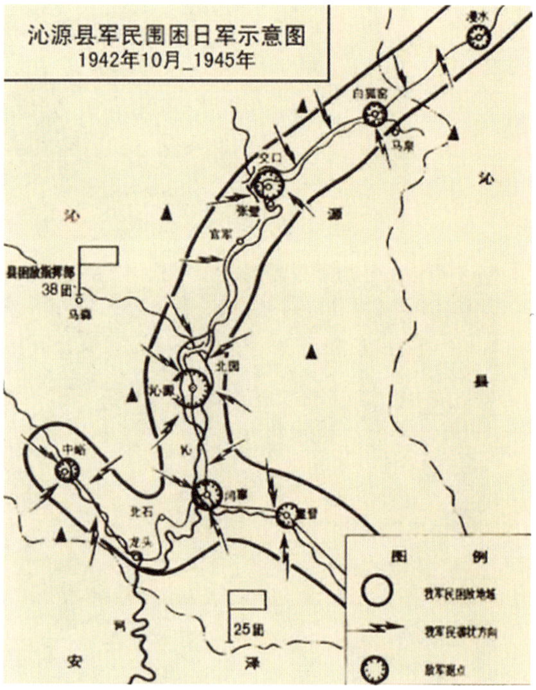

沁源围困战示意图

群众空室清野埋藏粮食

山西沁源县围困战中军民联防中队

收复沁源县城

联防战

一村有事，各村支援；一村打响，各村接应。每当敌人进犯某个村庄时，附近各村隐蔽的八路军和民兵迅速增援，主动出击，配合默契，集中优势兵力联防作战，消灭来犯之敌。

典型战例：河南济源县“河防堡垒杜八联”

搜索残敌

民兵从地道转移到房上对敌作战

军民利用房屋掩护作战

地道战

华北平原抗日军民将原先简单的藏身地窖、土洞和壕沟加以改造，深挖成户户相通、村村相连、防水防毒、能藏能打、纵横交错的地道网，且村落地道向四周延伸构成野外地道，村落战和野外战相结合，使装备精良的日军陷入战无对阵、到处挨打的困境。

典型：河北清苑冉庄地道战

地道战（顾棣收藏）

筑垒和打通地道（流萤 摄）

挖地道（流萤 摄）

进入地道隐蔽（流萤 摄）

铁道游击战

华北根据地平绥、平汉、同蒲、正太、津浦、陇海等铁路沿线的军民在千里铁路线上开展破铁轨、撞火车、爬车厢、夺物资等活动，甚至火车上打歼灭战。

典型：山东鲁南铁道游击队

铁道线上的游击队

侦查日军铁路行车规律和地形（流萤 摄）

侦察日军军用列车（流萤 摄）

捕捉战

捕捉战，是一种具有传奇色彩的游击战法，以秘密而神速的动作，突然出现在敌人面前，出其不意地捕捉日伪零散人员，特别是对根据地危害很大的汉奸、特务、密探等，造成敌人极端恐怖的心理。

典型战例：山西潞城县李庄村游击小组

潞城县民兵杀敌英雄黄小旦，深入日军占领区活捉汉奸返回根据地

捕捉战宣传画

1944年，雁翎队在船头聚会（石少华 摄）

水上游击战

在江河湖海地区的军民依靠熟悉水性和准确的射击技术，以礁石、芦苇作掩护，穿行在汪洋湖水中和浩瀚芦苇丛中，来去神速自如，出入无声无息。

典型：冀中白洋淀“雁翎队”、山东微山湖水上游击队

芦苇荡中伏击日军（顾棣收藏）

1944年冬，白洋淀水上游击队水上操练（石少华 摄）

1943年，白洋淀水上游击队水上进军（袁克忠 摄）

著名的《游击队之歌》1937 年由贺绿汀创作完成于山西临汾，它是中国共产党领导下的抗日军民团结无畏、机智勇敢、充满希望地前仆后继、不懈坚持地进行八年抗战的生动写照。正是游击战形成的人民战争的汪洋大海成为中华民族取得抗日战争胜利的重要原因。

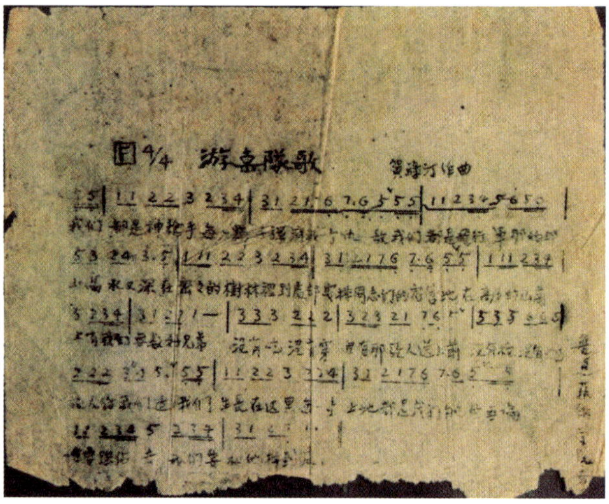

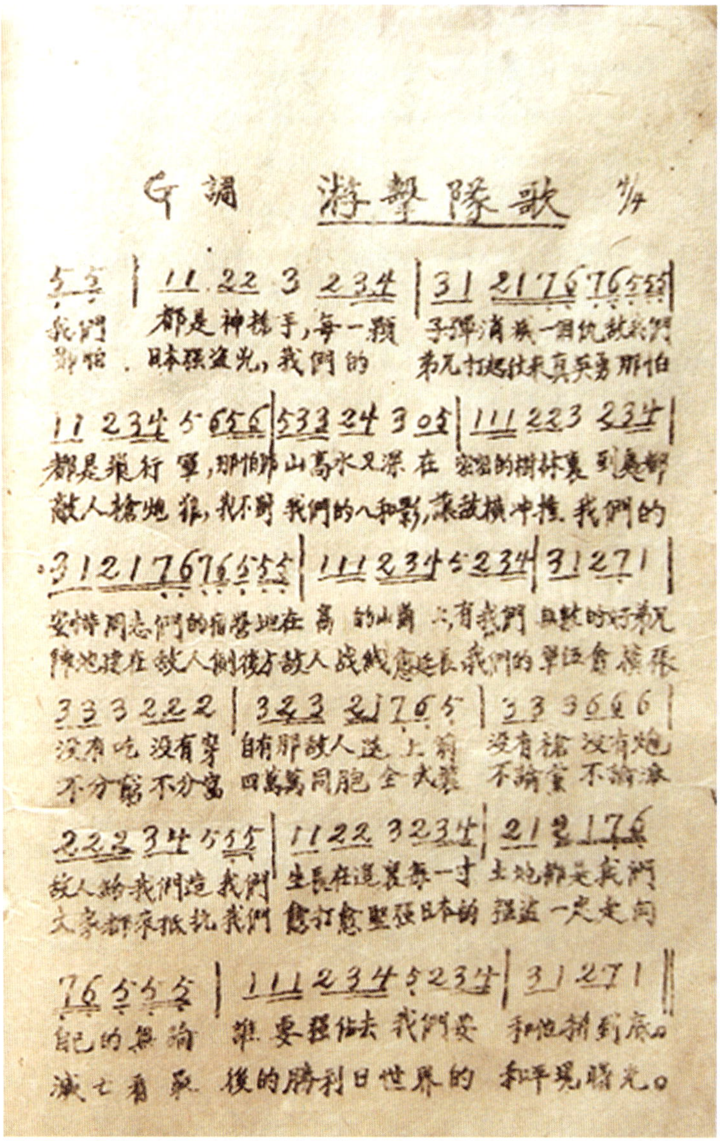

游击队歌

经过八年的浴血奋战，山西人民在党中央、北方局和各根据地区党委的领导下为抗日战争的胜利做出了重大贡献，实现了中共中央和中央军委在山西建立华北战略支点的构想，支撑了华北乃至全国的持久抗战。到 1945 年抗战胜利时，晋冀鲁豫根据地的太行区、太岳区歼灭日伪军 18 万人，晋察冀根据地歼灭日伪军 35 万人，晋绥根据地歼灭日伪军近 13 万人，总计歼灭日伪军 66 万人。成千上万的青壮年涌入抗日部队，壮大了八路军的力量。第 115 师和晋察冀军区部队由入晋时的 1.1 万余人发展到 32 万人，第 120 师由入晋时的 8000 余人发展到 8.5 万人，第 129 师由入晋时的 9000 余人发展到 30 万人，民兵达到 100 余万人。中国共产党领导的人民军队成为中国人民取得抗战胜利的中流砥柱。

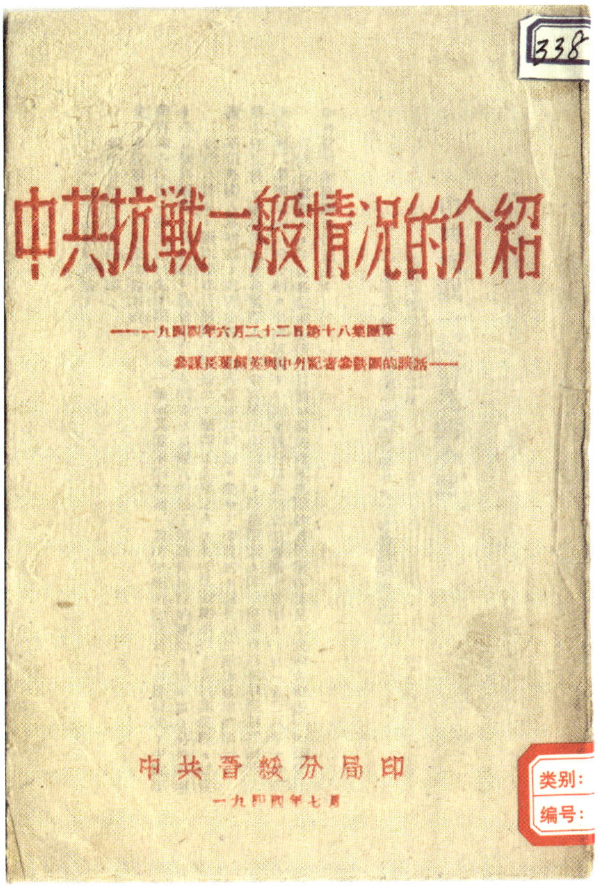

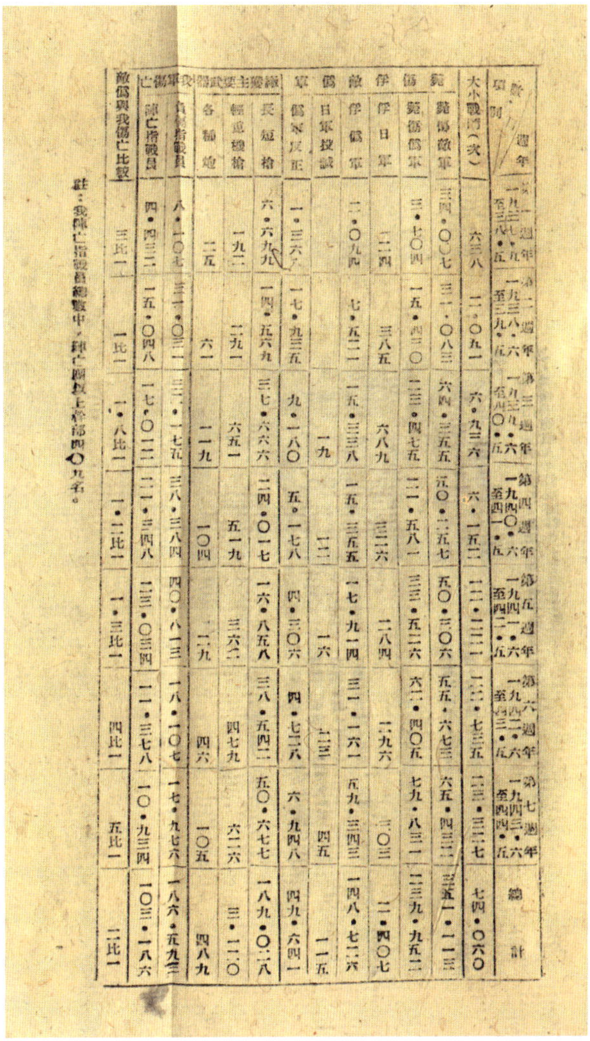

數別 / 週年	大小戰鬥（次）	毙傷敵軍	毙傷偽軍	俘日軍	俘偽軍	日軍投誠	偽軍反正	長短槍	輕重機槍	各種炮	負傷指戰員	陣亡指戰員	敵偽與我傷亡比較
		毙傷俘敵偽軍						繳獲主要武器			我軍傷亡		
第一週年 一九三七至三八·五	六三八	三四·〇〇七	三·七〇四	一二四	二·〇九四		一·三六六	六·六九九	一九二	二五	八·一〇七	四·四三二	三比一
第二週年 一九三八·六至三九·五	二·〇九一	三一·〇八三	一五·四三〇	三八五	七·五二一		一七·九三五	一四·五六九	二九一	六一	三一·〇三一	一五·〇四八	一比一
第三週年 一九三九·六至四〇·五	六·九三六	六四·三五五	一三·四七五	六八九	一五·三三八	一九	九·一八〇	三七·六六六	六五一	一一九	三二·一七九	一七·〇一二	一·八比一
第四週年 一九四〇·六至四一·五	六·一五二	五〇·二五七	二一·五八一	三二六	一五·三五五	一二	五·一七八	二四·〇一七	五一九	一〇四	三八·三八四	二一·三四八	一·二比一
第五週年 一九四一·六至四二·五	一二·二二一	五〇·三〇六	三三·五二六	二八四	一七·九一四	一六	四·三〇六	一六·八五八	三六二	二九	四〇·八一三	一三·〇三四	一·三比一
第六週年 一九四二·六至四三·五	一二·七三五	五五·六七三	六二·四〇五	二九六	三一·一六一	二三	四·七二八	三八·五四二	四七九	四六	一八·一〇七	一一·三七八	四比一
第七週年 一九四三·六至四四·五	一三·三二七	六五·四三二	七九·八三一	三〇三	五九·三四三	四五	六·九四八	五〇·六七七	六二六	一〇五	一七·九七六	一〇·九三四	五比一
總計	七四·〇六〇	三五一·一一三	二三九·九五二	二·四〇七	一四八·七二六	一一五	四九·六四一	一八九·〇二八	三·一二〇	四八九	一八六·五九三	一〇三·一八六	二比一

註：我陣亡指戰員總數中，排以上幹部四〇九名。

1944 年《中共抗战一般情况的介绍》

八年抗战，大批抗日勇士血洒疆场，献出了宝贵的生命。八路军副参谋长左权、中共中央北方局秘书长张友清、《新华日报》总编辑何云、归国华侨女英雄李林、朝鲜义勇队华北支队政委陈光华以及坚持国共合作抗战的国民党将领郝梦龄、武士敏等一大批民族英雄，血染黄土高原，魂归三晋大地，谱写了壮丽的诗篇。中国人民的巨大牺牲，记载了日本军国主义的残暴罪行，证明了不义战争带给人类的深重灾难。历史不能忘却，和平需要坚守，每一位中华儿女都要担起民族振兴的重任，勿忘国耻，圆梦中华。

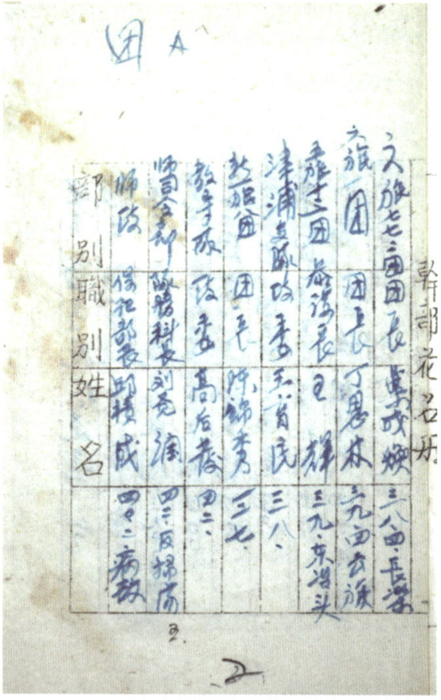

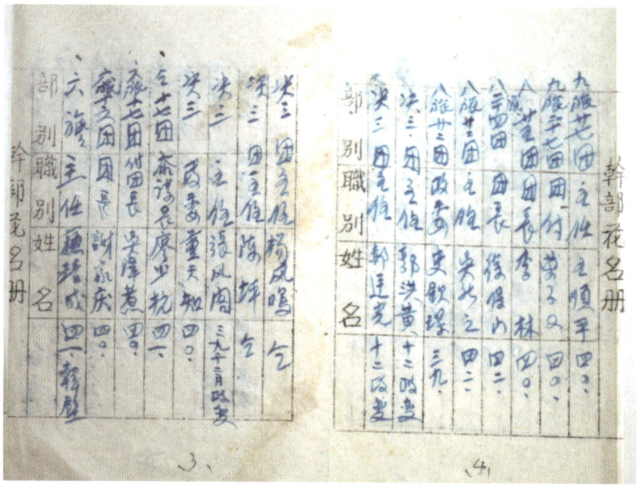

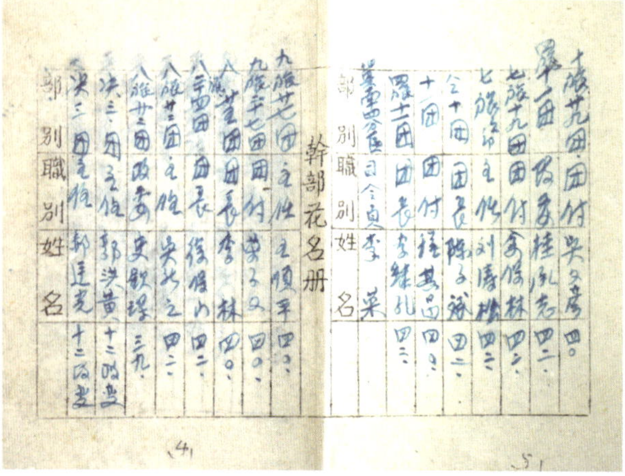

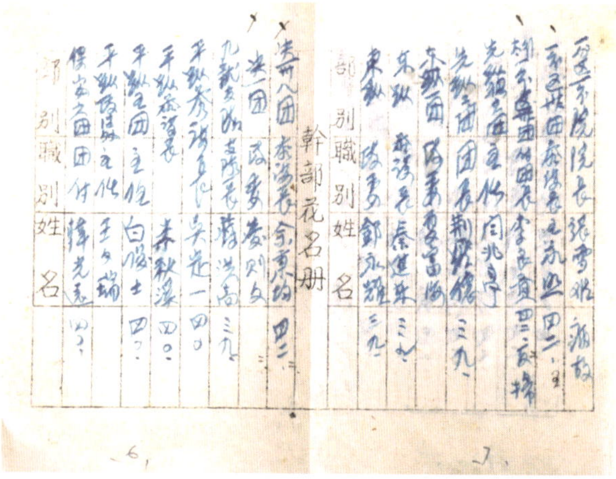

1937~1944 年团级以上干部烈士名册（部分）

第五章

铜墙铁壁

太原失陷，1937年11月9日，根据中共中央和毛主席关于创立以太行山脉为依托的晋冀豫抗日根据地的指示，晋察冀、晋冀鲁豫、晋绥三大抗日根据地，先后创建于山西。开辟和建设敌后抗日根据地，是中国共产党在抗日战争中的一项重大决策。

八路军从这里站稳脚跟，由几万人发展到百余万人，成为抗日的主力军，同时发动和依靠广大人民群众，在抗日根据地陆续建立了工救会、农救会、青救会、妇救会、儿童团等各种群众性抗日团体和人民武装抗日自卫队，团结一切抗日力量，建立抗日民主政权，坚持和巩固了抗日根据地。由山西扩展到全国，并以山西为华北抗战的战略支点，开创了华北抗战的新局面。

随着中国共产党领导的敌后抗日游击战争的蓬勃发展，敌后根据地相应地建设起来。“三三制”的抗日民主政权，建立了参议会和实行了减租减息，恢复和发展了生产。从政治上、经济上、文化教育等方面巩固和加强了抗日根据地的建设，有力地支撑了八路军的长期抗战。创建以山西为中心的敌后抗日根据地是支撑华北抗战的脊梁，是坚持全国持久抗战的最坚强堡垒。

一

发展根据地，形成抗战坚强堡垒

抗日根据地是贯彻和实现共产党全面抗战路线的坚强阵地。1941 年至 1942 年，是世界法西斯势力极为猖狂、中国敌后抗战最为困难的时期。为克服敌后抗战的严重困难，进一步加强和巩固抗日根据地建设， 在各抗日根据地内，坚持发动和依靠人民群众，充分发挥党、政、军、民的整体力量，坚持执行中共中央和毛泽东所作的一系列指示和部署，采取多种有力的、符合广大人民利益的新民主主义政策措施：即实行民主建政，推行减租减息，发展社会经济，进行武装建设，开展整党整风运动，贯彻“精兵简政”，繁荣文化事业，从而逐渐地加强根据地建设，极大地激发了广大军民的抗战热情和必胜信念。抗日根据地各项建设事业得到发展，胜利地开创了真正的人民抗日战争的宏伟局面，奠定了坚持长期抗战、克服严重困难的坚实基础。

晋察冀边区参议会大礼堂全景（李途 摄）

1. 民主新政权，领导抗战核心力量

1940年4月11日至26日，中共中央北方局在山西省黎城召开太行、太岳、冀南等抗日根据地领导参加的高级干部会议（称黎城会议）。会议根据中央指示和华北敌后的形势，作出了根据地由分散走向集中统一的决定，提出巩固抗日根据地的建党、建军、建政三大任务。从此，敌后抗日根据地进入了全面建设的新阶段。

1940年9月，中共中央北方局高级干部会议在山西武乡县砖壁村举行，彭德怀在会上作了《关于抗日根据地政权和农村统一战线》等报告

黎城会议旧址

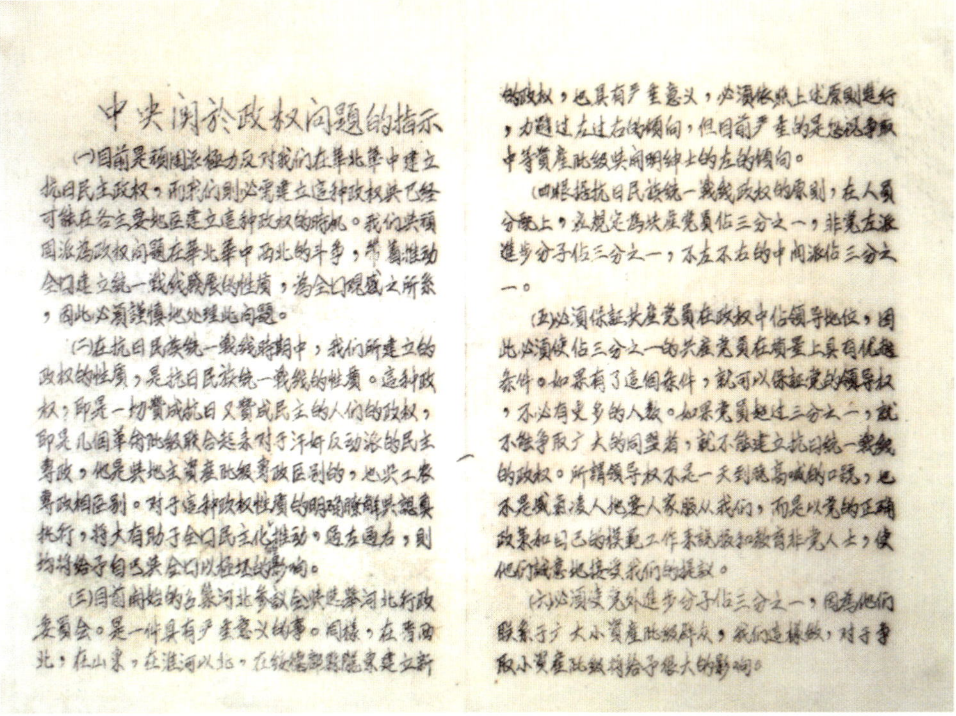

中央關於政权问题的指示

(一)目前是頑固派極力反对我们在華北華中建立抗日民主政权，而我们則必需建立這种政权與已經可能在各主要地區建立這种政权的時机。我们與頑固派為政权问題在華北華中西北的斗爭，带着推动全国建立統一戰綫發展的性質，為全国視感之所系，因此必須謹慎地处理此问題。

(二)在抗日民族統一戰綫時期中，我们所建立的政权的性質，是抗日民族統一戰綫的性質。這种政权，即是一切贊成抗日又贊成民主的人们的政权，即是几個革命階級联合起来对于汗奸反动派的民主專政，他是與地主資產階級專政区别的，也與工農專政相区别。对于這种政权性質的明確瞭解與認真执行，將大有助于全国民主化推动。過左過右，則均將給予自己與全国以極坏的影响。

(三)目前開始的召集河北参議会與选举河北行政委員会，是一件具有严重意义的事。同樣，在晉西北，在山東，在淮河以北，在綏德部分縣建立新的政权，也具有严重意义，必須依照上述原則進行，力避过左过右的傾向，但目前严重的是忽視争取中等資產階級與開明紳士的左的傾向。

(四)根据抗日民族統一戰綫政权的原則，在人員分配上，应規定為共產党員佔三分之一，非党左派進步分子佔三分之一，不左不右的中间派佔三分之一。

(五)必須保証共產党員在政权中佔領導地位，因此必須使佔三分之一的共產党員在質量上具有优越条件。如果有了這個条件，就可以保証党的領導权，不必有更多的人数。如果党員超过三分之一，就不能爭取广大的同盟者，就不能建立抗日統一戰綫的政权。所謂領導权不是一天到晚高喊的口號，也不是盛氣凌人地要人家服从我们，而是以党的正確政策和自己的模範工作来說服和教育非党人士，使他们誠意地接受我们的提議。

(六)必須使党外進步分子佔三分之一，因為他们联系于广大小資產階級群众，我们這樣做，对于爭取小資產階級將給予很大的影响。

1940 年 3 月 6 日，中共中央发出毛泽东起草的《中央关于政权问题的指示》

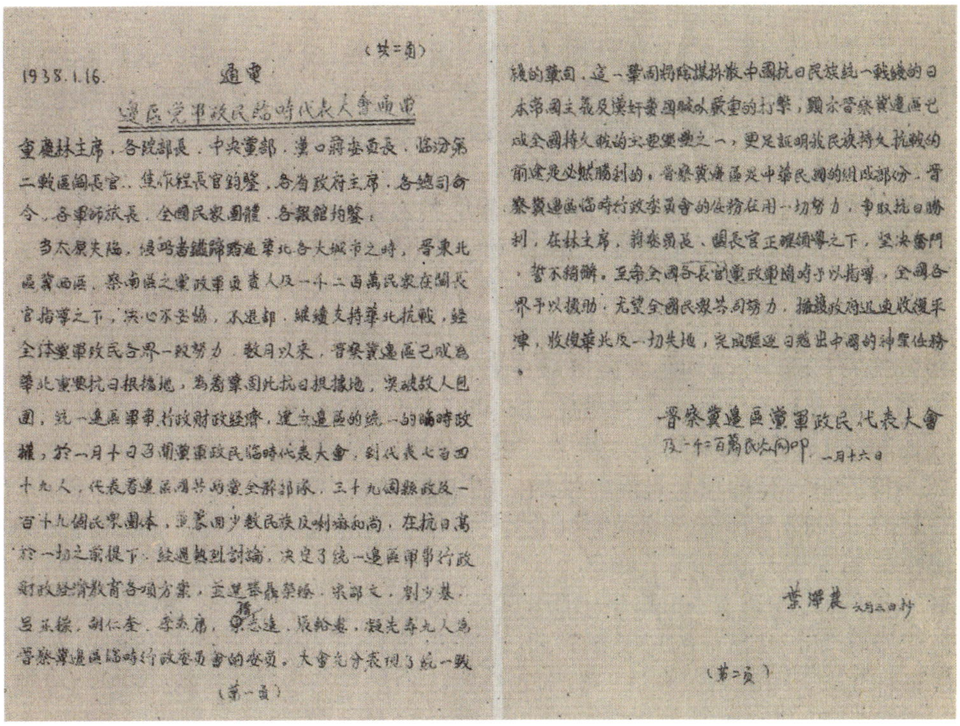

（共二頁）

1938.1.16. 通電

邊區党軍政民臨時代表大會通電

重慶林主席，各院部長，中央黨部，漢口蔣委員長，临汾第二戰區閻長官，衛副長官鈞鑒，各省政府主席，各總司令，各軍師旅長，全國民衆團體，各報館均鑒：

當太原失陷，侵略者鐵蹄踏遍華北各大城市之時，晉東北，冀西區，察南區之黨政軍負責人及一千二百萬民衆在閻長官指導之下，決心不妥協，不退卻，繼續支持華北抗戰，經全体黨軍政民各界一致努力，數月以來，晉察冀邊區已成為華北重要抗日根據地，為鞏固此抗日根據地，突破敵人包圍，統一邊區軍事行政財政經濟，建立邊區的統一的臨時政權，於一月十日召開黨軍政民臨時代表大會，到代表七百四十九人，代表着邊區內共兩黨全部部隊，三十九個縣政及一百十九個民衆團体，並蒙回少數民族及喇嘛和尚，在抗日高於一切之前提下，經過熱烈討論，決定了統一邊區軍事行政財政經濟教育各項方案，並選舉聶榮臻，宋劭文，劉少基，呂正操，胡仁奎，李杰庸，孫志遠，張蘇，婁凝先等九人為晉察冀邊區臨時行政委員會的委員。大會充分表現了統一戰

（第一頁）

綫的鞏固，這一鞏固將陰謀拆散中國抗日民族統一戰綫的日本帝國主義及漢奸賣國賊以嚴重的打擊，顯示晉察冀邊區已成全國持久戰的主要堡壘之一，更足証明我民族持久抗戰的前途是必然勝利的。晉察冀邊區是中華民國的組成部分，晉察冀邊區臨時行政委員會的任務在用一切努力，爭取抗日勝利，在林主席，蔣委員長，閻長官正確領導之下，堅決奮鬥，誓不稍懈。至希全國各長官黨政軍隨時予以指導，全國各界予以援助，尤望全國民衆共同努力，擁護政府迅速收復平津，收復華北及一切失地，完成驅逐日寇出中國的神聖任務。

晉察冀邊區黨軍政民代表大會
及一千二百萬民众同叩 一月十六日

葉澤農 六月二日抄

（第二頁）

晋察冀边区党政民临时代表大会通电

抗日战争进入相持阶段后，中共中央为加强对各个抗日根据地的领导，成立了中共中原局、北方局，以及山东、晋察冀分局。

中共中央北方分局书记杨尚昆（左1）、彭真（左6）在太行与贺龙（右2）、关向应（右7）、邓小平（左4）、罗瑞卿（左3）、滕代远（右6）等合影

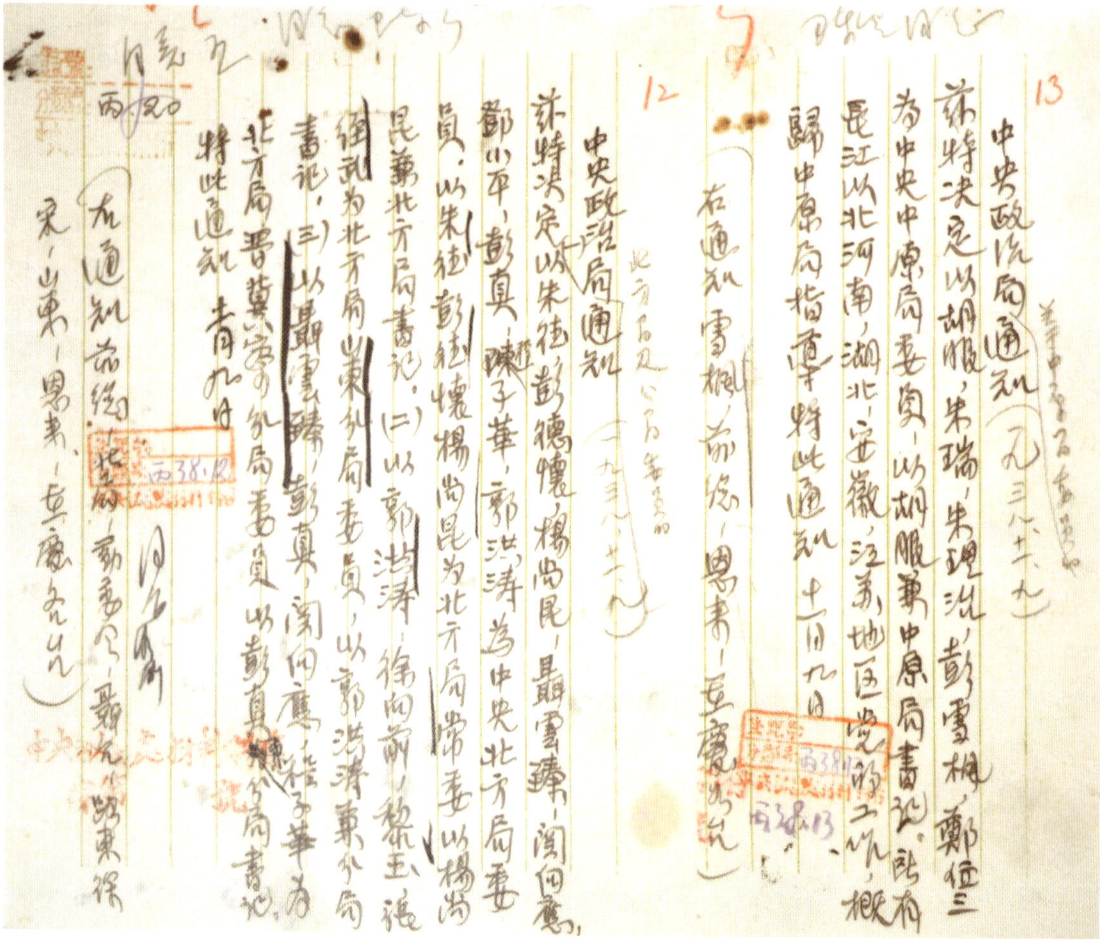

中央政治局通知（一九三八、十一、九）
兹特决定以胡服、朱瑞、朱理治、彭雪枫、郑位三为中央中原局委员，以胡服兼中原局书记，所有长江以北河南、湖北、安徽、江苏地区党的工作，概归中原局指导。特此通知 十一月九日
右通知 [illegible]

中央政治局通知（一九三八、十一、九）
兹特决定以朱德、彭德怀、杨尚昆、聂荣臻、关向应、邓小平、彭真、程子华、郭洪涛为中央北方局委员，以朱德、彭德怀、杨尚昆为北方局常委，以杨尚昆兼北方局书记。（二）以郭洪涛、徐向前、黎玉、张经武为北方局山东分局委员，以郭洪涛兼分局书记。（三）以聂荣臻、彭真、关向应、程子华为北方局晋察冀分局委员，以彭真兼分局书记。
特此通知 十一月九日
右通知 [illegible]

1938年11月9日，中共中央政治局关于成立中共中央中原局、北方局，以及山东、晋察冀分局的通知（中央档案馆藏）

1945年5月，晋绥军区第8军分区部分干部在关头村合影。前排：王长江；后排左2起：曹光琳、张永清、张希钦

抗日战争时期，晋绥八分区地委、专署、司令部曾驻于新房、大济沟等村。1943年冬至1945年秋，党政军领导机关移驻关头村，村西古庙中为地委、专署、司令部集体办公处。当时的领导干部是地委书记罗贵波、副书记张永清、专员康世恩、司令员王长江。

1944年，晋绥军区第8军分区领导在晋绥八专属驻地关头村合影。前排左起：米建书、康世恩、郑明；后排左起：徐光远、赵希敏、龙映北、司正卿

1943年冬，晋绥八分区领导合影。前排从左至右：王长江、罗贵波、张永清；后排从左至右：张希钦、吕怀忠、曹光琳

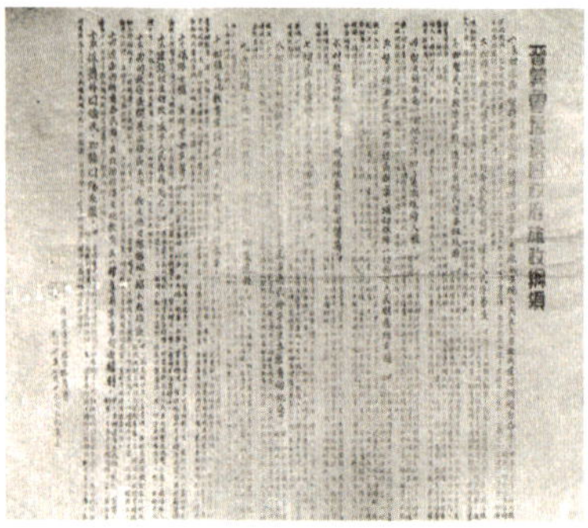

晋冀鲁豫边区政府制定并颁布的《晋冀鲁豫边区政府施政纲领》

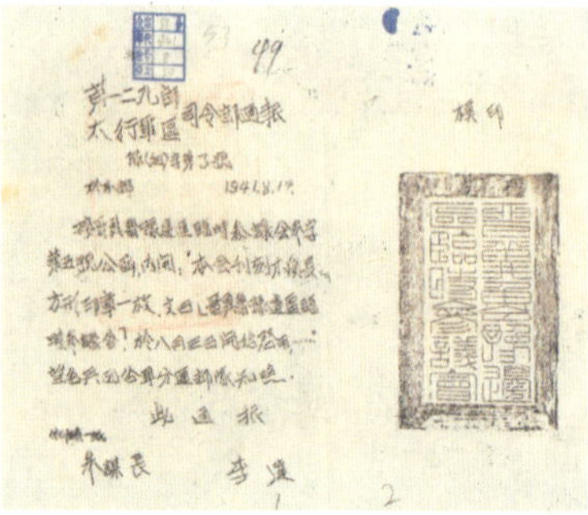

关于启用晋冀鲁豫边区临时参议会印章的通报（解放军档案馆藏）

關於成立晉冀魯豫邊區臨時參議會的提議

鄧小平

1941 年 5 月 21 日，《新华日报》刊登邓小平关于成立晋冀豫边区临时参议会的提议

1941 年 8 月 12 日，晋冀鲁豫边区临时参议会全体会员合影

1940 年 8 月 13 日，中共北方分局颁布了《关于晋察冀边区目前施政纲领》（即《双十纲领》）得到晋察冀边区抗日军民的热烈拥护，使晋察冀边区形成了普遍的群众性参政热潮。正当群众参政热潮高涨的时候，晋察冀边区第一届参议会于 1943 年 1 月 15 日至 21 日，在阜平县温塘村召开。

1940 年，晋西北召开第二次行政会议，建立抗日民主政权，颁布了施政纲领

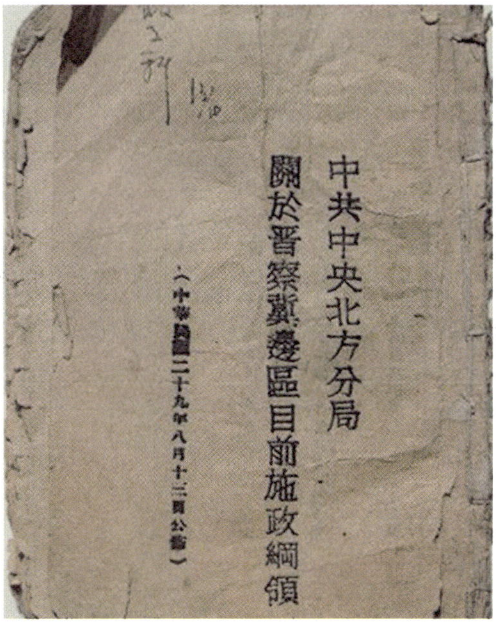

1940 年 8 月 13 日，中共中央北方分局印发的《关于晋察冀边区目前施政纲领》

人民群众观看中共北方分局提出的《双十纲领》

第一届参议会会场

聂荣臻在晋察冀边区第一届参议会上讲话

1943 年 1 月，晋察冀边区第一届参议会全体参议员合影（沙飞 摄）

在晋察冀边区第一届参议会上，参议员李天侍先生提出弹劾完县县长宋骏和议案（李途 摄）

晋察冀边区冀晋区参议员选举票

1943 年 1 月，晋察冀边区第一届参议会上，全体参议员一致举手通过《双十纲领》（沙飞 摄）

1943 年，晋察冀边区第二届县议员选举大会上阜平县城段桂章发表竞选演说（李途 摄）

1943 年 1 月，晋察冀边区第一届参议会上，记者访问参议会的佛教界参议员（沙飞 摄）

1943 年 1 月，晋察冀边区第一届参议会上女参议员合影（沙飞 摄）

三位出席晋察冀边区第一届参议会的参议员在大礼堂前合影（沙飞 摄）

选举边区参议会议员大会

出席晋察冀边区第一届参议会的文艺界参议员。左起：田间（诗人）、沃渣（版刻画家）、沙可夫（文学家、教育家）、沙飞（摄影家）、周巍峙（音乐家）（李途 摄）

八路军战士在参加选举参议员

1943 年 1 月，晋察冀边区第一届参议会会议休息时大家自由交谈（沙飞 摄）

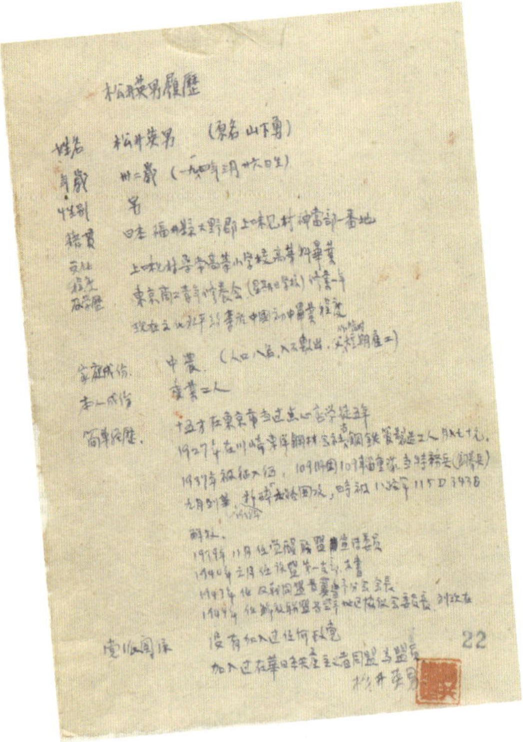

松井英男履歷

姓名　松井英男　（原名 山下勇）
年歲　卅二歲（一九一四年三月廿六日生）
性別　男
籍貫　日本 福岡縣大野郡上味見村神當部一番地
簡單經歷
十五歲在東京市當過點心店學徒五年
1927年在川崎市日本鋼材公司當鋼鐵管製造工人 凡七年
1937年被征入伍，109師團109聯隊當步兵（衛生兵）
1939年九月到華北
解放
22
松井英男

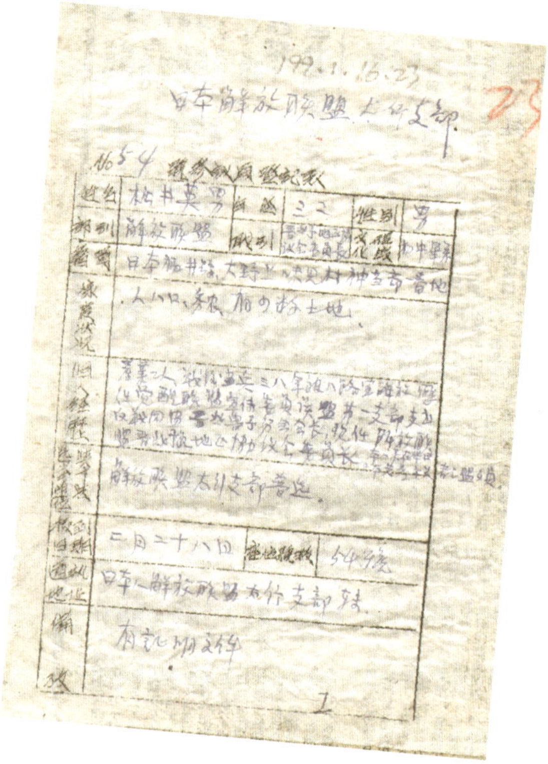

日本解放聯盟太行支部
姓名　松井英男
1

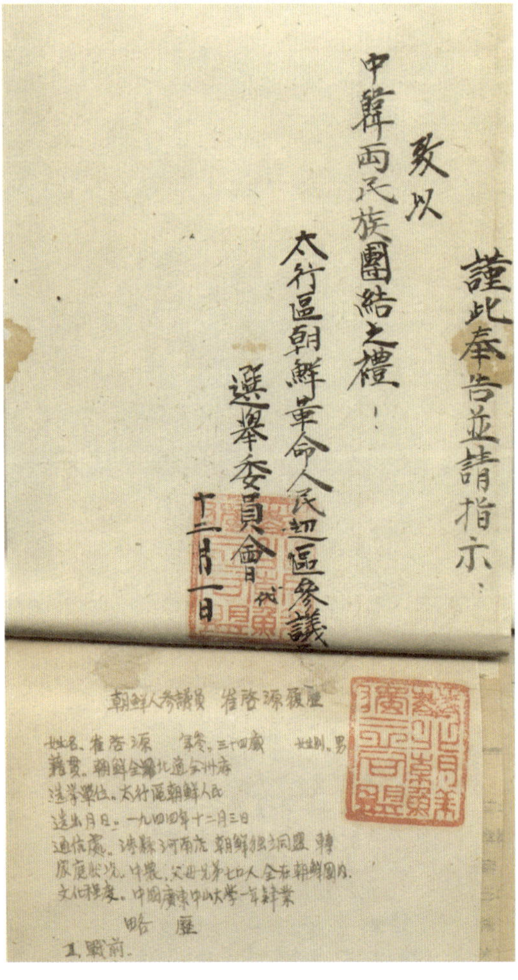

謹此奉告並請指示。
致以
中韓兩民族團結之禮！
太行區朝鮮革命人民邊區參議
選舉委員會
十二月一日

朝鮮人參議員 崔啓源履歷
姓名、崔啓源　年令、三十四歲　性別、男
籍貫、朝鮮全羅北道全州府
選舉單位、太行區朝鮮人民
選出月日、一九四四年十二月三日
通信處、涉縣河南店 朝鮮獨立同盟 轉
家庭狀況、中農、父母兄弟七口人全在朝鮮國內
文化程度、中國廣東中山大學一年肄業
略歷
1.戰前

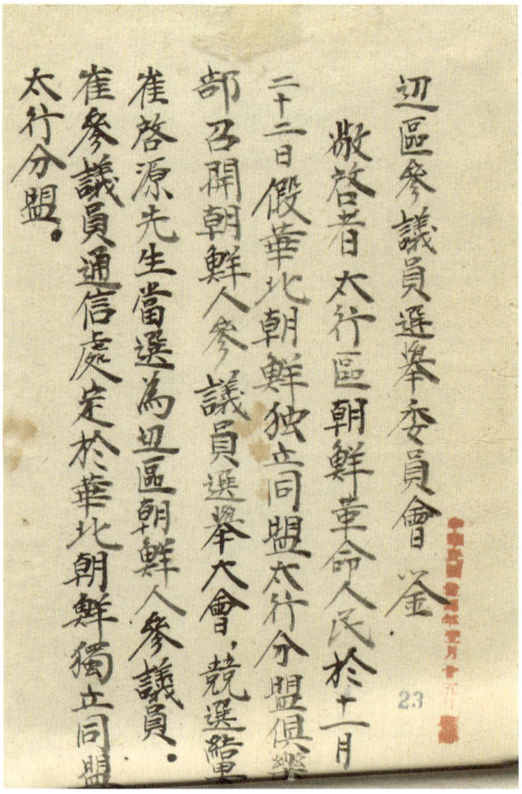

邊區參議員選舉委員會 鉴
敬啓者 太行區朝鮮革命人民於十一月
二十二日假華北朝鮮独立同盟太行分盟俱樂
部召開朝鮮人參議員選舉大會，競選結
崔啓源先生當選為邊區朝鮮人參議員。
崔參議員通信處定於華北朝鮮獨立同盟
太行分盟。
23

松井英男（日）参议员履历、登记表

边区参议会：各界报送的参议员履历、介绍信、证明信

班威廉夫妇参观纺车（沙飞 摄）

1943年1月，晋察冀边区第一届参议会上，班威廉夫妇和参议员谈话（沙飞 摄）

“三三制”

中国共产党在抗战中逐步形成了领导核心，赢得了民众信赖，山西抗日民主政权也由小变大，自上而下，普遍建立健全，在各抗日根据地的各级政权特别是基层政权的改革中真正贯彻了“三三制”政策，实现了民主政治，团结了各党、各界和各群众团体的广大人民群众。这对于推动抗日战争的胜利有着重要的影响。

1941 年 11 月，毛泽东在陕甘宁边区第二届参议会上发表《关于抗日根据地建立“三三制”政权》的演说

民主政治与三三制
政权的组织形式

——一九四一年三月二十九日彭德怀同志在中共北方局党校讲述

甲、抗日根据地民主政权的性质

（一）确定是抗日民族统一战线的民主政权，即几个抗日革命阶级的联合政权。

对谁专政呢？对汉奸、亲日派，以及其他反革命分子专政。因为他们破坏抗战，破坏团结，抗日革命的阶级要坚持抗战，就必须制裁，镇压他们。这种专政，与大地主大资产阶级的专政有根本的区别，大地主大资产阶级的专政是对小资产阶级与无产阶级专政，即对中产阶级之有自由思想者也是压迫的。这种专政与工农代表会议政权也有不同，工农代表会议政权是工人阶级和农民对地主资产阶级专政，镇压他们的反抗，保障工农革命的胜利。今天根据地所要的不是大地主大资产阶级这种专政，但也不要工农专政，而是各抗日革命阶级的联合专政。这是根据中国特殊环境与新民主主义理论而来的。中国革命的对象，主要是帝国主义，另一方面是封建势力，今天的抗日民族统一战线，就是为了团结全国一切力量打击日本帝国主义。抗战是长期的，所以体现抗日民族统一战线的民主政权的三三制也是长期的。那些认为三三制政权是暂时的，或者以为只是对外宣传的，是完全错误的。

目前施政方针是坚持抗日，为要坚持抗日，就要镇压汉奸

• 284 •

1941 年 3 月 29 日，彭德怀副总司令在中共北方局党校的一次讲话

抗日根據地的政權問題•

（一九四〇年三月六日）

（一）目前是國民黨反共頑固派極力反對我們在華北、華中等地建立抗日民主政權，而我們則必須建立這種政權，並已經可能在各主要的抗日根據地內建立這種政權的時候。我們和反共頑固派爲政權問題在華北、華中和西北的鬥爭，帶着推動全國建立統一戰綫政權的性質，爲全國觀感之所繫，因此，必須謹愼地處理這個問題。

（二）在抗日時期，我們所建立的政權的性質，是民族統一戰綫的。這種政權，是一切贊成抗日又贊成民主的人們的政權，是幾個革命階級聯合起來對於漢奸和反動派的民主專政。它是和地主資產階級的反革命專政區別的，也和土地革命時期的工農民主專政有區別。對於這種政權性質的明確了解和認眞執行，將大有助於全國民主化的推動。過左和過右，均將給予全國人民以極壞的影響。

（三）目前正在開始的召集河北參議會和選舉河北行政委員會，是一件具有嚴重意義的事。同樣，在晉西北，在山東，在淮河以北，在綏德、鄜縣、隴東等地建立新的政權，也具有嚴重的意義。必須依照上述原則進行，力避過右和過左的傾向。目前更嚴重的是忽視爭取中等資產階級和開明紳士

抗日根據地的政權問題　七三五

1940 年 3 月 6 日，毛泽东在为中共中央起草的《抗日根据地的政权问题》的对党内指示中，深入阐明了贯彻“三三制”政策的重大意义

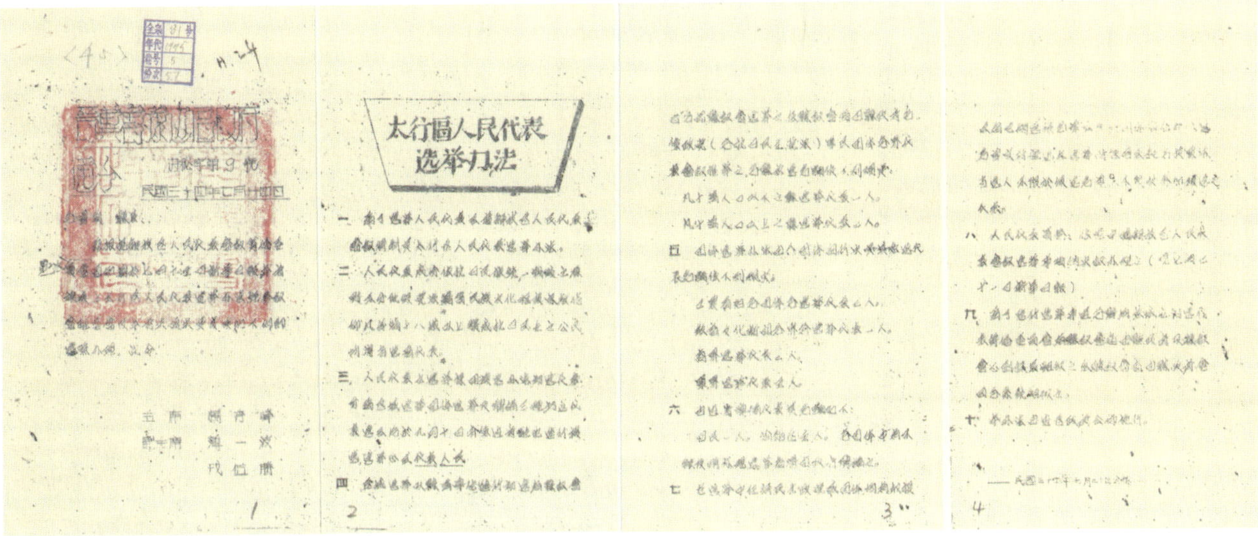
太行區人民代表選舉办法

关于太行区人民代表选举办法的补充通令（解放军档案馆馆藏）

召开选民大会，进行民主选举

区党委 202号
关于边区参议员及边府行署选举运动的指示

太岳区党委关于边区参议员及边府行署选举运动的指示

1940年，晋察冀边区民主选举运动中（村长、区长、县长都由群众一人一票民主选举产生）平山县嘉峪村妇女到投票站投票（罗光达 摄）

村选投票

建立抗日民主政权

武装保卫村选的女民兵

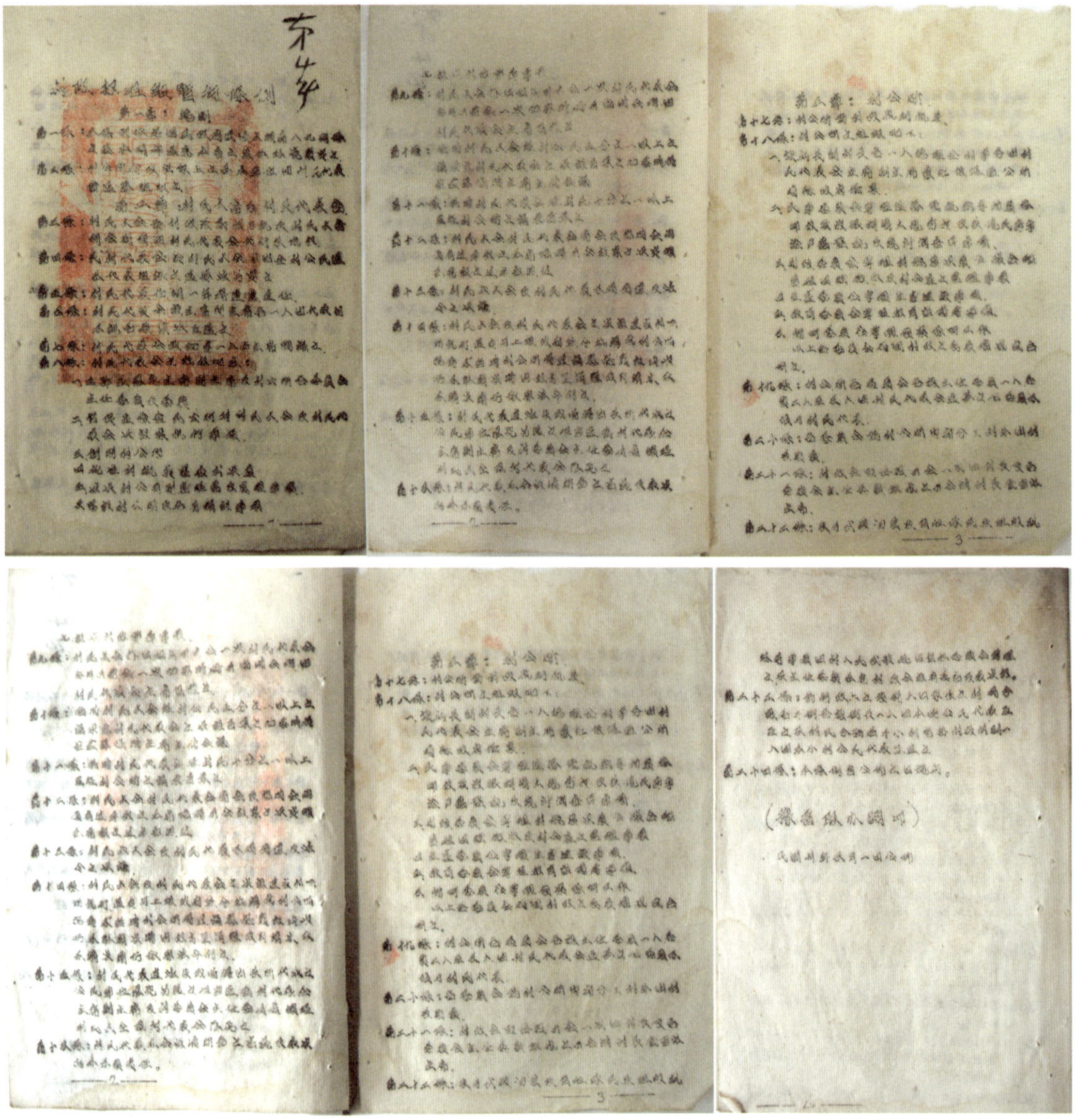

村政权组织暂行条例

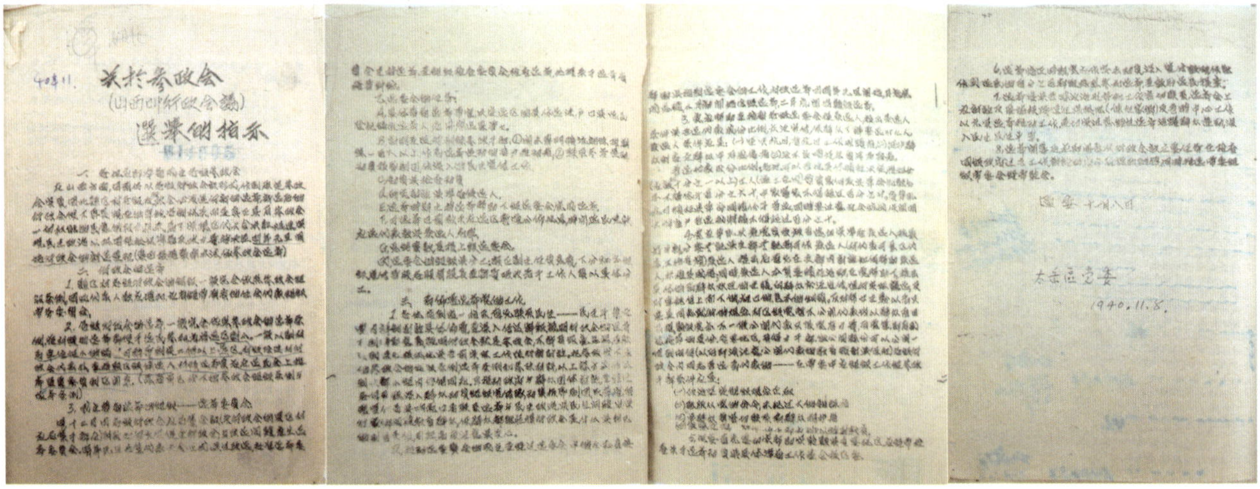

太岳区党委关于参政会选举的指示

依照人民应有的合法权利，各根据地的抗日民主政权，都相应地陆续制定和颁发了予以保障的法令、条例、办法、政策等，并且付诸实施，从根本上保障了抗日人民的人权、政权、财权、地权，得到了各阶层人民群众的热烈拥护和支持，使根据地呈现出一派生机勃勃、团结抗战的崭新局面。

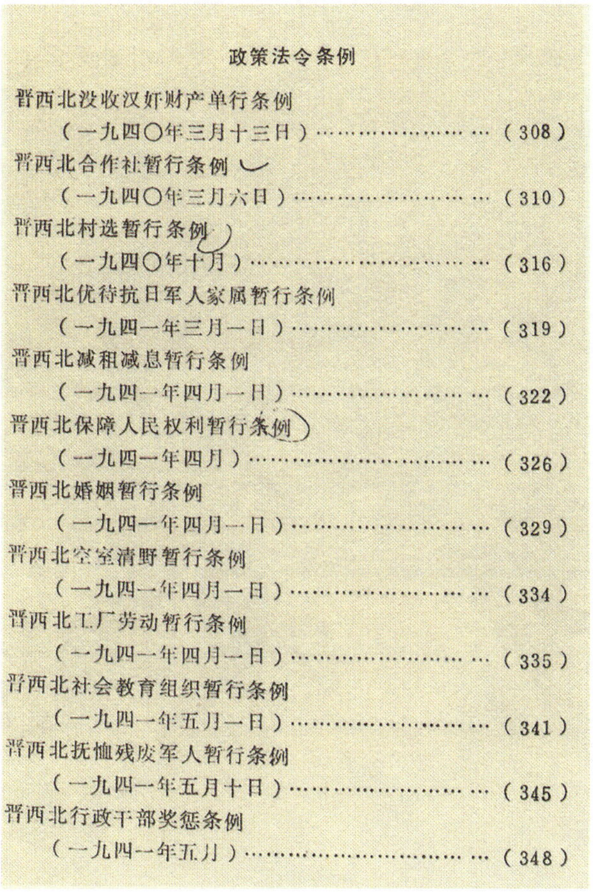

政策法令条例

晋西北没收汉奸财产单行条例
（一九四〇年三月十三日）……………………（308）
晋西北合作社暂行条例
（一九四〇年三月六日）……………………（310）
晋西北村选暂行条例
（一九四〇年十月）……………………（316）
晋西北优待抗日军人家属暂行条例
（一九四一年三月一日）……………………（319）
晋西北减租减息暂行条例
（一九四一年四月一日）……………………（322）
晋西北保障人民权利暂行条例
（一九四一年四月）……………………（326）
晋西北婚姻暂行条例
（一九四一年四月一日）……………………（329）
晋西北空室清野暂行条例
（一九四一年四月一日）……………………（334）
晋西北工厂劳动暂行条例
（一九四一年四月一日）……………………（335）
晋西北社会教育组织暂行条例
（一九四一年五月一日）……………………（341）
晋西北抚恤残废军人暂行条例
（一九四一年五月十日）……………………（345）
晋西北行政干部奖惩条例
（一九四一年五月）……………………（348）

晋西北根据地制定和颁布的部分条例

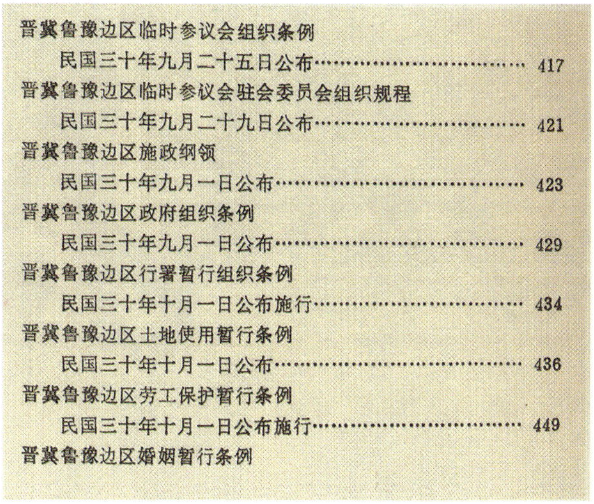

晋冀鲁豫边区临时参议会组织条例
民国三十年九月二十五日公布……………………417
晋冀鲁豫边区临时参议会驻会委员会组织规程
民国三十年九月二十九日公布……………………421
晋冀鲁豫边区施政纲领
民国三十年九月一日公布……………………423
晋冀鲁豫边区政府组织条例
民国三十年九月一日公布……………………429
晋冀鲁豫边区行署暂行组织条例
民国三十年十月一日公布施行……………………434
晋冀鲁豫边区土地使用暂行条例
民国三十年十月一日公布……………………436
晋冀鲁豫边区劳工保护暂行条例
民国三十年十月一日公布施行……………………449
晋冀鲁豫边区婚姻暂行条例

晋冀鲁豫边区制定和颁布的部分法令法规

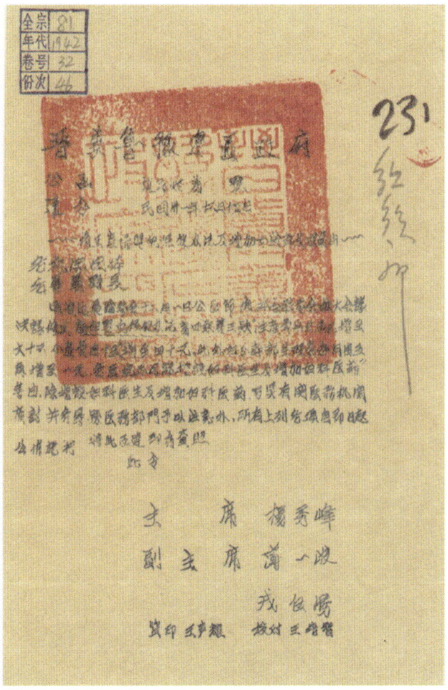

晋冀鲁豫边区关于修正产妇婴儿保健办法及增加女干部生理费的通令（解放军档案馆馆藏）

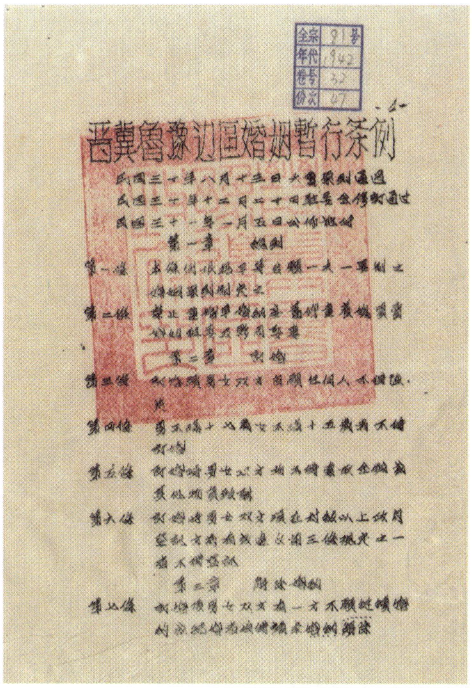

晋冀鲁豫边区婚姻暂行条例

晋冀鲁豫边区婚姻暂行条例（解放军档案馆馆藏）

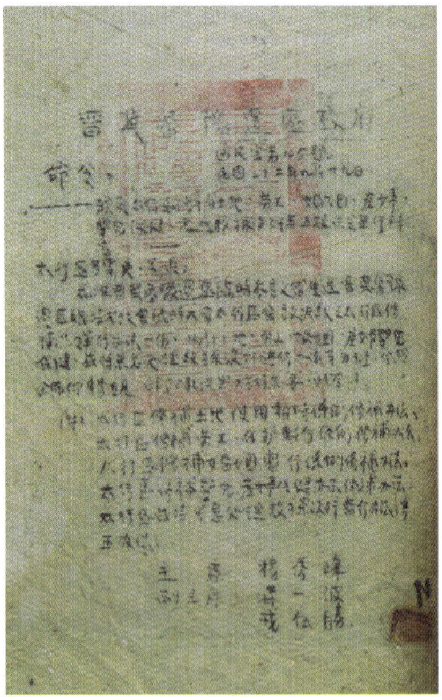

晋冀鲁豫边区政府命令：1943年9月19日，颁发太行区修补土地、劳工、婚姻、产妇、医院保健、处理敌探汉奸六种法令（高六模收藏）

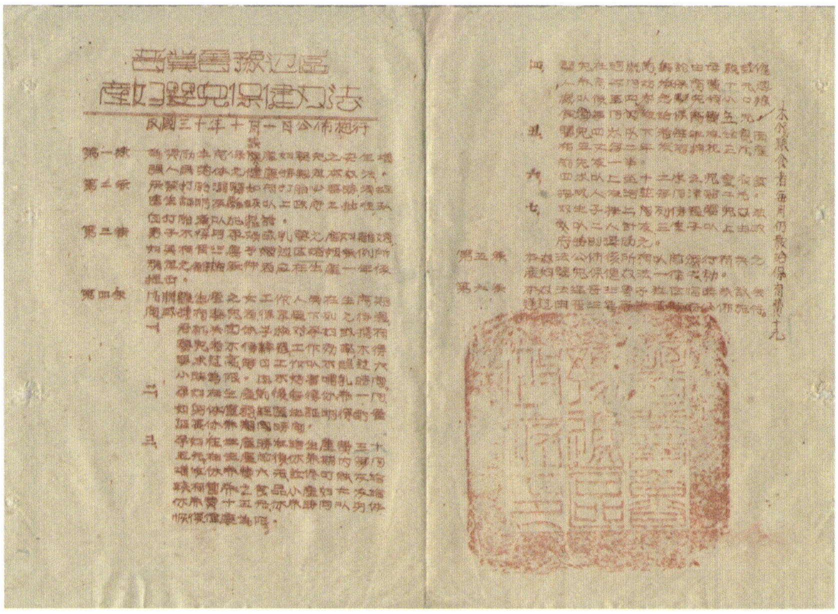

晋冀鲁豫边區
產婦嬰兒保健辦法

晋冀鲁豫边区产妇婴儿保健办法（高六模收藏）

工、农、青、妇等群众救亡团体也有了很大发展。

1945年，出席太行区妇女临时代表大会的代表

“精兵简政”

到1941年，由于日军的大“扫荡”，抗日根据地面临严重物质困难，为减轻人民负担，切实爱护节省抗日根据地的人力、物力、财力等战争资源，巩固抗日根据地，坚持长期抗战，12月17日，中共中央发出指示，要求各抗日根据地实行党外人士李鼎铭先生提出的“精兵简政”政策。

1941年，八路军副参谋长左权在八路军总部驻地辽县麻田镇作精兵简政工作报告

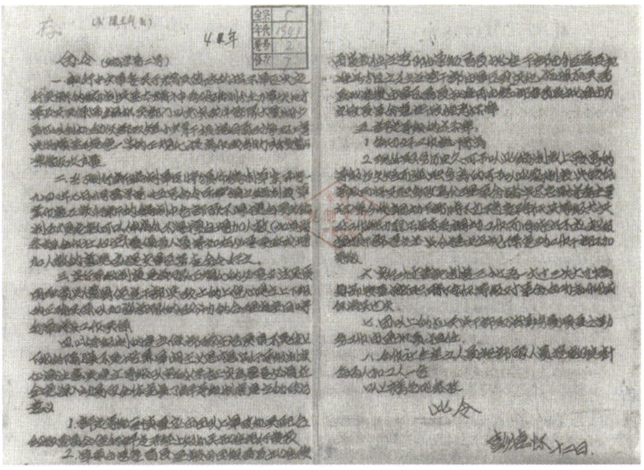

关于精兵简政工作总结（解放军档案馆馆藏）

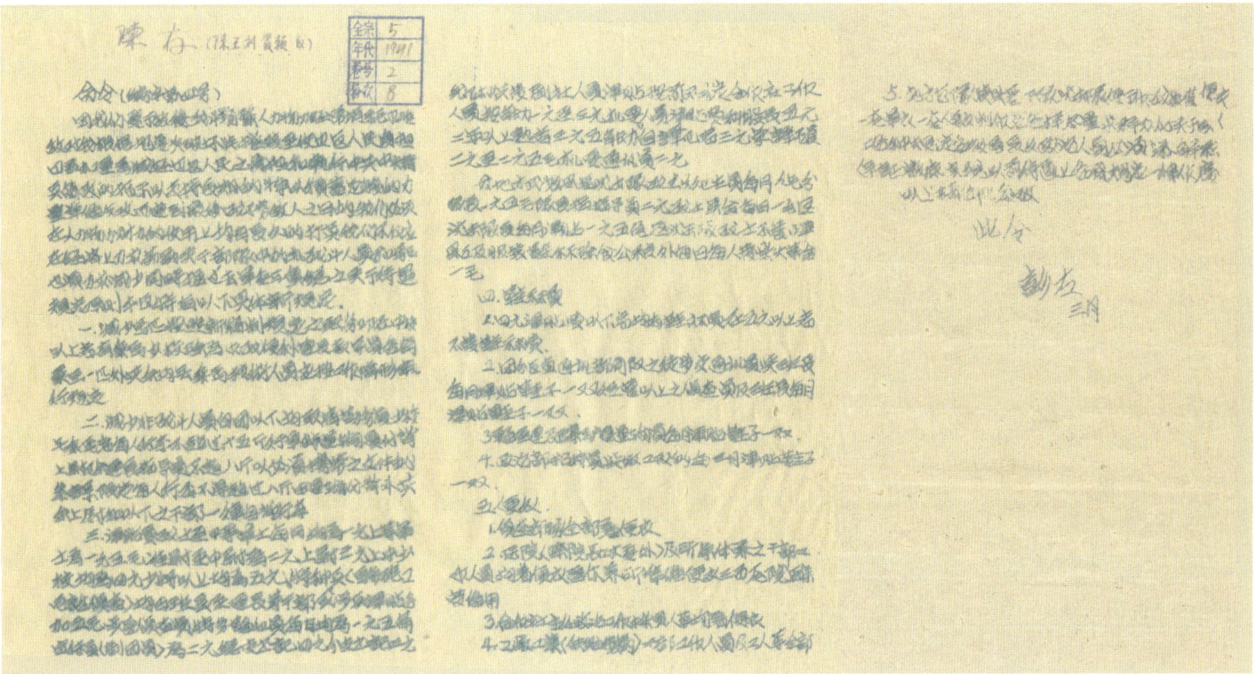

关于精兵简政工作的命令（解放军档案馆馆藏）

通过“精兵简政”，中共中央成功地解决了党政军机构庞大和受到战争破坏的社会经济缺乏足够承受力之间的矛盾，使敌后抗日根据地的建设更加适合游击战争的需要，同时，大大减轻了人民负担，进一步密切了党同群众的联系。

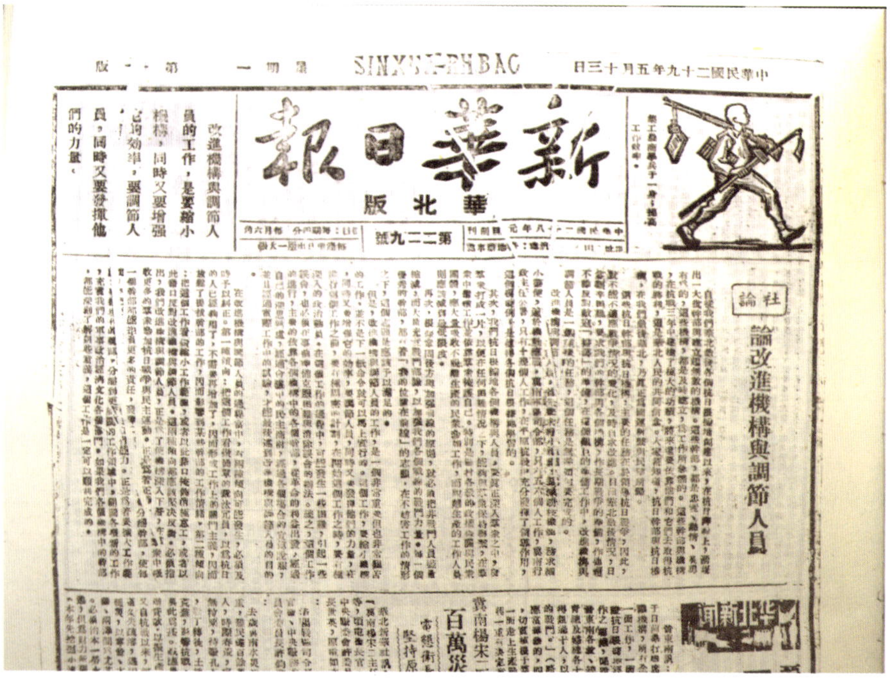
新華日報
華北版
社論
論改進機構與調節人員

1940 年 5 月 13 日，《新华日报》发表《论改进机构与调节人员》社论

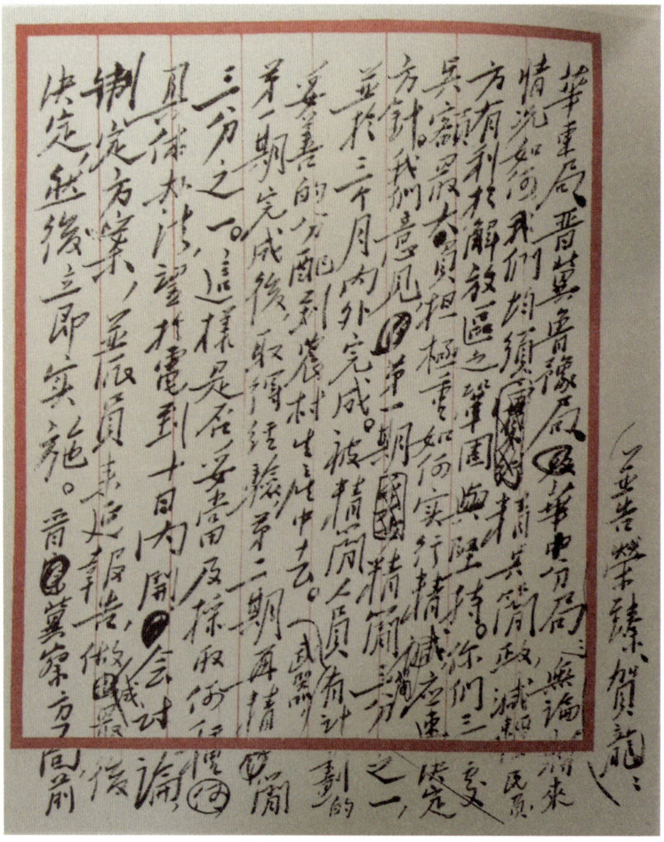

1946 年 3 月 6 日，中央关于“精兵简政”问题的指示（中央档案馆馆藏）

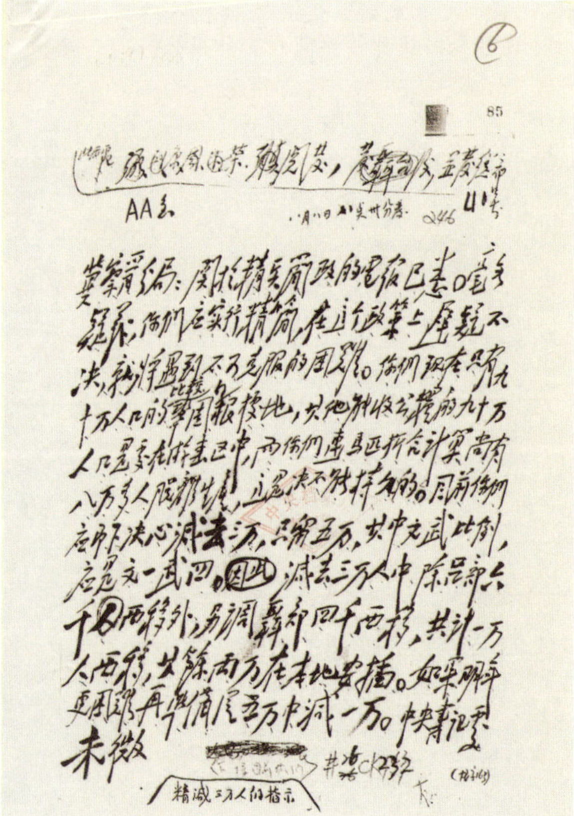

1943 年 8 月 5 日，毛泽东起草的中共中央书记处关于冀察晋应下决心实行精简给中共冀察晋分局的电报（中央档案馆馆藏）

整风运动

抗战以来，由于党组织的不断发展壮大，大量新党员、新干部加入了党的队伍，他们常常把一些非无产阶级思想带进党内，成了党内各种错误倾向滋长的温床。同时，党内还长期存在着的“左”倾、“右”倾错误，特别是以教条主义为主要特征的王明“左”倾错误，还没有来得及从思想上系统地彻底清算，党内对这种错误的思想根源还缺乏深刻认识，党的高级干部中对党的历史上的一些重要问题的认识还不完全一致，党内的“三股歪风”，即主观主义、宗派主义和党八股还较为突出。这就迫切地需要我们党加强自身建设，在思想上、政治上、组织上更加团结统一和更加巩固，因此党在领导敌后抗战的同时，在以延安为中心的全党范围内，开展了一场深入的马克思主义教育运动——整风运动。整风运动是党的建设史上的伟大创举，为夺取抗战胜利和民主革命的胜利，奠定了重要的思想政治基础。

毛泽东在延安作整风运动的讲话

毛泽东在延安作整风报告的延安中央党校大礼堂旧址

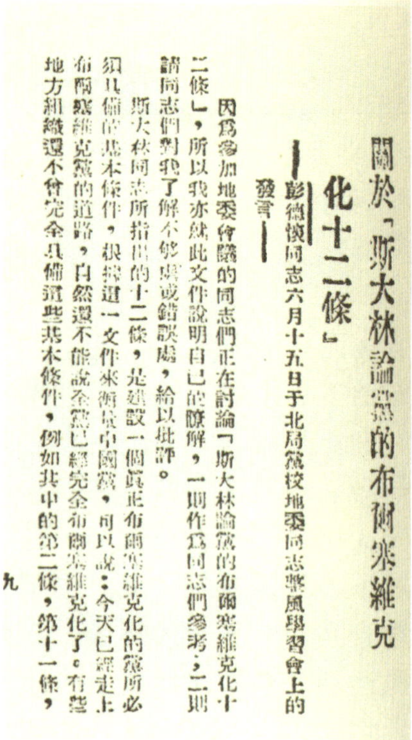

關於「斯大林論黨的布爾塞維克化十二條」

——彭德懷同志六月十五日于北局黨校地委同志整風學習會上的發言——

因爲參加地委會議的同志們正在討論「斯大林論黨的布爾塞維克化十二條」，所以我亦就此文件說明自己的瞭解，一則作爲同志們參考，二則請同志們對我了解不够處或錯誤處，給以批評。

斯大林同志所指出的十二條，是建設一個眞正布爾塞維克化的黨所必須具備的基本條件，根據這一文件來衡量中國黨，可以說：今天已經走上布爾塞維克黨的道路，自然還不能說全黨已經完全布爾塞維克化了。有些地方組織還不會完全具備這些基本條件，例如其中的第二條，第十一條，

九

中共北方局书记彭德怀在北方局党校整风学习会上的发言

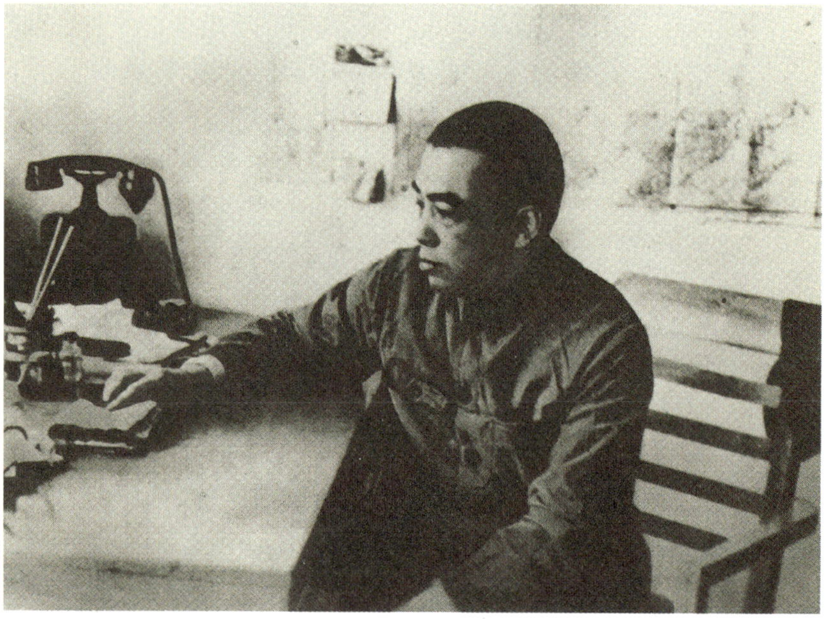

中共北方局书记彭德怀领导华北抗日根据地初期的整风运动

1943年10月，太行区党委领导整风运动的区党委主要领导人：书记李雪峰（右）、组织部长赖若愚（左）、宣传部长张磐石（中）

参加整风运动的太行区党委机关部分人员

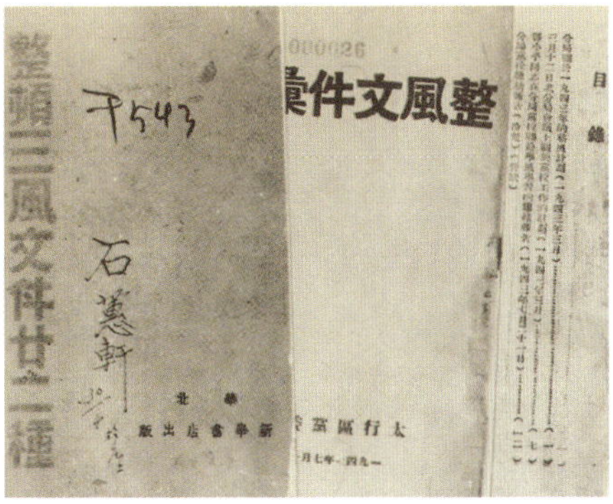

太行区印发的整风文件

整风文献资料

晋察冀军区直属部队参加整风学习

抗大总校召开整风学习报告会

1944年春，根据延安整风精神，晋绥军区第8军分区在关头村东观音堂内举办县团级以上主要领导干部整风学习班，参加整风的党政军群干部300余人，每逢开大会都在这里举行。

1944年，晋绥军区第8军分区干部肖靖（前1）、康世恩（前2）、张永清（前3）、李琪（后1）走出整风学习班会场

图为关头整风学习班会场旧址

2. 大生产运动，夯实坚持抗战基础

抗日根据地的经济建设是中国共产党军民长期独立坚持敌后抗战的重要一环。没有抗日根据地的经济建设，要支持抗日战争和巩固抗日政权，都是不可能的。中国作为一个农业国，抗日根据地的经济建设要依靠广大农村中的各个阶层。对此，中共在抗日根据地主要采取了两项措施，即减租减息和大生产运动。

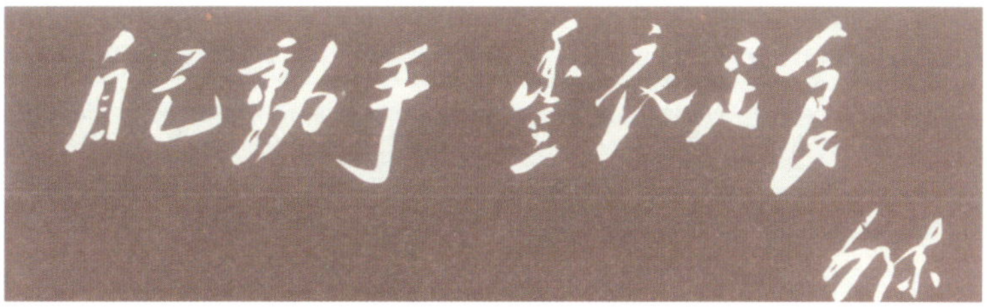

1941 年前后，抗日根据地形势越来越复杂，日军在军事上反复“扫荡”并实行“三光”政策，抗日根据地面临严重的经济困难。为此，中共中央号召走生产自救的道路，大力发展农业生产，动员农民开垦荒地，兴修水利，组织劳动互助，提高耕作技术，推广良种，各抗日根据地掀起了热火朝天的“自力更生、艰苦奋斗、自己动手、丰衣足食”的大生产运动。

1943 年，太岳军区政治部干部战士积极响应毛泽东“自己动手，丰衣足食”的号召，参加大生产运动

黎明钟声。1943 年，在晋察冀边区热烈开展的大生产运动中边区劳模并荣获“子弟兵的母亲”称号的河北平山下盘松村村长戎冠秀清晨敲钟催村民下地生产（江波 摄）

生產小報

第四十九期

生產小報

第十九期

檢查一下 你區做的如何?

突擊提前完成下种

生产小报

八路军攻克山西灵丘后军民举行生产动员大会（高秉祥 摄）

八路军召开生产运动大会

通过开展轰轰烈烈的大生产运动，抗日根据地的农业和工商业都得到了迅速发展，人民生活明显改善，为巩固抗日根据地人民抗日政权，渡过严重困难，支持长期敌后斗争，争取抗日战争的胜利奠定了物质基础。

1943 年，八路军第 129 师官兵在太行山开荒生产（高帆 摄）

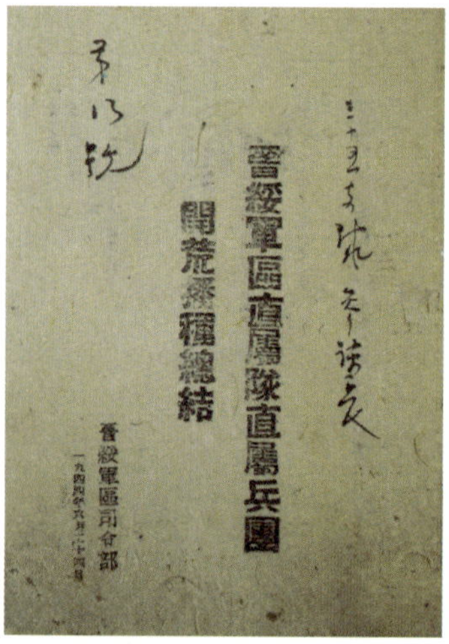

晉綏軍區直屬隊直屬兵團
開荒播種總結
晉綏軍區司令部
一九四四年六月二十四日

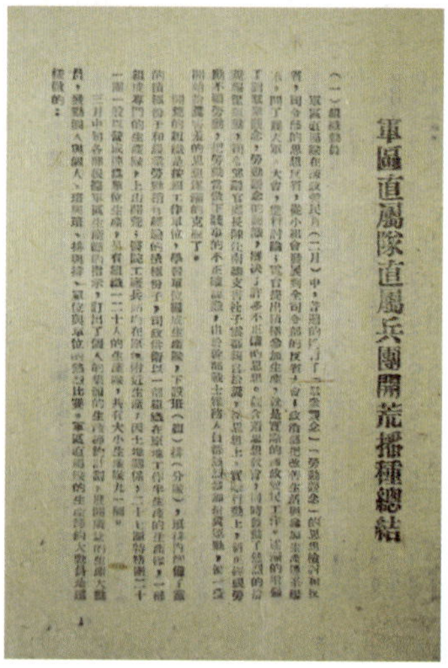

軍區直屬隊直屬兵團開荒播種總結

晋绥军区直属队直属兵团开荒播种总结

八路军干部战士响应党的号召，在太行山开荒种地

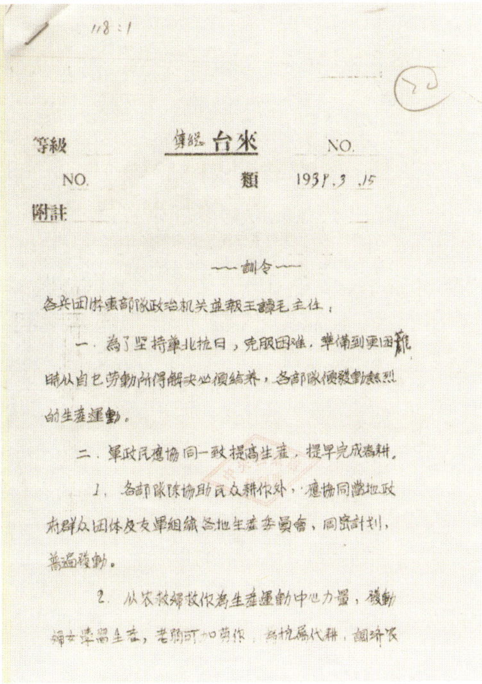
等級　傳總 台來　NO.

NO.　類　1939.3.15

附註

——訓令——

各兵团直属部队政治机关並報王稼祥主任：

一、為了堅持華北抗日，克服困難，準備到更困難時以自己勞動所得解決必須給養，各部隊須發動熱烈的生產運動。

二、軍政民應協同一致提高生產，提早完成春耕。

1. 各部隊除協助民衆耕作外，應協同當地政府群众團体及友軍組織各地生產委員會，同實計劃，普遍發動。

2. 從農婦救……生產運動中心力量，發動婦女參加生產，老弱可加勞作，……

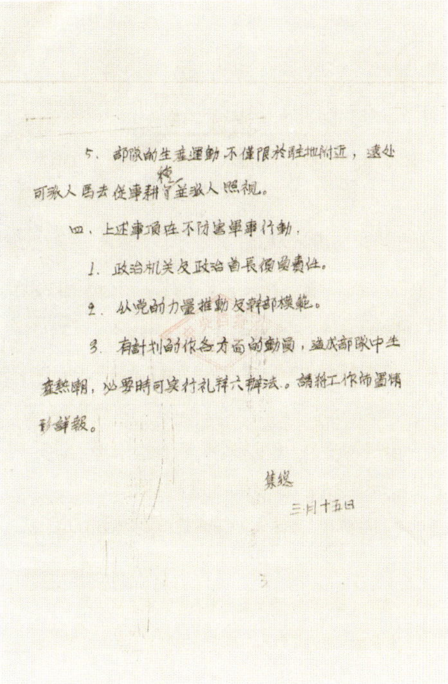
5. 部隊的生產運動不僅限於駐地附近，遠处可派人馬去從事耕种並派人照視。

四、上述事項應不防害軍事行動。

1. 政治機關及政治首長須負責任。

2. 從黨的力量推動及干部模範。

3. 有計劃的作各方面的動員，造成部隊中生產熱潮，必要時可實行礼拜六辦法。請將工作佈置情形詳報。

集總

三月十五日

八路军总部关于生产运动致电各政治机关（中央档案馆馆藏）

1939 年 3 月 15 日，八路军总部致电各政治机关，要求各部队“须发动热烈的生产运动，军政民应协同一致提高生产，提早完成春耕，准备到更困难时以自己劳动所得解决必须给养”。

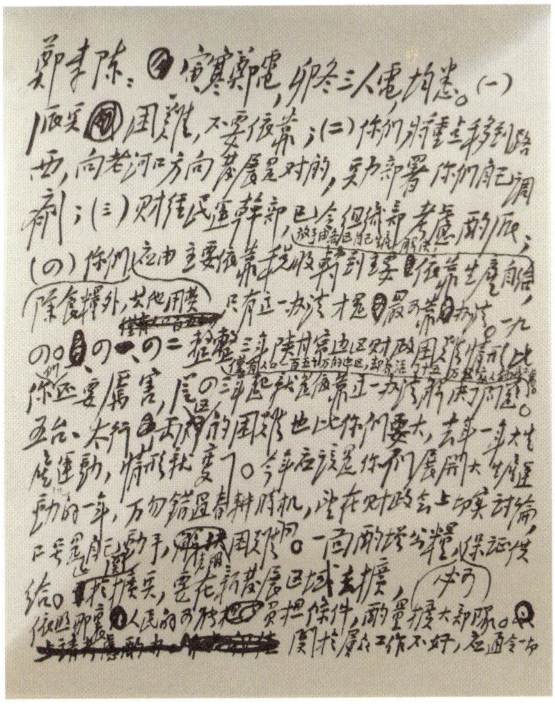

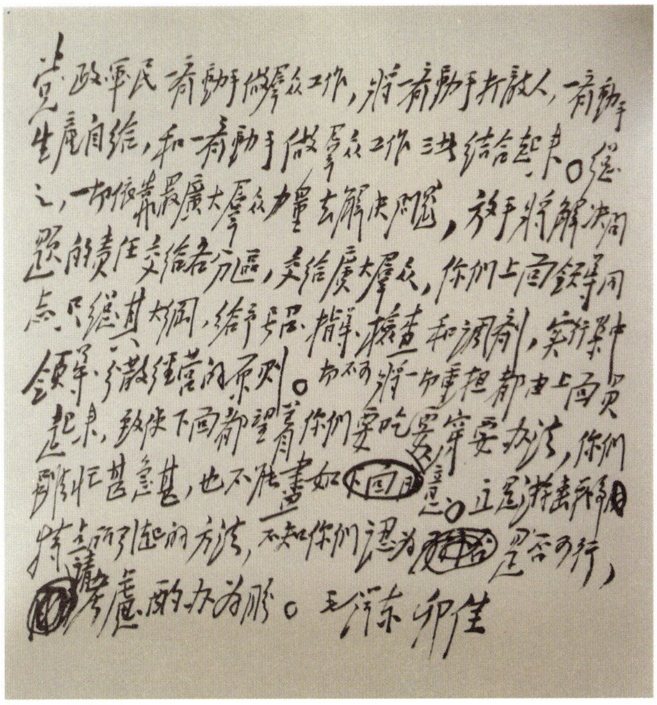

1945 年 4 月 9 日，毛泽东关于开展生产自给运动及群众工作给郑位三、李先念、陈少敏的指示（中央档案馆馆藏）

1944 年，大生产运动中的晋察冀边区妇女热烈开展家庭副业推广活动

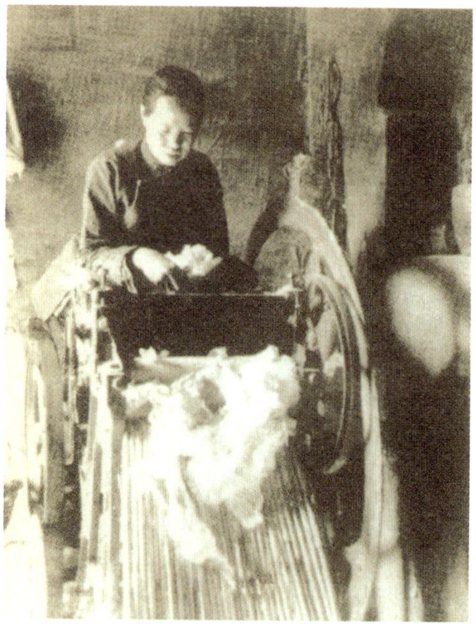

抗日根据地妇女在弹棉花

1945 年 6 月，大生产运动中晋察冀边区的妇女儿童捡麦苗

晋察冀模范抗日根据地过着幸福生活的儿童（刘峰 摄）

兄妹开荒（顾棣收藏）

喜获丰收（顾棣收藏）

1943年，大生产运动中的晋察冀边区阜平县收割丰收小麦，群众露出幸福笑脸（李途 摄）

1943年春，冀中八路军伺机打击敌人，武装保卫春耕，争取夏季丰收(流萤 摄)

妇女们在收庄稼

1939年，人民群众修滩造田

1943年春，平顺县西沟村共产党员李顺达响应毛泽东“组织起来”的号召，创建了太行区第一个农业生产互助组

太行区子弟兵帮助抗日军属收割

人民群众喜获丰收

1943年，阜平大沙河滩地生产喜获丰收，农民正在收打水稻（杨国治 摄）

人民群众在开荒

群众收割小麦（刘峰 摄）

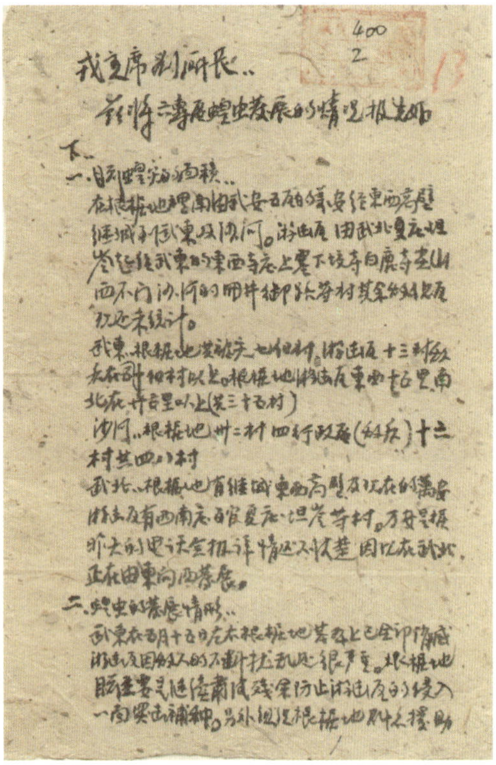
戎主席刘所长：
兹将六专区蝗虫发展的情况报告如下：

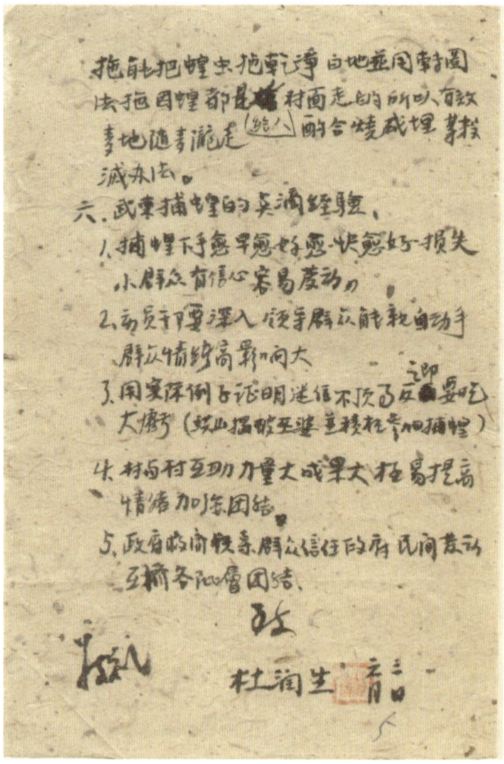
六、武东捕蝗的具体经验、
杜润生

杜润生向晋西北鲁豫边区戎副主席、刘所长汇报六专区蝗虫发展的情况

1944年夏，阜平县县长马淑乾（左1）与城乡群众在阜平大园一起打蝗虫（杨国治 摄）

八路军帮助群众春耕

八路军帮助群众收割麦子

八路军帮助群众播种

八路军帮助群众插秧

北岳区农民在举行生产会议

太行武乡县纺织英雄史兰珍

晋冀鲁豫边区生产建设公债息票

八路军纺棉线自力更生解决被服供应（刘峰 摄）

减租减息

减租减息政策最早在晋察冀边区实行，从1940年初到1941年底，各抗日根据地开始普遍贯彻。减租减息作为抗战时期解决农民问题的基本政策，调动了农民的生产积极性，促进了农村生产力的发展。减租减息政策促使抗日根据地社会结构发生了深刻变革，把广大农民群众发动与组织起来，使上层人士和开明绅士增强了对抗日民族统一战线的信心。抗日战争时期，中国共产党领导的减租减息运动，经过长期、复杂的斗争，取得了伟大的成绩。在广大农民获得物质利益的前提下，加强了抗日根据地的物质基础和群众基础。

八路军宣传和实行抗日民主政府的减租减息政策，受到了农民的欢迎

抗日根据地群众积极拥护抗日民主政府的减租减息政策

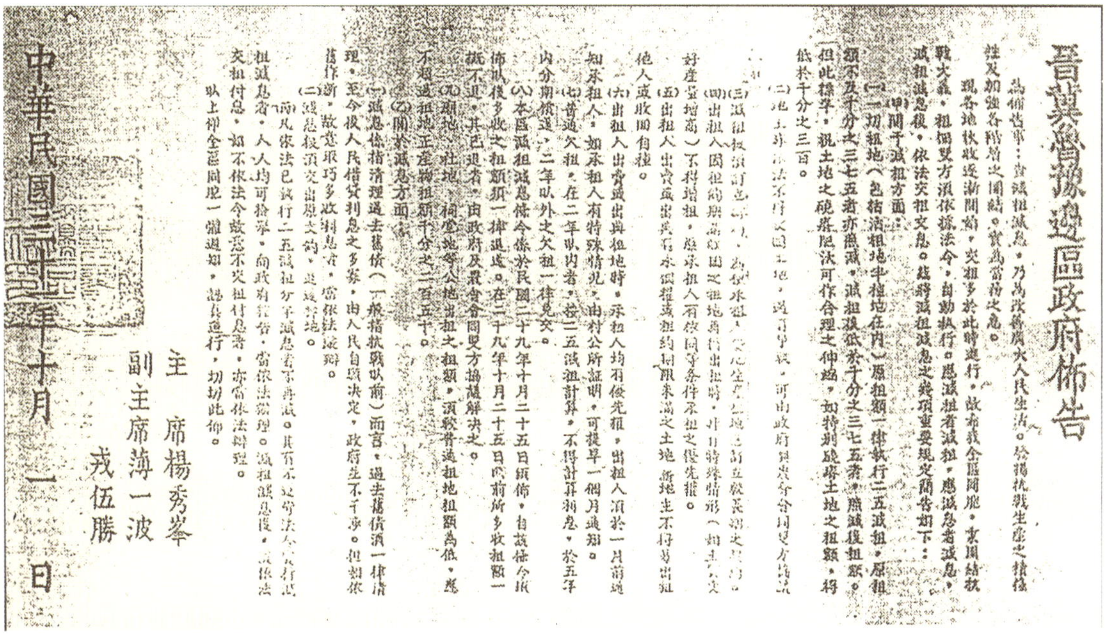

晉冀魯豫邊區政府佈告

為佈告事：查減租減息，乃為改善廣大人民生活，發揚抗戰生產之積極性及加強各階層之團結，實為當務之急。

現各地秋收逐漸開始，交租多於此時進行，故布告全區同胞，為團結抗戰大義，租佃雙方須依據法令，自動執行。應減租者減租，應減息者減息，減租減息後，依法交租交息。茲將減租減息之幾項重要規定簡告如下：

（甲）關于減租方面：

（一）一切租地（包括活租地半種地在內）原租額一律執行二五減租，原租額不及千分之三七五者亦應減，減租後須低於千分之三七五者，照減後租額。但此標準，視土地之磽瘠肥沃可作合理之伸縮，如特別磽瘠土地之租額，得低於千分之三百。

（二）[illegible]

（三）[illegible]

（四）[illegible]好產量增高）不得增租。原承租人有依同等條件承租之優先權。

（五）出租人出賣或出典[illegible]約期限未滿之土地，新地主不得另出租他人或收回自種。

（六）出租人出賣或出典租地時，承租人均有優先權，出租人須於一月前通知承租人。如承租人有特殊情況，由村公所証明，可提早一個月通知。

（七）普通欠租，二年以內者，按二五減租計算，不得計算利息，於五年內分期償還，二年以外之欠租一律免交。

（八）本區減租減息條令係於民國二十九年十月二十五日頒佈，自該條令頒佈後多收之租額須一律退還。在二十九年十月二十五日以前所多收租額一概不退，其已退者，由政府及農會會同雙方協議解決之。

（九）廟地、社地、祠堂地等公地出租之租額，須較普通租地租額為低，應不超過租地正產物租額千分之二百五十。

（乙）關於減息方面：

（一）減息係指清理過去舊債（一般指抗戰以前）而言，過去舊債須一律清理，至今後人民借貸利息之多寡，由人民自願決定，政府不干涉。但如依舊作新，故意取巧多收利息者，當依法懲辦。

（二）減息後須交出原文約，退還押地。

而凡依法已執行二五減租分半減息者不再減。其有不遵守法令執行減租減息者，人人均可檢舉，向政府控告，當依法辦理。減租減息後，須依法交租付息，如不依法令故意不交租付息者，亦當依法辦理。

以上仰全區同胞一體遵知，認真遵行，切切此佈。

主　席　楊秀峯

副主席　薄一波

戎伍勝

中華民國三十一年十月一日

1942年10月1日，晋冀鲁豫边区政府发布的关于减租减息的布告

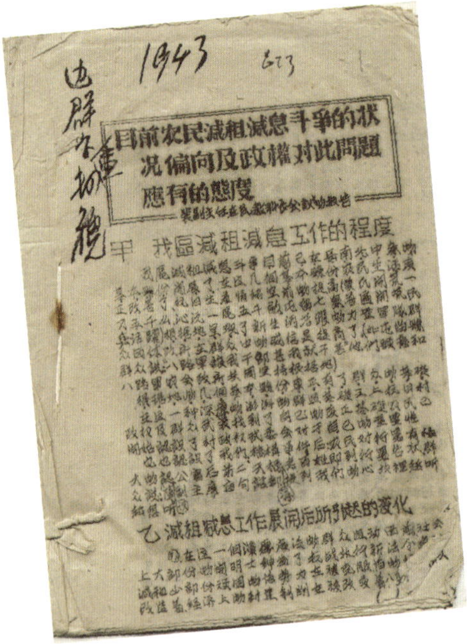
1943
目前农民减租减息斗争的状况偏向及政权对此问题应有的态度
甲 我区减租减息工作的程度
乙 减租减息工作展开后所引起的变化

裴副主任作关于农民减租减息问题的报告

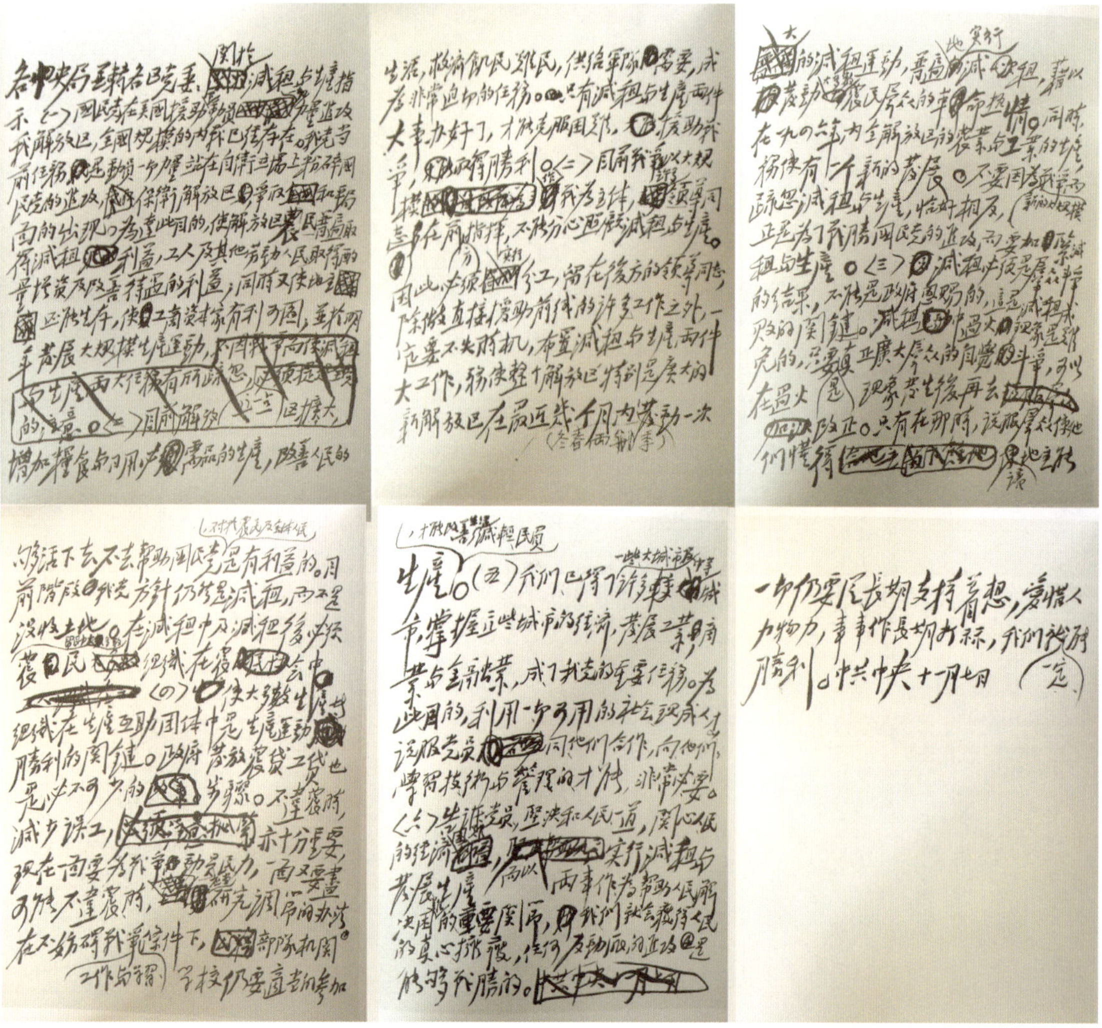

1945 年 11 月 7 日，减租和生产是保卫解放区的两件大事（中央档案馆馆藏）

召开群众大会，向抗拒减租减息的顽固地主进行说理斗争

在减租减息运动中，太岳区阳城县立下的“双减”纪念碑

太岳区翼城县深入开展减租减息运动

山西各抗日根据地普遍召开群众大会，宣传减租减息政策

抗日根据地开展减租减息运动场面

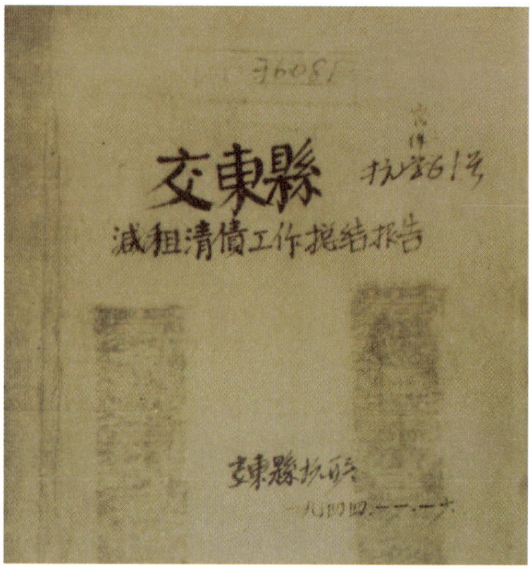

36081

交東縣

減租清債工作總結報告

交東縣抗联

一九四四.一一.一

1944 年，交东县抗联主任华国锋写的《交东县减租清债工作总结报告》

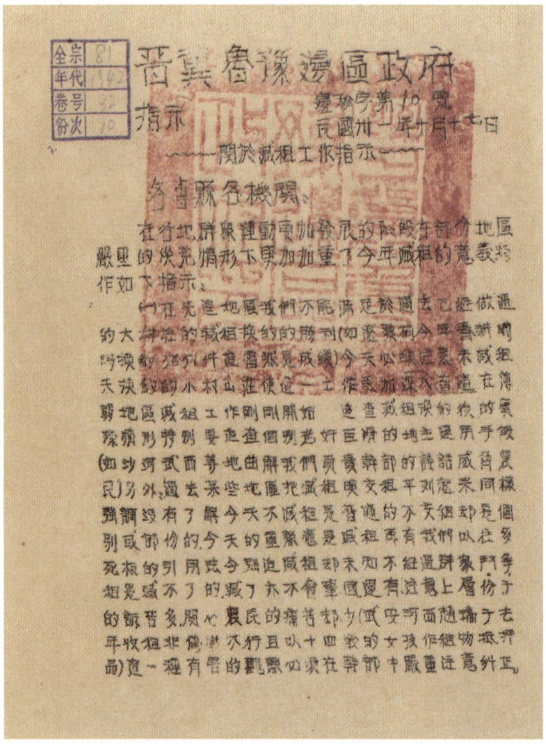

晋冀鲁豫边區政府

指示

民國卅一年十月十七日

關於減租工作指示

晋冀鲁豫边区政府关于减租工作的指示（解放军档案馆馆藏）

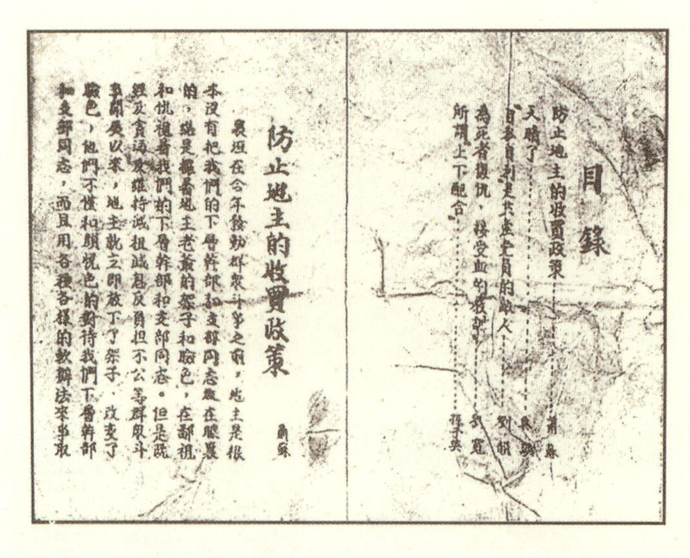

目錄

防止地主的收買政策

防止地主的收買政策

抗日根据地党委对“双减”运动及时进行指导。图为刊有减租减息政策的党内刊物《支部通讯》

3. 文化宣传队，鼓舞振奋军民斗志

1939 年，毛主席在延安与两个小八路军战士交谈，教他们识字（石少华 摄）

随着抗日根据地的巩固和壮大，中国共产党领导的人民军队在抗日民主根据地建设中，高度重视文化宣传教育，开展文化教育建设，发展先进文化事业，为人民军队和根据地建设培养大批骨干力量，提高广大群众的文化水平。

八路军政治机关宣传部门中设有宣传队、剧社和报社等，它们是中国共产党在抗日根据地的重要宣传机构，它们为了活跃部队生活，鼓舞斗志，采用广大军民喜闻乐见的各种形式，进行党的方针政策和形势任务的宣传教育工作，有力地推动了各项事业的发展和抗日斗争的开展，空前地丰富了人民的文化生活，以激发全体军民的抗战热情。

抗日根据地军民一起学习文化，开展识字运动

抗战初期，抗日根据地每个村落都写着宣传抗日的标语口号

八路军战士刻印的宣传画

八路军战士在街头画宣传画

抗日战争时期，山西各抗日根据地的抗战文化日益繁荣兴盛。图为彦涵的版画作品——《村选大会》

张家口铁路小学生跳舞（郑景康 摄）

1940 年，唐县儿童纪念“四四”儿童节进行歌咏比赛（赵烈 摄）

1941 年，晋察冀边区第一届学生体育运动会，华北联大教育学院学生高哲获女子百米决赛第一名（沙飞 摄）

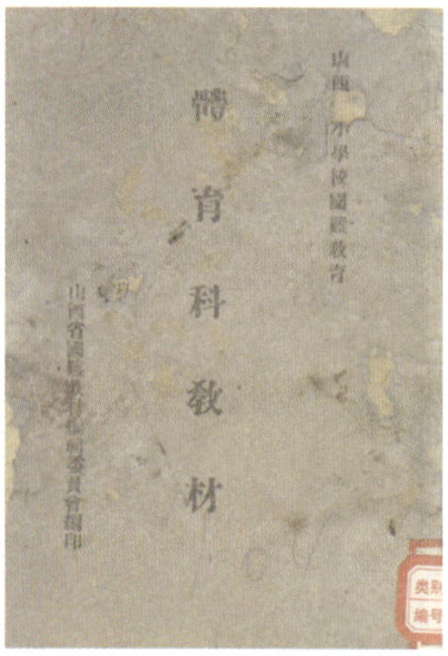

山西小學校國難教育
體育科教材

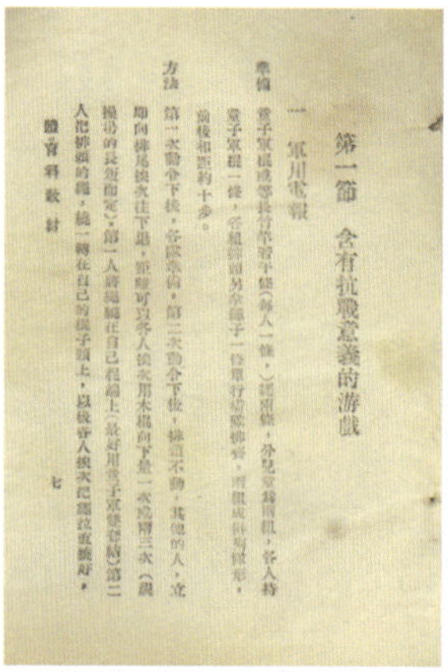

第一節 含有抗戰意義的遊戲

一 軍用電報

體育科教材 七

体育科教材

龙泉关学生会合影

放学后，小学生给妈妈读课文

晋察冀边区创办的平西小学

北岳区妇女在识字班学习文化

北岳区的模范冬学

抗日根据地妇女儿童在学习

1945 年 4 月，灵丘解放后，民主政府积极发展教育事业，举办教师训练班

1940 年秋，山西各抗日根据地的八路军战士开展了各种文体活动，由贺龙（第 2 排右 2）率领的战斗篮球队和东干篮球队在在兴县李家湾合影

八路军战士进行体育锻炼

1938 年，第 120 师篮球队纪念五卅运动在岚县合影留念（顾棣收藏）

1945 年，晋绥军区第 8 军分区在关头村举办培训班，培训晋中平川的区村干部、民兵及小学教师。图为培训班组织领导者合影

1938 年，八路军第 115 师战士剧社青年队为庆祝建军节在晋西演出留影（顾棣收藏）

1945 年 1 月 14 日，晋绥实验学校与驻地群众举行春节联欢会

“拉洋片”。1940 年，晋察冀边区文艺工作者在河北阜平城关街头进行宣传活动（顾棣收藏）

《白毛女》剧照（沙飞 摄）

1940 年春节，晋察冀抗日根据地阜平神仙山下大台村人民群众的文化生活——踩高跷（叶曼之 摄）

1945 年 5 月，晋察冀通讯社工作人员业余时间进行文娱生活（顾棣收藏）

战士们在俱乐部学习

八路军战士集体读报，了解天下事

1940 年 5 月 27 日，八路军第 120 师师长贺龙在晋西北抗日青年干部学校开学典礼上讲话

晋察冀画报社石印工人大量印刷《晋察冀画报》（沙飞 摄）

1942年，晋察冀画报社在河北平山石盘沟用土造机器照相制版（沙飞 摄）

五台山菩萨顶僧人围观看《晋察冀画报》（吴群 摄）

华北新华日报社武乡县安乐庄旧址

根据地军民举行秧歌大会

1940 年，晋察冀边区文化工作者座谈会

八路军总部文工团与第 129 师文工团合影

1941 年，抗敌剧社儿童演出队在游击区农村演出霸王鞭
（顾棣收藏）

太行山剧团的部分成员合影

太行文联主任、太行诗社创始人、著名作家高沐鸿（前排右 1）同部分模范文教工作者在一起

1940 年，抗敌剧社“小鬼队”（儿童演出队）合影（沙飞 摄）

抗大总校师生沿途受到群众热烈欢迎

抗大总校从 1936 年 6 月至 1945 年 8 月共办了 8 期学习班，共收学员 29000 余人。1940 年 11 月，在太行武乡成立第六分校。

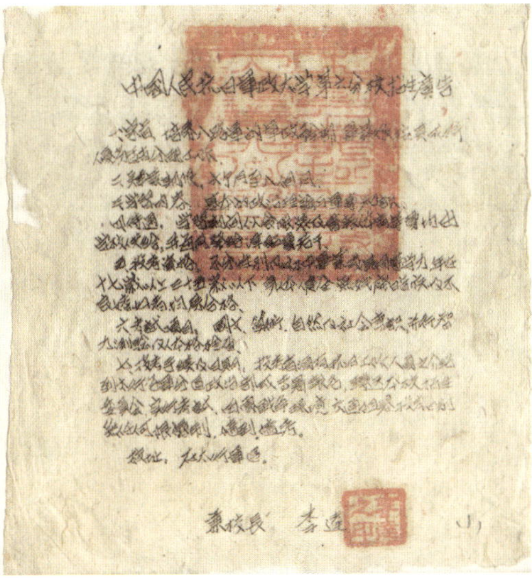

中國人民抗日軍政大学第六分校招生廣告

兼校長 李達

中国人民抗日军政大学第六分校招生广告

1940 年春，抗大总校师生在罗瑞卿副校长率领下到太行山区办学

1940 年 2 月，中国人民抗日军政大学总校到达晋察冀边区后，副校长罗瑞卿（后排右 4）、政治部主任张际春（前排右 2）、组织部长李志民（后排右 3）和大队长以上干部合影

1940 年 4 月，抗大总校第六期在武乡县蟠龙镇开学。图为开学典礼后，女生队学员表演舞蹈

抗日军政大学总校武乡县蟠龙镇旧址

1940 年 6 月 1 日，罗瑞卿（前排左 5）在武乡县牛家岭与抗大文工团的同志们合影

1941 年 6 月，抗大总校在邢台县浆水镇举行建校五周年庆祝大会

二

军民一条心，众志成城抗击日军

八路军和老百姓亲如一家人，军民协力抗日，形成军爱民，民拥军，军民团结一条心的鱼水关系。

人民群众欢迎八路军

山西抗日根据地的建立得到了山西人民的积极支持，“母亲教儿打东洋，妻子送郎上战场。”成千上万的青壮年涌入抗战队伍，抗日根据地父老乡亲，制造枪炮子弹，支援前线；抗日根据地广大妇女纷纷组织慰问队、做鞋洗衣队、侦察通讯队，给抗日游击队以物质和精神上的关心和帮助；抗日根据地儿童成立了儿童团，他们站岗放哨、捉汉奸、送情报，利用自己年纪小，不被注意的特点，深入敌后，做了许多力所能及的抗战工作。8年间，人民群众积极支援前线，不但源源不断地供应了粮食、武器弹药等军需物资，而且担负了繁重的战勤任务，如抬担架、运物资、送信、抢救伤员等工作，从而使八路军和地方武装的军需供应和后勤服务得到了可靠的保证。

八路军和老百姓亲如一家人（谷芬 摄）

1. 人民子弟兵，依靠群众保家卫国

折毁日军碉堡（周郁文 摄）

英雄八路赛如神，
白天不动黑夜行。
不走大路走小路，
看着向西转到东。
鬼子进山找不见，
夹着尾巴往回窜。
土匪完蛋我平安，
军民一齐杀敌顽。

1938 年，群众把碎铜烂铁献给抗日政府制造枪炮子弹打击侵华日军（顾棣收藏）

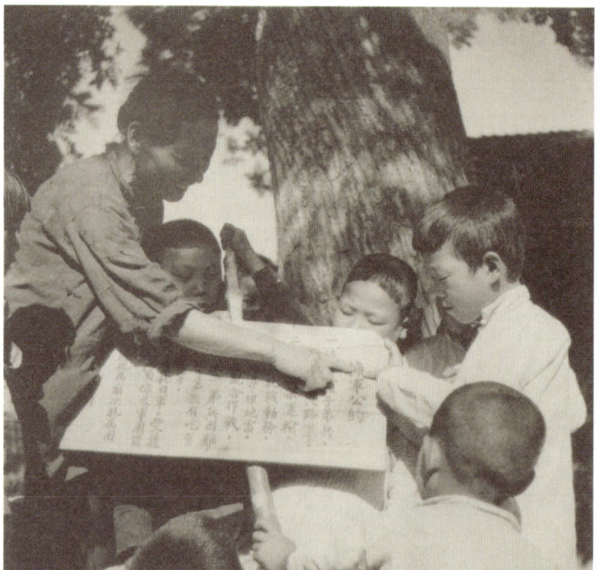

拥军公约

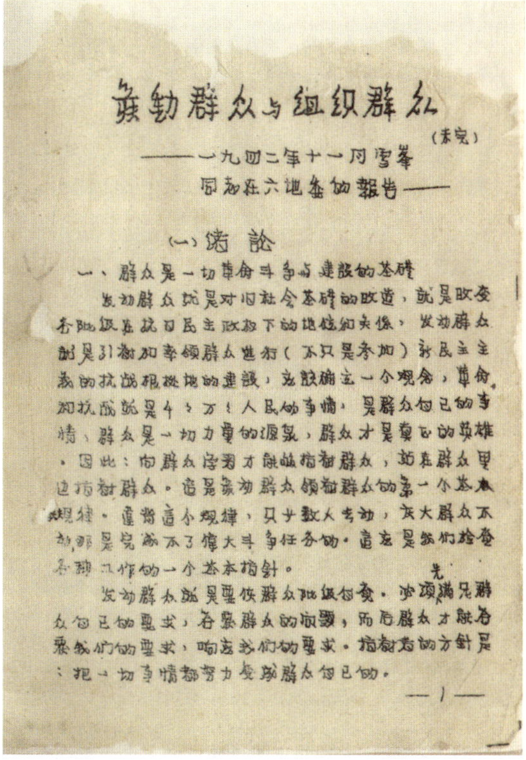

發動群众与组织群众

(未完)

——一九四二年十一月雪峯同志在六地委的報告——

(一) 緒論

一、群众是一切革命斗争与建設的基礎

发动群众就是对旧社会基礎的改造，就是改变各阶级在抗日民主政权下的地位和关係，发动群众就是引導和率领群众进行(不只是参加)新民主主義的抗战根据地的建設，这就确立一个观念，革命和抗戰就是千千万万人民的事情，是群众自己的事情，群众是一切力量的源泉，群众才是真正的英雄。因此：向群众学习才能够指導群众，站在群众里边指導群众。這是發动群众领導群众的第一个基本规律。違背這个规律，只少数人去动，广大群众不动，那是完成不了偉大斗争任务的。這应是我们检查各种工作的一个基本指針。

发动群众就是要使群众阶级觉悟，必須先满足群众自己的要求，答复群众的问题，而后群众才能答覆我们的要求，响应我们的要求。指導者的方針是：把一切事情都努力变成群众自己的。

—1—

1942 年 11 月，李雪峰同志在六地委作发动群众与组织群众的报告

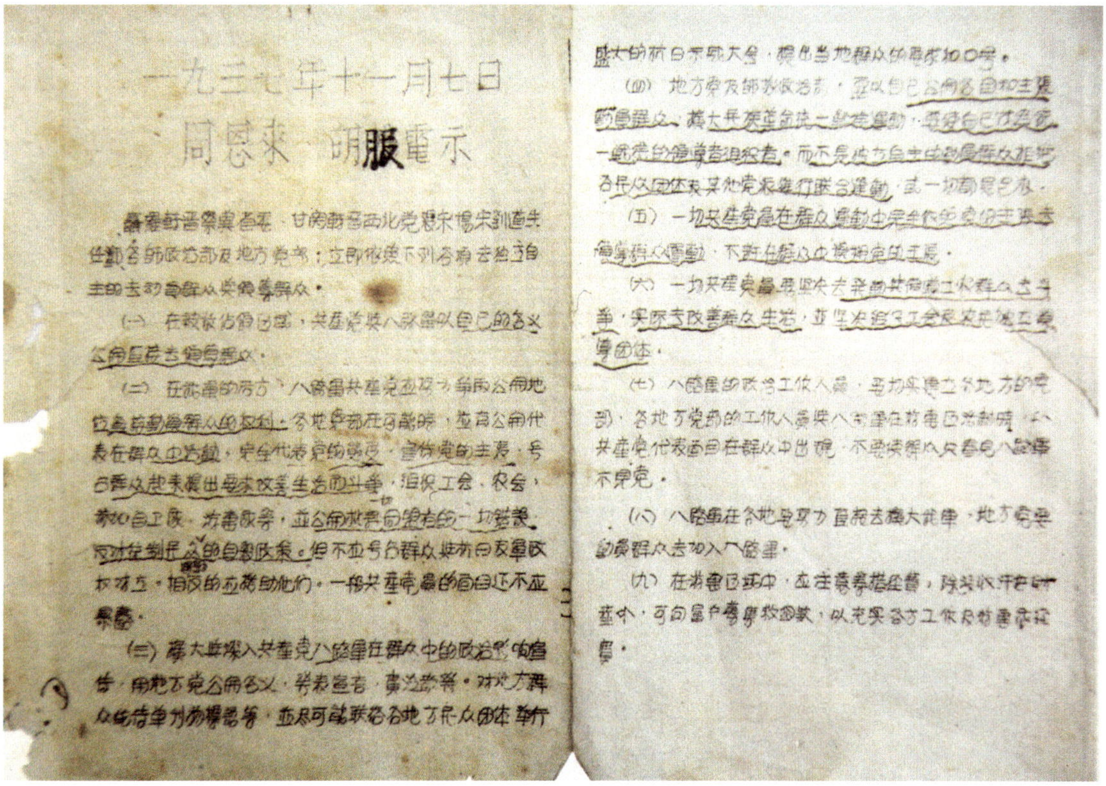

一九三七年十一月七日

周恩来、胡服電示

聶榮臻晉察冀省委、甘肅省委西北党報宋任窮劉道生各師政治部及地方党部：立即依照下列各項去独立自主的去动員群众與領導群众。

(一) 在統戰政府區域，共產党與八路軍以自己的名义公開區去領導群众。

(二) 在政府的后方，八路軍共產党应努力爭取公開地位去动員群众的权利。各地党部在可能時，应有公開代表在群众中活動，完全代表党的意見，宣傳党的主張，号召群众起來提出要求改善生活而斗爭，組織工会、农会、参加自衛隊、游擊隊等，並公開批評同盟者的一切錯誤反对壓制民众的自動政策。但不应号召群众起來反對政府和友軍，相反的应幫助他们。一般共產党員的面目还不应暴露。

(三) 擴大與深入共產党八路軍在群众中的政治影響宣傳，用紅不党公開名义，發表宣言，書信等等。对于广大群众的生活要求要……，並尽可能聯絡各地方民众团体举行盛大的抗日示威大会，提出当地群众的要求和口號。

(四) 地方党及部隊政治部，应以自己公開的面目独立自主的動員群众，擴大民族革命統一戰線運動，要使自己成為党一貫的領導者與組織者。而不是跟在人家的尾巴后去号召民众团体或其他党派進行聯合運動，或一切聽人家的。

(五) 一切共產党員在群众運動中完全依照党的主張去領導群众運動，不許在群众中隱藏党的主張。

(六) 一切共產党員要堅决去發動與领導工農群众去斗爭，實際去改善群众生活，並堅决組織工会農会與其他群众團体。

(七) 八路軍的政治工作人员，要切实建立各地方的党部，各地方党部的工作人员與八路軍在游擊區活動時，以共產党代表面目在群众中出現，不要使群众只看見八路軍不見党。

(八) 八路軍在各地要努力直接去擴大紅軍，地方党要動員群众去加入八路軍。

(九) 在游擊區域中，应注意募捐工作，除没收汉奸財產外，可向富户募捐救國款，以充实各方工作與游擊經費。

1937 年 11 月 7 日，周恩来、刘少奇电示聂荣臻及晋察冀省委等，在创建抗日根据地的过程中要自主地去动员群众与领导群众，坚持团结抗战

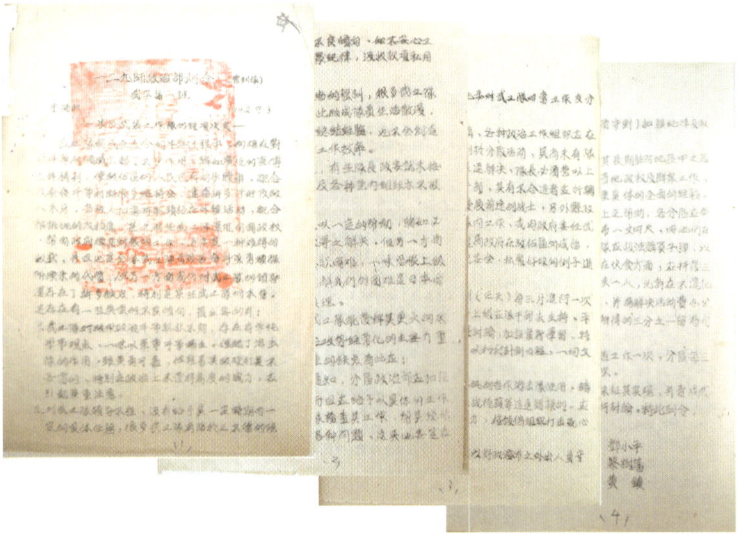

第 129 师政治部关于武装工作队领导问题决定的训令

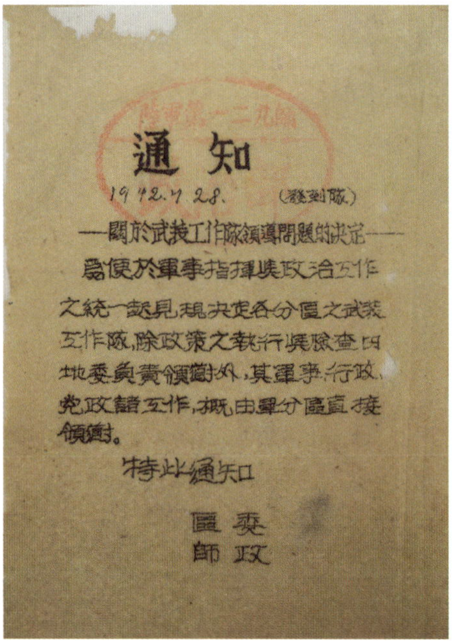

通知

1942.7.28.（發到隊）

——關於武裝工作隊領導問題的決定——

為便於軍事指揮與政治工作之統一起見，規定各分區之武裝工作隊，除政策之執行與檢查由地委負責領導外，其軍事行政、黨政諸工作，概由軍分區直接領導。

特此通知

區委

師政

第 129 师政治部关于武装工作队领导问题的决定的通知

1943 年，晋绥抗日根据地武工队伏击小股日军

太行山抗日根据地民兵

晋绥边区民兵

1944 年 6 月，民兵帮助部队赶做登城云梯（蔡尚雄 摄）

1940 年，晋察冀山地民兵用土枪土炮打击日军（沙飞 摄）

人民武装自卫队

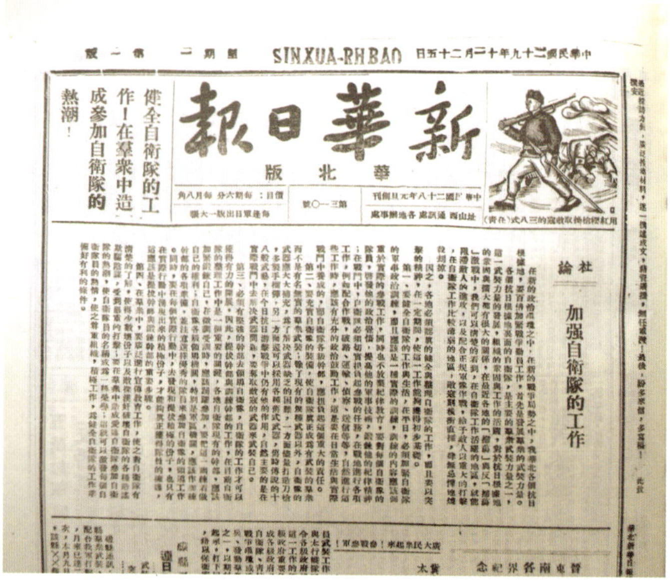

SINXUA-RHBAO

新華日報

華北版

健全自衛隊的工作！在羣衆中造成参加自衛隊的熱潮！

社論

加强自衛隊的工作

1940年11月25日，《新华日报》华北版刊登题为《加强自卫队的工作》的社论

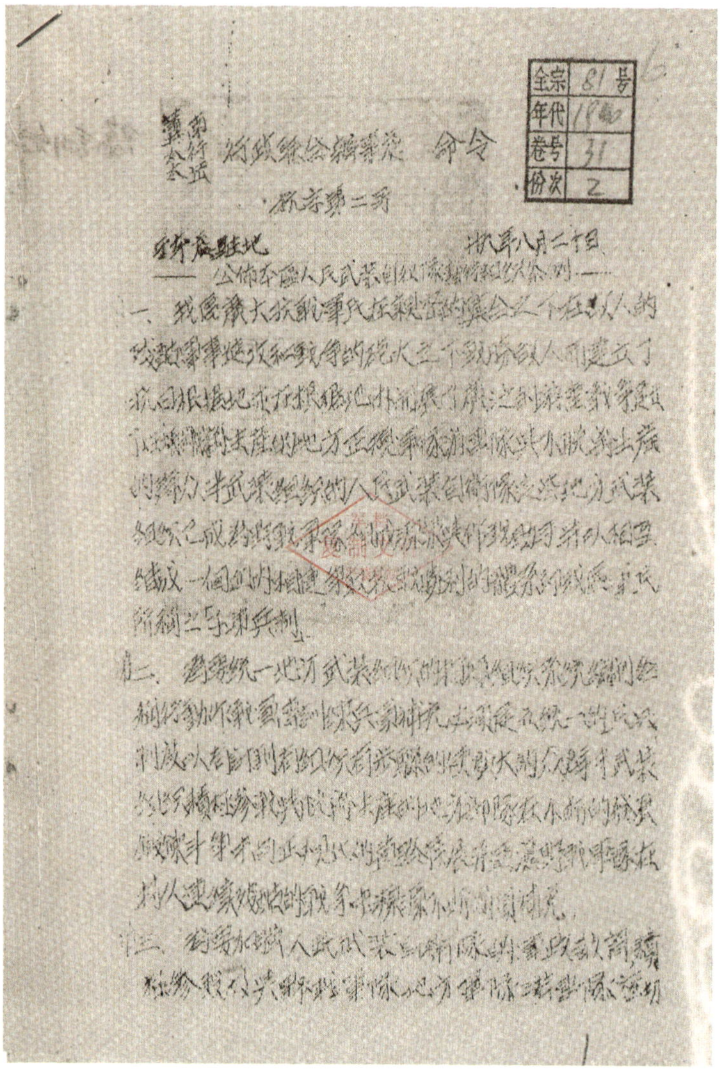

全宗	81 号
年代	1940
卷号	31
份次	2

命令

关于公布人民武装自卫队暂行组织条例的命令
（解放军档案馆馆藏）

1937 年，五台山僧俗抗日自卫队在八路军带领下进行军事训练（沙飞 摄）

1937 年冬，五台山僧俗抗日自卫队进行军训（沙飞 摄）

1942年，定南县本底村女民兵傍晚整队，准备在夜间摧毁敌人封锁沟（流萤 摄）

1939年，晋察冀边区妇女自卫队强大阵容（叶曼之 摄）

太行山抗日根据地妇女民兵

晋绥抗日根据地妇女先锋队在操练

太行区女民兵在接受检阅

1940 年，妇女抬担架救护八路军伤员

抗日根据地妇女为八路军缝制衣服

1938 年，五台县妇女给八路军运送子弹（沙飞 摄）

组织起来的抗日根据地妇女为反攻作战的八路军运送粮食

纳鞋歌（顾棣收藏）

晋察冀军区被服厂工人为前线八路军战士赶做军鞋（沙飞 摄）

妇女们为八路军洗衣服

妇女儿童编草帽（李途 摄）

1944 年，冀中白洋淀群众编制的草席

抗日根据地人民设立的八路军慰劳站

支援前线

1939 年，冀西涞源群众照顾八路军伤员
（罗光达 摄）

人民群众组织担架队运送伤员

子弟兵母亲戎冠秀在照顾八路军伤员

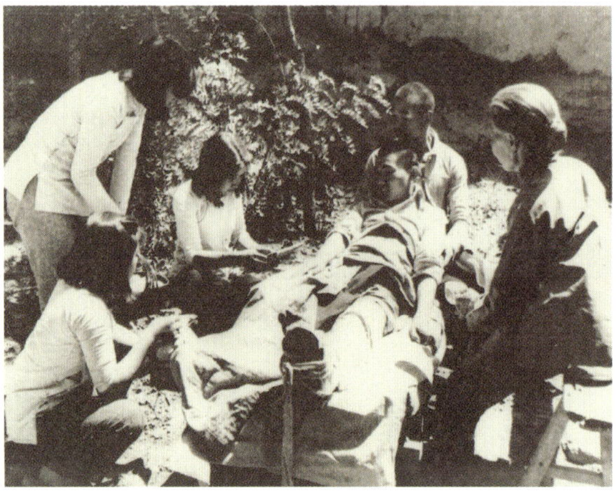

冀中妇女慰问八路军伤员（流萤 摄）

人民群众用最好的粮食支援军队

拆毁日军炮楼把木料搬回家

1939年，抗日战争两周年军民誓约大会在阜平县城东关大派山下隆重举行

修复铁路

晋察冀“平山团”

抗战时期的栗再温

抗日战争爆发后，身为冀西特委组织部长的栗再温，直接领导了平山县的抗日救亡运动。1937年秋，雁北失守，太原告急，八路军东渡黄河，王震带领第120师第359旅战地工作团到平山扩军时，栗再温领导冀西特委和平山县委全力以赴，仅用一月零三天，即动员1700余名青壮年参军，组建了著名的“平山团”，编为第359旅第718团。这个团作战勇敢、战绩突出，晋察冀军区特别嘉奖平山团，聂荣臻司令员亲自拟写嘉勉令，命名为“太行山上铁的子弟兵”。

栗再温

毛泽东、朱德检阅即将出征的第359旅第718团战士

送子参军

1942 年，平山县南社村青年刘汉兴（中共党员）带头参加志愿义务兵，入伍时与父母妻子告别（沙飞 摄）

1942 年，平山八区 165 名青年报名参加志愿义务兵（沙飞 摄）

沁水人民群众欢送自己的子弟参军

晋东南人民群众欢送新战士入伍

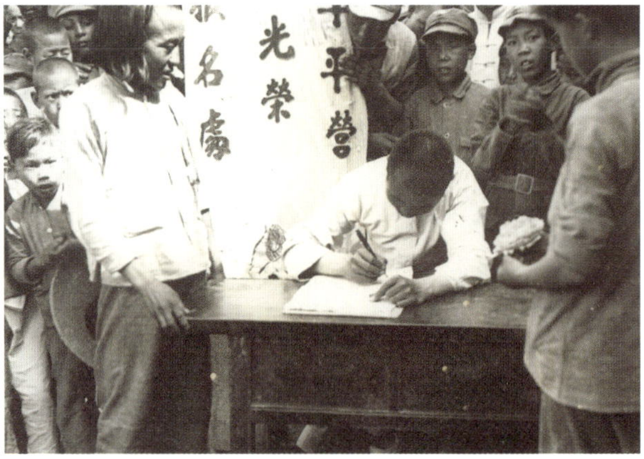

1939年6月，阜平营参军报名处（河北阜平土嶺村）

人民群众热烈欢送青年集体参加八路军

栗再温在冀西工作期间，始终把人民群众的冷暖放在心上，1939年冀西遭到百年不遇的洪灾，两万公顷土地被冲毁，边区人民政府紧急救灾，帮助群众度荒。栗再温夜以继日地工作，组织救灾、访问贫苦、指导抢险，把救灾款项和物资及时发放到群众手中，组织群众进行生产自救。他还首倡创立了平山县贸易局、消费合作社等组织，在沟通流通渠道、组织军需民用、支援对敌斗争等方面发挥了重要作用。平山县被晋察冀边区政府授予“抗日模范县”的光荣称号。

平山农业合作社的小车队（胡冰 摄）

1939年，晋察冀抗日根据地北岳区发生特大洪灾，八路军积极参加抗洪救灾活动，帮助群众修筑堤坝，重建滩地（叶曼之 摄）

1939年，冀西发生特大洪灾，两万公顷土地被冲毁，边区人民政府紧急救灾，帮助群众度荒

人民群众给抗日军人家属挂匾

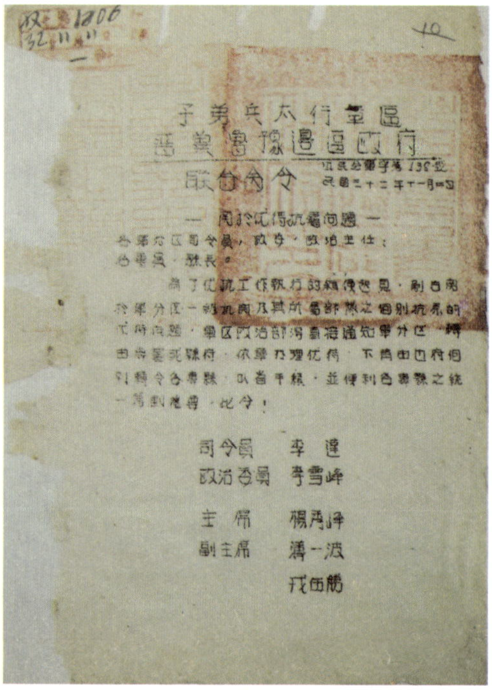

子弟兵太行軍區
晋冀魯豫邊區政府
聯合命令

民國三十二年十一月四日

——關於優待抗屬問題——

各軍分區司令員，政委，政治主任；
各專員、縣長。

司令員 李達
政治委員 李雪峰
主席 楊秀峰
副主席 薄一波
戎伍勝

太行军区、晋冀鲁豫边区政府关于优待抗属的联合命令

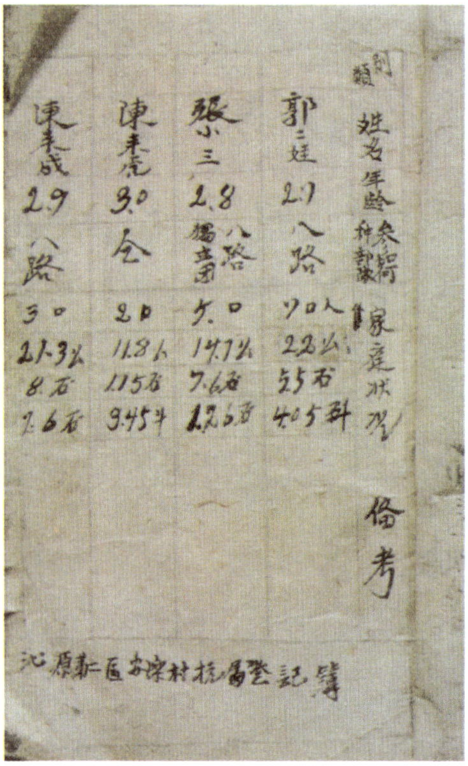

沁源第二區安樂村抗屬登記簿

姓名	年龄	参加何部隊	家庭状况				备考
郭二娃	27	八路	7口人	22亩	5.5石	40.5斗	
張小三	28	獨立團八路	5口	14.7亩	7.6石	[illegible]	
陳來虎	30	仝	2口	11.8亩	11.5石	9.45斗	
陳來成	29	八路	3口	21.3亩	8石	2.6石	

沁源县第二区安乐村抗属登记表

慰问抗日军人家属，给抗日军属送柴火

1942年，“五一”大扫荡后，日军在每个村庄都建立了岗楼据点，给八路军和地方干部的活动造成很大困难，八路军地下联络站的同志用妇女儿童“化装走亲戚”的办法，通过日军岗楼据点传递情报。

化装走亲戚给八路军送信（流萤 摄）

敌人从那边逃了

日军挖掘的“封锁沟”

鸡毛信

抗日战争时期，华北地区军民创造了一种特殊邮件。需要火速传递的公文、信件，就插上鸡毛作为标志，让送信人和收信人明确它的紧急性和重要性。

太行区武乡县地下女交通员魏留香

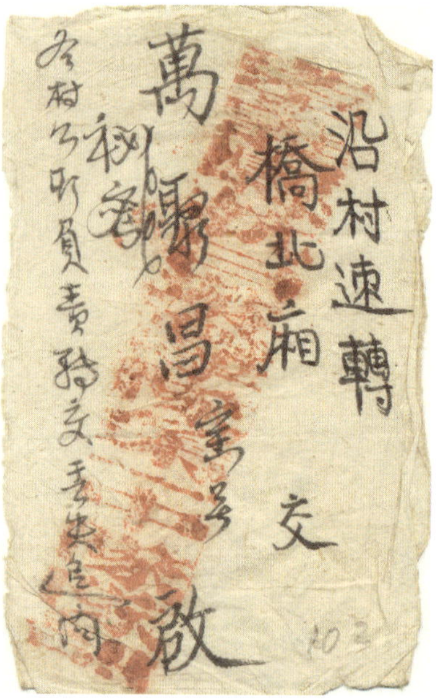
沿村速轉
橋北廂
萬錫昌
交
啟

自制白麻纸鸡毛信信封（高六模收藏）

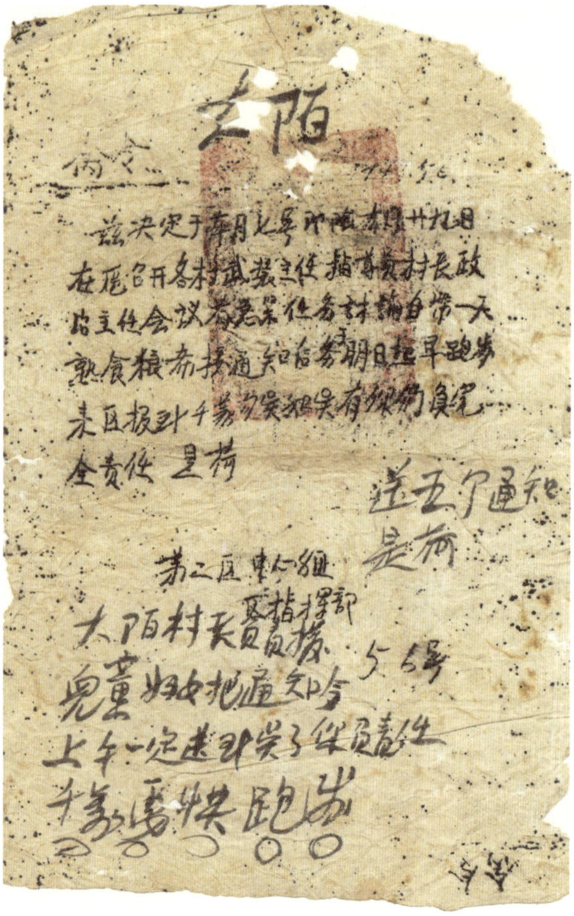

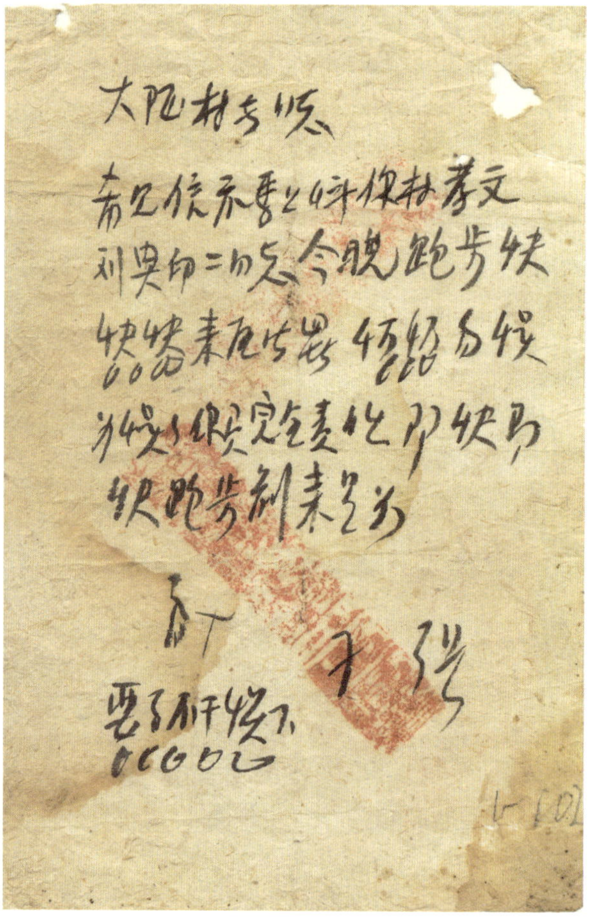

鸡毛信（高六模收藏）

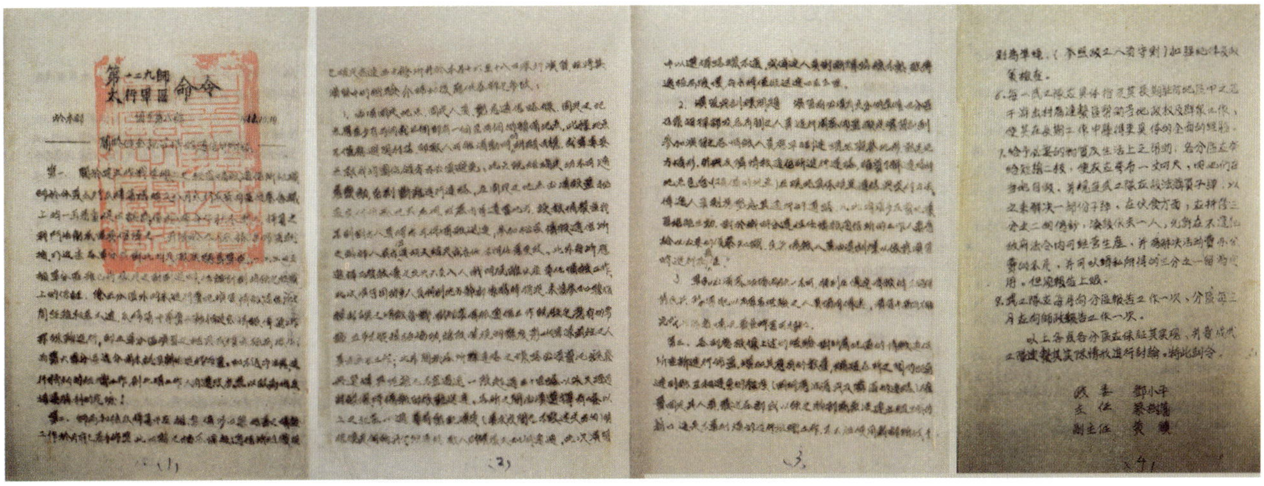

第 129 师、太行军区关于健全秘密情报通信所的指示

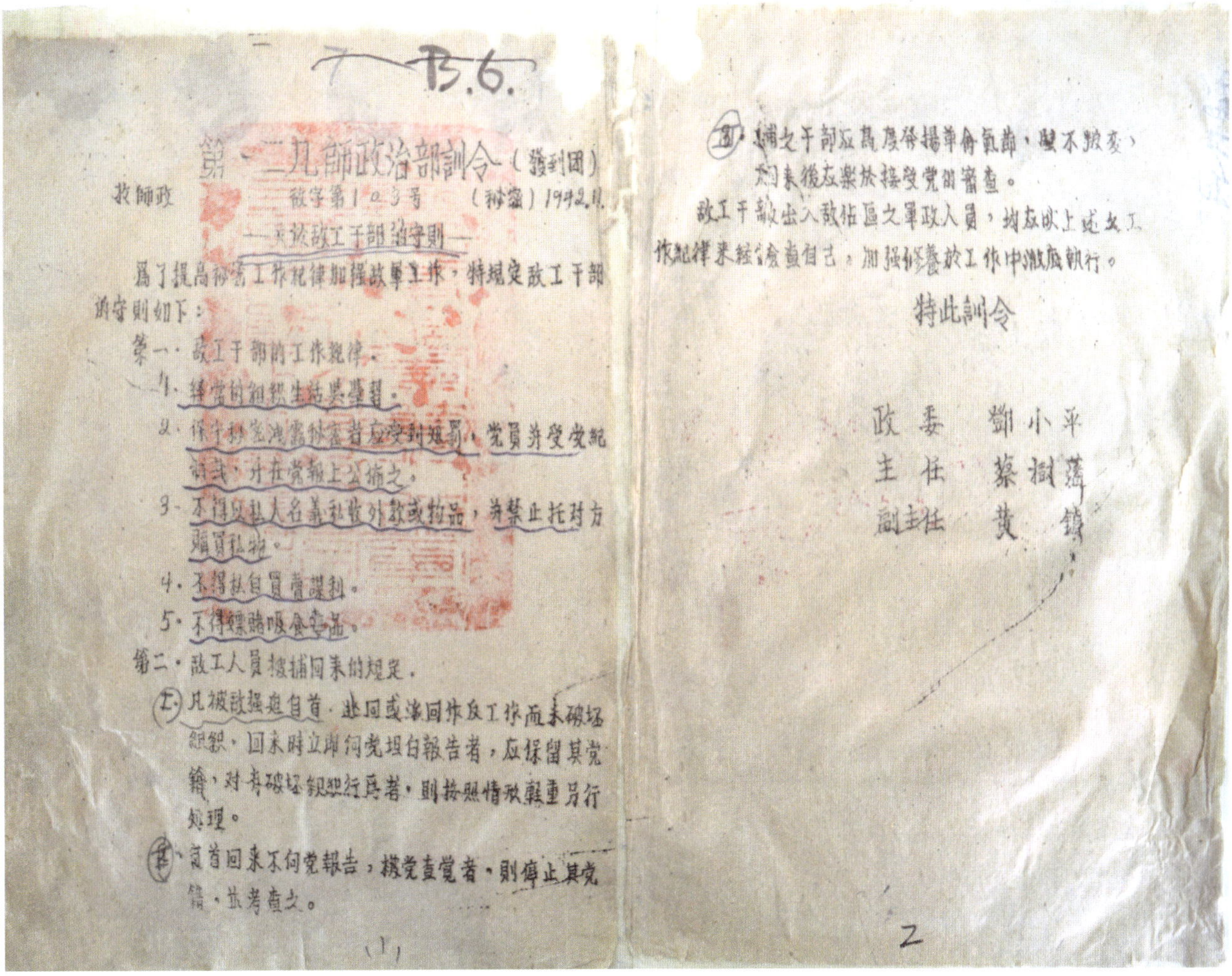

第一二九師政治部訓令（發到團）

政字第1 0 3号　（秘密）1942.1

——关於敌工干部的守則——

為了提高秘密工作紀律加强敌軍工作，特規定敌工干部須守則如下：

第一、敌工干部的工作紀律。

1、轉党的組织生活要嚴密。

2、保守秘密，泄露秘密者应受到处罰，党員并受党紀制裁，并在党報上公佈之。

3、不得以私人名義私收外款或物品，并禁止托对方購買私物。

4、不得私自買賣違禁品。

5、不得嫖賭吸食毒品。

第二、敌工人員被捕回来的規定。

（1）凡被敌捉起自首，逃回或派回作反工作而未破坏組织，回来时立即向党坦白報告者，应保留其党籍，对有破坏組织行為者，則按照情狀輕重另行处理。

（2）自首回来不向党報告，被党查覺者，則停止其党籍，並考查之。

（3）敌工干部应高度發揚革命氣節，堅不投敌，回来後应於接受党的審查。

敌工干部派出入敌佔區之軍政人員，均应以上述之工作紀律来經常檢查自己，加强修養於工作中澈底執行。

特此訓令

政委　鄧小平
主任　蔡樹藩
副主任　黄鎮

第 129 师政治部关于敌工干部的守则训令

战火中成长的抗日儿童团

抗日儿童团是广大抗日根据地在抗战中成立的儿童组织。儿童团的成立不仅给孩子的生活带去了乐趣和希望，同时壮大了抗日队伍的力量，为抗战胜利做出了巨大的贡献，培养了一大批优秀的革命接班人。

威武雄壮的抗日儿童团（赵烈 摄）

1940 年，晋察冀抗日根据地儿童团员查路条（沙飞 摄）

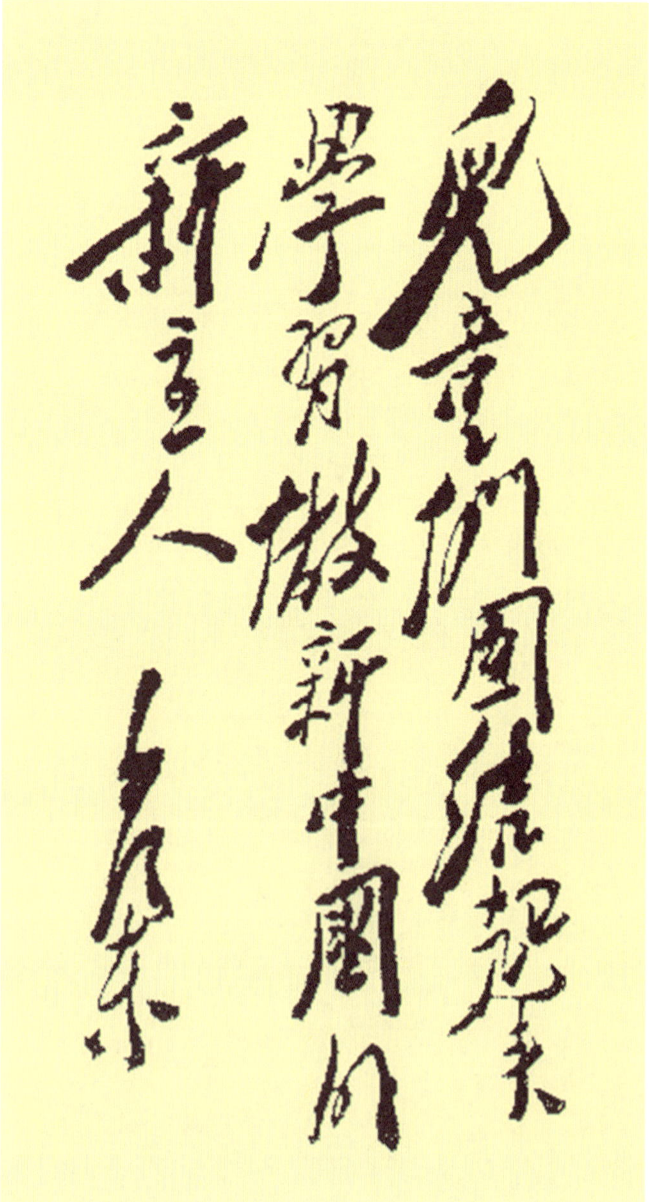

毛泽东为抗日儿童团题词：儿童们团结起来学习做新中国的新主人

1940年，晋察冀抗日根据地儿童纪念“四四”儿童节，儿童团员上台讲话（赵烈 摄）

全副武装的抗日儿童团（赵烈 摄）

1938年6月，儿童团员为抗战前线八路军编织草帽（顾棣 摄）

1939年，儿童团员进行军事操练（沙飞 摄）

冀中儿童团员开讨论会（顾棣收藏）

民族小英雄：牛国才（左）、温三郁（右）（叶曼之 摄）

儿童游戏“烧炮楼”（顾棣收藏）

1940 年，站岗放哨的晋察冀模范抗日根据地儿童团（石少华 摄）

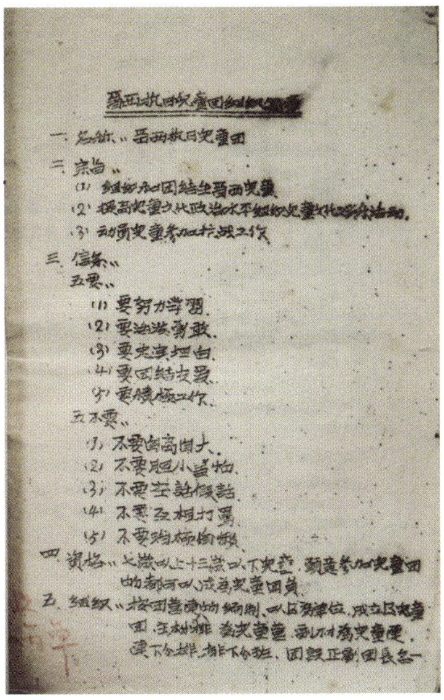

晋西抗日儿童团组织简章

一、名称：晋西抗日儿童团

二、宗旨：

(1) 组织和团结全晋西儿童。

(2) 提高儿童文化政治水平和儿童文化[illegible]活动。

(3) 动员儿童参加抗战工作。

三、信条：

五要：

(1) 要努力学习。

(2) 要活泼勇敢。

(3) 要忠实坦白。

(4) 要团结友爱。

(5) 要积极工作。

五不要：

(1) 不要自高自大。

(2) 不要胆小害怕。

(3) 不要扯谎假话。

(4) 不要互相打骂。

(5) 不要[illegible]。

四、资格：七岁以上十三岁以下儿童，愿意参加儿童团的都可以成为儿童团员。

五、组织：按行政[illegible]的编制，以区为单位，成立区儿童团，[illegible]儿童[illegible]，[illegible]为儿童连，连下分排，排下分班，团设正副团长各一

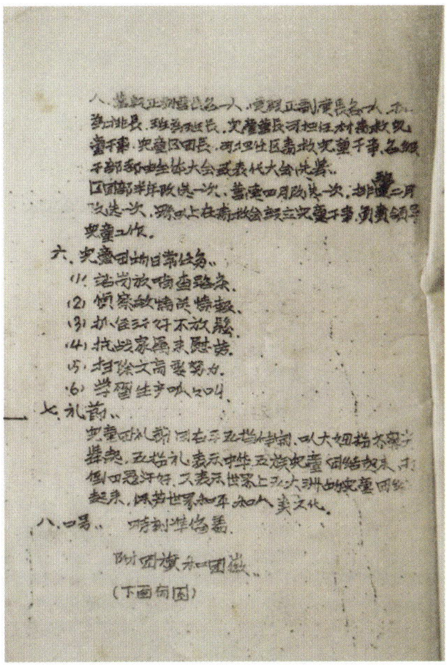

人，[illegible]正副指导员各一人，连设正副连长各一人，排设排长，班设班长。儿童连长可担任村青救儿童干事，儿童区团长可担任区青救儿童干事，各级干部都由全体大会或代表大会选举。

区团部半年改选一次，连每四月改选一次，排每二月改选一次，区以上在青救会设立儿童干事，负责领导儿童工作。

六、儿童团的日常任务：

(1) 站岗放哨查路条。

(2) 侦察敌情送情报。

(3) 抓住汉奸不放松。

(4) 抗战家属去慰劳。

(5) 扫除文盲要努力。

(6) 学习生产[illegible]。

七、礼节：

儿童团礼节用右手五指伸开，以大姆指[illegible]举起，五指礼表示中华五族儿童团结起来，打倒日寇汉奸，又表示世界上五大洲的儿童团结起来，保卫世界和平，加入[illegible]文化。

八、口号：时刻准备着。

附团旗和团徽。

（下面有图）

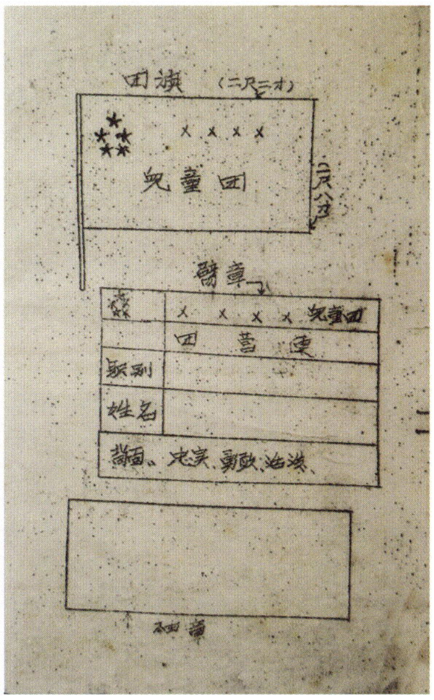

晋西抗日儿童团组织简章

1945 年 4 月，灵丘解放后，儿童怒劈日军堡垒木桩，发泄对日军烧杀抢掠的愤恨情绪（沙飞 摄）

人民子弟兵

晋察冀军区部队指战员在学习拥政爱民公约

晋察冀军区供给部被服厂工作人员赶制被服（沙飞 摄）

为战胜困难、减轻人民负担，八路军战士自己动手打草鞋

八路军战士认真执行三大纪律、八项注意，每到一处，都要把街道打扫得干干净净

1942 年，八路军在战隙帮助群众收割小麦（刘峰 摄）

1945 年春，八路军三纵队兼冀中军区第 9 军分区攻克新镇县城后，向群众宣传“公买公卖”及其他八路军政策，深受群众欢迎（流萤 摄）

第 129 师指战员同群众联欢

八路军帮助五台县群众修葺被日军烧毁的房屋，重建家园（蔡尚雄 摄）

1945年5月，八路军解放了日军在五台东北部制造的“无人区”后，人民政府向返回家园的群众发放救济粮（蔡尚雄 摄）

开仓济贫，把日军抢夺老百姓的粮食、财物还给受害群众

1939年，八路军帮助阜平群众重建家园（沙飞 摄）

部队借住民房，每天都把水缸加满

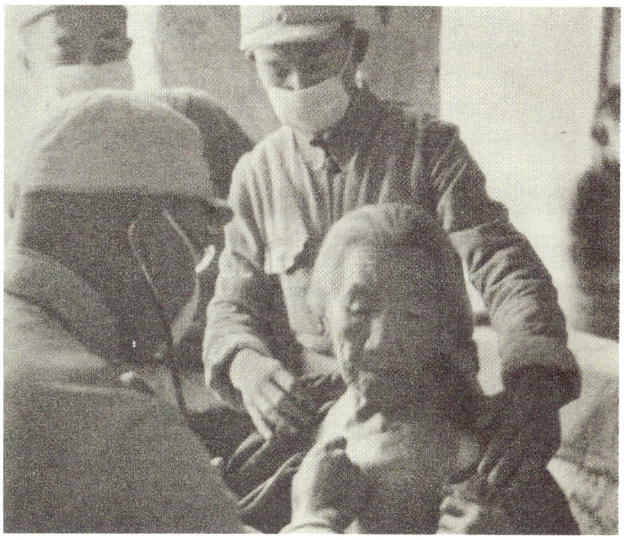

白求恩国际和平医院的医护人员给根据地老大娘看病

战士们帮助群众推碾子

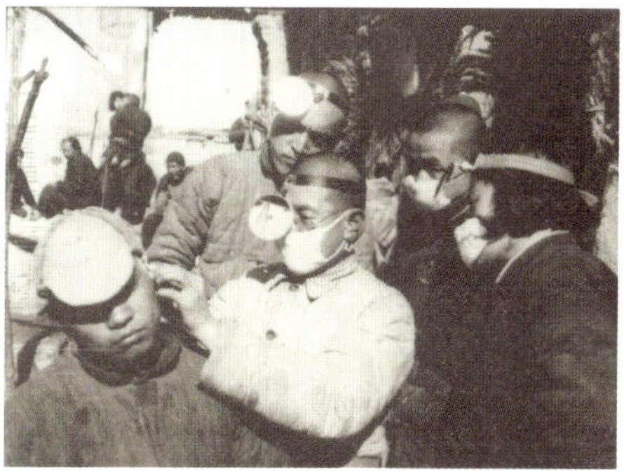

八路军医务人员给战士检查听力

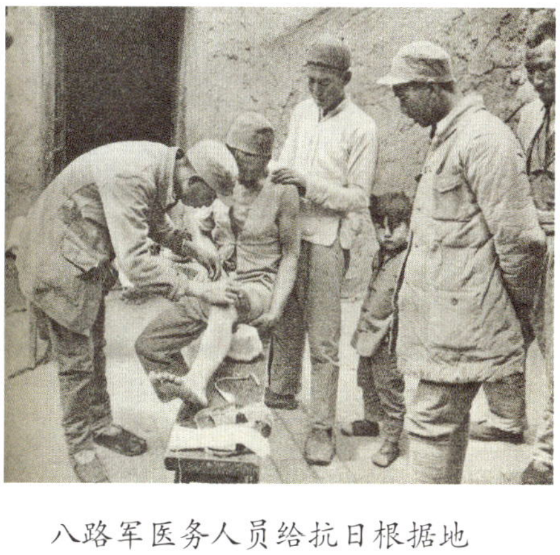

八路军医务人员给抗日根据地人民治病

杀敌、劳动英雄们在倾听领导人讲话

群英会

人民的战争，离不开人民的参与和支持。根据地广大军民创造了麻雀战、地雷战、窑洞战、破袭战、联防战、围困战等各种各样的对敌斗争形式，他们冲锋陷阵、奋勇杀敌，涌现出一批又一批声名大振的英雄模范人物。爆炸英雄李勇、拥军模范戎冠秀、小英雄温三郁、牛国才、陈玉芬……他们用热血铺就了一条抗日救国的英雄大道。这些名字组成了一个灿若星河的英雄方阵。1944 年 11 月，太行区第一届群英大会在黎城县南委泉村召开。

太行区第一届群英大会会场

1944 年，晋西北鲁豫边区政府副主席戎伍滕在太行第一届群英大会上讲话

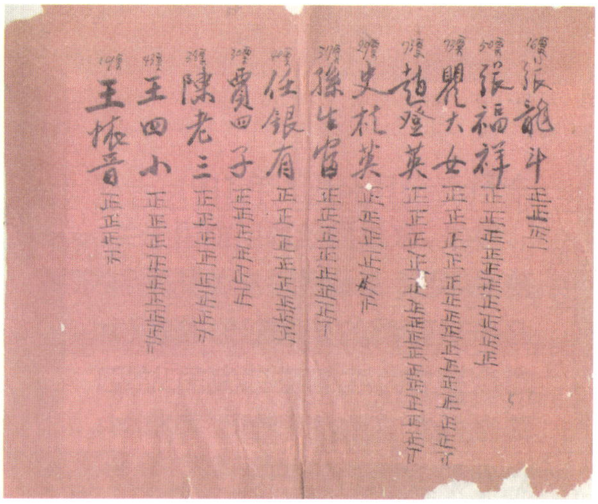

劳模名单及选票

劳动模范入场

杀敌英雄迈着整齐的步伐进入会场

1945 年 1 月，太岳行署和军区在沁水县联合召开群英大会

1944 年，太行区群英会展览一角

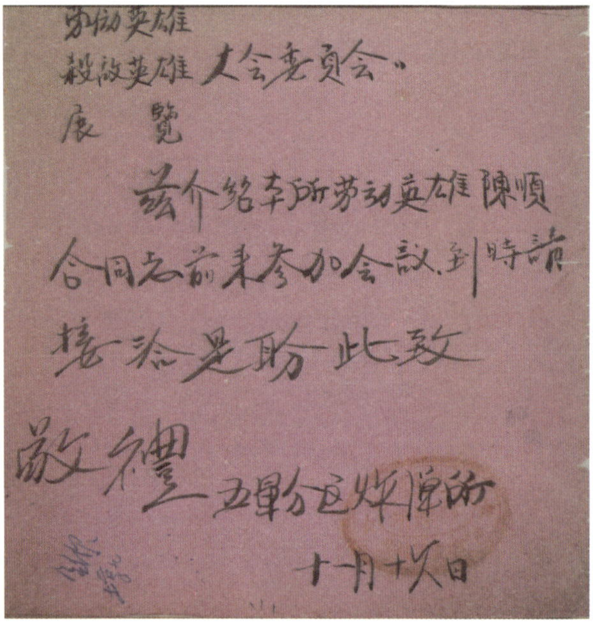
劳动英雄
殺敵英雄 大会委員会：
展覽
兹介紹本所劳动英雄陳順
合同志前来参加会議，到時請
接洽是盼此致
敬禮
五軍分區炸彈所
十月十八日

参加群英会展览介绍信

1944 年，太行区第一届群英会上展出缴获日军的武器（高帆 摄）

1944 年，太行区第一届群英会战绩展望馆外景（高帆 摄）

1943年，民兵爆炸英雄李勇在“反扫荡”中，带领阜平五丈湾民兵游击组，巧布地雷阵，炸死炸伤日军36人，炸毁日军汽车5辆，被授予“晋察冀边区爆炸大王”光荣称号。

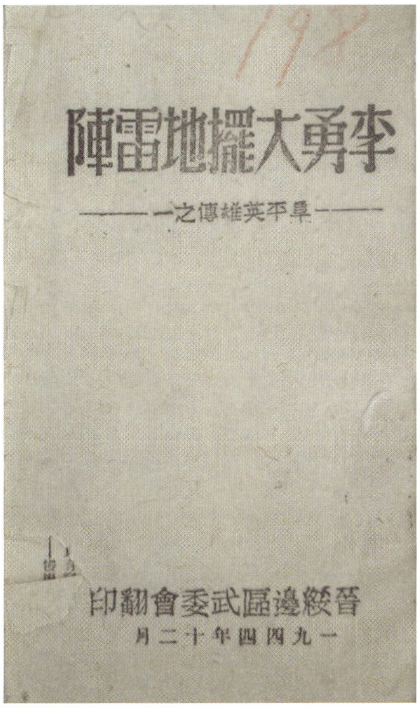
李勇大擺地雷陣

——阜平英雄傳之一——

晉綏邊區武委會翻印

一九四四年十二月

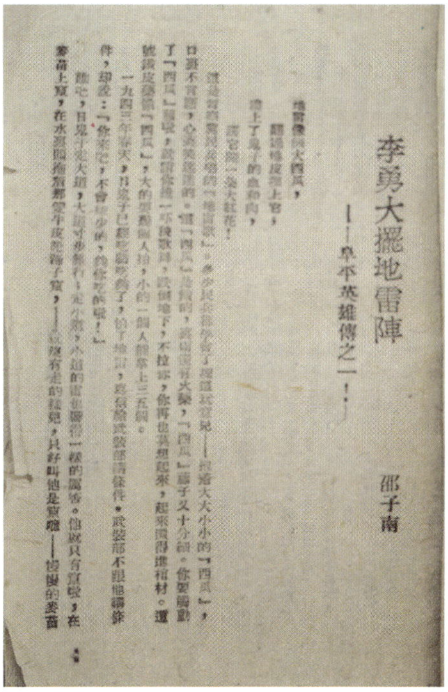
李勇大擺地雷陣

——阜平英雄傳之一——

邵子南

晋绥边区武委会翻印的《李勇大摆地雷阵》一书

爆炸英雄李勇

戎冠秀，带头送子参军，组织妇女做军鞋，搞生产，支援前线，救护伤员。1944年2月，在晋察冀边区群英会上荣获“北岳区拥军模范——子弟兵的母亲”光荣称号。

晋冀鲁豫边区民兵一等杀敌英雄关二如，
在太行区首届群英大会会余时间练习瞄准

在“沁源围困战”中涌现出来的“民兵神枪手”贺逢光

在“沁源围困战”中涌现出来的著名民兵杀敌英雄余文海

北岳区战斗英雄，左起：贾玉、赵致居、李殿庆、李三娃

太岳区特等杀敌英雄李德昌

太行区武乡县母子杀敌英雄王贵女和段满青

太行区地雷大王王来法

太岳区杀敌英雄、爆炸大王李土生

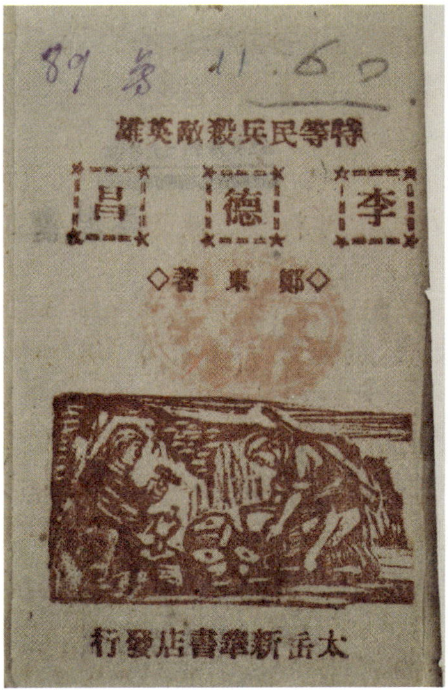

特等民兵殺敵英雄

李德昌

鄭東著

太岳新華書店發行

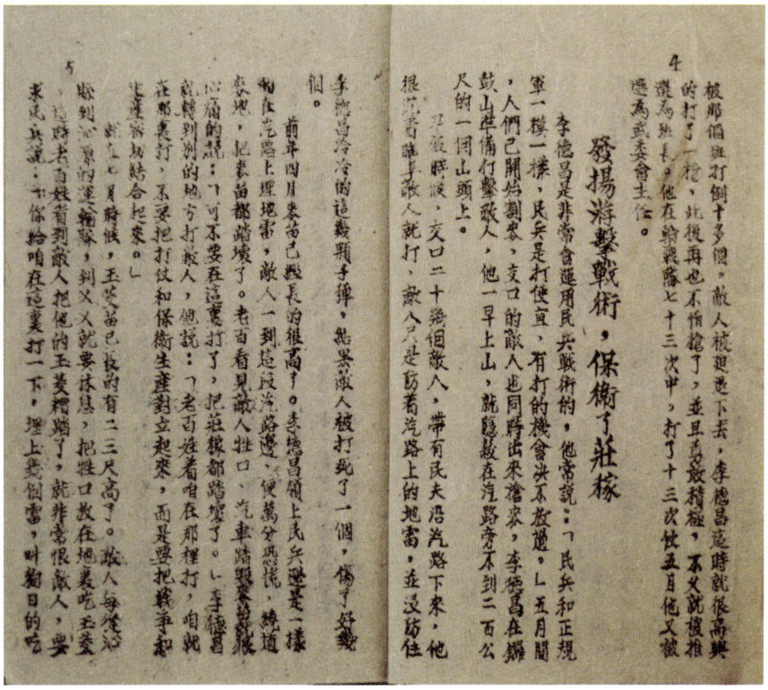

4

被那個班打倒十多個，敵人被迫退下去，李德昌這時就很高興的打了一槍，此後再也不怕槍了，並且最積極，不久就被推選為班長，他在幹隊七十三次中，打了十三次仗，五月他又被選為武委會主任。

發揚游擊戰術，保衛了莊稼

李德昌是非常會運用民兵戰術的，他常說：「民兵和正規軍一樣一樣，民兵是打便宜，有打的機會決不放過。」五月間，人們已開始割麥，交口的敵人也同時出來搶麥，李德昌在獅鼓山準備打擊敵人，他一早上山，就隱蔽在汽路旁不到二百公尺的一個山頭上。

[illegible]時候，交口二十幾個敵人，帶有民夫沿汽路下來，他根[illegible]手敵人就打，敵人只是防着汽路上的地雷，並沒防住

5

李德昌冷冷的這幾顆手彈，結果敵人被打死了一個，傷了好幾個。

前年四月麥苗已經長的很高了。李德昌領上民兵還是一樣的在汽路上埋地雷，敵人一到這段汽路邊，便萬分恐慌，總道麥地，把麥苗都踏壞了。老百姓看見敵人牲口、汽車踏[illegible]心痛的說：「可不要在這裏打了，把莊稼都踏壞了。」李德昌就轉到別的地方打敵人，他說：「老百姓看咱在那裡打，咱就在那裏打，不要把打仗和保衛生產對立起來，而是要把戰爭和生產密切結合起來。」

[illegible]七月時候，玉茭苗已長的有二三尺高了。敵人每從沁縣到沁源的運輸隊，到[illegible]就要休息，把牲口放在地裏吃玉茭，這時老百姓看到敵人把他的玉茭糟踏了，就非常恨敵人，要求民兵說：「你給咱在這裏打一下，埋上幾個雷，叫鬍日的吃

太岳新华书店发行的《特等民兵杀敌英雄李德昌》一书

1945年1月，在晋察冀边区第二届群英会上美军观察组杜穆克上校（中）和温三郁（右）、牛国才（左）两个抗日小英雄交谈（叶曼之 摄）

“三位小英雄”从右至左：温三郁、牛国才、陈玉芬（叶曼之 摄）

1942年2月，晋察冀军区战斗英雄邓世军（左）、民兵英雄“爆炸大王”李勇（右）和拥军模范戎冠秀（中）在一起

2. 深入敌占区，广泛宣传瓦解日军

八路军针对日军兵员成分变化以及心理特点，广泛组织力量调研和搜集日军情报，进行战场宣传，优待释放日军俘虏，建立日人反战同盟，开展了强有力的瓦解日军工作。为此，八路军制定了正确的对敌工作方针政策，对日俘的改造不仅仅是说服教育，更重要的是凭借自身优良作风和良好精神面貌的熏染，采用了俘虏教育俘虏及设立日俘专门学校的方式改造日俘。同时，抗日根据地军民还对日军发起了强大的政治攻势。他们进入敌占区广泛开展宣传活动，散发宣传品。

晋察冀抗日根据地在冀东举办了新日本建设学校，让放下武器的日军士兵到学校学习

八路军在火线上向日军喊话，开展对日军的政治攻势

八路军宣传员在敌据点内张贴布告

在抗战初期，八路军总司令部以朱德、彭德怀的名义发布了优待俘虏六项命令：

（1）不杀敌军俘虏，优待俘虏。

（2）不取俘虏财物，唯军用品应没收之。

（3）医治敌军伤兵。

（4）在可能条件下，将俘虏放回，并给路费。

（5）愿在我部队服务者，给予适当工作。

（6）不干涉俘虏的宗教信仰。

这六项命令提出了抗日战争时期党的俘虏政策的基本精神。

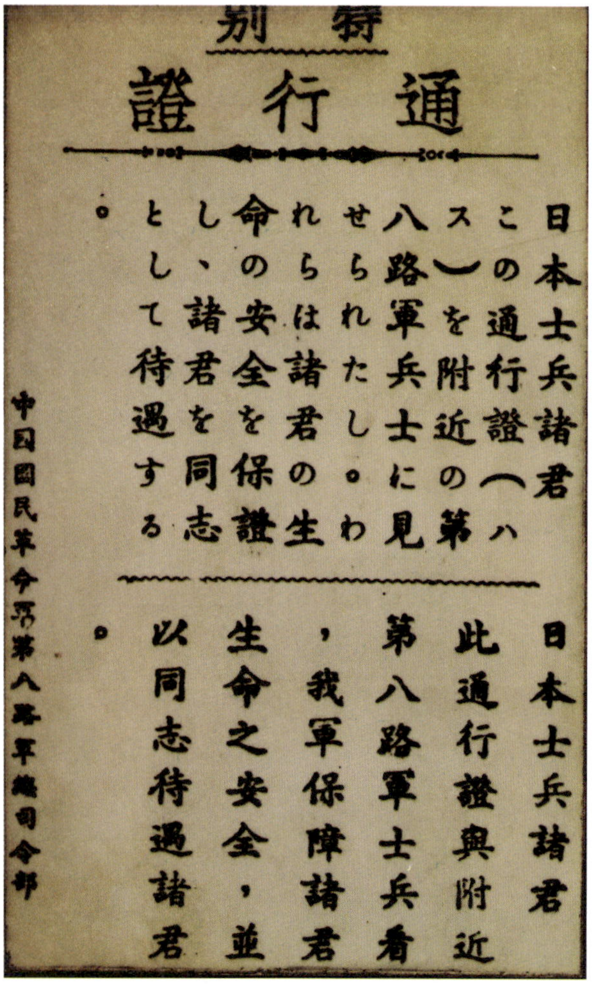

特別

通行證

日本士兵諸君

この通行證（パス）を附近の第八路軍兵士に見せられたし。われらは諸君の生命の安全を保證し、諸君を同志として待遇する。

日本士兵諸君

此通行證與附近第八路軍士兵看，我軍保障諸君生命之安全，並以同志待遇諸君。

中國國民革命軍第八路軍總司令部

八路军总部在王家峪为日本士兵觉醒联盟成员制定中日文对照的《特别通行证》

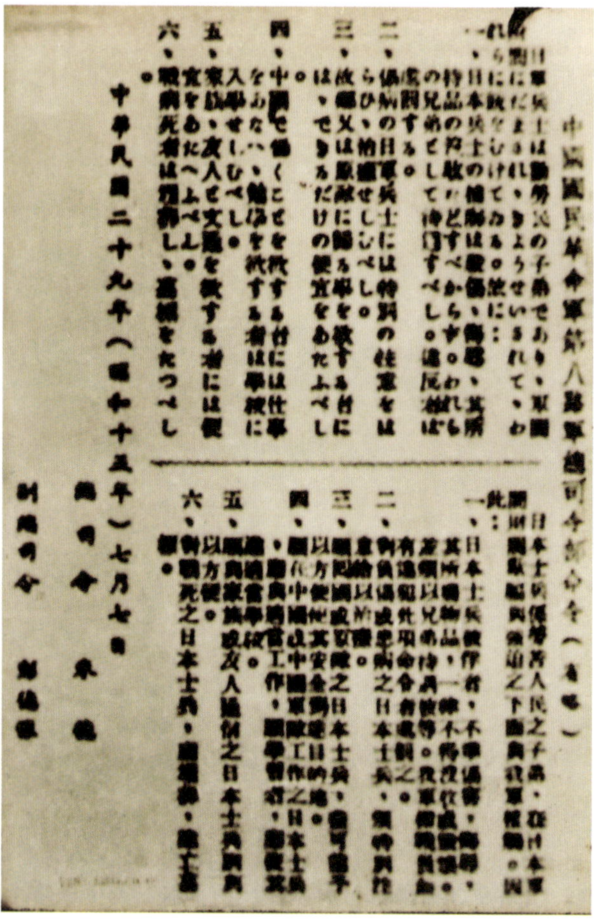

中國國民革命軍第八路軍總司令部命令

中華民國二十九年（昭和十五年）七月七日

總司令 朱德

副總司令 彭德懷

朱德、彭德怀在王家峪总部驻地签署的优待日军俘虏的命令

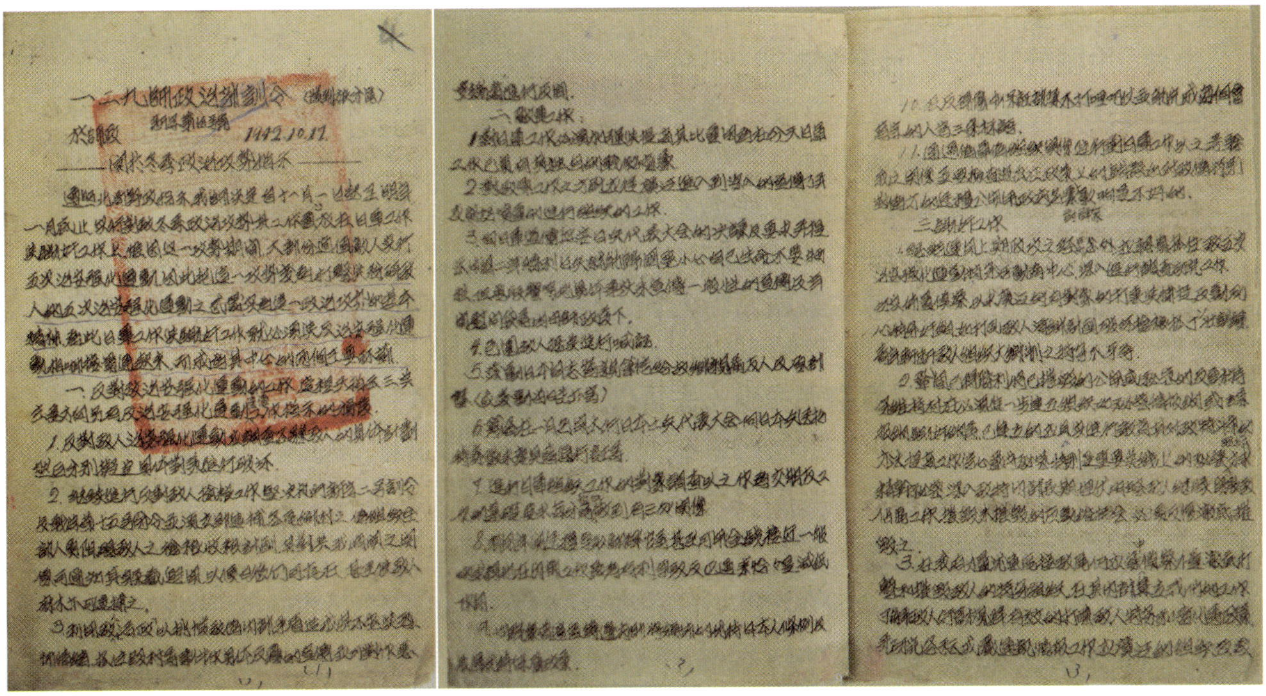

第 129 师政治部训令：关于冬季政治攻势指示

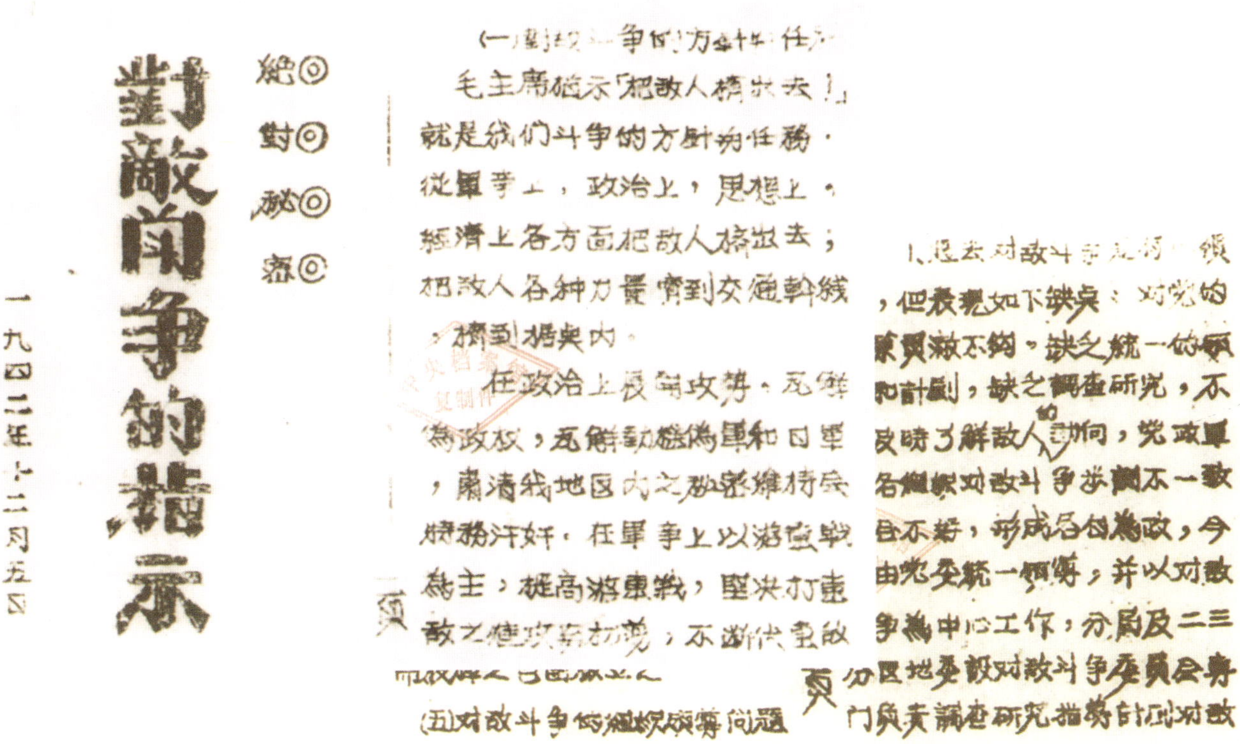
對敵鬥爭的指示

絕對秘密

一九四二年十二月五日

毛主席指示「把敵人擠出去！」就是我们斗争的方针和任務。從軍事上，政治上，思想上，經濟上各方面把敵人擠出去；把敵人各种力量擠到交通幹綫，擠到據點內。

(五)对敌斗争的組織領導問題

1942 年 12 月 5 日，晋绥分局关于对敌斗争的指示
（中央档案馆馆藏）

放下武器的日军士兵在观看八路军的宣传品

1943年，冀中八路军武工队在定安公路上给伪保安军人员发宣传品（流萤 摄）

1943年，冀中八路军武工队在定南、安国两县交界的码头村散发宣传品，瓦解日军、争取伪军反正（流萤 摄）

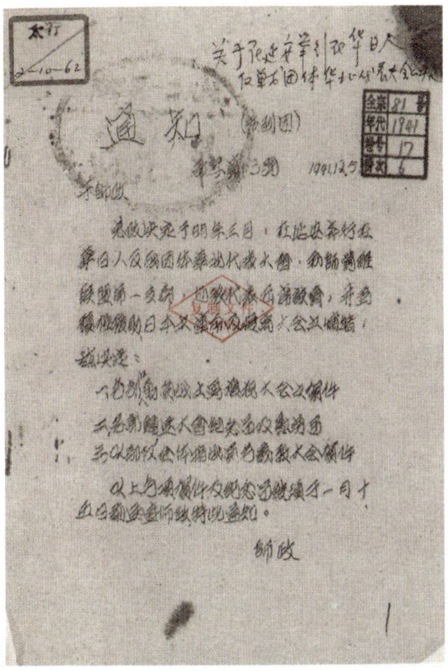
通知

師政

关于在延安举行在华日人反战团体华北代表大会的通知（解放军档案馆馆藏）

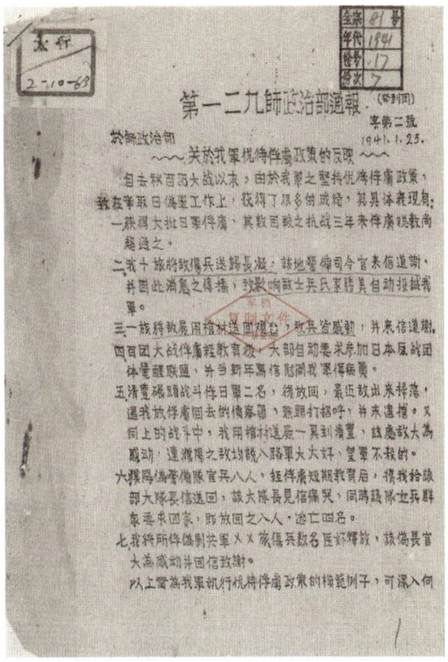
第一二九師政治部通報 字第二號

於師政治部 1941.1.25.

关於我軍优待俘虜政策的反映

自去秋百团大战以來，由於我軍之堅持优待俘虜政策，致在爭取日偽軍工作上，获得了很多的成绩，其具体表現為：

一、获得大批日軍俘虜，其數目較之抗战三年來俘虜總數尚超過之。

二、我十旅將敵偽兵送歸長凝，該地警備司令官來信道謝，并因此消息之傳播，致影响敵士兵民家屬莫自动投誠我軍。

三、一旅將敵屍用棺材送回榆社，敵兵皆感動，并來信道謝。

四、百团大战俘虜經教育後，大部自动要求參加日本反战团体覺醒联盟，并当新年寫信慰問我軍傷病員。

五、清豐礁頭战斗俘日軍二名，後放回，最近敵出來掃蕩，遇我放俘虜回去的偽森翁，就跟打招呼，并未還擊。又同上的战斗中，我用棺材送屍一具到清豐，該處敵大為感动，連濮陽之敵均說八路軍大大好，皇軍不殺的。

六、濮陽偽警備隊官兵八人，經俘虜短期教育后，携我給該部大隊長信送回，該大隊長見信痛哭，同時該隊士兵群來要求回家，所放回之八人，逃亡四名。

七、我將所俘偽剿共軍××旅偽兵數名送好釋放，該偽長官大為感动并回信致謝。

以上當為我軍執行优待俘虜政策的模範例子，可深入向

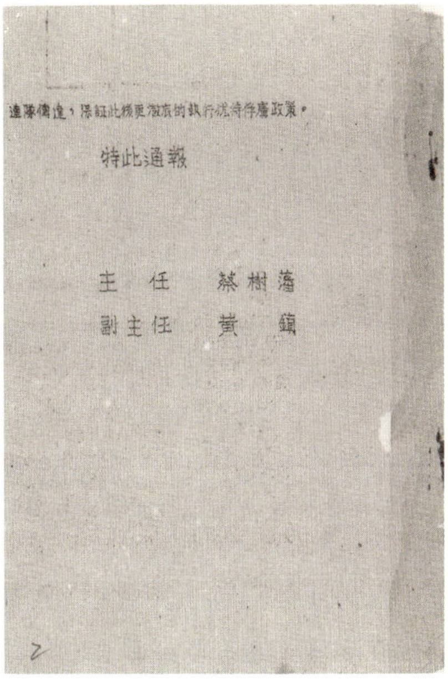
進隊備遣，保証此後更徹底的執行優待俘虜政策。

特此通報

主任 蔡樹藩

副主任 黄鎮

关于八路军优待俘虏政策的反映（解放军档案馆馆藏）

1939 年 5 月，八路军第 359 旅旅长王震（右 2）在对日军战俘阐明八路军政策

1938年，毛泽东在《论持久战》中又指出："对于日本士兵，不是侮辱其自尊心，而是了解和顺导他们的这种自尊心，从宽待俘虏的方法，引导他们了解日本统治者之反人民的侵略主义。"敌后根据地从上到下的干部和群众，在日俘的转变过程中也均作了大量的政治思想和人性关怀工作。

1939年，八路军第120师第359旅在山西繁峙神堂堡优待被俘日军士兵（顾棣收藏）

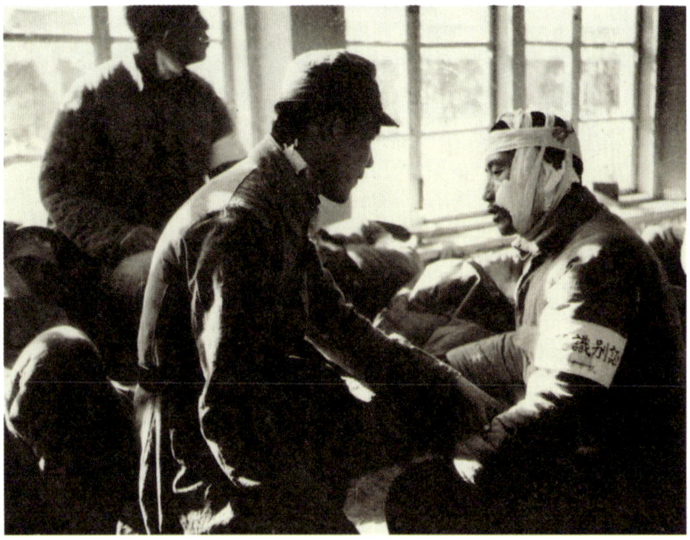

1945年11月，在晋察冀边区陆军医院，八路军医务人员对被俘日伪军伤员宣讲宽大政策（顾棣收藏）

"在华日人反战同盟"是世界战争史上的奇迹，一些觉悟了的日本士兵和日本俘虏，在中国共产党的努力争取下，脱离日本军队，成立了名为"在华日人反战同盟"的反战组织，为反对中日两国人民共同的敌人日本帝国主义，毅然加入中国人民反抗侵略战争的行列。

白晋战役中被俘的日本士兵在抗日根据地学习

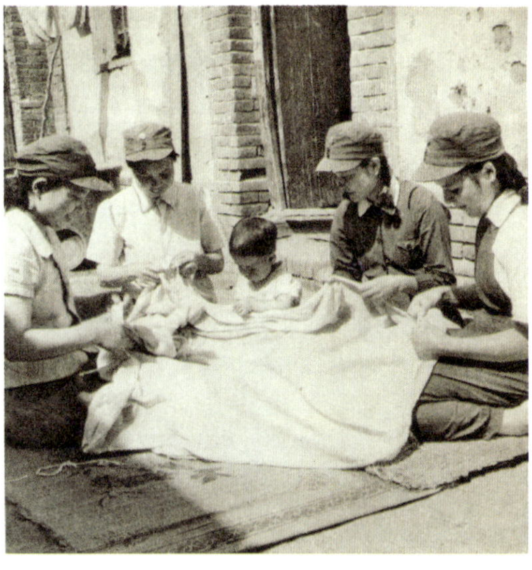

被俘日军的家属在抗日根据地参加缝补活动

1939 年 5 月，八路军第 120 师第 359 旅在灵丘上下细腰战斗中毙敌近千，俘虏一部，经教育阐明八路军政策后将他们释放。日俘感激八路军宽大政策，临行唱歌表达感激之情（沙飞 摄）

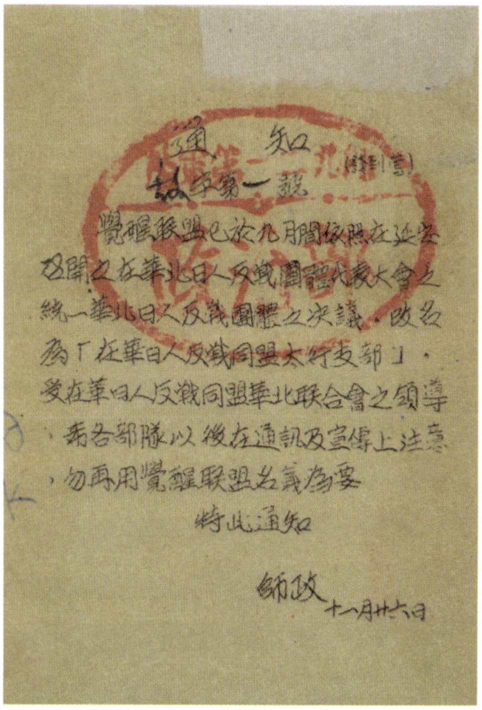

通 知

政字第一號

覺醒联盟已於九月間依照在延安召開之在華北日人反戰團體代表大會之統一華北日人反戰團體之決議，改名為「在華日人反戰同盟太行支部」，受在華日人反戰同盟華北联合會之領導，希各部隊以後在通訊及宣傳上注意，勿再用覺醒联盟名義為要

特此通知

師政 十一月廿六日

第 129 师政治部关于“觉醒联盟改名为在华日人反战同盟太行支部”的通知

抗日根据地军民欢送日俘回国

觉悟的日本士兵，自愿留在解放区参加反对日本法西斯战争的工作

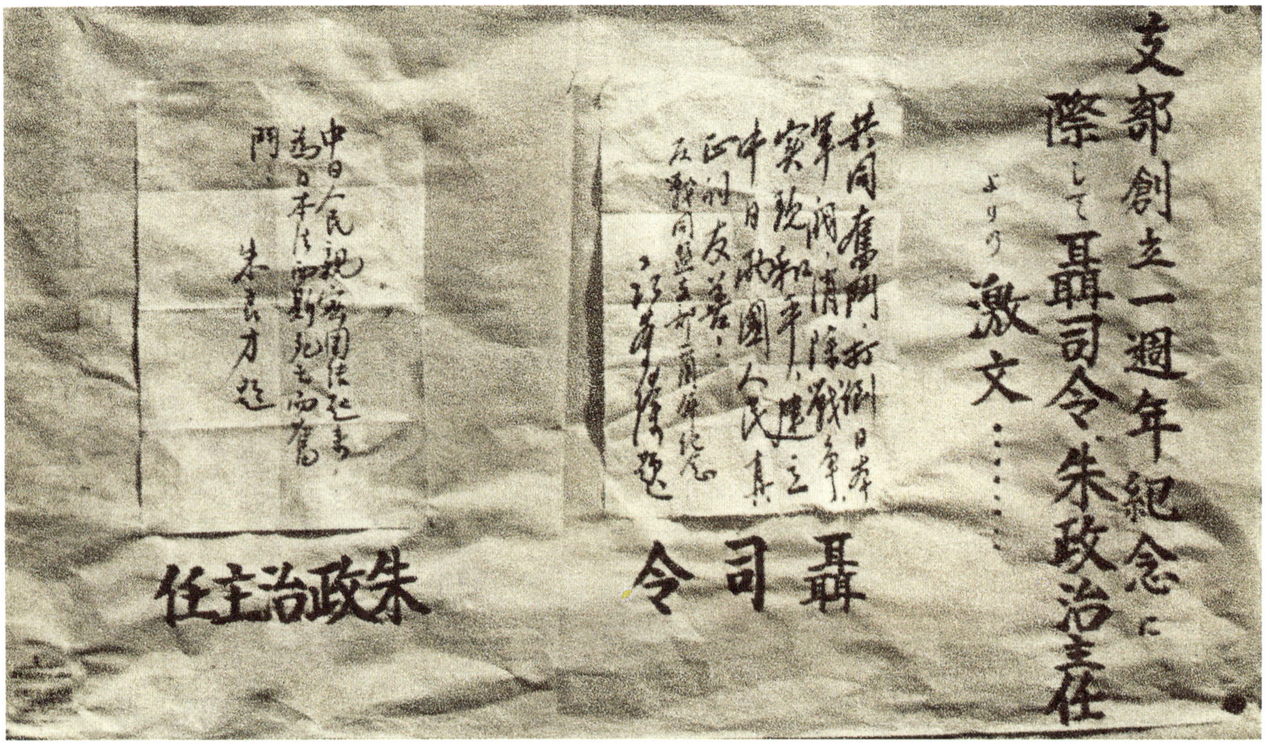
支部創立一週年紀念に際して聶司令、朱政治主任より激文……

共同奮鬥，打倒日本軍閥，消滅戰爭，實現和平，建立中日兩國人民真正的友善！
反戰同盟支部周年紀念
聶榮臻題

聶司令

中日人民親密團結起來
為日本人民新解放而奮鬥
朱良才題

朱政治主任

在华日人反战同盟晋察冀支部成立一周年时，司令员聂荣臻和政治部主任朱良才的贺词

日本觉醒联盟本部——武乡县枣林村旧址

1940 年，在华日人反战同盟支部成立两周年，支部成员表演剑术

日本觉醒联盟负责人杉本一夫（前田光繁）在关家垴前线向日军喊话

1943 年，日本觉醒同盟太行支部召开会议

反战同盟虽然在数量上比八路军少得多，但是在瓦解日军、战胜日军上却是一支必不可少的重要力量。它熟悉日军的内部情况，了解日军士兵的思想、语言、风俗习惯。他们利用日军中的同乡、朋友等关系，通过向日军据点喊话、通信、通电话、送慰问袋等方法，直接和日军士兵接近，在瓦解日军方面收到很好的效果。

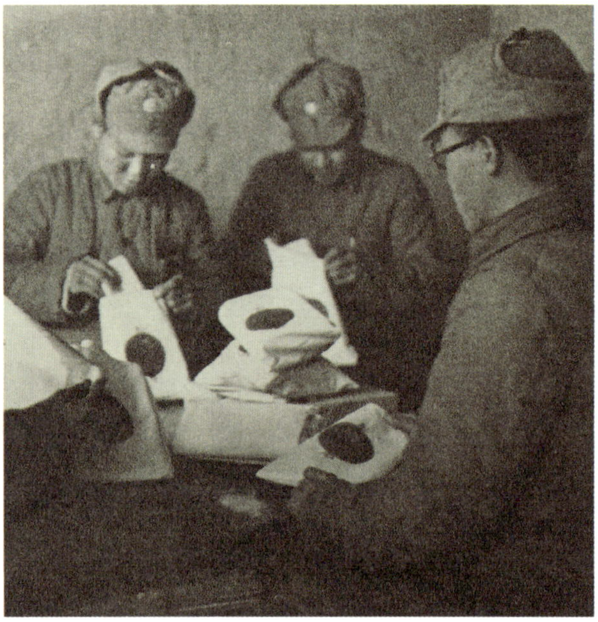

在华日人反战同盟，通过送给日军信件、慰问品等方式配合八路军瓦解日军工作

在华日人反战同盟的成员在分发自己编印的反战宣传品

聂荣臻将军与日本小姑娘

1940 年 8 月 20 日，八路军发起百团大战。当晋察冀军区部队进攻井陉煤矿时，在战火中救出了两位日本小姑娘，大的五六岁，小的还在襁褓之中，她们的父母在炮火中已经身亡，聂荣臻当即指示将这两个孩子送到军区指挥所来。在指挥所里，聂荣臻亲手削雪花梨喂给大的小姑娘吃，然后，又疼爱地抱起那个正在熟睡的小女孩，让警卫员赶紧抱到村里，设法找正在哺乳期的妇女给孩子喂奶，还指示军区的医生为她治伤。那个大一点的小姑娘则一直跟在聂荣臻身边，常常用小手拽着聂荣臻的裤腿，走到哪里跟到哪里。

1940 年，在井陉东王舍煤矿的战火中救出的日本小女孩美穗子同聂司令员合影（沙飞 摄）

战斗中八路军收复的井陉煤矿

八路军给日本小女孩美穗子喂饭（沙飞 摄）

日本小女孩美穗子在吃聂司令洗的梨（沙飞 摄）

聂司令员和日本小女孩美穗子亲切交谈的情景
（沙飞 摄）

八路军托人将日本小姑娘送回日军司令部
（沙飞 摄）

由于战事紧张，边区的环境不仅艰苦，而且日军‘扫荡’频繁，部队经常转移，照顾两个小孩子，将有不少困难，而且，两个孤苦伶仃的孩子，留在异国他乡，只剩姐妹二人，不在本国的土地上，将来会给她们造成痛苦。想来想去，聂荣臻决定把她们送回国。

聂荣臻是军事家也是位政治家，在送回俩姐妹的问题上，也没有忘记做日军的政治工作。当天夜里，他写了封给“日本军官长、士兵诸君”的信。

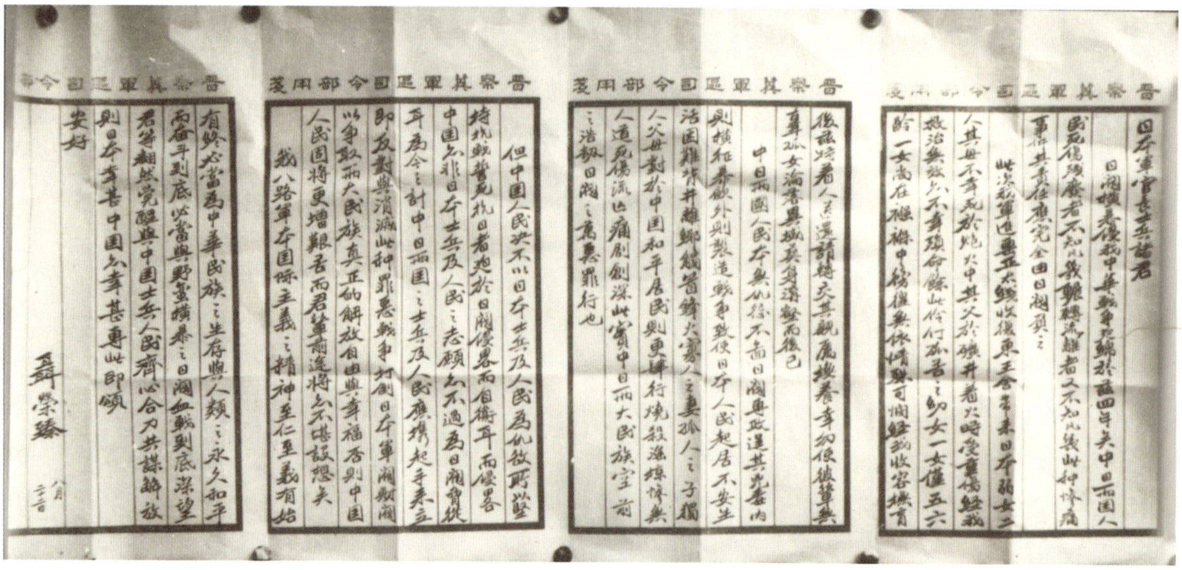

晉察冀軍區司令部用箋

日本軍官長士兵諸君
日閥橫暴，侵我中華，戰爭延綿於茲四年矣。中日兩國人
民死傷殘廢者不知凡幾，輾轉流離者又不知凡幾，此種慘痛
事件，其責任應完全由日閥負之。
此次我軍進襲正太線，收復東王舍，帶來日本弱女二
人，其母不幸死於炮火中，其父於礦井着火時受重傷，經我
救治無效，亦不幸殞命。餘此伶仃孤苦之幼女，一女僅五六
齡，一女尚在襁褓中，彷徨無依，情殊可憫。經我收容撫育

晉察冀軍區司令部用箋

後，茲特着人送還，請轉交其親屬撫養，幸勿使彼等無
辜孤女淪落異域，[illegible]而後已。
中日兩國人民本無仇怨，不圖日閥專政，逞其兇毒，內
則橫征暴斂，外則製造戰爭，致使日本人民起居不安，生
活困難，背井離鄉，觸冒烽火，寡人之妻，孤人之子，獨
人父母，對於中國和平居民，則更肆行燒殺淫掠，慘無
人道，死傷流亡，痛劇創深，此實中日兩大民族空前
之浩劫，日閥之萬惡罪行也。

晉察冀軍區司令部用箋

但中國人民決不以日本士兵及人民為仇敵，所堅
持抗戰者，[illegible]抗日者也，於日閥侵略而自衛耳，而侵略
中國者，非日本士兵及人民之志願，亦不過為日閥所脅從
耳。為今之計，中日兩國之士兵及人民應攜起手來，立
即反對與消滅此種罪惡戰爭，打倒日本軍閥財閥，
以爭取兩大民族真正的解放自由與幸福，否則中國
人民固將更增艱苦，而君等前途將亦不堪設想矣。
我八路軍本國際主義之精神，至仁至義，有始

晉察冀軍區司令部用箋

有終，必當為中華民族之生存與人類之永久和平
而奮鬥到底，必當與野蠻橫暴之日閥血戰到底。深望
君等翻然覺醒，與中國士兵人民齊心合力，共謀解放，
則日本幸甚，中國幸甚。專此，即頌
安好
聶榮臻
八月二十二日

1940 年 8 月，聂荣臻司令员给日军官长士兵写信，要求他们保护和哺养八路军救出的日本孩子

这封信共 800 多字，大义凛然，历数日军暴行，明确说明侵华战争是日本军阀发动的，战争使中日两国人民都深受其害，信中说：4 年来“中日两国人民死伤残废者不知凡几，辗转流离者又不知凡几，此种惨痛事件，其责任应完全由日阀负之。……中日两国人民，本无仇怨，不图日阀专政，逞其凶毒，内则横征暴敛，外则制造战争，致使日本人民起居不安，生活困难，背井离乡，触冒烽火，寡人之妻，孤人之子，独人父母，对于中国和平居民，则更肆行烧杀淫掠，惨无人道，死伤流亡，痛剧创深。此实中日两大民族空前之浩劫，日阀之万恶罪行也。”号召日军官兵与中国人民一起，共同反对这场侵华战争。信没有封口，为的是使经手的日军官兵都能看到。

40 年后，1980 年 7 月 14 日上午，聂帅在人民大会堂新疆厅会见了美穗子全家。1986、1989 年，美穗子又两度随日中友好访华团访华。聂帅救助日本孤女的佳话传遍了全世界。

聂司令员和美穗子亲切交谈的情景

3. 创建新金融，有利支援持久抗战

加强抗日根据地的经济建设，是中国共产党领导抗日军民坚持长期敌后抗战的重要基础。毛主席在 1942 年的《抗日时期的经济问题和财政问题》中，明确提出：“发展经济，保障供给，是我们的经济工作和财政工作的总方针”。山西作为八路军抗战的立足点和出发地，最早创建了抗日银行，最早发行了抗日战争时期的货币，保障了八路军与抗日根据地人民的军需民用，有力支援了抗日战争、改善了人民生活和巩固了抗日民主政权。

特載
抗日根據地的財政經濟建設
彭德懷

1940 年 1 月 29 日，《新华日报》刊登彭德怀同志的《抗日根据地的财政经济建设》一文

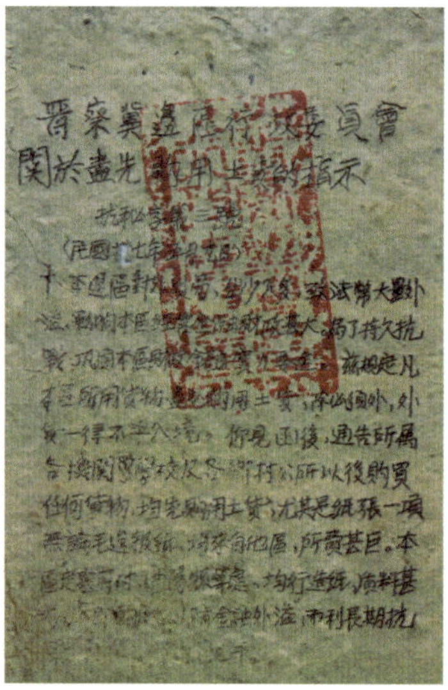

晋察冀边区行政委员会关于事先购用土货的指示（高六模收藏）

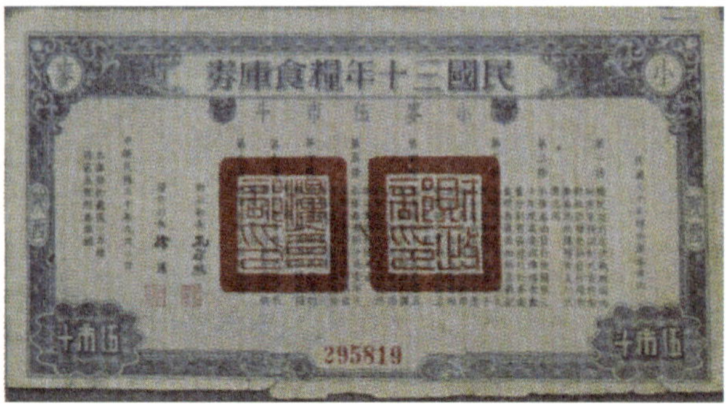

1941 年粮食库券（高六模收藏）

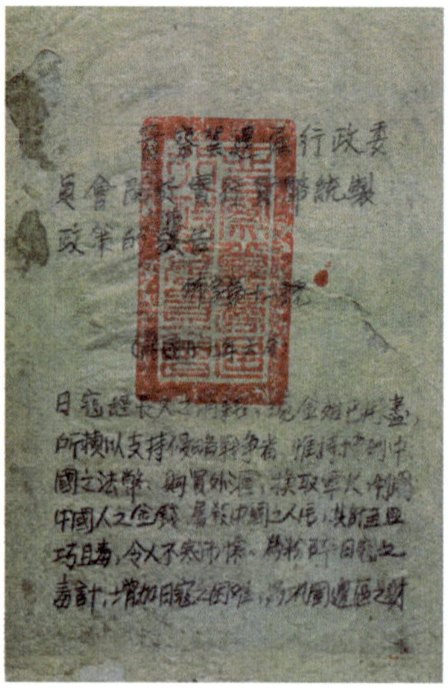

晋察冀边区行政委员会关于实行货币统治政策的报告（高六模收藏）

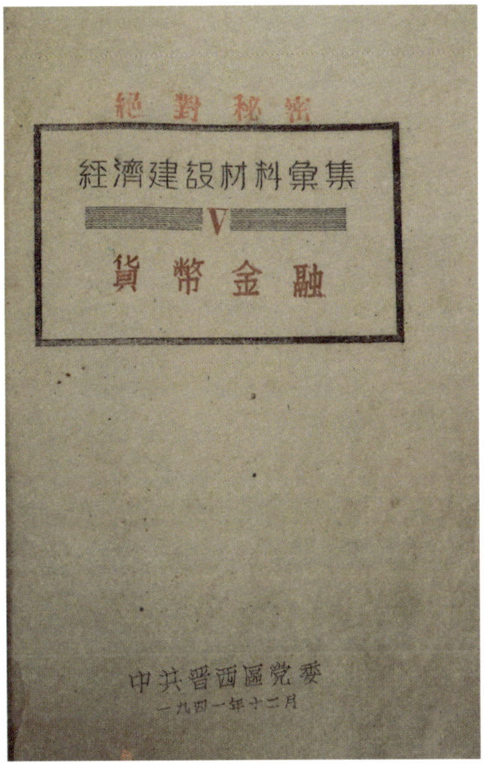

日军占据山西后，开设大批银行滥发伪钞（仅山西就有：伪蒙疆银行、伪中国联合准备银行、山西实业银行、山西省储蓄局、山西省合作社联合社，还有日军的随军朝鲜银行等），伪钞侵入八路军在山西刚刚开辟的三大根据地，大量物资与钱财被日军掠夺，此时的国民党及第二战区在华北的银行随战事发展携资金相继南撤，山西及周边城市经济金融高度恐慌，民生凋蔽，人民极度贫困。根据地军民在党的领导下，克服一无所有的困难，着手创建抗日银行，展开与日伪针锋相对的斗争。

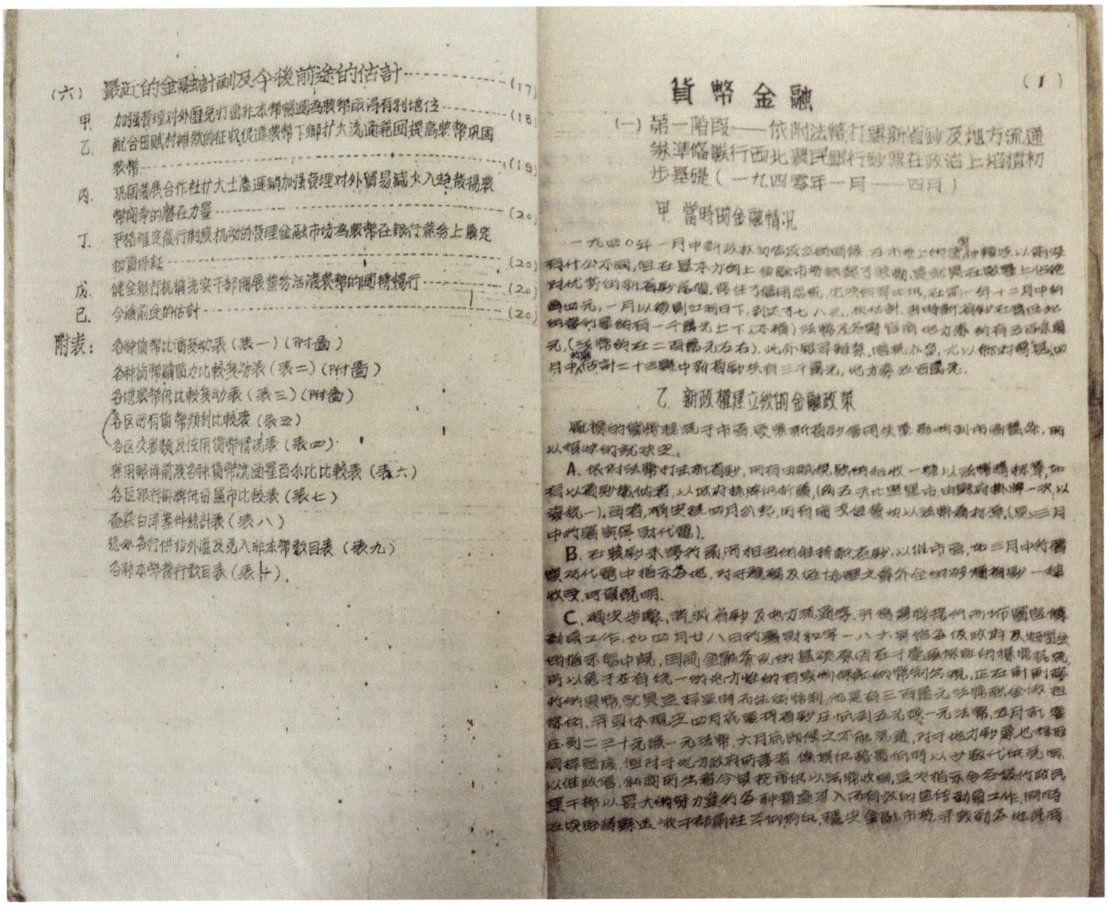

1941 年 12 月，中共晋西区党委发行的“货币金融”资料

刘少白——兴县农民银行行长

最早的抗日银行
——晋绥根据地的兴县农民银行

1937年9月，开明绅士刘少白奉党之命返回兴县，首先把自已全部资金拿出，并动员富户牛友兰等凑足3万多银元作为股份金，在晋西北办起中国共产党最早的抗日银行——兴县农民银行，刘少白亲自任行长。

给农民银行捐款的牛友兰

刘少白在兴县农民银行的办公室

兴县农民银行旧址

兴县农民银行印刷厂——兴县城内

抗日银行联合工商、贸易、民兵等单位查抄假币、毒品等的缉私证

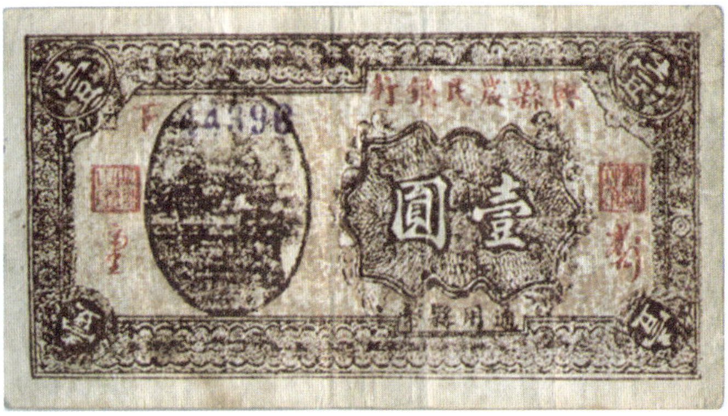

1938 年，兴县农民银行发行的一元券

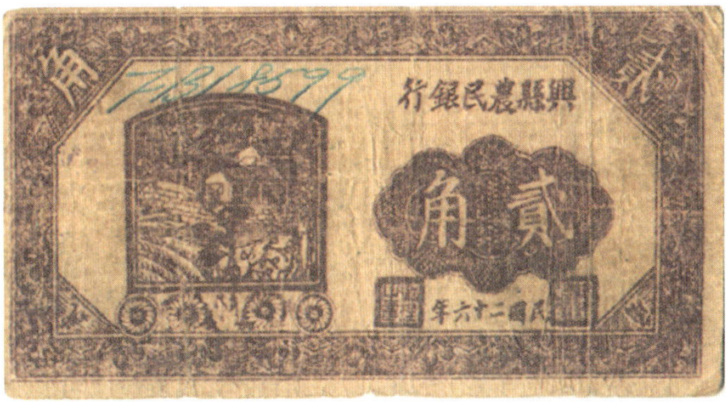

1937 年，兴县农民银行发行的二角券，因当时印刷厂没有号码机，货币的编号都是职工手写的

西北农民银行
——晋绥根据地的经济命脉

1940年5月10日，晋西北行政公署在原兴县农民银行的基础上扩建成立“西北农民银行”，刘少白同志继续任行长。西北农民银行是新中国人民银行的奠基行之一。

西北农民银行在兴县赵家川口的办公地点

西北农民银行在兴县城内东关的办公地点

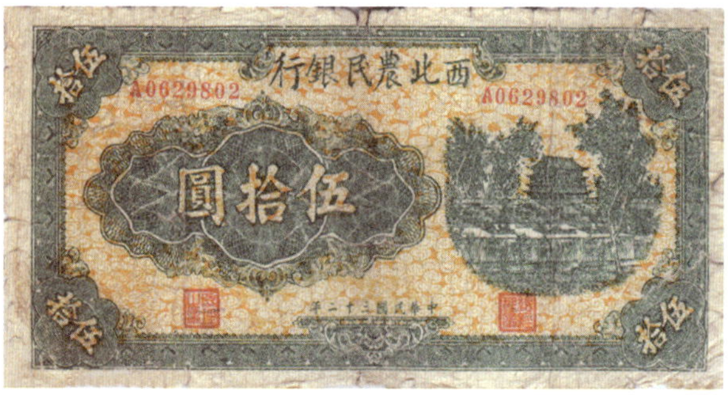

晋西北农民银行发行的伍拾元券

晋西北农民银行发行的壹元券

中国共产党创办的银行——上党银号

1938 年 8 月，中国共产党控制的山西第三、第五行政区，在沁县郭村成立了“上党银号”，经理由薄一波兼任。

上党银号发行的孙中山头像伍元券

上党银号发行的贰角券

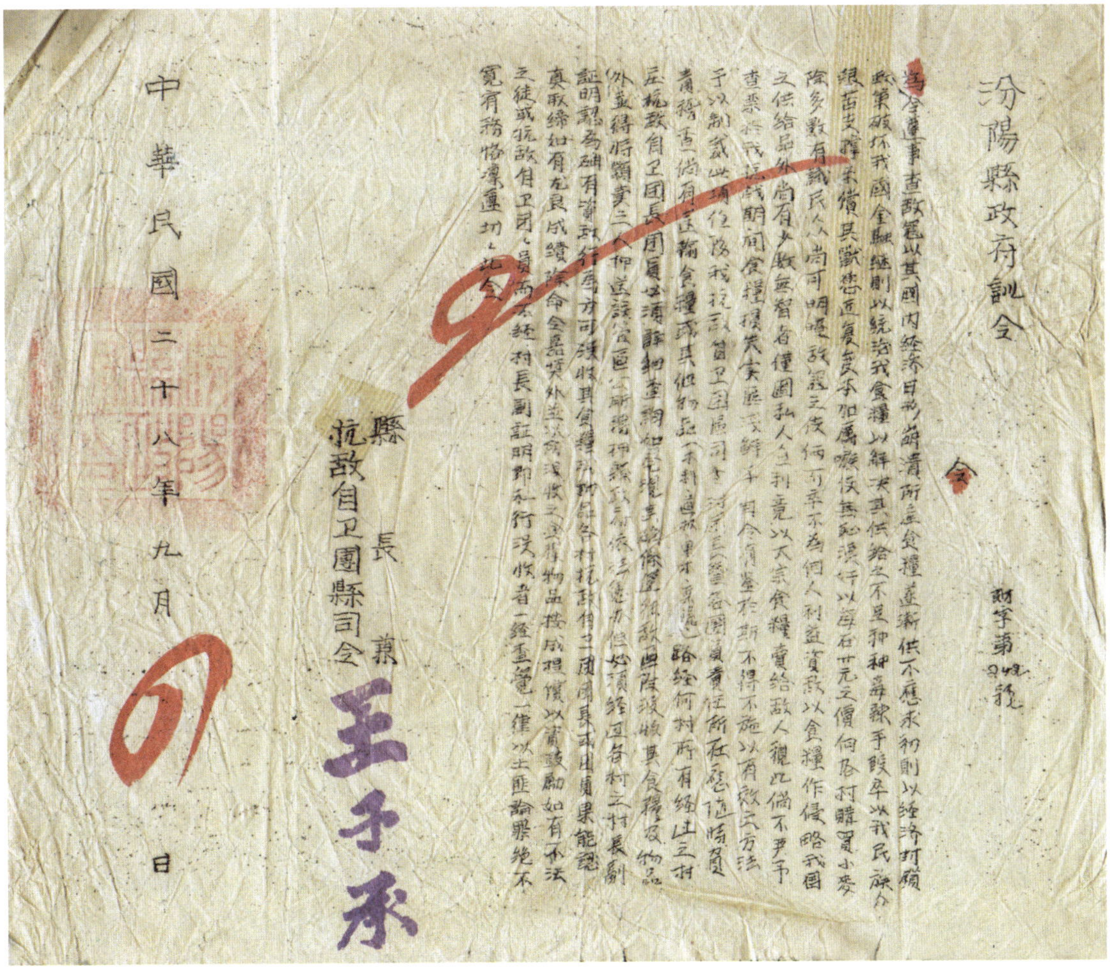
汾陽縣政府訓令

財字第 號

令

縣長 蕭

抗敵自衛團縣司令 王子承

中華民國二十八年九月 日

汾阳抗日县长发布的布告

人民银行的奠基银行
——晋察冀边区银行

1938年3月20日，晋察冀边区政府在聂荣臻同志亲自指导下，在晋东北五台县石咀村成立了“晋察冀边区银行”，关学文同志任行长，胡作宾任副行长。晋察冀边区银行是新中国人民银行的主要奠基银行。

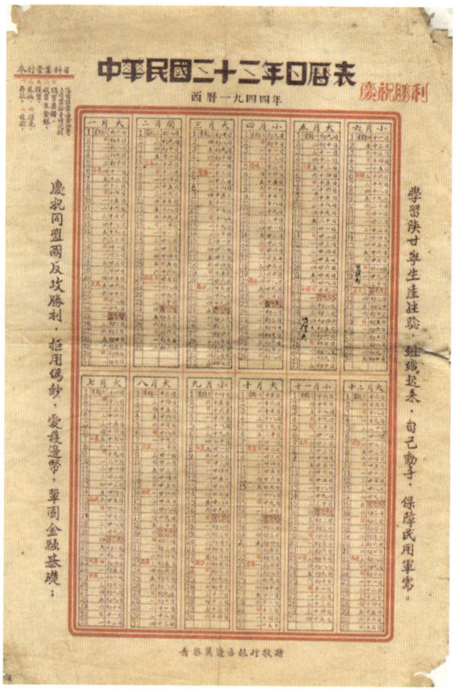

1944年年历——为了庆祝同盟反攻的胜利，晋察冀边区银行向社会发放抗日银行业务的宣传品

晋察冀边区银行金库旧址

晋察冀银行印制局——五台县古佛寺大门

晋察冀银行印制局——五台县古佛寺

晋察冀银行印制局——五台县石咀村（原来的普济寺）

晋察冀边区银行发行的伍拾元券

晋察冀边区银行发行的壹元券（第一张货币）

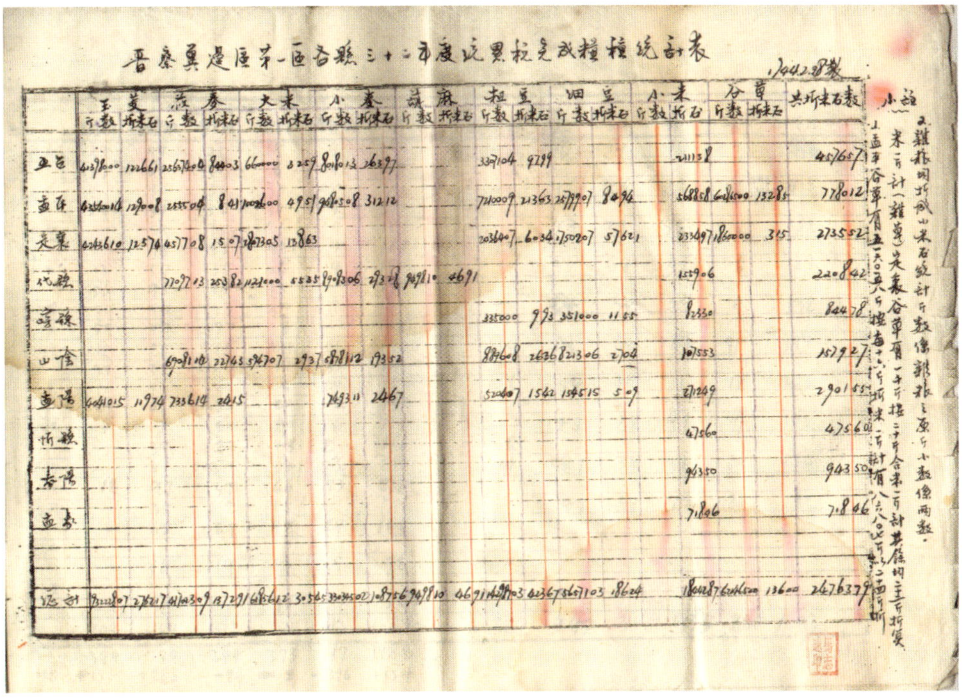

晋察冀边区第一区各县三十二年度完成粮种统计表

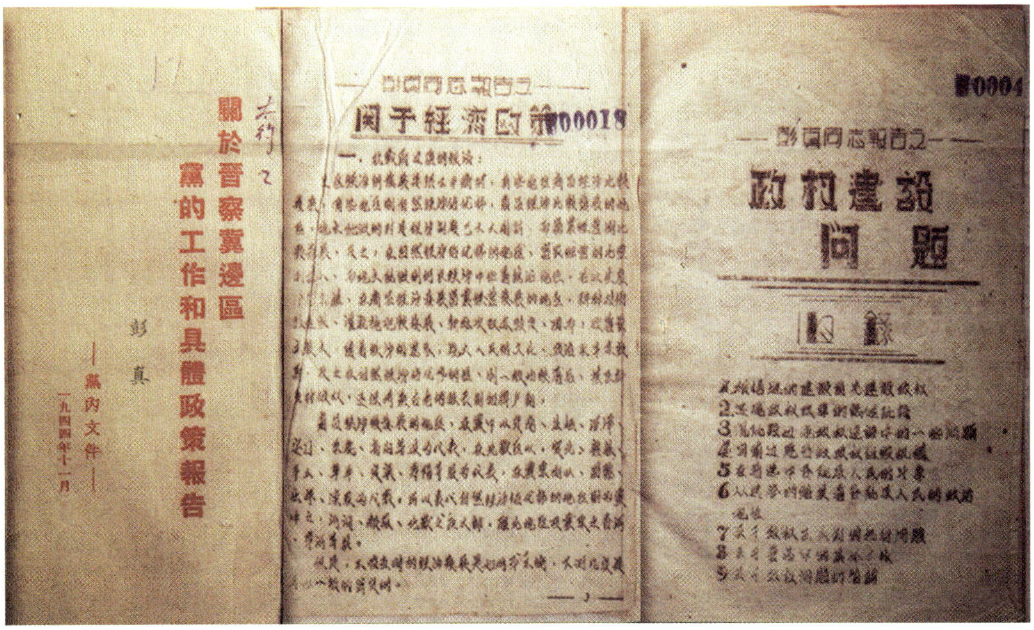

1944 年 11 月，彭真同志作的关于晋察冀边区经济政策报告

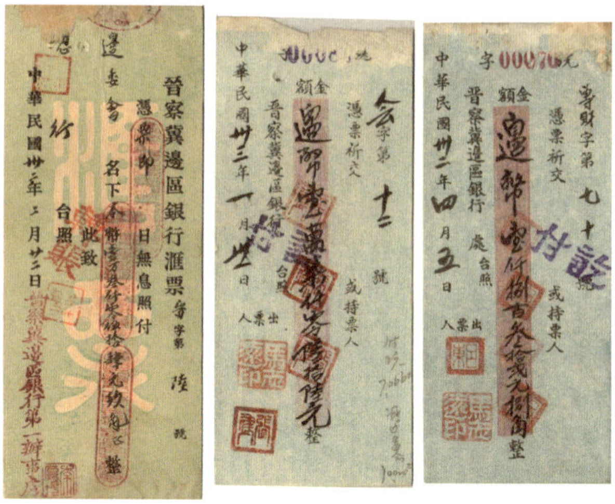

晋察冀边区银行的汇票、支票

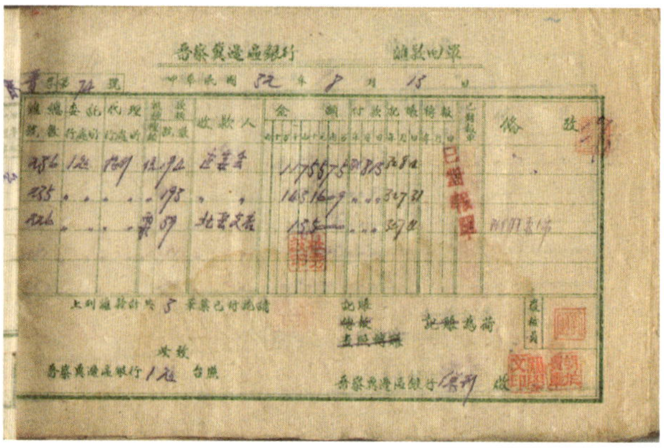

晋察冀边区银行总行向所辖各分支机构款项划拨对帐传票

1940 年，晋察冀边区银行总行在河北阜平县麻棚村的原办公用房

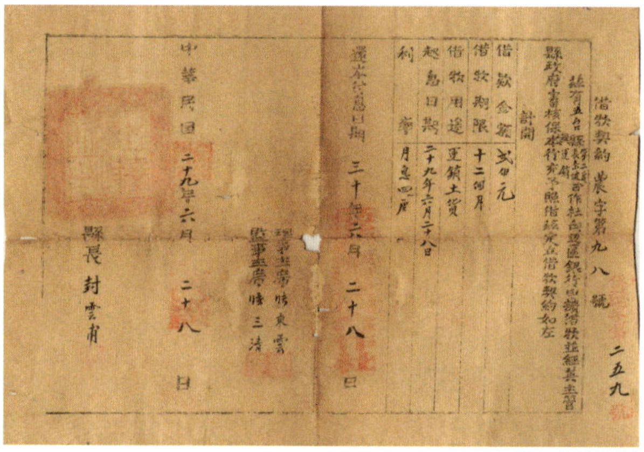

为发展抗日根据地公营经济，由五台县政府出面向边区银行借款的契约

最大的抗日银行——晋冀鲁豫根据地冀南银行

1939 年 10 月 15 日，八路军第 129 师在晋东南黎城县小寨村成立了晋冀鲁豫边区冀南银行，毛泽民同志的得力助手、老红军战士高捷成任首任行长。高捷成同志牺牲后，赖勲同志任第二任行长。赖勲同志牺牲后，胡景云同志任第三任行长，陈希愈同志任副行长。冀南银行是抗日根据地屹立在华北敌后的最大、最好的银行，它的服务总面积达 20 万平方公里，县份达 173 个，人口达 2800 万以上。它是新中国人民银行的最主要奠基银行，也是组建中国人民银行总行的最主要的银行。

冀南银行总行首任行长高捷成

胡景云等领导在小寨村的办公处

冀南银行印票厂——黎城西井村

冀南银行印票厂——武乡县大平崖村

冀南银行印票厂——左权县桐峪镇

黎城县小寨村冀南银行驻地

1940 年，冀南银行董事长杨立三和副董事长周文龙合影

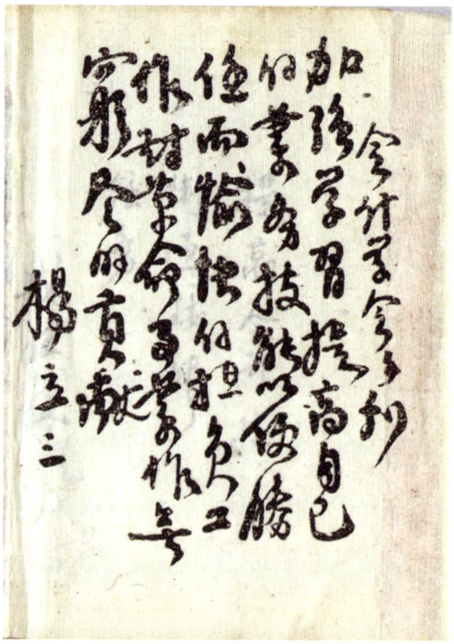

冀南银行董事长杨立三的题词

冀南银行发行的二角券、壹元券、太岳区伍拾元券，太行区壹佰元券第一张货币

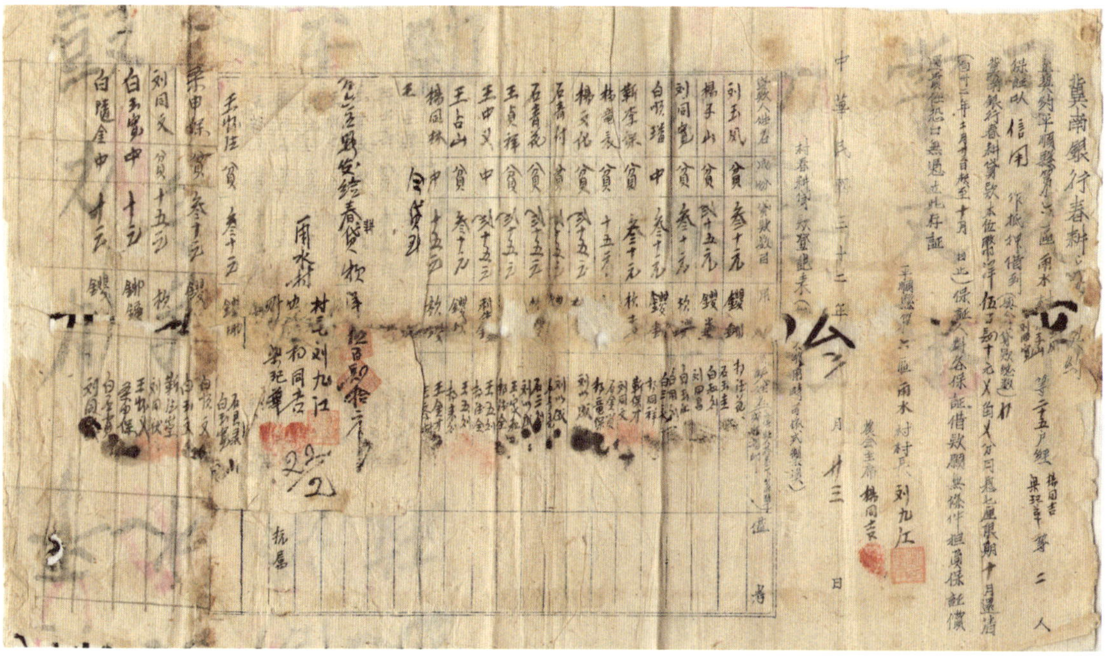

冀南银行向平顺县雨水村 25 户村民发放的春耕贷款。由村长、农会主席为总担保人向银行负责，双保证人向总担保人负责

山西抗日根据地的边区银行逐步控制了边区的货币市场，沟通了边区各省的经济，促进了边区经济的恢复和发展。为度过严重困难，巩固根据地抗日民主政权，支持敌后长期战争，争取抗日战争的胜利，奠定了物质基础。使各阶层人民更加拥护抗日边区政府，又起到了有力地宣传抗日的作用。同时，发扬了党的自力更生、艰苦奋斗的光荣传统，积累了一些经济建设的经验，培养了一批经济工作干部。

1946年瑞华银行在邯郸成立。图为参加庆贺的冀南银行总行，部分钱庄、银号代表与瑞华银行部分同志合影（前排左3为胡景云总经理）

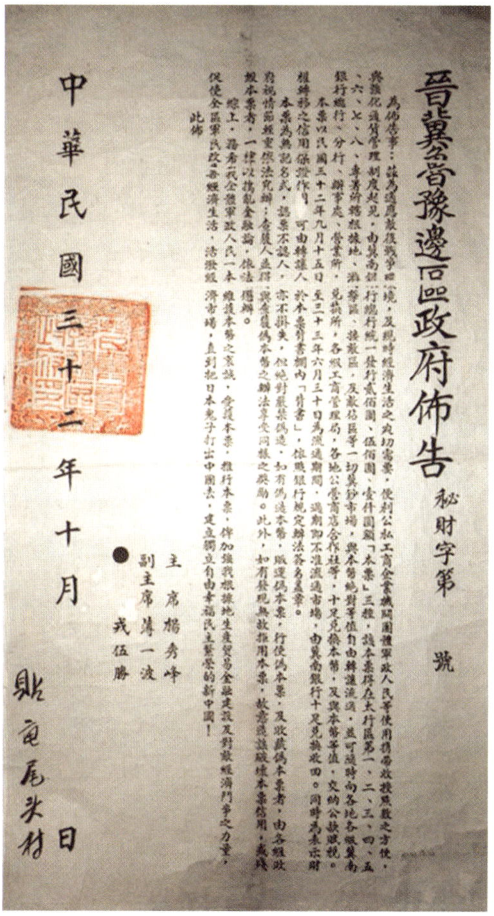

晋冀鲁豫边区政府布告

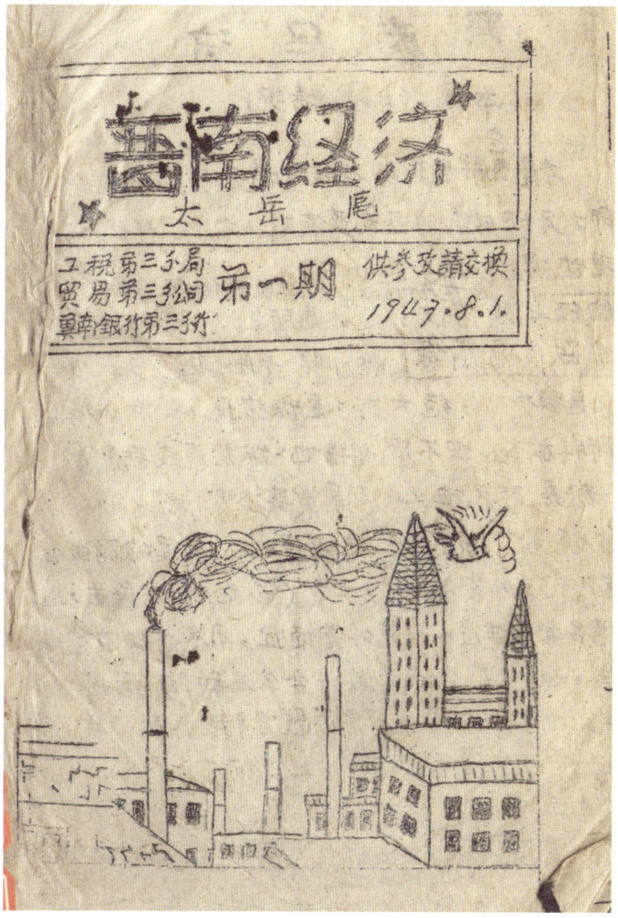

1943年，太岳区编印的《晋南经济》刊物

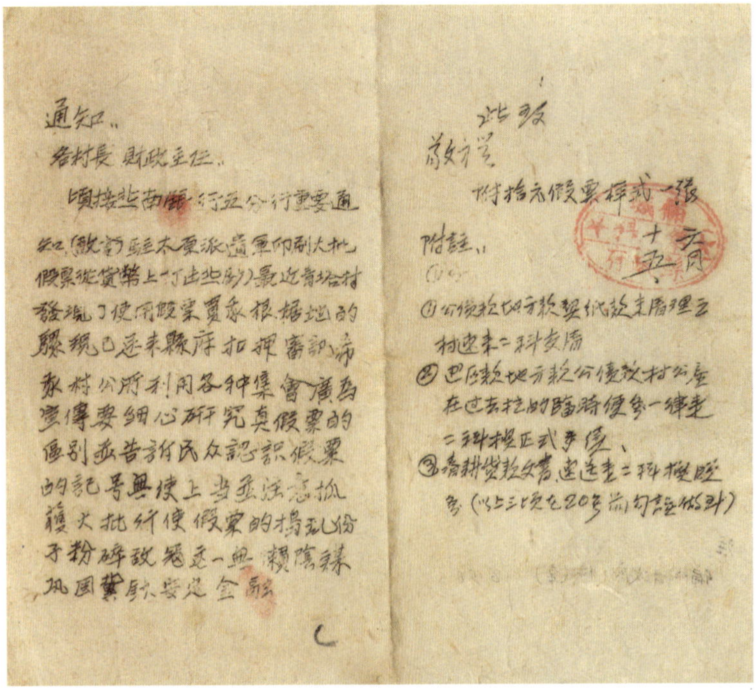

1943 年初，偏城县政府（今河北涉县）接到冀行假钞信息后，随即向各村长发出的围堵通知书

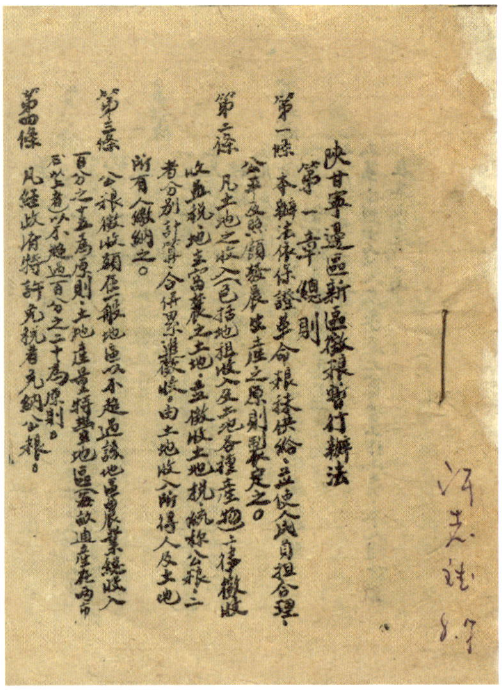

陕甘宁边区新区徵粮暂行办法
第一章 总则
第一条 本办法依保证革命粮秣供给，并使人民负担合理、公平及照顾发展生产之原则制定之。
第二条 凡土地之收入（包括地租收入及土地各种产物）一律征收公粮。征收土地收益税、地主富农之土地，并征收土地税，统称公粮，二者合并计算，合併累进征收。由土地收入所得人及土地所有人缴纳之。
第三条 公粮征收额在一般地区以不超过该地区农业总收入百分之十五为原则，土地产量特丰地区（每亩适产在两石以上者）以不超过百分之二十为原则。
第四条 凡经政府特许免税者免纳公粮。

陕甘宁边区新区征粮暂行办法

绵上县（沁源县）小岭底典型的抗日番号章

第六章

得道多助

中国人民的抗日战争得到了世界各国人民的广泛同情和大力支持。抗战时期，许多国际友人不远万里，漂洋过海来到中国，他们和太行人民并肩战斗，同甘共苦，有的从事战地医疗救护，有的从事新闻报道，有的从事后方保障和经济技术工作，有的血洒战场……他们把中国人民的抗战作为自己的事业，与自己的命运紧紧联系在一起，把青春、热血乃至生命都献给了中国人民的独立和解放斗争。我们永远铭记这些国际友人的历史功绩和他们伟大的国际主义精神。

世界各国人民支援中国抗战示意图

欢迎反法西斯国际友人大会

国际友人佩戴过的八路军臂章

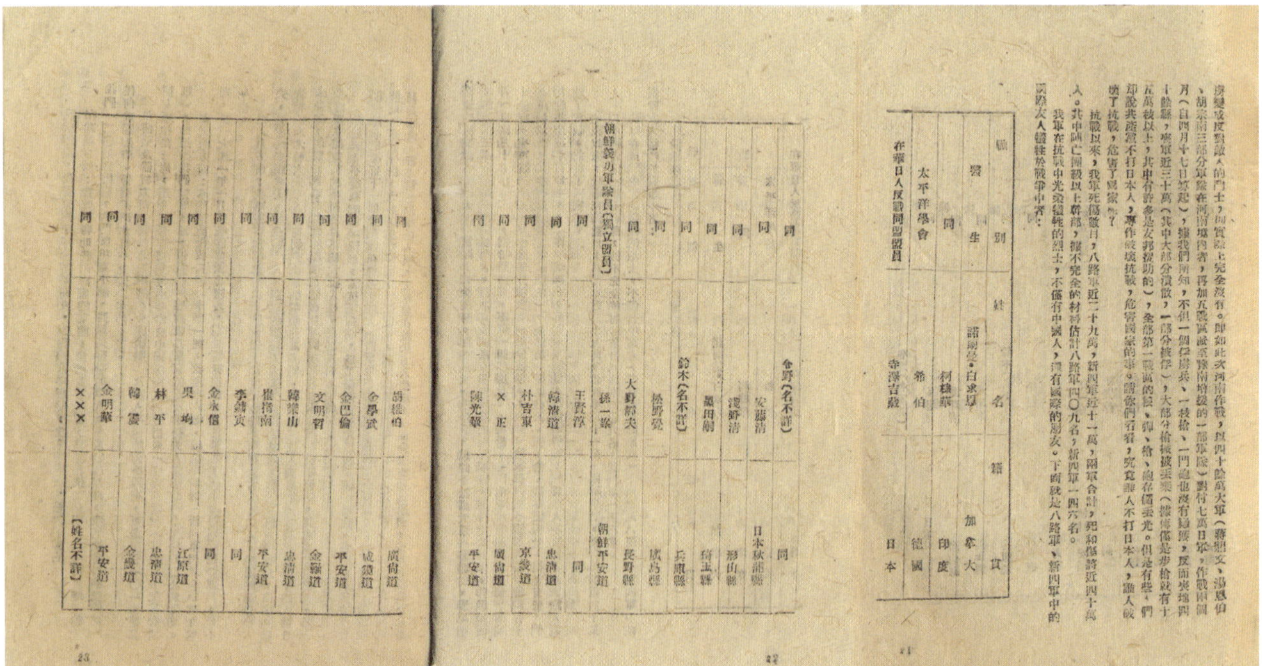

援變成反對敵人的鬥士，而實際上完全沒有。即如此次河南作戰，以四十餘萬大軍（蔣鼎文、湯恩伯、胡宗南三部分軍隊在河南境內者，再加五戰區派至豫南增援的一部軍隊）對付七萬日寇，作戰兩個月（自四月十七日算起），據我們所知，不但一個俘虜兵、一枝槍、一門砲也沒有繳獲，反而喪地四十餘縣，喪軍近三十萬（其中大部分潰散，一部分被俘），大部分槍械被丟棄（據傳僅是步槍就有十五萬枝以上，其中有許多是友邦援助的），全部第一戰區的彈、槍、砲存儲丟光。但還有些人們卻說共產黨不打日本人，專作破壞抗戰，危害國家的事。請你們看看，究竟誰人不打日本人，誰人破壞了抗戰，危害了國家呢？

抗戰以來，我軍死傷數目，八路軍近二十九萬，新四軍近十一萬，兩軍合計，死和傷將近四十萬人。其中陣亡團級以上幹部，據不完全的材料估計八路軍四〇九名，新四軍一四六名。

我軍在抗戰中光榮犧牲的烈士，不僅有中國人，還有國際的朋友。下面就是八路軍、新四軍中的國際友人犧牲於戰爭中者：

職別	姓名	籍貫
醫生	諾爾曼·白求恩	加拿大
同	柯棣華	印度
太平洋學會	希伯	德國
在華日人反戰同盟盟員	寺澤吉藏	日本
同	金野（名不詳）	同
同	安藤清	日本秋田縣
同	淺野清	形山縣
同	[illegible]田嗣	埼玉縣
同	鈴木（名不詳）	兵庫縣
同	松野覺	廣島縣
同	大野靜夫	長野縣
朝鮮義勇軍隊員（獨立盟員）	孫一峯	朝鮮平安道
同	王賢淳	同
同	韓清道	忠清道
同	朴吉東	京畿道
同	×正	慶尚道
同	陳光華	平安道
同	胡維伯	慶尚道
同	金學武	咸鏡道
同	金巴倫	平安道
同	文明哲	全羅道
同	韓樂山	忠清道
同	崔指南	平安道
同	李鑄寅	同
同	金永信	同
同	吳均	江原道
同	林平	忠清道
同	韓震	金幾道
同	金明華	平安道
同	×××	【姓名不詳】

21 22 23

八路军、新四军中的国际友人牺牲统计表

诺尔曼·白求恩

诺尔曼·白求恩

1938年春，加拿大著名外科医生、共产党员诺尔曼·白求恩不远万里来到中国，支援中国的抗日战争。4月，从延安来到晋察冀边区，任晋察冀军区卫生部顾问。1939年11月，因抢救八路军伤员光荣牺牲。

1938年6月，晋察冀军区、晋察冀边区政府领导在山西五台松岩口欢迎白求恩合影留念（沙飞 摄）

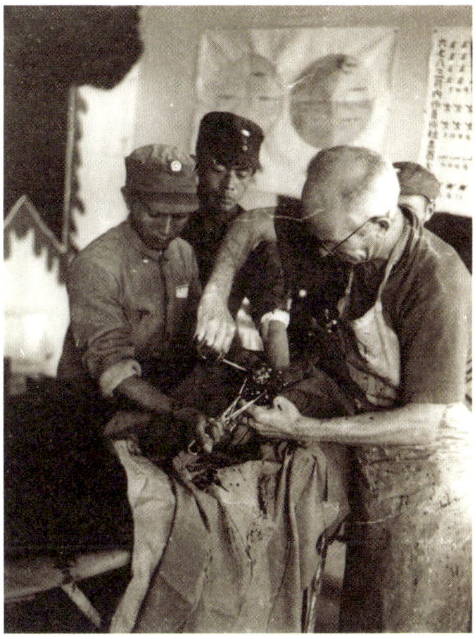

1938年，白求恩在五台县松岩口模范医院给八路军伤员做手术（沙飞 摄）

1938 年，白求恩大夫在紧张工作之余用樱桃逗驻村女孩玩耍（沙飞 摄）

1938 年，白求恩在五台县松岩口模范医院手术室留影（沙飞 摄）

1939 年，白求恩在五台县松岩口与民兵自卫队队员合影（沙飞 摄）

1939 年 10 月，白求恩在冀西涞源战斗中为前线八路军伤员做手术（罗光达 摄）

萬里來華參戰的國際友人

白求恩大夫逝世

中共中央致電弔唁

本市籌備開會追悼

【本報特訊】頃接晉察冀邊區來電，在邊區工作兩年成績優異的加美醫療隊白求恩大夫，不幸於本年十一月十三日因施手術不愼，割破手指染毒殞命。噩耗傳來，不勝惋悼。按白大夫年五十餘歲，加拿大共產黨員，醫術卓超爲美國三大名醫之一。盧溝橋事件發生後，白大夫跋涉萬里來華助戰，參加八路軍工作，創火綫療傷之先例，每當戰事緊張，白大夫輒英勇奔馳火綫，於戰場爲傷員施行手術。賀師長之中毒負傷，亦爲白大夫親手醫療。兩年來白大夫對八路軍各野戰醫院之改進，對八路軍醫務幹部之培養，建樹猶大。在接到白大夫死訊後，中共中央特專電晉察冀邊區追悼大會以致哀悼，（電文附後）延安各界以滕代遠、饒正錫、馬海德等八人組

1939 年 11 月 25 日，《新华日报》刊登的白求恩大夫逝世特讯

1942 年，白求恩墓与晋察冀边区革命烈士陵园（沙飞 摄）

1939 年 11 月 9 日，聂荣臻司令员参加白求恩追悼大会（沙飞 摄）

柯棣华

1938年，一个由5名印度医生组成的印度援华医疗队来到了战火纷飞的中国，先后在延安和华北抗日根据地服务，其中柯棣华，这位诊治了数千名中国军民的青年医生，谱写了一曲中印友谊的赞歌。

柯棣华任八路军医院外科主治医生、白求恩国际和平医院第一任院长。1942年12月9日，柯棣华因积劳成疾在河北唐县逝世，献出了自己年仅32岁的宝贵生命。

毛泽东、朱德为感谢印度医疗队援华致印度国民大会信

（一九四三年四月五日）

印度国民大会诸先生：

中国抗日战争开始后，贵会派遣了一个援华医疗队来华参加中国的抗战，表示对华的极大友谊。这个医疗队五人均在八路军工作，四年以来，医疗队诸同志不避艰险，辗转北方战地，他们的艰苦努力和极有价值的工作，使无数中国军民亲睹印度人民的援华热忱。医疗队五人中除已先后返印的三人外，柯棣华大夫因病逝世于晋察冀边区，我国军民失一良友，印度人民失一优秀战士，至堪悼惜。现巴思华大夫返印，特向贵会及印度人民敬致谢意！当此全世界反法西斯战争正在努力争取最后胜利之际，我们希望印华两大民族团结得更加坚固，以便与其他一切反法西斯国家配合作战，借以达到打倒法西斯，解放一切被法西斯压迫的人民，同时即借以解放印华两大民族，获得两大民族的独立。

谨致

热烈的敬礼！

毛泽东

朱　德

印度援华医疗队队长爱德华

1939年11月3日，印度援华医疗队去晋东南抗日前线之前，爱德华、柯棣华与八路军拐茆医院的同志举行告别仪式

1939年，朱德同志在晋东南八路军总部会见印度援华医疗队

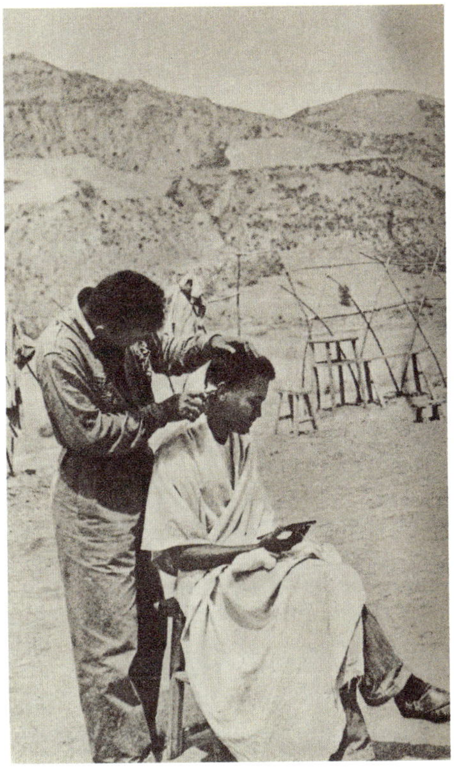

巴苏华大夫利用休息时间为柯棣华大夫理发

1942 年 1 月 25 日，柯棣华大夫在晋察冀军区第 3 军分区军民誓约大会上讲话（顾棣收藏）

1939 年 11 月 4 日，印度援华医疗队去晋东南抗日前线，途中汽车出故障，爱德华、巴苏华、柯棣华等拉汽车

柯棣华在晋察冀军区卫生部叶青山部长陪同下向白求恩墓敬献花圈

1942年12月9日，疾病夺去了优秀共产党员柯棣华大夫的宝贵生命。

吕正操司令员（前右）在冀中军区柯棣华大夫追悼会上献花圈

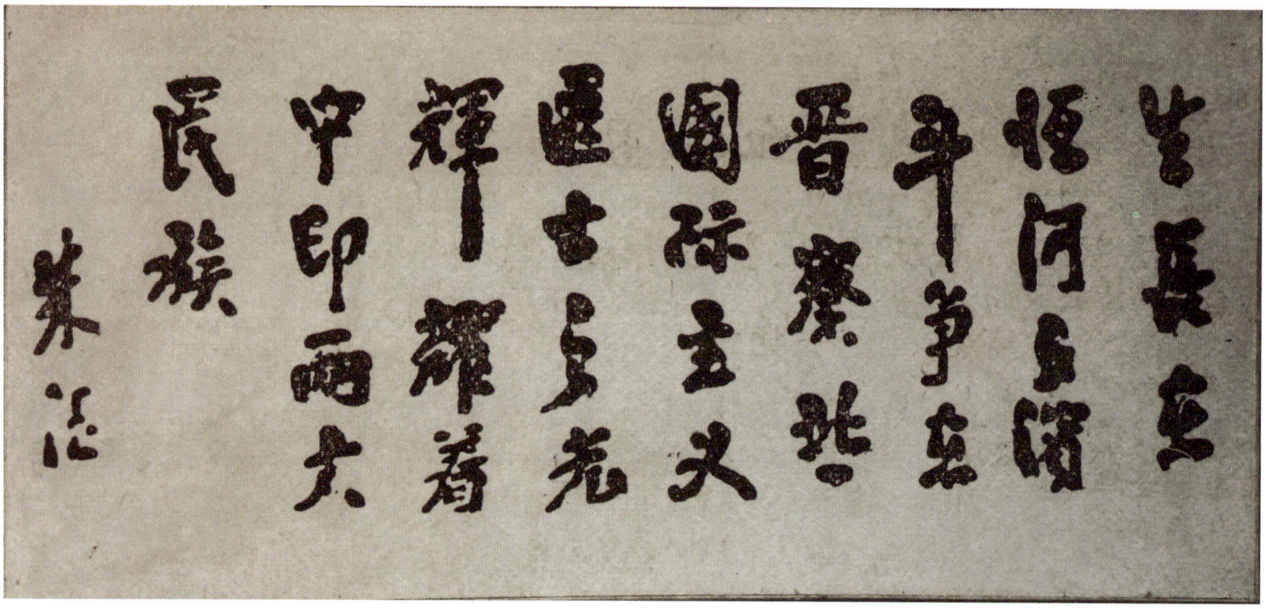

1942年12月，朱总司令为柯棣华陵墓题词

其他国际友人

1941 年 11 月，黄崖洞保卫战时，八路军总部炮兵团团长、朝鲜友人武亭将军（右 1）在黄崖洞留影

朝鲜义勇军举办过干部培训学校的涉县南庄村

朝鲜义勇军武亭司令员住过的地方

1944 年，独立同盟领导人武亭在朝鲜反法西斯学生代表大会上讲话(杨振西 摄)

朝鲜义勇军在清漳河畔书写的朝鲜文标语

英国国际友人林迈可教授在讲授无线电技术

在晋察冀军区工作的林迈可教授

1942年，英国国际友人林迈可给晋察冀军区无线电训练班学员辅导（张进学 摄）

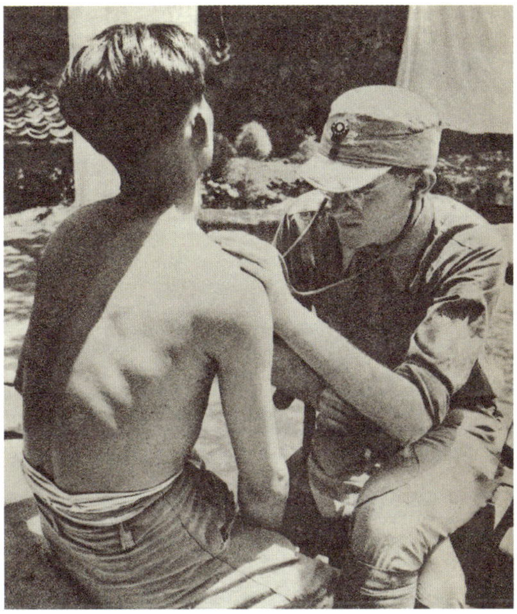

奥地利国际友人傅来大夫在晋察冀军区
为八路军伤员治病

奥地利国际友人傅来大夫为培训
八路军医务人员准备讲义

1942 年 1 月，晋察冀军区司令部派人迎接奥地利国际友人傅来大夫到边区工作

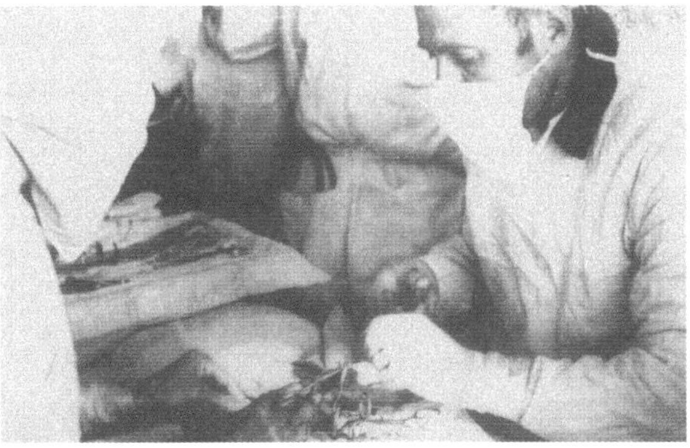

苏联医生阿洛夫在给八路军伤员做手术

1939年5月，聂荣臻司令员与美国合众社记者赫乔治在晋察冀边区合影

美联社记者汉森（中）、加拿大医生布朗（右）和白求恩同志在五台山松岩口合影

1928年，美国作家史沫特莱来到中国，抗战爆发后到延安，在山西前线做战地救护工作

1940年9月，贺龙（前排右1），关向应（前排左1）在山西兴县李家湾会见苏联塔斯社驻晋绥边区记者别罗夫（前排中）

1938 年，卡尔逊（美驻华大使馆参赞武官）在阜平城西关和晋察冀军区首长在一起（沙飞 摄）

1939 年 6 月，晋察冀八路军欢迎美驻华大使馆参赞武官卡尔逊（沙飞 摄）

1945 年 1 月，美军观察组杜魏克中校给晋察冀边区第二届群英会代表拍照（沙飞 摄）

1944 年，美军观察组和晋察冀军区领导同志程子华（左 5）、唐延杰（左 7）、耿飚（左 4）在军区驻地阜平县庙台村合影

全国抗战爆发之初，日军气焰极其嚣张，对中国城市、道路、乡村进行了狂轰滥炸，给中国人民造成了空前的劫难。当时中国方面能作战的飞机仅305架，而日本陆军航空兵力为140个中队，海军常备基地航空兵力为65个飞行队，陆海军共有飞机约2700架。在强大的日本侵略者面前，年轻的中国空军表现出视死如归的英雄气概，同侵略者展开了殊死搏斗。

抗日战争期间，中国空军誓言：我们的身体、飞机和炸弹，当与敌人兵舰阵地同归于尽

抗日战争期间，中国空军体能学校里，学员使用木制步枪练习刺杀

1937年8月13日，“淞沪战役”开始。次日，中国空军投入战斗，开始了自抗战以来中日两国空中力量的首次交锋。当日，中国空军出动轰炸机对长江内的日本军舰以及位于上海的多处日本军事目标进行了轰炸，击沉日本驱逐舰一艘，造成日军人员物资的重大损失。中午时分，日军派出战机对中国进行报复性轰炸，在杭州湾上空遭遇中国空军的拦截，双方在杭州湾上空进行了一场激烈空战。是日，中国空军击落敌机6架，取得了6∶0的战绩。“八一四空战”的胜利，使日军遭受了年轻的中国空军严酷的打击。

日军轰炸上海的情形

在日军的狂轰滥炸面前，英勇的中国军民表现出不屈的英雄气概。

1942 年，宋氏三姐妹宋美龄、宋蔼龄、宋庆龄（从左到右），在重庆参加献机报国的活动

1938 年，山西太行的八路军战士用轻型机枪防空

中国军民书写抗战宣传标语，鼓舞抗战士气

中国空军和日军在上海、武汉、南京、杭州的上空，一场场战斗惊心动魄。处于劣势的中国空军凭借自身的勇敢，予敌以重创。在“八一四空战”之后的3个多月中，日军损失飞机230架，飞行员被击毙327人。但是中国空军同样也损失惨重，至当年12月，南京陷落时，中国空军力量几乎损失殆尽，号称中国空军“四大天王”高志航、刘粹刚、乐以琴、李桂丹也悉数阵亡。

1938年5月19日，空袭日本的徐焕升（右3）、佟彦博等8位空军勇士返回汉口空军基地，武汉各界向他们献旗致敬

“飞将军”刘粹刚，在淞沪会战期间登机执行任务

乐以琴，空军第22分队队长，1937年12月飞机在南京被击落阵亡，年仅24岁

高志航，第一位升空迎敌并首开中国抗战期间空战击落敌机记录的飞行员，张学良曾为其题词：“东北飞鹰，空军战魂”

1937 ~ 1942 年间，中国政府接受苏联低息贷款 2.5 亿美元，购置苏式飞机 1285 架，大炮 1.6 万门，坦克、军车 1850 辆。

首批 232 架飞机于 1938 年 2 月到齐，及时挽救了中国空军。苏联随后派遣 3 个歼击机群和 3 个轰炸机群组成苏联志愿航空队来华。截至 1940 年，轮换派遣顾问、飞行员、空地勤人员共计 3665 人。

1938 年 6 月，日军向武汉进逼，中国空军仅有的 126 架飞机和苏联志愿航空队 3 个机群的 126 架飞机，分驻汉口、南昌、衡阳、孝感等机场，参与武汉保卫战，给日军以迎头痛击，共击落日机 62 架。

苏联首批 H-15 歼击机运到兰州，组装后苏联援华志愿航空队飞行员在机前留影

苏联航空队员在 H-15 飞机前合影

1937 年底，抵达武汉的苏联后勤人员

1937 年底，抵达汉口的中苏战友在汉口机场留影。自左至右为：卡莫宁（航空机械师）、中国飞行员、列别杰夫和俄语翻译

苏联援华志愿航空队涌现出的14位英雄

苏联援华志愿航空队于1937年12月至1941年年初与日军作战过程中，涌现出14位战斗英雄，荣获“苏联英雄”的光荣称号，并被授予列宁勋章。他们是：苏普伦、克拉夫琴科、赫留金、尼古拉延科、波雷宁、苏霍夫、斯柳萨列夫、谢里瓦诺夫、马尔琴科夫、兹韦列夫、布拉格维申斯基、古边科、盖达连科、博罗维科夫。

苏普伦

斯捷潘·巴甫罗维奇·苏普伦：1907年8月2日出生，1929年入伍。1939年至1940年在华参加抗日战争，指挥歼击机机群，1941年7月在空战中牺牲

克拉夫琴科

格里高利·潘捷列耶维奇·克拉夫琴科：1912年10月12日出生，1941年毕业于苏军总参军事学院训练班。1938至1940年在华参加对日作战。1943年2月在空战中牺牲

赫留金

季莫费伊·季莫费耶维奇·赫留金：1906年6月21日出生，1932年入伍。1938年来华参加对日作战，任中队长，1953年7月去世

尼古拉延科

叶甫盖尼·马卡罗维奇·尼古拉延科：1905年9月17日出生，1927年入伍。在华作战时担任飞行大队队长、歼击机机群指挥员。亲自参加5次空战，并打下两架敌机，1961年4月去世

波雷宁

费多尔·彼得罗维奇·波雷宁：1906年出生，1928年入伍。1937年至1938年在中国参加对日作战，1981年11月21日去世

苏霍夫

伊万·斯捷潘诺维奇·苏霍夫：1907年9月19日出生，1928年入伍。1938年来华参加空袭作战21次，重创敌军。1976年10月去世。

斯柳萨列夫

西多尔·瓦西里耶维奇·斯柳萨列夫：1906年5月14日出生，1928年入伍。1938年5月至1939年3月在华参加对日作战，在12次空袭战斗中，与战友们一起炸毁敌军舰船70余艘、飞机30余架。1982年12月去世

谢里瓦诺夫

伊万·巴甫洛维奇·谢里瓦诺夫：1903年6月7日出生，1924年入伍。1938年来华参加抗日战争，担任领航员，共参加过15次空袭作战，战绩显著。1984年10月去世

马尔琴科夫

马克·尼古拉耶维奇·马尔琴科夫：1914年出生，1936年入伍。1938年来华参加抗日战争，担任歼击机射击手，共作战12次，在1938年7月3日的空战中，身负两处重伤，但顽强坚持打下敌机，7天后不幸牺牲

兹韦列夫

瓦西里·瓦西里耶维奇·兹韦列夫：1908年出生，1930年入伍。1938年5月至8月在华参加对日作战，任轰炸机大队指挥员，在10次战斗中，与同伴一起炸沉4艘敌舰。1947年3月去世

布拉格维申斯基

阿列克雷·谢尔盖耶维奇·布拉格维申斯基：1909年10月18日出生，1927年入伍。1937年12月来华参加对日作战，担任歼击机群指挥员。个人击落7架敌机，指挥机群在多次空战中先后共击落40架敌机

古边科

安东·阿列克塞耶维奇·古边科：1908年2月12日出生，1927年入伍。1938年3月至8月在华参加对日作战。共击落5架敌机，尤其是在1938年5月31日空战中，在弹药打光的情况下，英勇撞毁一架敌机，而自已却安全降落，被传为佳话

盖达连科

斯捷潘·斯捷潘诺维奇·盖达连科：1908年12月25日出生，1929年加入苏军。1938年5月至8月在华参加对日作战，曾经在200米低空打下敌机。1946年因病退役

博罗维科夫

奥列斯特·尼古拉耶维奇·博罗维科夫：1908年12月14日出生，1930年入伍。1938年8月来华参加对日作战，担任轰炸机机群指挥员，共炸沉敌舰13艘，其中一艘载有32架歼击机。1978年12月去世

1941年冬，美国空军教官陈纳德率领自己招募组建的美国志愿航空队到昆明参战。开战第一天，已经许久未见中国战机的日本飞机遭到重创。此后，陈纳德的机队屡创空战佳绩，因其英武神勇而被民间称为“飞虎队”。至1942年7月，“飞虎队”被并入美国陆军航空队，后在滇缅公路中断的危急情况之下，开辟中印之间著名的“驼峰航线”，用空运维持中国战略物资的运输。

1944年，三位看似中国陆军航空兵的战士正在检查美国飞行员背上的标志，这种标志被用于识别他的身份，因为中国老百姓并不熟悉美国人以及外部世界。上面的汉字指明携带此标志的人是盟友

在中国某处，当空袭警报拉响时，配备降落伞的美国飞行员们飞快地跑向他们的战机，升空驱赶来侵犯的日军飞机

1943年，美国空军地勤人员在中国组装美国共和飞机公司生产的P-43战斗机

卡萨布兰卡会议后，盟军领导人视察在中国的美国空军部队时合影。从右到左：英美联合行动组英方参谋长约翰·迪尔元帅、陈纳德、美国陆军航空部队司令亨利·阿诺德中将、中缅印战区最高指挥官约瑟夫·史迪威中将、美国第10航空队司令克莱顿·毕塞尔中将

全国抗战8年中，中国空军共击落、击毁敌机1226架，击伤、炸伤敌机230架，炸毁、炸伤敌坦克车辆8546辆，而自己则损失各种飞机2468架，6164人殉国，为抗战做出了重要贡献。

美国志愿航空队第3中队全体成员合影

1944年，美军第58轰炸大队轰炸日本本土使用的B-29轰炸机

1944年3月31日，一群不同族裔民工奋力拖拉一个巨石碾子滚过跑道，用血肉之躯铺筑通往民族解放之路

雨中护送美国飞行员

1942年，杜立特尔中队轰炸东京坠落在中国后，第二天与营救人员合影

1944年6月，白格里欧在太原上空执行空袭任务时，机身受伤，被迫降落，被游击队救护，后由晋察冀部队转送归队（白连生 摄）

中国军民用轿子护送受伤的美国飞行员

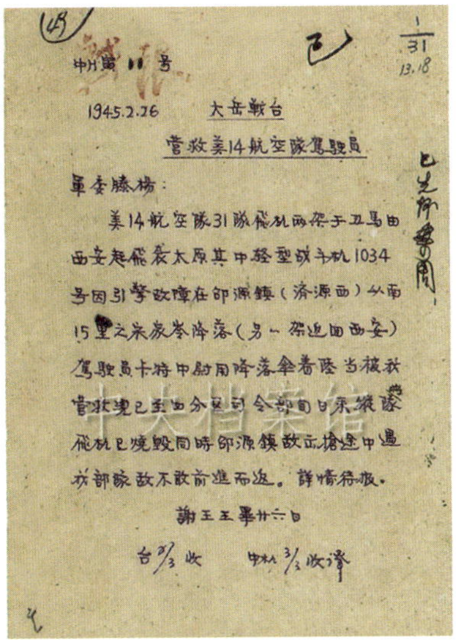

1945年2月26日，谢富治等关于营救美国14航空队驾驶员给中央军委滕代远等的电报（中央档案馆馆藏）

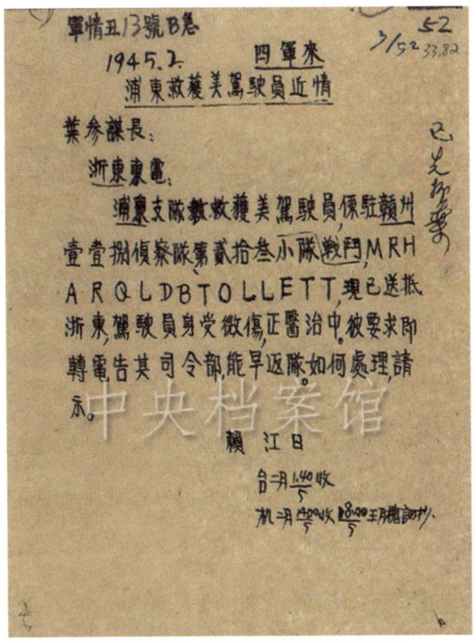

1945年2月，赖传珠关于浦东救美国驾驶员给参谋长叶剑英的电报（中央档案馆馆藏）

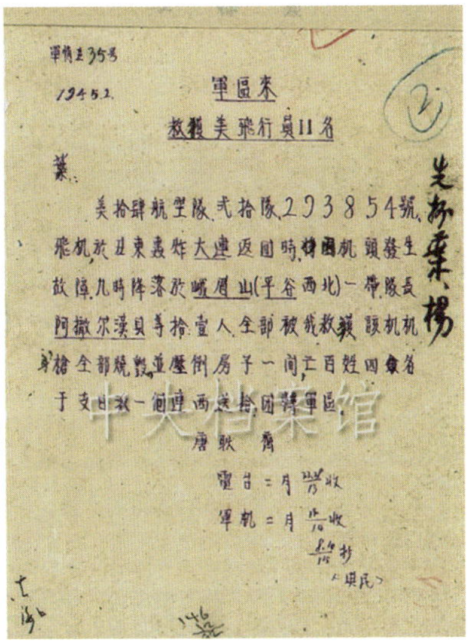

1945年2月，唐延杰、耿飚关于救获美国飞行员11名之事给参谋长叶剑英的电报（中央档案馆馆藏）

驻菲律宾等地的国共党部、当地侨联商会发出《为援助回国参战团告侨胞书》后，一时应者云集，南洋青年华侨纷纷回国参军和服务，为抗战效力。

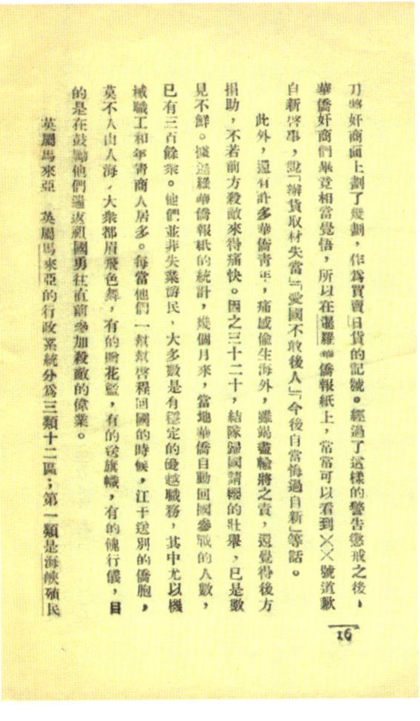

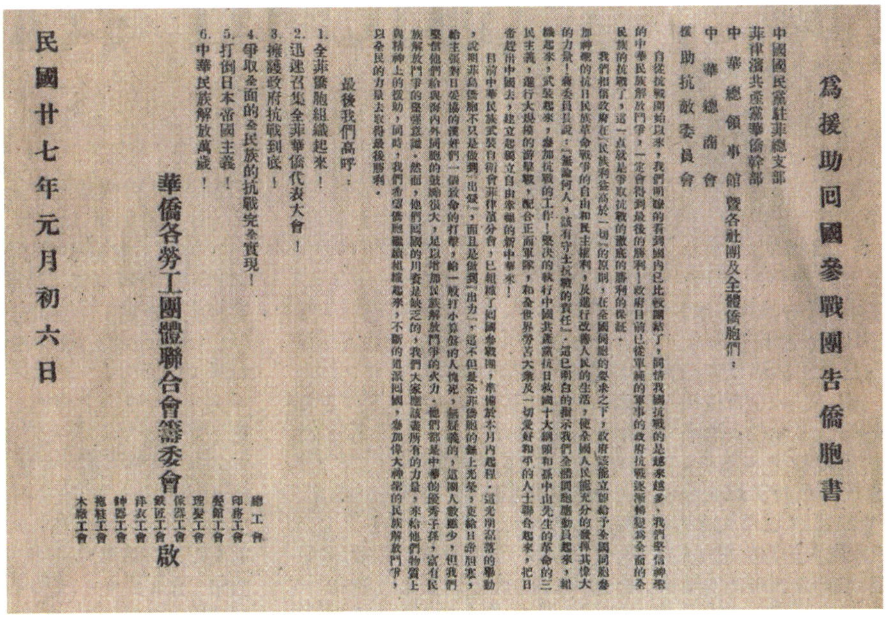

抗战时期华侨回国参战

为援助回国参战团告侨胞书

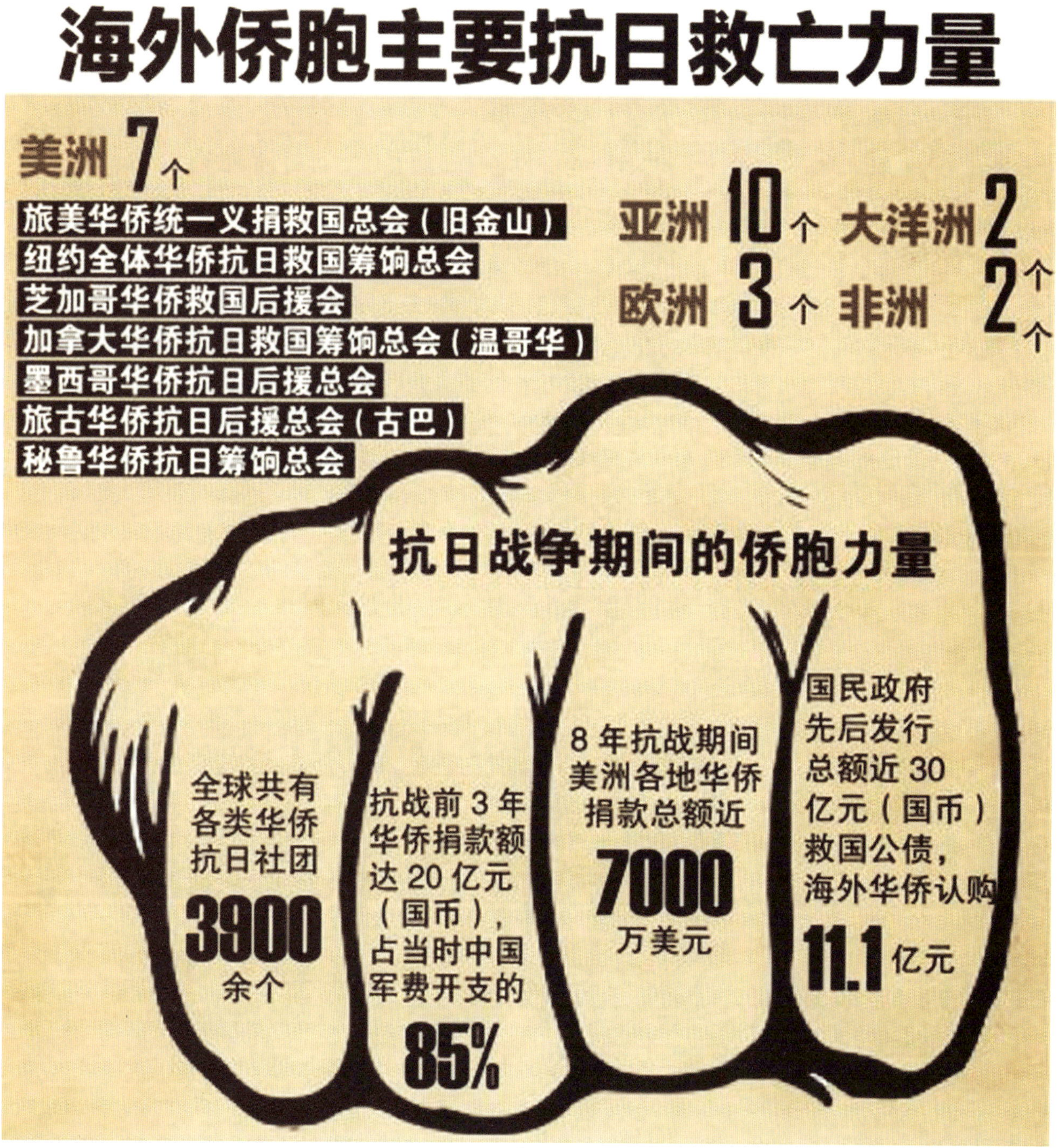

海外侨胞主要抗日救亡力量示意图

印尼爪哇华侨组成的救护队赶赴河南信阳途中

1938 年春，回国参加新四军的部分南洋青年在皖南

菲律宾华侨组织的军乐队在新四军军部留影

马来亚森美兰华侨捐赠的救护车，开往八路军驻地途中

纽约华侨捐献给八路军的救护车

马来亚森美兰华侨为八路军捐赠的救护车

第七章

正风肃纪

中国共产党成立时的建党宗旨是全心全意为人民服务，这就决定了它本质上是一个与腐败始终相对抗的最革命、最先进的优秀政党。不论是在建党初期、革命浪潮高涨时期，还是在党遭受重大损失、处在极其困难的时期；不论是作为革命党在革命根据地局部执政时期，还是在抗战时期中国共产党都没有放松过保持廉洁、反对腐败的自觉实践。中国共产党成立之初就制定了专门的纪律检查制度，成立了各级监督机构，制定了一系列法律和行政规章，形成了优秀的勤政廉洁传统。

反腐严党纪，毛泽东荐贤抓肃贪

1931 年 11 月 7 日，第一次全国苏维埃代表大会在瑞金召开，中华苏维埃共和国临时中央政府宣告成立，这是中共代表最底层民众建立的政权。毛泽东当选为临时中央政府主席。面对艰苦的斗争环境，以毛泽东为领导的中华苏维埃政府为保持执政者自身纯洁，展开了大规模反贪污浪费斗争。在红都瑞金，毛泽东、何叔衡、董必武等为建立一个清正廉洁的工农民主政府，致力于反腐肃贪。

王荷波（第 2 排右 3），祖籍山西太原，是中国共产党纪律检查工作的早期领导者。1927 年，在党的第五次全国代表大会上，王荷波当选为中国共产党第一个纪律检查机构——中央监察委员会的首任主席

1931 年，中共苏区中央委员在瑞金合影。左起：顾作霖、任弼时、朱德、邓发、项英、毛泽东、王稼祥

1932 年春至 1934 年秋，针对新生苏维埃政权中发生的贪污腐化、以权谋私等问题，中央苏区开展了一场惩腐肃贪、廉洁奉公运动。

图为中央苏区会议会场

1931 年毛泽东在苏区

经毛泽东推举，何叔衡担任了工农检察部部长。为了加强检举、监督力度，经何叔衡提议，毛泽东批准，工农检察部增设了控告局。随后，在各机关单位、街道路口到处可见到一种特制的木头箱——控告箱。1931年2月19日，毛泽东主持召开人民委员会常务会议，决定组建临时最高法庭，由何叔衡兼任临时最高法庭主席，董必武任最高法院院长。

中央苏区时期的控告箱

何叔衡

时任苏区最高法院院长董必武

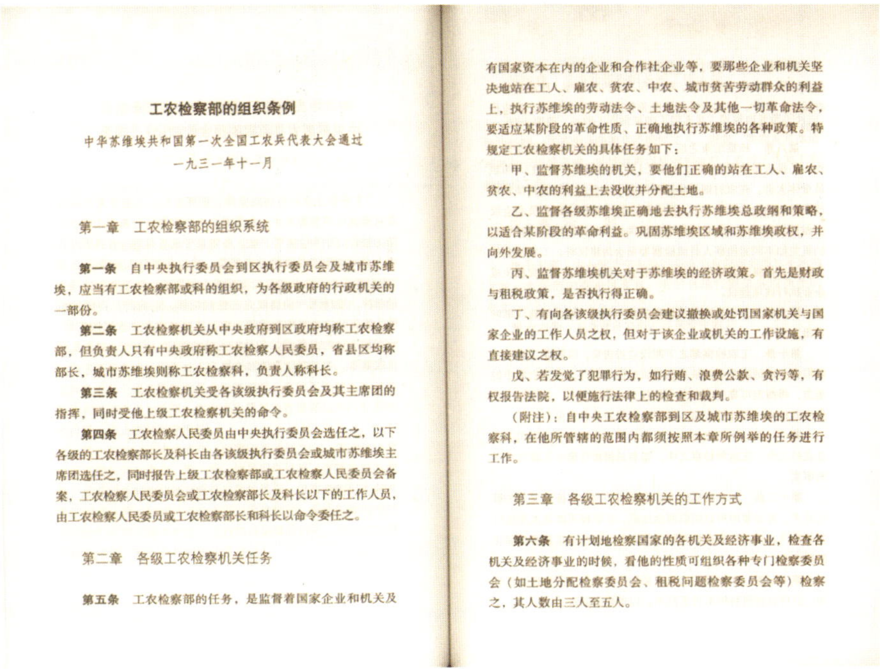

工农检察部的组织条例

中华苏维埃共和国第一次全国工农兵代表大会通过

一九三一年十一月

第一章　工农检察部的组织系统

第一条　自中央执行委员会到区执行委员会及城市苏维埃，应当有工农检察部或科的组织，为各级政府的行政机关的一部份。

第二条　工农检察机关从中央政府到区政府均称工农检察部，但负责人只有中央政府称工农检察人民委员，省县区均称部长，城市苏维埃则称工农检察科，负责人称科长。

第三条　工农检察机关受各该级执行委员会及其主席团的指挥，同时受他上级工农检察机关的命令。

第四条　工农检察人民委员由中央执行委员会选任之，以下各级的工农检察部长及科长由各该级执行委员会或城市苏维埃主席团选任之，同时报告上级工农检察部或工农检察人民委员会备案，工农检察人民委员会或工农检察部长及科长以下的工作人员，由工农检察人民委员或工农检察部长和科长以命令委任之。

第二章　各级工农检察机关任务

第五条　工农检察部的任务，是监督着国家企业和机关及有国家资本在内的企业和合作社企业等，要那些企业和机关坚决地站在工人、雇农、贫农、中农、城市贫苦劳动群众的利益上，执行苏维埃的劳动法令、土地法令及其他一切革命法令，要适应某阶段的革命性质、正确地执行苏维埃的各种政策。特规定工农检察机关的具体任务如下：

甲、监督苏维埃的机关，要他们正确的站在工人、雇农、贫农、中农的利益上去没收并分配土地。

乙、监督各级苏维埃正确地去执行苏维埃总政纲和策略，以适合某阶段的革命利益。巩固苏维埃区域和苏维埃政权，并向外发展。

丙、监督苏维埃机关对于苏维埃的经济政策。首先是财政与租税政策，是否执行得正确。

丁、有向各该级执行委员会建议撤换或处罚国家机关与国家企业的工作人员之权，但对于该企业或机关的工作设施，有直接建议之权。

戊、若发觉了犯罪行为，如行贿、浪费公款、贪污等，有权报告法院，以便施行法律上的检查和裁判。

（附注）：自中央工农检察部到区及城市苏维埃的工农检察科，在他所管辖的范围内都须按照本章所例举的任务进行工作。

第三章　各级工农检察机关的工作方式

第六条　有计划地检察国家的各机关及经济事业，检查各机关及经济事业的时候，看他的性质可组织各种专门检察委员会（如土地分配检察委员会、租税问题检察委员会等）检察之，其人数由三人至五人。

工农检查部组织条例

舆论监督，运用新闻工具推动廉政

中央苏区时期，党和政府十分重视新闻舆论工具在廉政建设中的重要作用。加强舆论监督，运用新闻工具推动廉政建设。《红色中华》报辟有“红板”“黑板”和“反贪污浪费”专栏。

中央苏区报纸上登载的反贪漫画

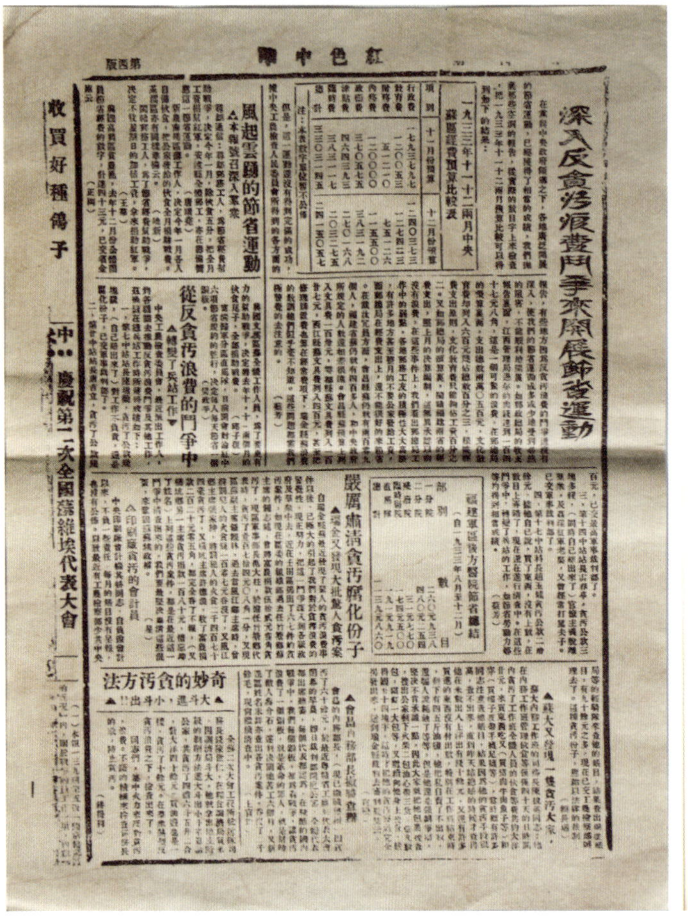

紅色中華

深入反貪汚浪費鬥爭來開展節省運動

收買好穀種子

慶祝第二次全國蘇維埃代表大會

風起雲湧的節省運動

從反貪汚浪費的鬥爭中

嚴厲肅清貪汚腐化份子

奇妙的貪污方法

抗战时期的报纸《红色中华》

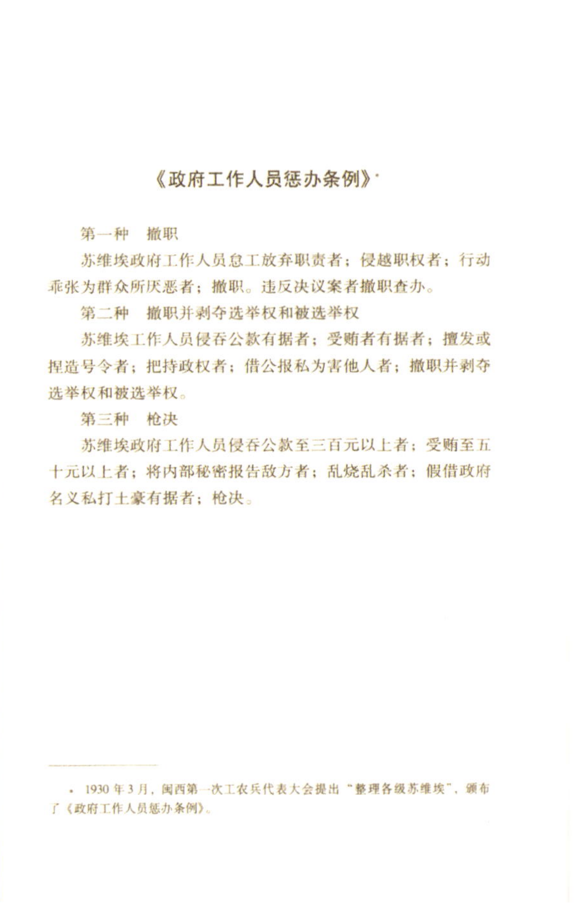

《政府工作人员惩办条例》·

第一种　撤职

苏维埃政府工作人员怠工放弃职责者；侵越职权者；行动乖张为群众所厌恶者；撤职。违反决议案者撤职查办。

第二种　撤职并剥夺选举权和被选举权

苏维埃工作人员侵吞公款有据者；受贿者有据者；擅发或捏造号令者；把持政权者；借公报私为害他人者；撤职并剥夺选举权和被选举权。

第三种　枪决

苏维埃政府工作人员侵吞公款至三百元以上者；受贿至五十元以上者；将内部秘密报告敌方者；乱烧乱杀者；假借政府名义私打土豪有据者；枪决。

· 1930年3月，闽西第一次工农兵代表大会提出“整理各级苏维埃”，颁布了《政府工作人员惩办条例》。

为加强廉政反腐，苏区政府颁布了《政府工作人员惩办条例》

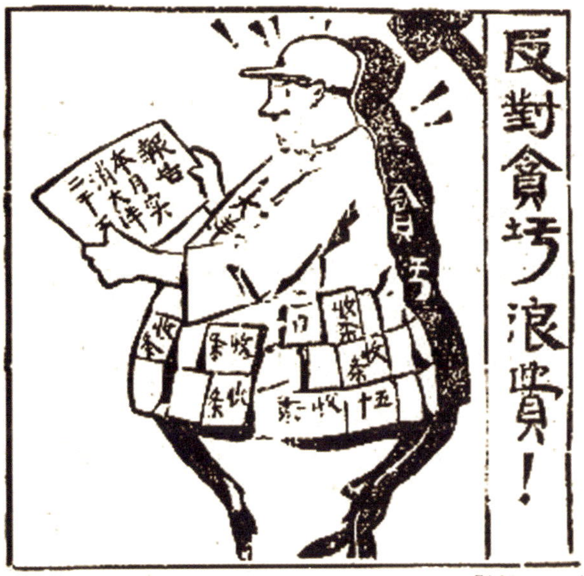

1932 年初到 1934 年秋，中共在中央苏区开展了第一次大规模的反腐倡廉运动，重点是反贪污浪费，反官僚主义。期间，制订了惩治贪污浪费行为的具体办法和标准。1933 年 12 月 15 日，由毛泽东等署名发出《关于惩治贪污浪费行为》的中华苏维埃共和国中央执行委员会第二十六号训令。训令全文如下：

中央执行委员会第二十六号训令

——关于惩治贪污浪费行为

为了严格惩治贪污及浪费行为，特规定惩罚办法如下：

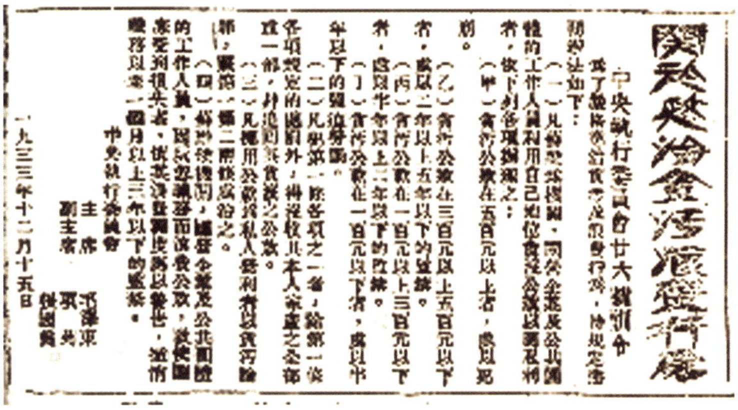
關於懲治貪污浪費行為

中央執行委員會廿六號訓令

為了嚴格懲治貪污及浪費行為，特規定懲罰辦法如下：

（一）凡蘇維埃機關、國營企業及公共團體的工作人員利用自己地位貪污公款以圖私利者，依下列各項辦理之：

（甲）貪污公款在五百元以上者，處以死刑。

（乙）貪污公款在三百元以上五百元以下者，處以二年以上五年以下的監禁。

（丙）貪污公款在一百元以上三百元以下者，處以半年以上二年以下的監禁。

（丁）貪污公款在一百元以下者，處以半年以下的強迫勞動。

（二）凡犯第一條各項之一者，除第一條各項規定的處罰外，得沒收其本人家產之全部或一部，并追回其貪沒之公款。

（三）凡挪用公款為私人營利者以貪污論，照第一第二兩條處治之。

（四）蘇維埃機關，國營企業及公共團體的工作人員，因玩忽職務而浪費公款，致使國家受到損失者，依其浪費程度處以警告、撤消職務以至一個月以上三年以下的監禁。

中央執行委員會 主席 毛澤東 副主席 項英 張國燾

一九三三年十二月十五日

（一） 凡苏维埃机关、国营企业及公共团体的工作人员利用自己地位贪污公款以图私利者，依下列各项办理之：

（甲） 贪污公款在五百元以上者，处以死刑。

（乙） 贪污公款在三百元以上五百元以下者，处以两年以上五年以下的监禁。

（丙） 贪污公款在一百元以上三百元以下者，处以半年以上两年以下的监禁。

（丁）贪污公款在一百元以下者，处以半年以下的强迫劳动。

（二）凡犯第一条各项之一者，除第一条各项规定的处罚外，得没收其本人家产的全部或一部，追回其贪没之公款。

（三）凡挪用公款为私人营利者以贪污论罚罪，照第一第二两条处治之。

（四）苏维埃机关，国营企业及公共团体的工作人员，因玩忽职务而浪费公款，致使国家受到损失者，依其浪费程度处以警告、撤消职务以至一个月以上三年以下的监禁。

中央执行委员会 主　席 毛泽东

副主席 项 英 张国涛

这一训令是以“贪污”命名的第一部反贪污贿赂的法令，使当时的反腐败斗争有法可依，推动了斗争的深入发展。它的颁布，在我国有关贪污罪的立法史上也具有重要意义。

以延安为中心的陕甘宁边区是中国共产党的政治中心和敌后抗战的指导中心

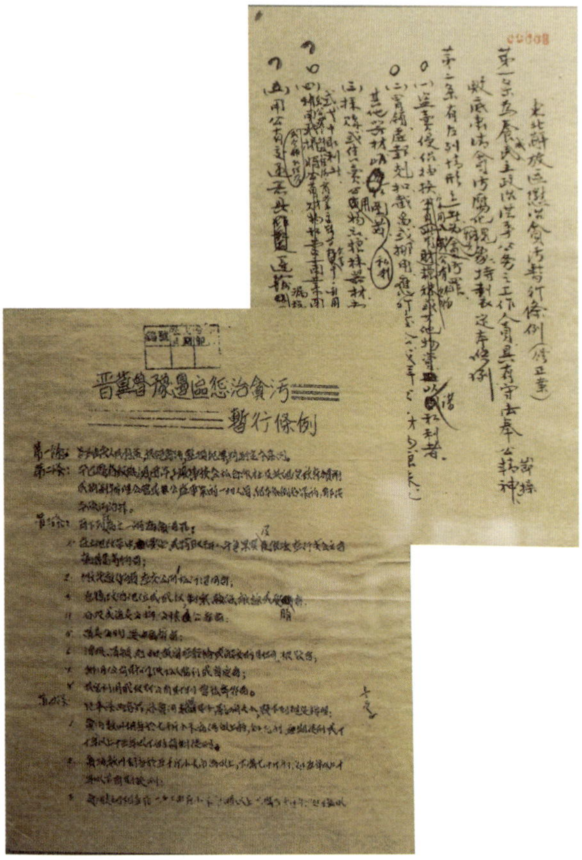

晋冀鲁豫边区惩治贪污暂行条例

晋冀鲁豫边区惩治贪污暂行条例

1937 年 3 月 13 日，中共中央刚刚进驻延安两个月，毛泽东以中华苏维埃共和国中央执行委员会主席的名义，将它再次颁布，令各级政府遵照执行，以防止贪污和腐败现象的滋长，及时向全党在思想上敲了警钟。此后，不同时期的革命根据地大都制定了以“贪污”命名的反贪污贿赂的专门法规，主要有山东省《惩治贪污暂行条例》（1940 年 12 月 3 日）、《惩治贪污公款暂行条例》（1943 年 8 月 1 日）；晋西北《惩治贪污暂行条例》（1941 年 9 月）；晋冀鲁豫边区《惩治贪污暂行条例》(1942 年 2 月 11 日)、《惩治贪污条例》(1948 年 1 月 18 日)；晋察冀边区《惩治贪污条例》（1942 年 10 月 15 日）。

陕甘宁边区抗战时期惩治盗匪条例（草案）

第一条 本条例为肃清盗匪巩固后方保护人民利益而制定之。

第二条 凡以抢劫为目的有左列行为之一者，以盗匪论罪。

一、聚众持械抢劫者。

二、以暴力强夺他人财物者。

边区惩治贪污条例（草案）

第一条 [illegible]

陕甘宁边区抗战时期惩治汉奸条例（草案）

第一条 本条例为肃清汉奸保障抗战胜利巩固边区而制定之。

第二条 本条例所列举之犯罪行为，无论任何人民，凡在边区以内者均适用之。

第三条 凡有左列行为之一者，即以汉奸论罪：

一、企图颠覆国民政府，背叛各级政权，拥护建立伪傀儡政权者。

陕甘宁边区惩治汉奸、贪污、盗匪条例草案

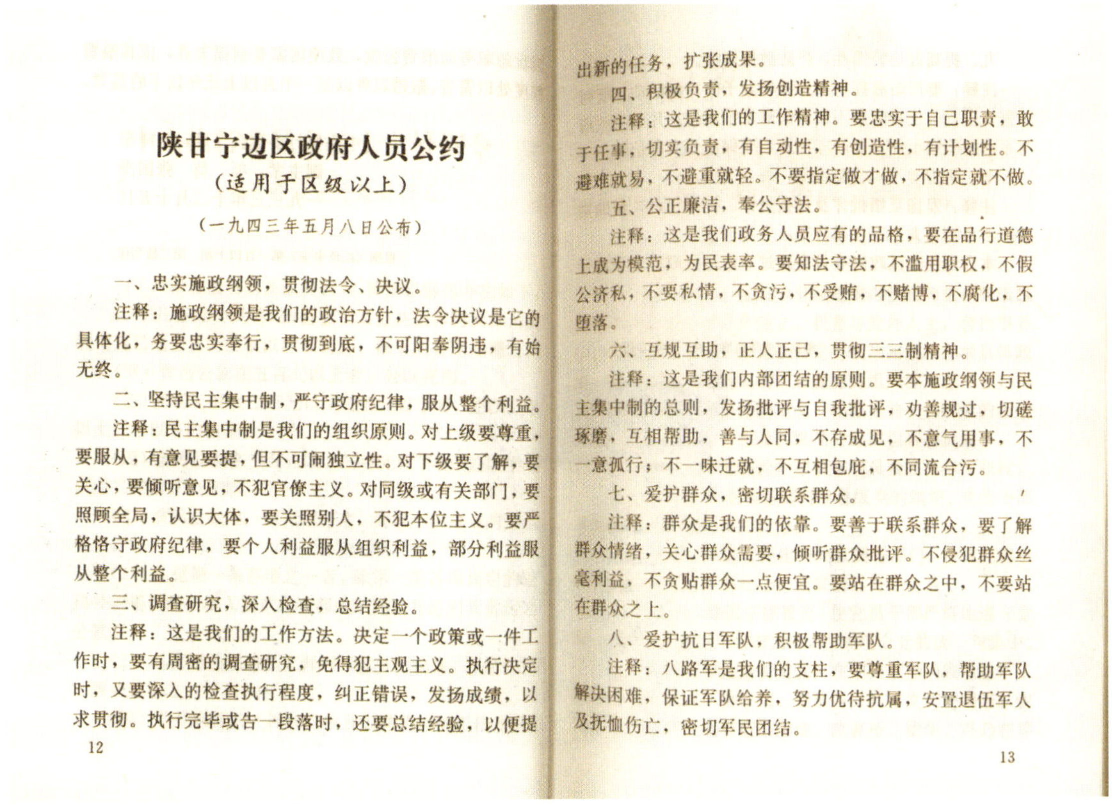

陕甘宁边区政府人员公约

（适用于区级以上）

（一九四三年五月八日公布）

一、忠实施政纲领，贯彻法令、决议。

注释：施政纲领是我们的政治方针，法令决议是它的具体化，务要忠实奉行，贯彻到底，不可阳奉阴违，有始无终。

二、坚持民主集中制，严守政府纪律，服从整个利益。

注释：民主集中制是我们的组织原则。对上级要尊重，要服从，有意见要提，但不可闹独立性。对下级要了解，要关心，要倾听意见，不犯官僚主义。对同级或有关部门，要照顾全局，认识大体，要关照别人，不犯本位主义。要严格恪守政府纪律，要个人利益服从组织利益，部分利益服从整个利益。

三、调查研究，深入检查，总结经验。

注释：这是我们的工作方法。决定一个政策或一件工作时，要有周密的调查研究，免得犯主观主义。执行决定时，又要深入的检查执行程度，纠正错误，发扬成绩，以求贯彻。执行完毕或告一段落时，还要总结经验，以便提

12

出新的任务，扩张成果。

四、积极负责，发扬创造精神。

注释：这是我们的工作精神。要忠实于自己职责，敢于任事，切实负责，有自动性，有创造性，有计划性。不避难就易，不避重就轻。不要指定做才做，不指定就不做。

五、公正廉洁，奉公守法。

注释：这是我们政务人员应有的品格，要在品行道德上成为模范，为民表率。要知法守法，不滥用职权，不假公济私，不要私情，不贪污，不受贿，不赌博，不腐化，不堕落。

六、互规互助，正人正己，贯彻三三制精神。

注释：这是我们内部团结的原则。要本施政纲领与民主集中制的总则，发扬批评与自我批评，劝善规过，切磋琢磨，互相帮助，善与人同，不存成见，不意气用事，不一意孤行；不一味迁就，不互相包庇，不同流合污。

七、爱护群众，密切联系群众。

注释：群众是我们的依靠。要善于联系群众，要了解群众情绪，关心群众需要，倾听群众批评。不侵犯群众丝毫利益，不贪贴群众一点便宜。要站在群众之中，不要站在群众之上。

八、爱护抗日军队，积极帮助军队。

注释：八路军是我们的支柱，要尊重军队，帮助军队解决困难，保证军队给养，努力优待抗属，安置退伍军人及抚恤伤亡，密切军民团结。

13

陕甘宁边区政府十分重视反腐兴廉工作，颁布了《陕甘宁边区政府人员公约》等法规

示范导廉，以身作则率先垂范

我党一直坚持不懈地开展深入细致的反腐倡廉教育，施行扎实有效的廉政举措；坚定不移地推进民主政治建设，建立健全法规制度，厉行廉洁政治；各级领导干部以身作则、率先垂范，形成廉洁的风尚；毫不留情地严厉惩罚贪腐分子，做最广大人民利益的忠实代表。

“其身正，不令而行；其身不正，虽令不从。”领导人的榜样力量是无穷的。它是无声的命令，无字的指示。在陕甘宁边区，中共中央毛泽东、周恩来、朱德等领导人都是廉洁奉公的模范。毛泽东晚上办公桌上点的是一盏小油灯。当他思考问题或者要休息的时候，总是把灯芯拧得很小，继续写作时才把灯芯拧大。他处处以身作则，和群众同甘共苦，吃的是小米饭，穿的是粗布衣。为了毛泽东的健康，大家多次提议给他增加伙食费，都被他谢绝了。毛泽东说：“伙食标准是供给部统一规定的，大家都一样嘛！我怎么能特殊呢？”毛泽东穿的衣服，领子、袖口和裤腿上都打着补丁。他就穿着这样的衣服出外作报告、开会。他艰苦朴素、廉洁奉公的作风，给边区的干部和广大军民以极大的鼓舞。

中共中央副主席周恩来也是处处严格要求自己。他说：“我们要像蚕一样，将最后的一根丝都吐出来贡献给人民。”主管边区工作的中共中央书记处书记任弼时说：“我们都是共产党员，肩负着革命重担，能坚持一百步，就不应走九十九步。”

周恩来

朱德

任弼时

1939年7月，刘少奇在延安马克思列宁学院作《论共产党员的修养》的演讲中强调，为保持无产阶级先锋战士的纯洁性，共产党员必须在改造社会的斗争中同时改造自己，在无产阶级思想意识和道德品质修养以及艰苦奋斗的作风修养中，肃清“自己一切不正确的思想残余以至某些不适合于共产主义利益的最微弱的萌芽”。

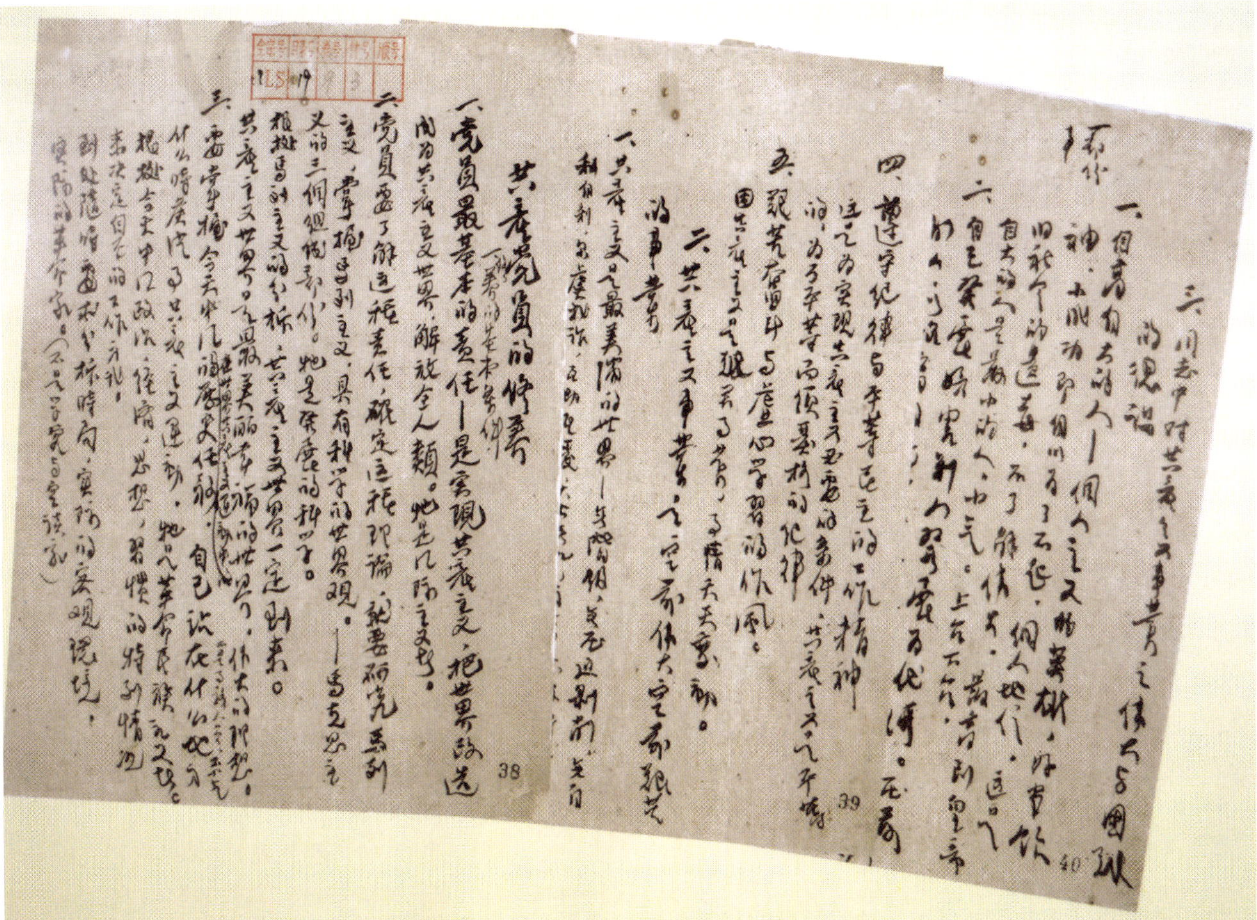

刘少奇撰写的《共产党员的修养》提纲

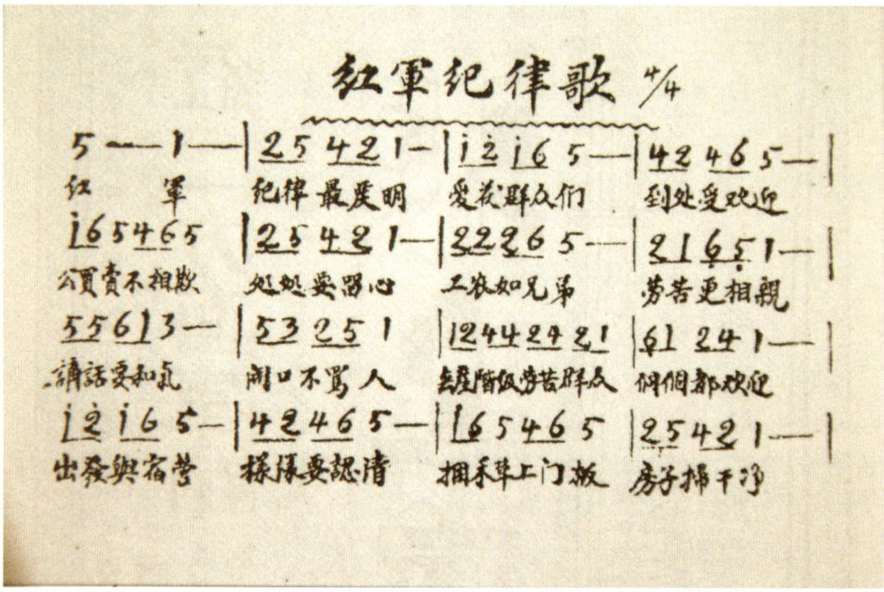

红军纪律歌

毛泽东在领导全党和全国人民进行革命和建设的伟大实践中，始终从党和国家生死存亡、党和人民事业兴衰成败的高度对反腐倡廉予以特别重视。早在井冈山时期，就为初创的中国工农红军制定了“三大纪律、六项注意”(后发展为“三大纪律、八项注意”)，规范党和红军作风建设。在抗日战争时期，针对第二次国共合作的新形势，强调要“严肃地坚决地保持共产党员的共产主义的纯洁性”，同党内的腐化思想作斗争。1941 年 5 月，以毛主席为首的中央政治局批准的《陕甘宁边区施政纲领》又严肃规定：“厉行廉洁政治，严惩公务人员之贪污行为，禁止任何公务人员假公济私之行为，共产党员有犯法者从重治罪。”

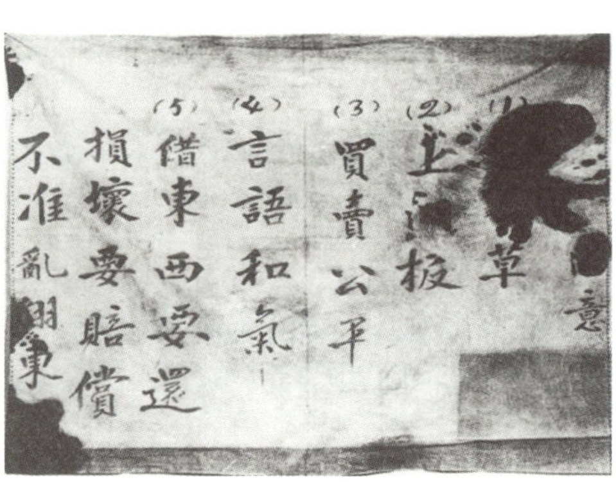

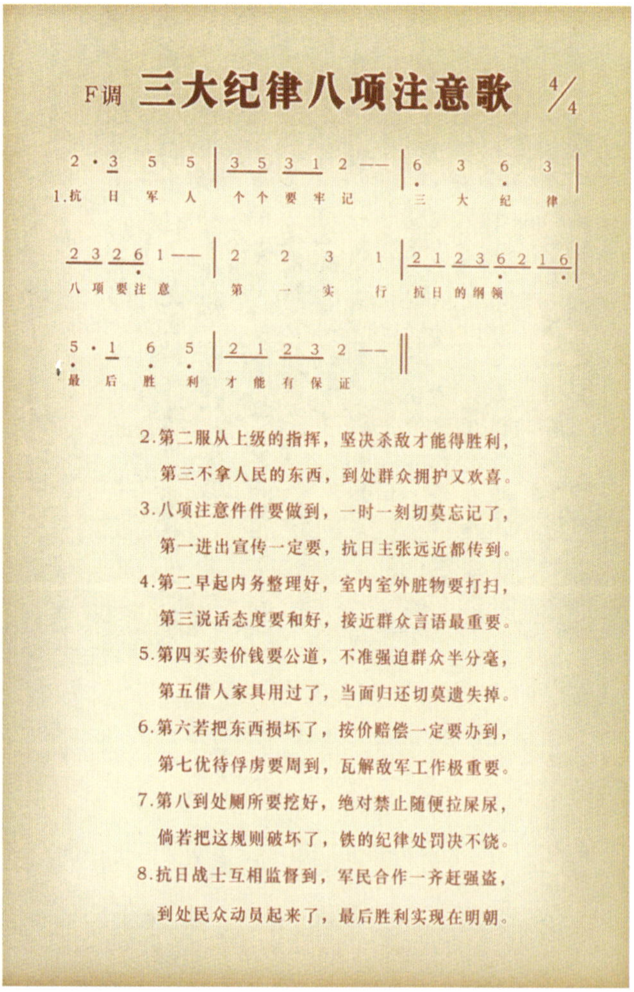

三大纪律八项注意歌

群众献给冀中部队第 34 团遵守纪律模范的锦旗

八路军三大纪律八项注意之“损物赔偿”（刘峰 摄）

严惩贪污犯，维护党纪国法尊严

“打老虎”是反腐败斗争的重要手段。中国共产党自成立以来不同程度地存在着极少数人经不起考验、腐败蜕化的现象。毛泽东曾铁面无私地处死谢步升、黄克功、肖玉璧、左祥云、刘仕祥、熊仙璧等“大老虎”。

历史上枪毙的第一个“贪官”

——苏维埃政权清除谢步升案

谢步升，今天已是一个陌生的名字，他利用职权贪污打土豪所得财物，偷盖临时中央政府管理科公章，伪造通行证私运水牛到白区出售。为了谋财，他秘密杀害了八一南昌起义南下部队的一名军医。1932 年，因贪色贪财致死人命的瑞金县叶坪村苏维埃政府主席谢步升被判处死刑。这是苏维埃政府成立后，也是中国共产党历史上第一个被枪决的腐败分子。

油画照：红都枪声反映了审判谢步升时的场景

左祥云贪污案

中央苏区时期，为筹建中央政府大礼堂和修建红军烈士纪念塔、红军检阅台、博生堡、公略厅等纪念物，设立了“全苏大会工程处”。中央政府总务厅任命左祥云为主任。工程于 1933 年 8 月动工。11 月就有人举报左祥云与总务厅事务股长管永才联手贪污工程款，经常大吃大喝。中央人民委员会即令中央工农检察部、中央总务厅抓紧审查，结果发现左祥云在任职期间有勾结反动分子，贪污公款 246.7 元，并盗窃公章，企图逃跑等行为，犯有严重罪行。1934 年 2 月 13 日，苏维埃最高法庭举行公审，“判决左祥云处以枪决”。

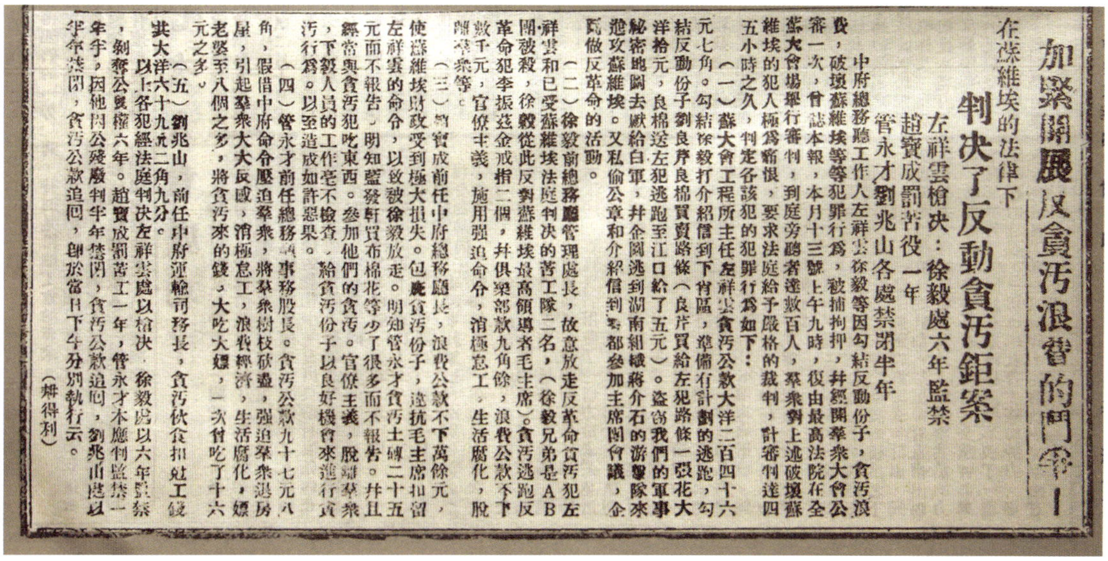

加緊開展反貪污浪費的鬥爭

在蘇維埃的法律下

判決了反動貪污鉅案

左祥雲槍決：徐毅處六年監禁

趙寶成罰苦役一年

管永才劉兆山各處禁閉半年

中府總務廳工作人左祥雲徐毅等因勾結反動份子，貪污浪費，破壞蘇維埃等等犯罪行爲，被捕拘押，并經開羣衆大會公審一次，曾誌本報，本月十三號上午九時，復由最高法院在全蘇大會場舉行審判，到庭旁聽者達數百人，羣衆對上述破壞蘇維埃的犯人極爲痛恨，要求法庭給予嚴格的裁判，計審判達四五小時之久，判定各該犯的犯罪行爲如下：

（一）蘇大會工程所主任左祥雲貪污公款大洋二百四十六元七角。勾結徐毅打介紹信到下肖區，準備有計劃的逃跑，勾結反動份子劉良芹良棉買賣路條（良芹買給左犯路條一張花大洋拾元，良棉送左犯逃跑至江口給了五元）。盜竊我們的軍事秘密跑圖去獻給白軍，并企圖逃到湖南組織蔣介石的游擊隊來進攻蘇維埃。又私偷公章和介紹信到零都參加主席團會議，企圖做反革命的活動。

（二）徐毅前總務廳管理處長，故意放走反革命貪污犯左祥雲和已受蘇維埃法庭判決的苦工隊二名，（徐毅兄弟是AB團被殺，徐毅從此反對蘇維埃最高領導者毛主席）。貪污逃跑反革命犯李振茲金戒指二個，并與樂部款九角餘，浪費公款不下數千元，官僚主義，施用強迫命令，消極怠工，生活腐化，脫離羣衆等。

（三）趙寶成前任中府總務廳長，浪費公款不下萬餘元，使蘇維埃財政受到極大損失。包庇貪污份子，違抗毛主席扣留左祥雲的命令，以致被徐毅放走。明知管永才貪污土磚二十五元而不報告，明知藍發軒買布棉花等少了很多而不報告。并且經常與貪污犯吃東西。參加他們的貪污。官僚主義，脫離羣衆，下級人員的工作毫不檢查，給貪污份子以良好機會來進行貪污行爲。以至造成如許惡果。

（四）管永才前任總務處事務股長。貪污公款九十七元八角，假借中府命令壓迫羣衆，將羣衆樹枝砍盡，強迫羣衆遷房屋，引起羣衆大大反感，消極怠工，浪費經濟，生活腐化，嫖老婆至八個之多，將貪污來的錢，大吃大嫖，一次曾吃了十六元之多。

（五）劉兆山，前任中府運輸司務長，貪污伙食扣尅工錢共大洋六十九元二角九分。

以上各犯經法庭判決左祥雲處以槍決，徐毅處以六年監禁，剝奪公民權六年。趙寶成罰苦工一年，管永才本應判監禁一年半，因他因公殘廢判半年禁閉，貪污公款追回，劉兆山處以半年禁閉，貪污公款追回，即於當日下午分別執行云。

（耕得利）

加紧开展反贪污浪费的斗争

1934 年 3 月，项英主持宣判大会，判处贪污公款 200 余元并挪用公款做生意的于都县苏维埃政府军事部长刘仕祥等人死刑，判处强拿公款做生意的县苏维埃政府主席熊仙壁监禁 1 年。

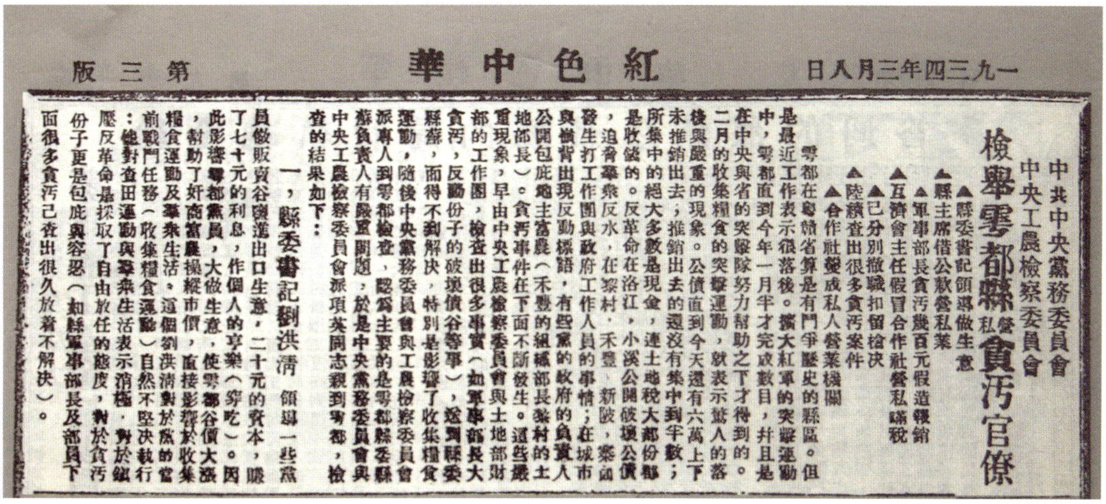

紅色中華 一九三四年三月八日 第三版

中共中央黨務委員會
中央工農檢察委員會

檢舉零都縣私營貪污官僚

▲縣委書記領導做生意
▲縣主席借公款營私業
▲軍事部長貪污幾百元假造帳銷
▲互濟會主任假冒合作社營私瞞稅
▲已分別撤職扣留槍決
▲陸續查出很多貪污案件
▲合作社變成私人營業機關

零都在粵贛省算是有鬥爭歷史的縣區。但是最近工作表示很落後。擴大紅軍的突擊運動中，零都直到今年一月半才完成數目，并且是在中央與省的突擊隊努力幫助之下才得到的。二月的收集糧食的突擊運動，就表示驚人的落後與嚴重的現象。公債直到今天還有六萬上下未推銷出去；推銷出去的還沒有集中到半數；所集中的絕大多數是現金，連土地稅大部份都是收儲的。反革命在洛江，小溪公開破壞公債，追脅羣衆反水，在黎村，禾豐、新陂，秦面發生打工作團與政府工作人員的事情；在城市與嶺背出現反動標語，有些黨的政府的負責人公開包庇豪紳地主富農（禾豐的組織部長黎村的土地部長）。貪污事件在下面不斷發生。這些嚴重現象，早由中央工農檢察委員會與土地部財部的工作團，檢查出很多事實（如軍事部長大貪污，反動份子的破壞債谷等事），送到縣委縣蘇，而得不到解決，特別是影響了收集糧食運動，隨後中央黨務委員會與工農檢察委員會派專人到零都檢查，認爲主要的是零都縣委縣蘇負責人有嚴重問題，於是中央黨務委員會與中央工農檢察委員會派項英同志親到零都，檢查的結果如下：

一，縣委書記劉洪清 領導一些黨員做販賣谷米運出口生意，二十元的資本，賺了七十元的利息，作個人的享樂（穿吃）。因此影響零都黨員，大做生意，使零都谷價大漲，幫助了奸商富農操縱市價，直接影響於收集糧食運動及羣衆生活。這個劉洪清對於黨的當前戰鬥任務（收集糧食運動）自然不堅決執行；他對查田運動與羣衆生活表示消極，對於鎮壓反革命是採取了自由放任的態度，對於貪污份子更是包庇與容忍（如縣軍事部長及部員下面很多貪污已查出很久放着不解決）。

检举于都县私营贪污官僚

黄克功案件
——功不抵过，法大于党

黄克功

1937 年 10 月，曾参加过二万五千里长征、时任抗日军政大学第 6 大队队长的黄克功，因逼婚未遂，开枪打死陕北公学女学生刘茜。（刘茜，本名董秋月，山西人，1921 年生于山西定襄，思想进步，革命积极，满怀抗日救国的激情。1937 年 7 月卢沟桥事变后来到延安，先入“抗大”第 2 期第 15 队学习，成为山西太原友仁中学的一个普通学生。）陕甘宁边区高等法院在董必武院长主持下，严肃办案，根据边区政府法律，判处黄克功死刑。黄克功在得知自己被判死刑后，于 10 月 9 日上书法庭，并致信毛泽东，要求念他 10 年艰苦奋斗，留一条活命。毛泽东接到边区高等法院的判决意见及黄克功的信后，立即召集政治局委员和中央军委的领导同志，细致审查了边区政府的报告，同意将黄克功处以极刑。毛泽东在给审判长雷经天的复信中特别强调指出：“共产党与红军，对于自己的党员与红军成员不能不执行比一般平民更加严格的纪律。”

刘茜

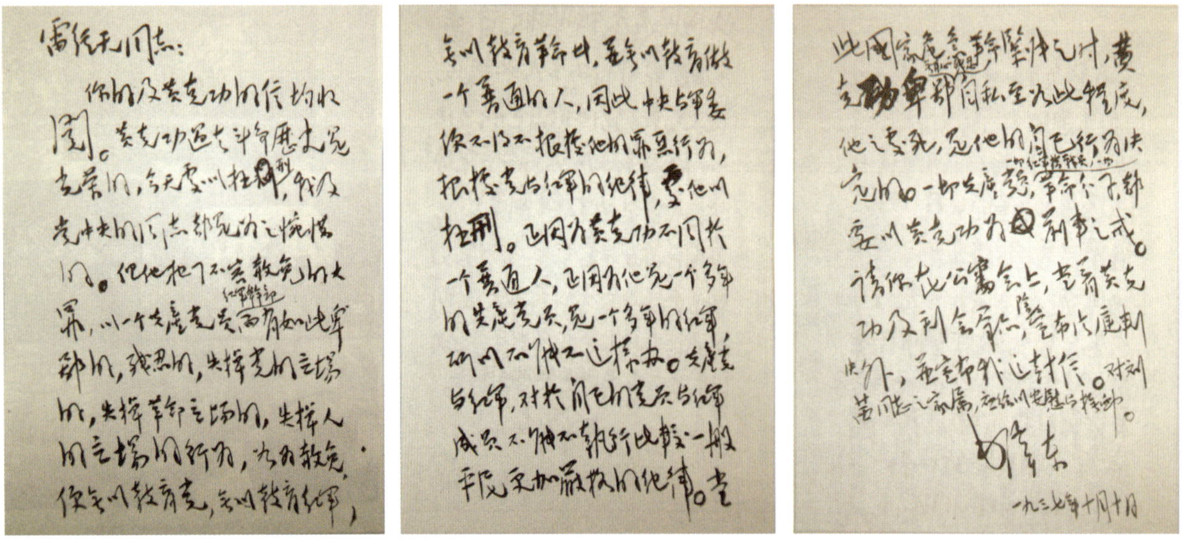

雷经天同志：

你的及黄克功的信均收阅。黄克功过去斗争历史是光荣的，今天处以极刑，我及党中央的同志都是为之惋惜的。但他犯了不容赦免的大罪，以一个共产党员红军干部而有如此卑鄙的，残忍的，失掉党的立场的，失掉革命立场的，失掉人的立场的行为，如为赦免，便无以教育党，无以教育红军，无以教育革命者，并无以教育做一个普通的人。因此中央与军委不得不根据他的罪恶行为，根据党与红军的纪律，处他以极刑。正因为黄克功不同于一个普通人，正因为他是一个多年的共产党员，是一个多年的红军，所以不能不这样办。共产党与红军，对于自己的党员与红军成员不能不执行比较一般平民更加严格的纪律。当此国家危急革命紧张之时，黄克功卑鄙无耻残忍自私至如此程度，他之处死，是他自己的行为决定的。一切共产党员，一切红军指战员，一切革命者，都要以黄克功为前车之戒。请你在公审会上，当着黄克功及到会群众，除宣布法庭判决外，并宣布我这封信。对刘茜同志之家属，应给以安慰与抚恤。

毛泽东

一九三七年十月十日

毛泽东关于处决黄克功问题致雷经天信

从红军英雄蜕变为腐败分子的肖玉璧

1940 年，劳苦功高、身上有多处伤痕的战斗英雄——边区贸易局副局长肖玉璧，贪污 3000 多元大洋。案发后，军区政府依法判处他死刑。肖以功臣自居，写信向毛泽东求情。毛泽东没有看信，沉思了一阵后，对带信的林伯渠说：“你还记得我怎样对待黄克功吧？”林说：“忘不了！”毛泽东接着说：“那么这次和那次一样，我完全同意法院的判决。”

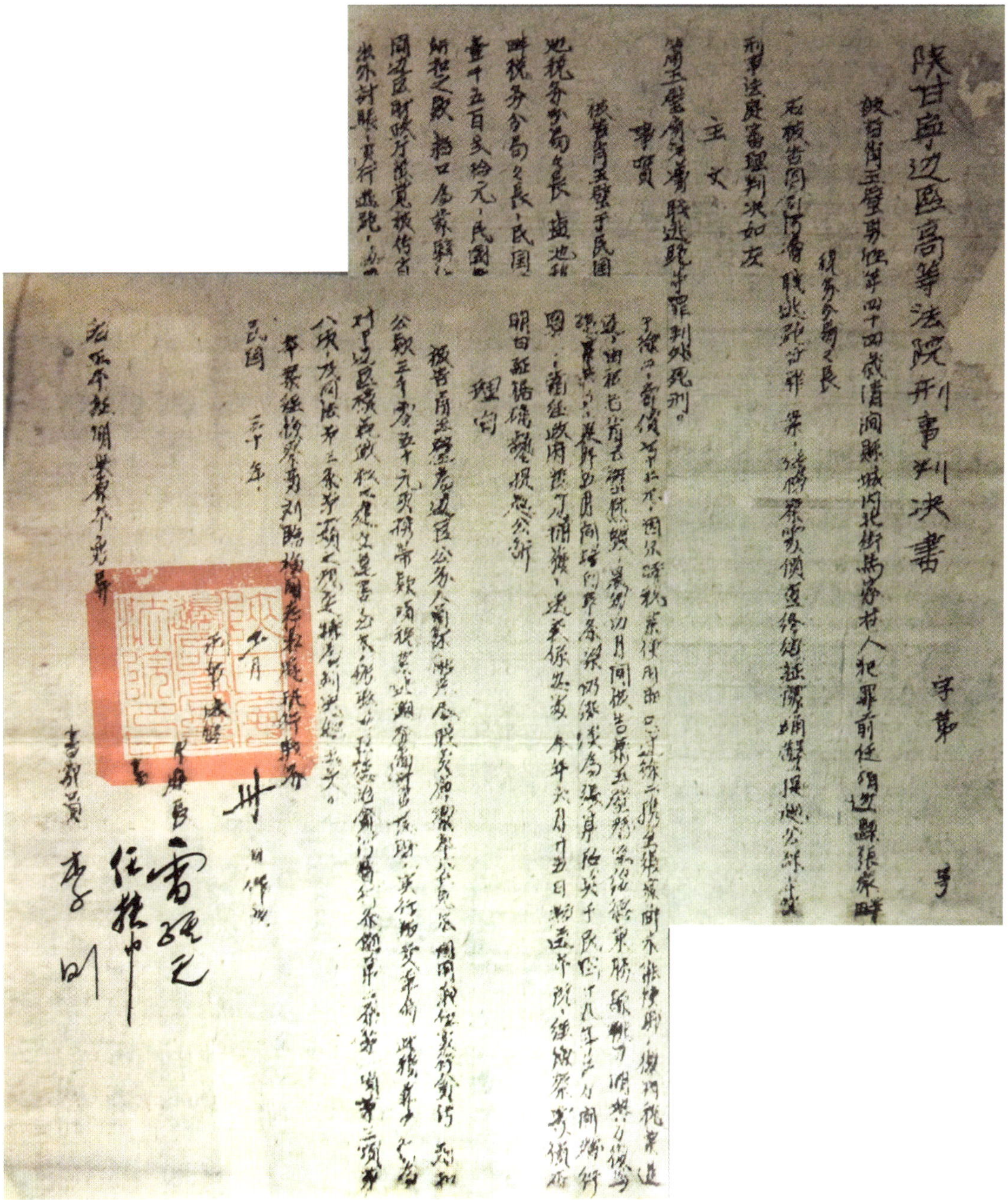
陕甘宁边區高等法院刑事判决書

主文

事實

理由

陕甘宁边区高等法院关于处决肖玉璧的刑事判决书

1942 年 1 月 5 日的《解放日报》专门发表《从肖玉璧之死说起》的社论，指出：“在‘廉洁政治’的方面上，不容许有一个‘肖玉璧’式的莠草生长。”

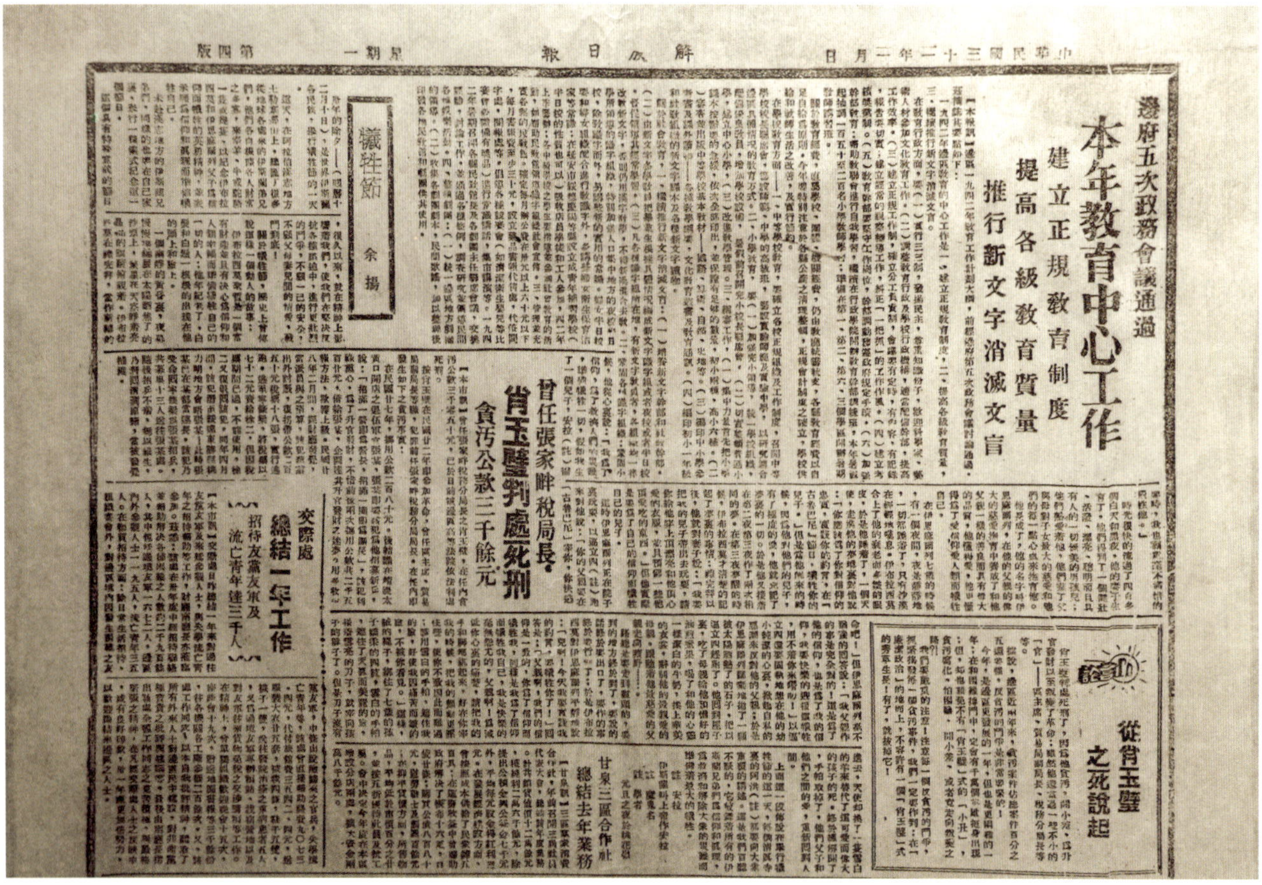

解放日報　星期一　第四版

邊府五次政務會議通過

本年教育中心工作

建立正規教育制度

提高各級教育質量

推行新文字消滅文盲

曾任張家畔稅局長

肖玉璧判處死刑

貪污公款三千餘元

交際處

總結一年工作

招待友黨友軍及流亡青年達三千人

從肖玉璧之死說起

甘泉三區合作社

總結去年業務

后记

《档案中的山西抗战》是太原市档案馆与山西经济出版社联合编辑出版的系列丛书，全书共分四卷，分别以“民族危机、团结抗战、中流砥柱、伟大胜利”为主题，既为一个整体又可独立成篇。全书以中华民族抗战为背景，以山西抗日战场为主线，着重突出了太原为核心的地区在波澜壮阔的抗日战争画卷中的壮美篇章。全书使用档案1052页、图片1806幅，较为翔实、全面地反映了中国共产党引领山西人民奋勇抗战的艰苦岁月和最后夺取抗战全面胜利的光辉历程。

习近平总书记强调：“让历史说话，用史实发言。抗战研究要深入，就要更多通过档案、资料、事实、当事人证词等各种人证、物证来说话。”基于此点，2014年11月市档案局党组提出编撰和出版此书的思路，全局干部职工全员参与、齐心实干，进库房逐卷查找，在历史碎片中探寻，两个半月的时间，梳理馆藏民国时期25000余卷（册）档案资料，从中查找出大量反映山西抗战期间的文字、图表、地图和照片，形成了翔实的第一手档案史料。

在分类整理史料的同时，太原市档案局把整合散存于各地的档案史料资源作为在大数据背景下共享发掘历史信息的崭新模式，进行了积极的探索，组织人员分别前往中央档案馆、解放军档案馆、中国第二历史档案馆、山西省档案馆等，征集、复制抗战时期毛泽东、朱德、周恩来、刘少奇等老一辈无产阶级革命家关于统一战线、一致抗敌、建立敌后抗日根据地和八路军在山西抗战的命令、批示、电报、书信、手稿等珍贵档案资料156件、1137页，为编撰此书提供了史料补充；先后前往武乡八路军纪念馆、王家峪、砖壁八路军总部旧址、沁县牺盟会纪念馆、吉县克难坡旧址、华灵庙国军抗战纪念馆、平型关大捷纪念馆、太和岭会议旧址、忻口战役旧址、阳明堡战斗旧址、百团大战纪念馆、娘子关保卫战旧址拍摄、征集档案史料；红色摄影家顾棣将自己拍摄或保存的大量抗战照片提供给我们使用；民间抗战历史收藏家高六模提供了其收藏的100余本抗战时期的日本画报、地图、宣传画等；著名画家赵梅生、李国维提供了倾情创作的抗战画作《撼山易撼我中华难》《巍巍太行》《战地黄花分外香》等，常亮功和赵彦提供了珍贵的照片和复原图。可以说，编辑此书的过程，同时是整理、抢救、保护抗战档案史料的过程，是梳理、典藏档案文化精品的重要工作。以此为基础，市档案馆基本形成了比较系统完整的山西抗战档案资料专题数据库。

在编撰的过程中，我们先后邀请了省档案局、市委办公厅、市委宣传部、省地方志办公室、市委党史办、市经济发展研究中心、市委党校、太原日报社、山西经济出版社等单位的领导、教授和社会各界的学者、专家，召开研讨会6次，从政治定位、主题立意、思路框架到内容酌定、图文比重、文风文气、教育意义等方面，他们都给予了建设性的意见和建议。

省市有关部门的领导、学者阎默彧、王保国、孔繁春、陈河才、范世康、邢兆远、刘建民、吴国荣、李树人、杨云龙、魏建庭、赵永强、赵彦、郭振岳、郭健等也为此书的编撰提出了中肯的修改意见和建议。

在此我们对以上单位与各位领导、学者和专家给予的大力支持与不吝赐教表示崇高的敬意和诚挚的感谢！

编撰《档案中的山西抗战》一书，历史年代跨度长、涉及地域广、时间要求紧、线索交叉多、内容范围广、历史事件多，虽然我们做了大量工作，付出了艰辛努力，但仍存在诸多不足和问题，敬请读者和专家批评指正！

《档案中的山西抗战》编辑委员会

2016年元月